走进伟人生活 ☆ 再现伟人风采

军事家

朱德

（上）

袁德金⊙著

新中国开国十大元帅，朱德名列第一。他从一个佃户的孩子成长为一位伟大的马克思主义者；从一个小学教师成长为解放军总司令。深受全党、全军和全国各族人民爱戴和崇敬。

中国青年出版社

（京）新登字083号

图书在版编目（CIP）数据

军事家朱德／袁德金著． —北京：中国青年出版社，2010.12
ISBN 978 – 7 – 5006 – 9666 – 7

Ⅰ.①军… Ⅱ.①袁… Ⅲ.①朱德（1886～1976）
—生平事迹 Ⅳ.①K827 =7

中国版本图书馆 CIP 数据核字（2010）第223256号

*

中国青年出版社出版 发行
社址：北京东四12条21号 邮政编码：100708
网址：www.cyp.com.cn
编辑部电话：(010) 57350504 门市部电话：(010) 57350370
北京龙跃印务有限公司印刷 新华书店经销
*
720 × 1060 1/16 55印张 655千字
2013年3月北京第1版 2013年3月北京第1次印刷
定价：128.00元（全二册）
本图书如有任何印装质量问题，请与印务中心质检部联系调换
联系电话：(010) 57350337

目 录

上卷

一、投身军界

"投笔从戎去"

1886 年 12 月，四川省北部山区已经进入冬天季节。12 月 1 日，一个寒风刺骨的大雪天，在仪陇县琳琅寨脚下李家塆一个朱姓佃农的家里，传来了一阵婴儿的啼哭声，一个新的生命诞生了。他，就是后来举世闻名的中国红军之父，中华人民共和国十大元帅之首，伟大的无产阶级军事家——朱德。

朱德出生时，全家共有 11 口人，靠租佃地主丁邱川家 80 挑田地耕种，过着十分困苦的生活。慈祥的祖母担心这个刚来到世上不久的孙子不能存活，按照当地农民的习俗，以家中饲养的动物命名，取名叫"阿狗"，大家都叫他"狗娃子"。

佃户家庭的生活是十分艰苦的，但又是有规律有组织的。朱德后来回忆他幼年的家庭生活时说道："勤劳的家庭是有规律有组织的。我的祖父是一个中国标本式的农民，到八九十岁还非耕田不可，不耕田就会害病，直到临死前不久还在地里劳动。祖母是家庭的组织者，一切生产事务由她管理分派，每年除夕就分派好一年的工作。每天天还没亮，母亲就第一个起身，接着听见祖父起来的声音，接着大家都离开床铺，喂猪的喂猪，砍柴的砍柴，挑水的挑水。"① 自幼所过的这种有规律有组织的家庭生活，对

① 《朱德选集》，第 111 页，人民出版社 1983 年版。

朱德的一生有着很大的影响。

转眼朱德到了读书的年龄了，这对朱家来说是一件大事。由于世代贫困，朱家祖祖辈辈都没有一个识字的人，受尽了没有文化的苦痛。为了改变这种状况，朱家"决心节衣缩食培养出一个读书人来'支撑门户'"①。

1892 年，6 岁的朱德和朱家的其他两兄弟一起，进了本姓家族办的药铺垭私塾读书。这成了他人生道路的新起点。五十多年后，当朱德回忆起入学第一天的情景时说："入学那天，天还没亮，全家都起来了，看着要上学去的孩子洗好脸穿好整齐的衣服，又谆谆告诫说，要绝对服从先生，不许有二话，因为师生关系仅次于父子关系。吃过早饭，老大、老二、老三随着大伯父像执行神圣的任务一样出了家门。全家老小直送到家门口。"

私塾先生叫朱世秦，是朱德的一个远房堂叔。朱老先生看了看朱家的三个子弟，便按照朱家家谱的辈分，给老大取名为朱代历，老二取名为朱代凤，老三取名为朱代珍。"朱代珍"成了朱德最早的大名。

药铺垭私塾离家不远，坐落在琳琅山的半山腰。从李家塆到这里，要走一段约三四里的山路，还要爬一段山坡。朱德白天去读书，晚上回来，中午还要回家吃饭。

在药铺垭私塾的学生里，朱德的年龄虽然最小，但他聪明、刻苦，学习特别专心。他从《三字经》学起，读完了《大学》、《中庸》、《论语》，还读了《孟子》的一部分。在这里读了一年后，朱德又来到了丁家私塾读书。不久，朱家因实在负担不起三个孩子读书的费用，两个哥哥回家种地了，朱德因为年纪小，又过继给了伯父母，就留了下来继续读书。在丁家私塾里，朱德除读完了"四书"外，还读了《诗经》、《书经》，并且开始学作对联。

但是，朱德的学习生活很快被苦难的家庭生活打断了。

1894 年，川北山区遇到了严重的干旱，地里的庄稼颗粒无收。但是，地主却加重了对佃农的租子。

---

① 《朱德选集》，第 112 页，人民出版社 1983 年版。

1895 年的除夕来到了。这一天，川北山区下起了少有的鹅毛大雪，整个琳琅山寨被笼罩在皑皑白雪之中，一片银白。就在这时，丁姓地主的管家来到了朱家催交加租。朱家已实在没有力量交纳地主的加租了，地主管家就逼着朱家退佃搬家。

百般无奈，朱家只好分家两处，朱德的亲生父母带领一家迁居陈家塆，朱德跟随养父母、三叔、四叔搬回到大塆去住。

家庭的这一次悲惨遭遇，在幼年朱德的心灵上留下了深深的烙印，种下了对那些欺压穷人的地主的仇恨种子。朱德曾回忆说："那一年，地主欺压佃户，要在租种的地上加租子，因为办不到，就趁大年除夕，威胁着我家要退佃，逼着我们搬家。在悲惨的情况下，我们一家人哭泣着连夜分散。从此我家被迫分两处住下。人手少了，又遇天灾，庄稼没收成，这是我家最悲惨的一次遭遇。……我亲眼见到的许多不平事实，启发了我幼年时期反抗压迫追求光明的思想"。①

迁居大塆后，从第二年起，朱德又到离大塆不远的席家砭私塾读书。私塾的先生叫席国珍，字聘三，是一位年过半百的读书人，他给朱德取字"玉阶"。

朱德从 10 岁到 18 岁，在席聘三先生的私塾里整整读了 8 年书。他不仅读完了"四书"、"五经"，还读了一部分史籍，看了一些中国古典小说名著，如《三国演义》、《水浒》、《东周列国志》等。

这 8 年，是朱德人生成长的一个重要阶段。席聘三先生那种对封建势力深恶痛绝，对平民百姓无限同情，以及痛恨列强、热爱中华的强烈民族感情，深深地感染和熏陶着朱德，使朱德的眼界开阔了，思想"慢慢开展了"，从狭隘的读书为了支撑门户的小圈子里跳了出来，懂得了读书是为了救国的道理。正如朱德后来回忆所说："在当时充溢着的思想，就是'富国强兵'。我们晓得做'富国强兵'的事，没知识不行。"②

---

① 《朱德选集》，第 112 页，人民出版社 1983 年版。
② 《朱德自传》（1886～1937），手抄稿本。

1905 年，朱德已年满 19 岁，在穷乡僻壤的旧私塾里已度过了 12 个春秋。旧的私塾已不能满足他的求知欲望，他一心想到外面去看看，以寻求更多的新知识。

在当时，参加科举考试是知识分子的唯一出路。这一年，朱德同席聘三先生的儿子等几位同学一道，步行三十多公里，来到仪陇县城，参加县试。结果，他榜上有名，顺利地通过了县试。接着，朱德又到顺庆府，通过了府试。

1906 年，随着清王朝废除一切科举考试诏令的宣布，新式学堂迅速遍及全国。在顺庆府，朱德第一次看到了新式学堂，并被它深深地吸引了。这一年的春天，他考入南充县官立高等小学堂。一学期后，他又考入顺庆府官立中学堂。

朱德在顺庆府新学堂学习只有一年时间。他在这里，喜欢研究军事，细读《孙子兵法》，熟记世界历史课中的著名战例，几乎能把"滑铁卢战役图"背下来①。这一年，既是他从学习旧学到新学的转变，也是他接受"读书不忘救国"进步思想的开端。

1907 年初春，朱德用了 5 天时间，步行 370 多公里，来到了四川省城成都。那时候，"操练习武成了风气，连乡下都操练，因为怕要亡国了"②。朱德在成都先报考上了武备学堂，但是家里坚决反对他去上武备学堂，他只好又去报考四川通省师范学堂附设的体育学堂，成为这所学堂的一名学生。毕业后，朱德成为仪陇县立高等小学堂的一名教师。在这一年的时间里，朱德"抱了科学民主的思想，想在家乡做点事情，守旧的豪绅们便出来反对我们"③，从而"开始了反对封建主义的真正斗争"④。现实也使朱德感到"教书不是一条出路！"⑤

------

① 《朱德年谱》上，第 15 页，中央文献出版社 2006 年版。
② 《朱德自传》（1886～1937），手抄稿本。
③ 《朱德传》，第 16 页，人民出版社、中央文献出版社 1993 年版。
④ 《朱德自传》（1886～1937），手抄稿本。
⑤ 《朱德自传》（1886～1937），手抄稿本。

出路在哪里？朱德抱着救国的决心，毅然辞去教师职务，决定到云南去。为什么要到云南去？朱德后来回忆说："问题就是非得救国不可。那时候，云南靠近边疆，是一个很重要的国防地带。"在外国列强正加紧掠夺中国边疆的危急局势下，一般人"认为最危险的就是东三省和云南了"。① 东三省离四川那么远，朱德自然不可能去，于是就想到去云南了。

朱德在离开仪陇县立高等小学堂的前夕，曾同恩师刘寿川先生彻夜长谈。刘先生对他说："我支持你去云南投考讲武堂。你有强烈的救国救民志愿，又具有军事天才，还能吃苦，走从戎救国之路前程无量。"

听了刘先生的这番肺腑之言，朱德极为感动，说："好男儿志在四方。既然走出家门去投军，决不当怕死鬼。说不上建功立业，但忠心报国，血洒疆场，还可以做到。我会对得起父老乡亲的！"

朱德要去云南了，刘寿川先生约了朱德的几位好友，为朱德饯行，并凑了一点路费。朱德非常感动，当场挥笔疾书，写下了一首言志诗：

志士恨无穷，孤身走西东。

投笔从戎去，刷新旧国风。

1909 年的春节刚刚过完，23 岁的朱德就告别家里的亲人上路了。

日行夜宿，起早贪黑，经过 12 天的长途跋涉，朱德赶到了成都。这是他第二次到成都。

到了成都后，朱德找到他的同学敬镕。

2 月初，朱德和敬镕结伴，迎着早春的寒风，踏上了漫漫的旅途。他们一起徒步从嘉定（今乐山）、叙府（今宜宾）进入滇境，再经昭通、东川，长途跋涉 70 多天，终于在 4 月中旬到达了云南省会昆明。

到达昆明，朱德和敬镕真是高兴得又蹦又跳。他们在城内龙井街一个萧姓四川人开的小客栈里住了下来。

---

① 《朱德传》，第 17 页，人民出版社、中央文献出版社 1993 年版。

第二天，朱德和敬镕就去打听报考讲武堂的事情。别人告诉他们，讲武堂主要招收云南籍的学生，外省人如果没有当地老住户和有权势的人担保，是不能报考的。得知这一消息后，敬镕找到了一位四川的同乡，请他担保他俩报考讲武堂。这位四川同乡看在乡亲的份上，满口答应了。

云南陆军讲武堂是清政府为了维护其摇摇欲坠的统治，培养一批军事人才并建立新的军事力量，在昆明建立的一所新型的军事学校，主要是"为新军及防营现任军官研究武学之所"，"堂内附设丙班学生一百名，考选十六至二十二岁之学生，以品行端方、文理清顺，身体强健者为合格，三年毕业，备充下级军官之用"①。同时，还编练新军一镇（师），定名为"暂编陆军第十九镇"。讲武堂分设甲、乙、丙三个班。甲班学员，是从云南陆军第十九镇的管带（营长）、督队长（副营长）、队官（连长）、排长中选调的；乙班的学员，是从巡防营的管带、帮带、哨官（连长）、哨长（排长）中选调的；丙班学员，是招收的青年学生，其中有贡生、廪生、秀才和普通中、小学生以及识字的健壮青年。

朱德和敬镕到达昆明时，正是云南陆军讲武堂开始招生的时候。经四川那位同乡的介绍和担保，他们报名参加了考试，成绩都不错，他俩都很高兴。可是万万没有想到，发榜时，敬镕被录取了，而朱德却榜上无名。

朱德犹如当头被浇了一盆凉水，他前想后思也弄不明白到底是什么原因。按理说，他考的成绩比敬镕还要好，这一点敬镕自己也承认，要只录取一个的话，那也应该是朱德才对呀。一连几天，朱德陷入深深的苦闷之中，百思不得其解。

看着苦闷的朱德，敬镕的心里也不好受。他也在左思右想到底原因何在，忽然想到了其中的原因。他对朱德说，因听别人说过讲武堂是云南人办的，云南人比四川人更容易录取，因此，他在报名时就把自己的籍贯改成了云南昭通。

事实果然正是如此。把籍贯改成云南昭通的敬镕被录取了，四川的朱

---

① 《朱德自传》（1886～1937），手抄稿本。

德因没有改籍贯而落榜了。

这一打击对朱德太大了。特别是这时，他从家里带来的盘缠已几乎花完了。怎么办呢？面对困难，朱德仍要实现他那"从戎救国"之梦。因此，他决定去当兵。还是在那位四川同乡的介绍下，他进入了新军第十九镇（师）第三十七协（旅）步兵标（团）当了一名战士。在填写登记表时，他吸取了上次报考讲武堂的教训，把自己的籍贯改写成"云南临安府蒙自县"，把原名朱建德改为朱德，字玉阶。从此，"朱德"的名字用了他整整一生。

从这时开始，朱德真正从一介书生变成了一名军人。但是，朱德做梦还是想进云南陆军讲武堂学习。在新军里，朱德表现得十分积极，由于他文化程度高，上过体育学堂，有强健的体魄，在入伍后的基础训练中取得了优异的成绩，很快就担任了队（相当于连）的司书（文书）。不久，因为训练成绩突出，工作努力，又能吃苦，得到标统（相当于团长）罗佩金的亲自推荐，他再次去投考讲武堂。

朱德这次报考讲武堂时，"适值滇越铁路通车，滇政府希望多招一些迤南籍的学生，以备将来屏障迤南边陲之用。蒙自县地处滇南边陲，朱德探听到蒙自无人报考，就报蒙自籍应试。"①

这一次，朱德终于如愿以偿，被云南陆军讲武堂录取了。这是他一生中的重要转折，也是他成为一位伟大军事家的起点。从此，他真正开始了那漫长而又辉煌的军旅生涯。

朱德被录取的是讲武堂的丙班步兵科，同班同学有范石生、朱培德、金汉鼎、王钧、杨池生、童鸿勋、杨希闵、唐淮源等。

在云南陆军讲武堂

云南陆军讲武堂，坐落在昆明承华圃，东临翠湖，这里原是明洪武年

---

① 《朱德传》，第19页，人民出版社、中央文献出版社1993年版。

间沐国公沐英练兵的旧址。

朱德终于进入了云南陆军讲武堂，开始了他渴望已久的军事学堂生活，喜悦的心情是不难想见的。他后来谈到："我的志愿老想做个军人，而这个讲武堂恐怕是当时中国最进步、最新式的了。他（它）收学生很严格，我竟被录取，非常高兴。"① 至于为什么要投考云南陆军讲武堂，做一名真正的军人，朱德说："那时我还是个农民，为了不受帝国主义和封建统治的压迫，就和一些有知识的、前进的人参加了新军学校，进了云南讲武堂，我们曾利用这个新军学校的力量，参加了推翻封建社会的斗争。"②

但是，正当朱德高兴之时，意想不到的事情又发生了。原来，朱德进入云南陆军讲武堂以后，学堂总办李根源在找学员谈话时，发现朱德的口音是四川人，而不是云南人，认为不合招生规定，准备叫他退学。这一下，真让朱德吃惊不小。怎么办？他突然灵机应变地说："我祖父是云南蒙自人，在四川做官，所以我是四川口音。"听了朱德的回答，李根源说："你说你是云南人，要找一个证明人才行呀。"这时，一个名叫曾师仲的同班学员主动出来为朱德作证，证明朱德的祖父是在四川做官。这样，朱德才没有被退出云南陆军讲武堂。

云南讲武堂的军事教育和训练都是近代化的，而且要求非常严格。它分甲、乙、丙三个班，设有步兵、骑兵、炮兵、工兵四个科。各科使用的都是日本士官学校的军事教材。其中有战术学、兵器学、军制学、地形学、交通学、筑城学、马学，统称为"大教程"；有步兵操典、野外勤务、射击教范、军中要务令，统称为"小教程"。为了培养学员实际指挥作战的能力，还设有图上战术作业、沙盘教育、实地测绘和野外作战实习等。在操场上，严格地进行班、排、连、营、团的队列教练，要求每个人姿势端正，动作敏捷，各个动作都要反复练习，做到纯熟了才能结束。丙班学员除了学科和术科外，还要学习普通的文化科学知识，包括国文、历史、

---

① 《朱德传》，第19页，人民出版社、中央文献出版社1993年版。
② 《朱德自传》（1886～1937），手抄稿本。

地理、伦理、算术、代数、几何、英文、法文等。前半年，主要是补习普通文化科学知识，以后就是学专门的军事科学。

云南陆军讲武堂的军事教官，"大部分来源于日本士官学校毕业生；在队职员中有的是保定军校毕业生，有的是武备学堂毕业生；在文职教官中，大部分都是留日学生毕业回国的知识分子"。"讲武堂的军事教官和文职教官，成了留日学生的集中地，是他们回国后谋出路的一个场所。"[①]

讲武堂的学员生活是紧张而又活泼的。每天，嘹亮的军号迎来黎明，学员们在教官的带领下，开始了一天的学习和训练。每逢这时，在广阔的操场上空，便响起那首激动人心的讲武堂堂歌：

> 风云滚滚，
>
> 感觉它黄狮一梦醒。
>
> 同胞四万万，
>
> 互相奋起作长城。
>
> 神州大陆奇男子，
>
> 携手去从军；
>
> 但凭那团结力，
>
> 旋转新乾坤。
>
> ……

每当唱起这首歌时，朱德就感到格外激动和自豪，觉得每一句歌词都唱出了自己的心声。几十年后，他仍然清清楚楚地记得这首令他终生不忘的战歌。

云南陆军讲武堂里的大小课程有二十多门。每天，除了有课堂的讲授，还有操场上的演练，学习生活自然是十分紧张的。学员的起居、饮

---

① 《朱德传》，第21页，人民出版社、中央文献出版社1993年版。

食、操练都和士兵一样，过的完全是军营生活，生活也很艰苦，管束也特别严格。一些学员感到有些吃不消、受不了，而朱德从小就是吃苦长大的，在家中饱尝了艰苦，所以，他却觉得在讲武堂里的学习生活很愉快。朱德后来在《自传》里讲到这一时期的学习生活时，这样说道："这时我学习得很舒服，又没有什么挂虑，家嘛，离得老远，也没有亲戚朋友，这可以说是一个特别专心学习的时期。"[1] 后来，朱德的同班同学杨如轩回忆说："朱总在讲武堂时给我印象最深的就是他刻苦好学，哪怕休息时间，他都用来看书或锻炼身体。"

在讲武堂里，朱德不仅学习刻苦，而且军事素质也很好。他指挥队伍时，动作也干净利索，喊口令时声音洪亮，全校闻名。因此，每当遇到外国领事到讲武堂来参观，学堂的总办李根源总是从学生中指令朱德和朱培德两人出来指挥，学员们一时称他们为"模范二朱"。

那是 1910 年的夏季。这一天，天气晴朗，云南陆军讲武堂的全体师生全副武装，排成整齐的方队，集结在大操场上，等待日本和法国驻昆明领事馆官员们的到来。

学堂总办李根源得知外国领事们要前来参观，对全体师生训话说："这次，不是一般的操练和表演。你们如同走上了战场，要以拼命精神去扬国威！让他们看看我炎黄子孙是个什么样子！"

检阅之后，由丙班一队学员朱培德指挥，表演了队形变换和各种步伐。学员们动作整齐划一，精神饱满，赢得了阵阵掌声。接着，由丙班二队学员朱德指挥学员进行刺杀表演，只听得朱德一声口令：

"散开！"

"杀！"随着喊声，每个学员都朝着各自预定的方位和地点瞬间就散开到位了。150 人形成了方队。从检阅台上向下望去，横竖成行，整整齐齐，就像一个布满棋子的围棋盘。

紧接着，又传来一声洪亮的口令：

---

① 《朱德自传》(1886～1937)，手抄稿本。

"上刺刀!"

口令刚停,随着"咔嚓!咔嚓!"两声响过,只见150把雪亮的刺刀,齐刷刷地上在步枪上,闪烁着阵阵寒光,直指青天。

精彩的表演,赢得了一阵阵喝彩声和掌声。

正式表演开始了。朱德精神饱满,怒目圆睁,犹如在战场上进入了白刃格斗拼刺刀的时刻。他下达口令:

"向前,突刺!"

"杀!杀!杀!"操练场上立刻发出了排山倒海之声。

"防左刺!"又是一个洪亮的口令。整个方队猛回头,按照口令,一阵杀声,刺向左面。

"防右刺!"还是那个洪亮的口令。整个方队,"刷"的一声,调转方向,又向右面杀去。

……

"太精彩了!"在检阅台上的日本领事们被眼前的操练惊得目瞪口呆,觉得这些中国讲武堂里的学员太像日本士官学校的士官生了,不得不发出赞叹声。

李根源总办以及各位教官对朱德的指挥口令和神态,对全体学员的成功表演,都十分满意。李根源非常感慨地说:"这'模范二朱',真是名不虚传啊!"

对于朱德在云南陆军讲武堂里的学习和军事训练情况,他的同班同学杨如轩回忆说:朱总在讲武堂时,给我印象最深的就是他刻苦好学。不论学科和术科,朱总都名列前茅。他的术科更是特别出名。比如在体操方面,他过天桥、跳木马都表现得特别勇敢,给人以非常英武的印象。他翻杠子,可以转大车轮。而他指挥队伍、喊口令,更是全校之冠。声音洪亮,动作干净,气宇轩昂,博得了教官和同学的一致好评。日本领事、法国领事到讲武堂参观,李根源总办都是指定他和朱培德出来指挥,人称"模范二朱"。

在云南陆军讲武堂,朱德深深受到浓烈的反清情绪的感染。以及孙中山的民主革命思想的影响，参加了同盟会，并积极参加同盟会的秘密革命活动。正如他自己所说："我一心一意地投入了讲武堂的工作和生活，从来没有这样拼命干过。我知道我终于踏上了可以拯救中国于水火的道路。"①

正在这时，随营学堂 200 名学生并入了云南陆军讲武堂丙班。因为新军急需补充军官，便从丙班和随营学堂学员中挑选了学习成绩较优秀者100 人编为长期特别班。朱德和范石生、杨蓁、董鸿勋等被选拔进入特别班，原来讲武堂的军事课程要学一年半，特别班只学八个月。

1911 年 7 月，朱德所在的特别班提前毕业了。

---

① 《朱德传》，第 22 页，人民出版社、中央文献出版社 1993 年版。

二、初经战火的磨炼

参加辛亥云南起义

毕业后不久，朱德作为云南陆军讲武堂的第三期毕业生，就被分配到了云南新军第十九镇第三十七协（相当于旅）。他在《自传》里这样写道："我们由讲武堂毕业出来，也不过一两个星期就给分配到营盘里去了。但是，营盘里就不敢要，知道不得开交。结果，还是每个团要了九个人。我们那时学步、骑、炮的都有。因为人家一方面怕你革命，另一方面人家怕你把地位占去。开始以见习生的资格去当副目（相当于现在的下士班长，在学校时是正兵），我们毕业的还是最好的，算优等。副目没有当几天，就又当了司务长。"①

朱德被分配到新军第十九镇第三十七协第七十四标（相当于团）第二营左队（相当于连），见习期满后，被任命为左队司务长，授少校军衔。这个第三十七协的协统（相当于旅长）就是蔡锷。

蔡锷，原名艮寅，字松坡，湖南邵阳人。1904 年，作为日本士官学校第三期毕业生，蔡锷回到了中国，先后在江西、湖南、广西督办军事学堂。

1911 年 2 月，应云贵总督李经羲的邀请，原在广西新军任职的蔡锷被调往云南，任陆军第十九镇第三十七协协统。第三十七协司令部同讲武堂

---

① 《朱德自传》（1886～1937），手抄稿本。

毗邻。蔡锷的办公室里四周堆满了各种书籍和报纸。他每天晚上都要办公到深夜。求知欲望强烈的朱德有时就到蔡锷办公室里请教和借阅一些书报。长时间的接触，使比蔡锷只小四岁的朱德，对蔡锷产生了尊重甚至崇拜之情。蔡锷也很喜欢壮实、质朴、勤奋的朱德。

朱德被分配到蔡锷部下以后，十分高兴，他暗下决心，一定要在蔡锷的领导下，好好地向他学习，带好兵，打好仗。

司务长，在连队里除了管理军械之外，主要管全连百十号人的"吃喝拉撒睡"。这为朱德接触士兵提供了很好的机会。平日里，他挑担上街买菜，在伙房里，帮着伙夫兵挑水、洗菜、烧饭，样样都干；连队收操后，他常去士兵的宿舍里查看，问寒问暖，拉拉家常，并帮着士兵写家信，深受士兵的拥护。因此，无论是新兵还是老兵都愿意与朱德在一起。

那时，云贵川一带哥老会盛行。经在第七十四标当兵的三位同乡的介绍，朱德也秘密地参加了哥老会。他常常和哥老会的人一起以"袍哥"的身份去做士兵的工作。由于新军的士兵都是从乡村征调来的农民，他们对清政府的腐败统治和地主阶级的沉重剥削，以及旧军队中那种打骂制度、克扣军饷等，都非常不满。朱德在士兵中所做的工作，就是进行革命宣传，启发士兵们起来革清政府的命。朱德在《自传》里回忆到这一段经历时说："当司务长就做士兵运动。那时兵权操在北洋军阀手里。部队里也有一部分是讲武堂的人。做士兵运动，多半以家乡关系、哥老会关系，从反对军阀、反对打人等方面来进行。一个革命党人，在当时被捉住是会杀头的。可是那些从北方带去的士兵出身的军官又怕这些人。这中间有一个矛盾，他们想不要这些，同时又少不了这些。我当司务长一个月，士兵运动到手上来了。""我的任务是运动云贵总督李经羲的卫队和我在的那个团，其他部队不归我。卫队是四川同乡关系，原来在里面有些熟人，不大被注意防备，我可以随便来往。因为多年不打仗，听说要'革命'有些害怕。话不说穿，但是大家都知道：'反正要革命，要打了！'"

这一年的秋天，云贵总督李经羲为了炫耀武力，向革命党人示威，也为了安抚民心，下令驻云南的新军要进行秋季野外演练，并提出同时对新军的各级官佐进行考核，演练与考核不合格者，立即革职除名。这道命令，在新军里引起了骚动、不安。那些本来就没有什么本事的军官，整日里惶惶不安。朱德所在的左队，队官根本不懂军事，练操时连口令都喊不好，更别说组织训练了。这个队官眼看着这回要抓瞎了，突然想起刚从讲武堂分来的朱德，就要朱德去组织训练。朱德决定乘此机会，把队伍带起来，于是他同意了。朱德曾回忆说："那时候，有一个很好的机会，正是打秋操，上面要考，不行下台。那些连长又不行，带不了。我带起来，那就好得很，带来带去，兵就带熟了。后来，一下子就反正起来。"

10 月 10 日，湖北新军中的革命党人在武昌举行了起义，为腐朽没落的封建清王朝敲响了丧钟。

消息传到云南以后，10 月 30 日，蔡锷决定在昆明发动起义。由于这一天正好是农历九月九重阳节，所以，这一次起义又称为云南重阳起义。

10 月 30 日，预定起义的日子终于来到了。但是，一件意外的事情突然发生。这一天的晚上 9 时左右，驻昆明北校场的新军第三十七标的士兵正在为准备起义而抬运子弹时，遇到北洋派值日队官的查究，双方发生了争执，情绪激昂的士兵开枪打死了这几个军官，起义就只好提前发动了。这部分起义军攻入昆明北门，进攻五华山和军械局。正在巫家坝布置起义的蔡锷，听到北校场的士兵已经发动起义，立刻下令第七十四标也提前出发进攻昆明城，同时宣布云南起义开始。

这时，朱德被指定接替所在部队的队官（相当于连长）。晚上 12 时，起义部队全部进入昆明城。黎明时，起义军已占领所有城门，朱德接受了率部参加攻打云贵总督衙门的任务。

朱德立即带着部队直奔南门，半路上遇到了巡防营的管带（相当于营长）领着 200 多士兵前来投降，说："我们愿意同你们一起参加起义。"

朱德当即表示欢迎，说："起义不分先后，哪个参加我们都欢迎。我们联合起来攻城去！"

蔡锷得知巡防营参加起义，立刻赶到现场，激励巡防营的官兵们。他说："欢迎弟兄们参加起义，希望你们英勇作战攻下南门，然后守住南门，绝不能让城内的敌人逃掉!"

朱德带着左队,逼近南门附近时,遇到马标(骑兵团),三言两语就混过去了。按照约定的计划,讲武堂的学员们打开了城门,杀向总督衙门。

云贵总督衙门,坐落在昆明城南门内五华山南麓,衙门四周高墙壁垒,两道铁门紧闭,围墙内外都构筑有坚固的碉堡、工事,还有卫队营、机枪连和辎重营严加防守,确实是一座城中之城,易守难攻。朱德带着部队还未逼近总督衙门时,守敌的机枪就已经响了起来,吐着火舌射向四方,根本无法靠近总督衙门。几次搭梯子翻越围墙也都没有成功。情急之下,朱德立即跑到炮营请求炮火支援。但是,当炮兵营轰开南门后,多数的炮都被调去攻打另一个据点军械局去了,只剩下一门重炮和三发炮弹。见此情况,朱德对炮兵说:"独门炮是当头炮,三发炮弹就足够了。"

"轰!轰!"只听两声巨响,震得大地颤抖,从渐渐散开的硝烟中看到,第一道大门被轰开了,连第二道大门也被打了一个大洞。起义军士兵们一阵欢呼。紧接着,第三发炮弹又炸响了,总督衙门的大门终于全部被摧毁,连门口上的旗杆也被炸断了。

在一片喊杀声中,朱德带着部队冲进了总督衙门的第一道大门。

奉命据守第二道大门的卫队营里,有不少是四川人,起义前朱德通过哥老会已做了许多兵运工作。这时,他们都纷纷掉转枪头,参加起义,同首先冲进来的起义军一道,打开了第二道大门。罗佩金率领的大批后援部队也赶到了。起义军立即占领了云贵总督衙门。

云贵总督李经羲就住在第二道大门内的一座楼房里。他刚刚得到五华山被攻破的消息,正心惊肉跳、不知所措时,衙门外已炮声隆隆,杀声不断。眼看着末日来临,他便于深夜3时从地下通道爬出城,逃命去了。

朱德冲进总督衙门后,四下里搜了个遍,也没有发现李经羲的人影。他把部队集合起来,大声说道:"一定要把李经羲找到。活,要见人;死,要见尸。我是向蔡锷总司令下了保证的!"

后来，通过审讯俘虏，才得知李经羲早已逃到城外四集城萧巡捕家里去了。

朱德马上带着部队，向四集城奔去，一下将萧家大院围了个水泄不通，然后对里面喊话："萧巡捕，你听着，你家的大院已被包围了，赶快把李经羲交出来。不然，枪一响，火一烧，你这院子就全部完了！"

但是，大院里，既没有反应，也没有动静。

看到有的士兵等不得了，急着要往萧家大院里冲。朱德连忙一边劝说："莫要慌，再等一等！"一边站在墙头上继续喊话："李经羲，你只要下令云南新军都投降，就可以免你一死。有立功表现，还可赎罪！"

没过多久，萧巡捕终于挑着白布条子站到院子当中，表示愿意投降。

朱德走进萧家大院，同李经羲进行谈判。李经羲当场答应立即分别写信给滇东的镇守使夏豹伯、滇南蒙自关道尹龚心湛，让他们立即投降。

朱德带着李经羲回到了昆明城里，向蔡锷作了报告，并建议说："我看此事如能成功，就可以减少许多不必要的伤亡，对国家、对百姓都有好处。到时，可以把李经羲送出境。"

蔡锷完全同意朱德的这一建议，并对朱德在这次起义中有勇有谋倍加赞赏，认为朱德既有军事才能，又有政治才能。

参加云南起义是朱德投笔从军后经受的第一次战火的考验。初出茅庐，朱德就表现出了杰出的军事才能。

50年过后，朱德曾写下《辛亥革命杂咏》诗作，生动形象地再现了当年参加起义的情景。诗中写道：

> 云南起义是重阳，下定决心援武昌。
>
> 经过多时诸运动，功成一夕庆开场。
>
> 生擒总督李经羲，丧尽人心莫敢支。
>
> 只要投降即免死，出滇礼送亦权宜。

在滇南边界打游击

云南起义是武昌起义后第五个起来响应的省份，也是西南各省中第一个独立的省份。这个伟大壮举，震撼了腐朽的清政府。清政府决定向革命力量进行反扑。在清军进攻武汉以前，端方率领的清军就已进入四川，四川总督赵尔丰还拥有相当大的军事力量，仍在血腥地镇压四川人民。于是，云南军政府决定遣师北上，援助四川起义军。蔡锷决定派出两个梯团（相当于旅）共八个营的部队，由韩国饶率领北上援川。

1911年11月15日，援川的部队从昆明出发，兵分两路北上：一路由李鸿祥率领第一梯团取道贵州毕节向泸州前进；另一路由谢汝翼率领第二梯团经东川、昭通入川，向叙府（今宜宾）前进。朱德仍任排长，随第二梯团出征。

援川的滇军，纪律很严格。12月中旬、下旬，部队顺利地占领了叙府和自流井。这时，朱德已晋升为连长，授上尉军衔。他用平时省下来的180块钱，买了一匹马，但他自己却没有骑，还是坚持走路，一路上都给生病的士兵骑了。不久，四川宣布独立，军政府在成都成立，援川军便返回到了云南。对于这一次的援川经历，朱德曾写有一首诗：

忆曾率队到宜宾，高举红旗援弟兄。

前军到达自流井，已报成都敌肃清。

1912年四五月间，26岁的朱德随援川部队回到了昆明，在援川军庆功大会上被宣布晋升为少校军衔，先在滇军中训练新兵，有两个多月时间。

这一年的秋天，蔡锷下令恢复云南陆军讲武堂，称为讲武学校。朱德被调任学生队区队长（学生分五个区队，每个区队约100人）兼军事教官，讲授战术学、野战学、射击术和步枪实习等军事课程，还指挥野外的实地演习。朱德后来说："这一年，学术上大有进步，因为学生调皮，教不好就不成功，所以军事学等都重温了一遍。"[①]

1913 年夏天，朱德奉命被调到云南陆军第一师第三旅（旅长刘云峰）步兵第二团（团长董鸿勋），升任第一营营长。第二年初，因为临安府发生兵变，陆军第一师被调到临安（今建水）、蒙自、开远、个旧一带布防，朱德也随部队来到了云南南部边疆。这时，他的注意力暂时被完全转移到如何巩固祖国南疆边防这个问题上。

朱德的部队负责驻守蒙自、个旧一带地区。这里属于亚热带，气候炎热多雨，万山重叠，环境极为艰难，斗争十分复杂。又同法属印度支那相邻，需要时刻提防外国势力的侵袭和他们豢养的土匪的骚扰。部队一面要说服当地的土著，一面不得不使用武力对付土匪的袭扰，几乎每天都要进行大小不等的战斗，在山间、河谷、密林、村舍到处都会响起枪声。艰苦的环境、复杂的敌情，使朱德用心地采取适合当地情况的战术，有时化整为零，有时化零为整，声东击西，忽北忽南，打得赢就打，打不赢就走，机动灵活地打击土匪。

在蒙自，有个著名的土匪叫方位，他纠集匪徒，打家劫舍，祸害人民，无恶不作，但屡缉未获。1914 年 9 月 16 日，通过侦察，朱德得知方位等土匪十余人正躲在冷水沟的黄喜店子里，便突然率领部队把土匪包围了起来。方位等土匪拼命负隅拒捕，开枪打死士兵三人。经过三个多小时的激战，方位从屋后逃出，躲藏在沟边，后被击毙。这时，黄喜店里的其他土匪仍然在拼命进行抵抗，朱德命令士兵购来煤油，将煤油泼洒在店子的前后门上，然后放火延烧。土匪见势不好，纷纷跳窗奔逃。朱德率领部队很快就将这些土匪消灭掉了。

方位这些土匪被消灭后，当地民众无不拍手称快。事后，朱德在向旅长刘云峰报告时，建议政府对遭受土匪杀害的居民亲属给予赈恤；对因土匪负隅顽抗而不得已烧毁的民众房屋按市价进行赔偿。云南巡按使任可澄

[①] 《朱德自传》（1886～1937），手抄稿本。

在给蒙自道道尹王广龄的批文中这样说道："查该匪首方位，系著名惯匪，屡缉未获。兹复纠党盘踞冷水沟黄喜店中，经营长朱德督兵围击，反敢负隅拒捕。该营长用火将该匪烧毙，极恶穷凶，一旦殄除，实为地方庆幸。"①

1915年9月，朱德又率部队两个连，在建水县渣腊寨会同地方武装，成功地清剿了大批土匪。从此，这个地区的土匪明显减少了，民众得以安居乐业，外国势力企图利用土匪骚扰边境、乘机侵占中国边疆的阴谋始终没有得逞。这个地区地域宽广，包括十几个县，清剿部队只有两个营的兵力，却取得了巨大的成功。

由于朱德在边境深山密林的剿匪战斗中屡建奇功，被先后提升为团副、团长。

朱德在滇南边境度过了异常艰苦的两个寒暑。他在特殊的地方，以特殊的方法，进行着特殊的战斗。这些大大小小的战斗，使朱德指挥作战的能力得到了迅速提高。如果说讲武堂的学习和教学生活，使他受到系统而严格的近代军事教育的话，那么，这两年实际游击作战的磨炼，又使他学会如何在复杂的环境中带兵，如何根据战场的具体情况灵活机动地指挥作战。这对他后来投身人民军队在军事指挥方面作出突出的贡献有着深刻而重要的影响。1937年5月，朱德在延安同美国女作家宁谟·韦尔斯谈到这段历史时说："我用以攻击敌军而获得绝大胜利的战术是流动的游击战术，这种战术是我从驻在中法边界时期蛮子（旧称）和匪徒作战的经验中得来的。我从跟匪兵的流动群集作战的艰苦经验中获得的战术，是特别有价值的战术，我把这种游击经验同从书本和学校得到的学识配合起来了。"②1944年，在延安编写中国工农红军红一军团史座谈会上，朱德对这种游击战术的来源再次作了说明。他说："过去从一九一一年辛亥革命开始，在川、滇同北洋军阀等打仗，打了十年，总是以少胜众。在军事上的主要经

---

① 《朱德传》，第27页，人民出版社、中央文献出版社1993年版。

② （美）宁谟·韦尔斯：《朱德的一生》，《续西行漫记》，第119页，三联书店1960年版。

验，就是采取了游击战争的战法。记得在莫斯科学习军事时，教官测验我，问我回国后怎样打仗，我回答：战法就是'打得赢就打，打不赢就走'，'必要时拖队伍上山'。当时还受到批评。其实，这就是游击战争的思想。所以，在这一点上，我起了一点带头作用。"①

护国战争的先锋

就在朱德在滇南边疆深山丛林中进行艰苦的游击战争的两年多中，中国国内的整个局势却以令人吃惊的速度恶化了。

辛亥革命推翻了清朝政府和统治中国几千年的封建君主专制制度，创立了民国。这曾经使许多中国人欢欣鼓舞，以为在中国将要开始一个新纪元。但是，中国半殖民地半封建社会的根基其实并没有被触动。复辟与反复辟的斗争并没有停止，一直在激烈地进行着。旧势力的政治代表袁世凯很快就窃取了革命胜利的果实，当上了中华民国的临时大总统后，向涣散的革命势力反扑了过来。随着孙中山发动的讨袁的"二次革命"的失败，袁世凯接受了日本帝国主义企图灭亡中国的"二十一条"，并于 1915 年 12 月 12 日公然宣布恢复帝制，并准备登基当皇帝。中国的命运再一次处在危殆之中。为此，中国人民迅速奋起声讨，掀起了护国讨袁的爱国运动。

随着全国讨袁运动的发展，参加过辛亥革命的云南新军的军官们也在积极酝酿起兵讨袁。12 月 19 日，蔡锷机智地摆脱袁世凯对他的严密监视，辗转日本、香港、越南回到了昆明。22 日，蔡锷和唐继尧等一起召集上校以上军官及外地来到昆明的爱国人士开会，宣誓效忠共和。25 日，蔡锷、唐继尧、李烈钧等联名向全国发出通电，宣布云南独立，组成护国军发起讨伐袁世凯的护国战争。

云南的行动，得到了全国各地的响应。随即，蔡锷派人给驻各地的滇军将军送去亲笔信，介绍全国反袁斗争的形势，要求他们做好准备，率部

①　《朱德选集》，第 126 页，人民出版社 1983 年版。

二　初经战火的磨炼

MILITARY STRATEGIST

ZHU DE

21

于 12 月 25 日和昆明同时起义，然后出师讨袁。

这时，担任滇军步兵第十四团团长的朱德，还在滇南边境的蒙自、个旧一带地区忙着剿匪平乱，进行着艰苦的游击战争。当他得知袁世凯恢复帝制的消息时，感到十分震惊，愤怒地写下了这样的诗句，斥责袁世凯：

> 言犹在耳成虚誓，
>
> 老不悲秋亦厚颜。

12 月下旬的一天，朱德在蒙自城的街头上突然遇到了一位从昆明来的老朋友。那人急忙凑上前向他行礼，顾不得寒暄几句，就嘱咐朱德说："今晚请务必到城外的小庙相会，我有要事相告。"随即就急匆匆地离开了。

朱德感到有些奇怪。等到晚上，他按时来到城外的小庙。来人已经等在那里了，他将一块碎布交到朱德手中。朱德连忙打开碎布一看，一行熟悉的字呈现在他的眼前，那是蔡锷的亲笔手令："按传令人的命令行事。"

"将军的命令，我朱德坚决执行。赴汤蹈火，在所不辞。"朱德一边收好碎布，一边说。

来人告诉朱德，蔡锷已秘密回到了昆明，决定于 12 月 25 日宣布云南独立，起兵讨袁护国，要求朱德届时务必率部返回昆明，参加起义。朱德当即表示坚决执行命令，请来人转告蔡锷，让他放心。

转眼就到了 12 月 25 日凌晨，朱德遵照蔡锷的命令，率领部队向师部发起进攻，逐走了反动军官，举行了讨袁誓师大会。在大会上，朱德发表了演说。他讲述了全国讨袁护国的形势，揭露了袁世凯祸国殃民想当皇帝的罪行，宣布执行蔡锷的命令，举行起义，得到了全体官兵的一致响应。随即，朱德率领起义部队浩浩荡荡地开赴火车站，登车向昆明开进。

12 月 30 日，朱德被调离他原来率领的部队，改任滇军补充队第四队队长。

1916 年元旦，袁世凯准备庆祝登基当皇帝的庆祝大典虽然告吹了，但他一心想当皇帝的贼心不死，还启用了"中华帝国"的国号，改用"洪宪"纪元。

也就在这一天，护国军在昆明举行了誓师大会，发布了讨袁檄文，历数了袁世凯"叛国称帝"的 19 大罪状。

护国军由 3 个军组成。第一军以蔡锷为第一军总司令、罗金佩为总参谋长，下辖 3 个梯团，任务是出兵四川，进而北伐，进攻武汉；李烈钧为第二军总司令，下辖 2 个梯团，出兵广西，防备广东龙济光部进攻滇南；唐继尧作为云南都督兼任第三军总司令，镇守后方。

护国讨袁的消息传到北京后，袁世凯惊恐万分，坐卧不安，立即下令组成"征滇临时军务处"，任命曹锟为川湘两路征滇军总司令，张敬尧为前敌总指挥，督率十几万大军从湘西、川南迎战护国军。

一场大战不可避免了！

1 月 6 日，朱德所部被编为护国军第一军第三梯团第六支队。当护国军在纳溪城东的棉花坡一带高地顽强阻击北洋军，双方展开激烈的争夺战时，蔡锷命令第三梯团火速赶往增援。1 月 22 日，朱德骑着马，率领第六支队从昆明出发，向川南进发。

护国军第一军进入川南之后，最初进展顺利：由刘云峰所率领的第一梯团在云南宣布独立之前，已先期出发，经东川、盐津进入四川。1 月 20 日，渡过金沙江后攻占了叙府（今宜宾）。赵又新的第二梯团和顾品珍的第三梯团由贵州的毕节入川后，取道叙水（今永宁）向泸州进攻。

泸州，是四川南部的一个重镇，既为云南入川的必经通道，又是重庆的重要门户，地理位置十分重要。

2 月 6 日，护国军的董鸿勋支队与护国川军刘存厚部的陈礼门团合力攻克了泸州对岸的蓝田坝。袁世凯立即派曹锟的第三师、张敬尧的第七师、李长泰的第八师一部以及周骏的川军第一师向泸州增援。

双方兵力悬殊。三天以后，北洋军偷渡长江。护国川军陈礼门所部由于麻痹大意，猝不及防，纷纷溃逃，蓝田坝、月亮岩相继失守，护国川军的大炮大部分被损失，陈礼门自杀而死，董鸿勋支队虽冲出包围，但也被迫后撤，北洋军大举向纳溪推进。

护国川军一战而败，川南战场的局势顿时紧张起来。护国军随即在纳溪城东的棉花坡一带高地顽强阻击北洋军。双方展开了激烈的争夺战。由于形势危急，蔡锷命令第三梯团火速前往增援。

为了尽快赶到前线，朱德率领第六支队，以每天八九十里甚至一百多里的速度赶往前方。2月15日，当他率部到达叙水后，即得到董鸿勋部失利的消息。这时，他收到了蔡锷发来的急电，命令他立即日夜兼程急速前进，赶赴纳溪，接替董鸿勋的第三支队队长职务。

经过两天的急行军，2月17日11时，朱德率部赶到纳溪前线。

此刻，阵地上仍在进行着激烈的战斗，第三支队的余部仍在顽强地抵抗着敌人的进攻。第三支队正是朱德在蒙自带出来的那支部队，战斗作风英勇顽强，尽管损失惨重，但是士气仍很高昂，锐气未减；特别是看到他们的老团长又亲自来指挥他们战斗，更是增添了斗志。

朱德在战场调整好部队后，立即宣布战场纪律，他说："要消灭北洋军，打倒袁世凯，就得不怕死，勇敢冲锋。在战斗中，士兵退，班长杀；班长退，排长杀；排长退，连长杀；连长退，营长杀；营长退，团长杀；我朱德退，全军杀！这是铁的纪律，人人都得遵守！"

稍后，朱德立即指挥部队冲锋前进，将敌军击退约二三里，然后把部队布防在棉花坡正面高地上，与据守在红庙高地的北洋军形成对峙。

棉花坡距纳溪城有五公里，是坐落在金沙江与永宁河之间的一脉高地，江河沿岸都是起伏的山峦，位置十分险要，是通往纳溪的大道，为两军必争之地。朱德率部与北洋军展开了激烈的争夺战。北洋军在这里集结重兵，他们倚仗着弹药充足和武器精良，昼夜不停地以猛烈火力向护国军的阵地进行轰击，一时间，山地上的小松林大多数都被轰击得倾倒在地上，击落的松针在地上厚积数寸。面对北洋军的猛烈火力，朱德带领着全支队官兵日夜坚守在阵地上，他鼓励官兵们说："北洋军不经打，他们从平原跑到山地来，连走路都成问题，而且我们反袁是义军，他们是师出无名，所以胜利一定是我们的。"①

战斗异常的激烈。朱德组织部队以白刃战和夜战，顽强地抗击北洋军的一次又一次的进攻，终于守住了阵地，但部队伤亡很大，营长曹之骅牺牲了，由副营长杨如轩代理营长指挥。

为了实行"攻势防御"，护国军兵分三路进行反击。朱德亲自率领两个营和一个炮兵连、一个机枪排，从棉花坡向菱角塘进攻。双方交火以后，北洋军凭借着居高临下的有利地形和坚固的防御工事，拼死抵抗。朱德采取迂回战术，以一个营在正面用猛烈炮火牵制敌人，而将大部分兵力迂回到敌人的侧面去攻击。北洋军突然遭到出其不意的打击，损失惨重，随即组织更多兵力向朱德部正面阵地进行疯狂的反扑，并突破了几个缺口。朱德部在友军的支持下，经过殊死战斗，才夺回失去的阵地。

由于朱德在这次战斗中表现出来的指挥才能，第二天，罗佩金又把护国川军的一个营交给他指挥。

护国军虽然取得了很大的战绩，但双方兵力毕竟悬殊，经过三天鏖战，部队伤亡很大，减员较多。于是，蔡锷下令护国军从2月22日起暂时改取防御态势，进行休整。

经过几天的休整后，2月27日，蔡锷在纳溪召集会议，决定从第二天起再一次发起反攻。

会议散后，朱德立即回到了第三支队，立即集合官兵讲话，鼓励大家振奋斗志，勇敢杀敌。这天夜里，朱德辗转反侧难以成眠，一直思索着用什么战术才能打败北洋军、夺取胜利……

经过思索，朱德决定出奇制胜。他连忙召集各营、连的军官，宣布了组织敢死队突袭敌军阵地的计划，并且布置了各营、连的具体战斗任务。

深夜，数百名官兵静悄悄地聚集在营地上，等待朱德支队长下达命令。

在寒夜里，朱德环视着衣衫单薄但精神抖擞的官兵们，高声说道：

---

① 《朱德传》（修订本），第41～42页，中央文献出版社2000年版。

"弟兄们，我们为了保卫共和，远离家乡来到前线，同北洋军拼死作战。为共和而战，虽死犹荣。生为共和的人，死为共和的鬼。不推翻袁贼，我朱德死不瞑目。不打败北洋军，对不起我们的父母兄弟……"

官兵们被朱德慷慨激昂的讲话所感动，一致振臂高呼：

"生为共和的人，死为共和的鬼！"

……

朱德更加严肃了，他瞪着两只大眼向官兵们喊道："我们现在挑选敢死队队员，不怕死的，愿意跟着我朱德去冲锋陷阵的，站出来！"

不等朱德的话声落去，"哗啦啦"一阵声响，几乎全体士兵都站到了朱德的面前。

朱德被感动了，他双眼含着泪水，当场挑选了80名士兵，组成了敢死队。

夜已经很深了，一切是那么安静。趁着夜深人静，朱德带着这80名敢死队队员，神不知鬼不觉地进入了敌人阵前的开阔地，悄无声息地潜伏下来，就等护国军发起攻击的时刻到来。

天刚蒙蒙亮，随着护国军总攻信号的发出，朱德带着敢死队突然跃起，插入敌阵，与敌人展开了白刃战。北洋军面对着突然袭来的护国军，还以为是天兵天将，早已吓得魂飞魄散，对这措手不及的突然袭击根本没有任何思想准备，他们为了逃命，只顾四处逃窜。敢死队的队员们一个个如猛虎下山，在一片喊杀声中，越战越勇，跃过堑壕，冲向敌群……

护国军的后续部队上来了，经过一阵激战，接连夺下北洋军的几处阵地，取得了作战的胜利。

这一仗，朱德赢得了勇敢善战、忠贞不渝的盛誉。在当地老百姓中很快传开了这样一首赞颂护国军英勇作战的歌谣：

> 黄（永杜）据盖，
> 廖（月江）毛瑟，
> 金（汉鼎）朱（德）支队惹不得。

但是，北洋军并不甘心他们的失败，他们很快又重新集结兵力，向护国军阵地反扑过来，形势依然十分严峻。

战事旷日持久，仗越打越艰难。3月3日，传来护国军左路军被迫放弃叙府的消息。第二天，蔡锷下达了暂时撤出纳溪的命令，部队退至大河驿一线休整待机。朱德支队奉命担任后卫。

以棉花坡为中心的纳溪保卫战，在护国讨袁战争中占有极为重要的位置。那时，除云南、贵州以外，其他各省还没有宣布独立。袁世凯的北洋军声势浩大，而纳溪之战则沉重地打击了北洋军，使其死伤三四千人。同时，还为全国的护国运动赢得了两个多月的宝贵时间，促使全国讨袁护国之声风起云涌。

在这次作战中，朱德支队从2月19日投入战斗到3月7日撤出，浴血奋战16个昼夜，在生死搏斗中，朱德始终坚持在作战的第一线，表现出了英勇无畏的战斗精神和顽强的战斗意志，以及杰出的军事指挥才能。

随着全国护国讨袁运动的迅猛发展，3月27日，蔡锷决定对泸州发动第二次进攻。

进攻部队分三路向纳溪推进：顾品珍梯团为中路，何海清支队和刘存厚部为左路，金汉鼎、朱德支队和义勇军张煦、廖月江支队为右路。

由于朱德支队在右路中担负主攻任务，蔡锷于3月15日在大洲驿总司令部召见了朱德，向他说明了作战意图。蔡锷对朱德说："逆军极无攻击精神，我军对其正面，只宜配备少数之兵力，而以主力冲其侧背，彼自溃走。宜切谕诸将领，务多留预备队在指挥官之掌握，俾便运用。"① 朱德听后深受启发。

3月18日拂晓前，朱德支队开始发起攻击。前方敌军为北洋军第七师吴新田旅的第二十七、第二十八两个团，不仅武器好，战斗力强，而且兵力超过朱德支队的三倍以上。这一带地形复杂，山峦起伏，路窄林密，渠沟水网纵横，易守难攻，前进十分困难。经过五昼夜的激战，朱德支队连

① 《朱德传》（修订本），第45页，中央文献出版社2000年版。

续突破了北洋军的几道防线，一直插到距泸州只有十几里的南寿山附近。

作战中，朱德不仅注重战术的运用，同时还得到了当地群众的支援。农民们不仅为护国军送粮食、运弹药、抬伤员，还为护国军送情报，甚至直接参加作战。

一天，有一个牧童跑来找朱德，他非常神秘地对朱德说："我知道北洋军的大炮藏在什么地方，我带你们去。"

朱德抚摸着牧童的头，称赞说："你真是一个好娃儿！敢冒死来报告敌人的炮兵阵地，还要带我们去。要得，长大了也是个好样的。"说完，他立即吩咐左右快去弄点吃的来给牧童吃，好让他吃饱了去执行任务。

然后，朱德同参谋们商量后决定，派一支突击队随牧童迂回到敌后的炮兵阵地附近隐蔽起来，当护国军进攻开始后，再出其不意地进攻敌人的炮兵阵地，夺取后点火为信号。

一切都很顺利。很快，朱德看到北洋军后方浓烟滚滚腾空而起，知道是奇袭敌炮兵阵地已成功，就立即命令部队发起冲锋。顿时，号角声、喊杀声震撼着整个山野。北洋军腹背受到攻击，根本弄不清楚炮兵阵地是怎么起火的；这时，又遭到第三支队猛烈炮火的袭击，不禁阵脚大乱，只好纷纷夺路而逃。

从3月17日至23日，一个星期之内，护国军在绵延百里的战线上重创北洋军，毙伤敌人900多人，缴获大炮7门，机枪9挺，步枪900余支，炮弹200余发，子弹13万余发。朱德的第三支队因为作战有功，受到了总司令部的特别嘉奖。

3月23日，正当朱德准备向南寿山发起更大规模的进攻时，前敌指挥部赵又新送来命令：因弹药不继，各部队暂缓攻击，就地待命。

就在这时，袁世凯被迫宣布取消帝制。6月6日，袁世凯因病去世，第二天，黎元洪继任中华民国大总统。同日，朱德支队奉蔡锷的命令进驻泸州，护国战争宣告结束。

在护国战争中，朱德英勇善战，战功卓著，从而使他成为远近闻名的滇军名将。后来，吴玉章在祝贺朱德60寿辰时说："你是护国之役的先锋队，泸州蓝田坝一战，使张敬尧落马，吴佩孚、曹锟手足失措，袁世凯胆战心惊，终将袁氏帝制倾覆，保存了中华民国之名。"①

经过这几个月艰苦卓绝的战斗磨炼，朱德的军事指挥才能也有了相当大的提高。他自己后来曾自豪地说道："我们只有六千人，抵着敌人十几万，打得很苦。那时，就是专靠打游击战，专靠民众拥护，不完全阵地战。在整个中国打出了名。每当一条战线要垮的时候，我到了就支持住了。有一次只带了两个连，有炮步兵连，敌人总进攻，我只在山顶上带了两连的新兵，几乎被捉，结果以一千发的炮弹，打退他们。那时指挥员的威信是需要的，干部多是在讲武堂里练出来的，有了信心，便支持着。……打大仗，我还是在那时学出来的。我这个团长指挥三四个团，一条战线，还是可以的。"②

① 《朱德传》（修订本），第47页，中央文献出版社2000年版。
② 《朱德自传》（1886～1937），手抄稿本。

三、在北伐战争前后

出国学军事

护国战争结束后，朱德部改编为第七师第十三旅第二十五团，先后驻扎在四川的泸州和南溪。在近一年的时间里，朱德过着较平静的生活。在部属的撮合下，朱德同南溪师范学校毕业生陈玉珍结了婚，新家就安在了南溪，他在家里布置了一间精致的书房。

不过，朱德这平静的生活没有能维持多久就被打破了。

1919 年夏天，风云变幻的中国又掀起新的政治波澜。6 月间，驻防徐州的军阀张勋借黎元洪免去段祺瑞国务总理职务的机会，率兵入京，逼迫黎元洪解散国会，废除《临时约法》。随后，公然实行复辟帝制，激起了全国人民的极大愤慨。在全国一片声讨声中张勋复辟很快失败了。段祺瑞再次出任总理。但他却拒绝恢复《临时约法》，从而导致了护法战争的发生。

7 月中旬，云南督军唐继尧打起"护法"的旗号，企图独霸西南地区，充当"西南王"。为此，他立即宣布组织靖国军滇黔联军，自任总司令，对四川大举用兵，准备占领四川。驻守四川溪南的朱德，这时被委任为靖国军第二军第十三旅旅长，受命进驻泸州，从而卷入到一场军阀混战之中。

朱德实在不愿参加到这场旷日持久而又缺乏明确政治目标的战争之中，便致电唐继尧请求立即北上讨伐北洋军阀，但唐继尧却没有理睬。作为一名军人，朱德只好服从命令，带领他的部队不断同川军作战。

然而，这时的滇军已不再像护国战争时那样能得到当地民众的支持了，因此，在同川军作战中，节节失利，很快就从富顺、隆昌、永川退至叙府、泸州一线。到 11 月，川、滇两军在叙府、泸州几经激战，滇军终于支持不下去了，被迫退到横江、叙永一线，滇军的伤亡人数与日俱增。眼看就要进入冬季，官兵衣衫单薄，补给无源，士兵情绪低落，无心恋战，部队陷入困境。看到这一切，朱德陷入了深深的忧虑之中。

正当滇军在川南战场告急的时刻，局势突然又发生了转机。滇军顾品珍部由泸州东下，与黔军王文华部配合，于 12 月 4 日袭占重庆。接着，川军又从川南各地撤退，滇军乘机由川南发起攻击。

局势的变化，在朱德心中重新燃起希望的火焰。12 月 10 日，他致电唐继尧，表示："顷奉钧电催反攻，德率所部，愿效前驱"，要求以"本旅及金旅杨团克期分道进攻泸城"①。13 日，朱德率部从泸州下游泰安场渡江，向泸州城外的制高地五峰顶发起进攻。同时，金汉鼎、周宗濂等部也分路渡江，向泸州进攻。当时正在朱德部下的杨如轩回忆说：反攻泸州前，朱德"建议（靖国第二军军长）赵又新实行精兵政策，大事整顿队伍，旅长降来当团长，团长当营长，营长当连长。全军整编为四个团，他任第一团团长，金汉鼎任第二团团长，我被派为朱的团副。反攻泸州时，采用步、炮联合作战，他亲临泸州对河月亮岩炮兵阵地，指挥炮兵射击，发扬火力，打得很准，专打敌人密集队伍，掩护步兵爬城，获得了大胜，再克泸州。"②

在胜利的欢呼声中，朱德以为进军北伐的时机总算盼来了。他主张四川督军一职应由在四川有着长期革命历史的熊克武担任，并且集合所部进行休整，积极准备出川，同北洋军阀作战。1918 年 2 月 9 日，他和金汉鼎等驻川滇军将领联名致电唐继尧，要求率部出川进入湖北，同北洋军阀作

① 朱德致唐继尧电，1917 年 12 月 10 日，云南省档案馆藏件。
② 杨如轩：《我知道的朱德委员长》，1977 年 11 月，未刊稿。

战。但是，唐继尧没有同意，严令他们仍然驻留四川。3 月 13 日，朱德再次致电唐继尧，大声疾呼："现荆襄危殆，日甚一日。德收合余尽，士兵已得休息。""恳俯允率所部出武汉，歼灭敌胁。"① 唐继尧还是没有同意。这时，朱德虽然再三要求北伐，但是，他还没有看清唐继尧只是假"护法"之名而行图霸四川之实的真实用心，仍以为自己是在为支持孙中山提出的"护法"革命主张而履行一个军人应行的职责②。

3 月间，朱德奉命移防泸州，他仍任旅长，同时兼任泸州城防司令。

这以后将近两年的时间内，四川境内没有发生大规模的战争，朱德从频繁的战事中暂时得到解脱。

暂短的平静生活，使朱德能有足够的时间对过去几年经历的战事进行冷静地思索。自从参加辛亥云南起义以后，他先后参加了护国讨袁战争和护法战争，但看到的却总是同他愿望相背离的另一种局面，许多"真正的革命者有的灰心了，有的被赶跑了，纵然想要继续努力，为创造一个中华民族的民主共和国而奋斗，但他们迷失方向了"③。包括他自己在内，"都陷入了一种怀疑和苦闷状态，在黑暗中摸索而找不到真正的出路"④。朱德在这一时期写下的几十首诗，真切地反映出他当时的心态。

1919 年 5 月 4 日，一场风暴猛烈地荡涤着中国大地。北京学生的爱国行动很快遍及到泸州，整个泸州城一下沸腾了起来。作为一个中国人，作为一个立志救国的爱国军人，朱德也深受其影响。他阅读了大量的新文化书刊，开始用一种新的眼光去探寻中国的前途。特别是俄国十月社会主义革命的成功，引起了朱德的注意。他通过把自身的经历同苏俄的现实进行比较，开始朦胧地感到"有必要学习俄国的新式革命理论和革命方法，来从头进行革命"⑤。因而，这时的朱德产生了要出国学习

---

① 朱德致唐继尧电，1918 年 3 月 13 日。

② 《朱德传》（修订本），第 51～52 页，中央文献出版社 2000 年版。

③ 朱德：《在五四寿诞庆祝大会上的讲演》，《解放》第 11 期，1941 年 3 月 30 日。

④ 《朱德选集》，第 385 页，人民出版社 1983 年版。

⑤ 《朱德选集》，第 386 页，人民出版社 1983 年版。

的念头。

一年很快过去了。1920年5月，战火又一次在四川境内猛烈地燃烧起来。野心勃勃的唐继尧为了控制四川，无视入川滇军将领们的劝阻，竭力排挤不愿听他任意摆布的四川督军熊克武，以"阻挠北伐"为借口，发动了"倒熊"战争，朱德再一次被卷入了混战的漩涡之中。

朱德一心想的还是北上讨伐北洋军阀。但是，随着战局的不断扩大，他对唐继尧出兵北伐的许诺越来越感到不可靠了。他连接向滇、黔、川军各将领发出两则通电："吾侪为出兵（北伐）而战，为熊氏障碍出兵而战，今熊氏既去，障碍即随之消失……若出兵之事迁延，而目的与心肝各有在，则不仁转属义师，讨叛即为国贼，踵熊氏之迹，尤而效之，天下其谓我何？"[①]"救国救亡在此，固三省永远之睦谊在此，奠西南不拔之根基在此，对国民显群公人格一举在此。"[②]朱德的两通电文发出以后，立即引起各方响应，吁请息兵停战、出兵北伐的电文纷至沓来。唐继尧却根本不听，仍令滇军"抱定初旨"，全力作战。

9月中旬，滇军被川军打败，不得不全部退出四川，撤回云南。

朱德率余部退回云南后，驻扎在云南北部地区的昭通县。

很快云南掀起了"讨唐"运动，朱德对此表示同情和支持。1921年2月7日，唐继尧离开昆明经安南（今越南）避居香港。第二天，顾品珍到达昆明，就任滇军总司令，控制云南军政大权。

入川滇军回师昆明后，倒唐的目的也已经实现，朱德就提出了辞去军职、离开云南的请求。这时，他被滇军总司令顾品珍委任为云南陆军宪兵司令部司令官，但因准备出国留学，他不愿赴任。后经朋友和同事的劝说，他同意留在了云南。"虽然感到打来打去，革命没有出路，却也没有怎样悲观失望"，便又留了下来。3月5日，他就任云南陆军宪兵司令官。

---

① 《朱德传》，第46页，人民出版社、中央文献出版社1993年版。
② 《朱德传》，第46页，人民出版社、中央文献出版社1993年版。

转眼间，朱德从军已有 10 个年头了。在这 10 年的军人生涯中，朱德大部分时间是在枪林弹雨的伴随下度过的。1922 年 1 月，朱德又被调任云南省警务处长兼省会警察厅长。这时，他认识了昆明近郊昙华寺住持映空和尚。这一年的春天，朱德在给映空和尚的诗文中，对前一段的军旅生活作了回顾，流露出对军阀混战的厌恶。他这样写道："余素喜泉林，厌尘嚣。清末叶，内讧未息，外患频来，生当其时，若尽袖手旁观，必蹈越南覆辙，不得已奋身军界，共济时艰。初意扫除专制，恢复民权，即行告退。讵料国事日非，仔肩难卸，戎马连绵，转瞬十稔。庚申冬，班师回滇，改膺宪兵司令，维持补救，万端待理，虽未获解甲归田，较之枪林弹雨、血战沙场时，劳逸奚啻天渊。"①

就在这时，云南政局又发生一次人们没有预想到的重大变化。出走香港的唐继尧趁滇军奉孙中山之命北伐的机会，纠集在广西的滇军旧部以及一些土匪，突然向昆明发动进攻，并取得了胜利。唐继尧回到了昆明，重新掌握云南军大权。3 月 27 日，他对朱德发出通缉令，一定要捉拿朱德等人，以报他被驱逐出云南的一箭之仇。

这一天夜里，朱德和金汉鼎、刘云峰、唐淮源等带着一连人马打算经楚雄、大理出境去缅甸。但是，这条路已被堵死了。他们决定调头北上，渡过金沙江，沿着旧的蜀道穿过西康，到四川后再顺江而下，由上海转广州，去投奔孙中山。

唐继尧立即派兵进行追击。就这样，一场逃亡和追击战在滇北的崇山峻岭中拉开了。

一路上，历经艰险万苦，于 5 月中旬，朱德回到了四川南溪的家中。几天之后，朱德突然接到了杨森从重庆发来的电报，约他前去重庆。

杨森是四川广安人，当年广安与仪陇同属顺庆府管辖，因此可以算是朱德的小同乡。他早年曾就读于顺庆府中学堂，也算是朱德的同学。他于 1913 年离开川军投奔了滇军，在云南讲武堂任过队长；护国战争时，随赵

---

① 《朱德年谱》上，第 56 页，中央文献出版社 2006 年版。

又新入川，任滇军第二军参谋长兼独立团团长，曾与朱德并肩战斗在川南一带。1920年，川军和滇军大战，他率部反水，转而投靠了川军，并任川军第二军军长兼重庆警备司令，此时正准备同川军熊克武部作战。

看着杨森的电报，朱德考虑再三，觉得有必要去一趟重庆。于是，他同金汉鼎商量之后，便立即动身前往重庆。

来到重庆后，杨森再三劝说朱德留下来，同他一起干，并以师长一职相许。但是，朱德已下定决心，不再与军阀为伍，于是他谢绝了杨森的好意，并表示自己决心出国学习军事。他对杨森说："我准备出国留学，去看看人家的革命是怎么个搞法。"杨森见再三相劝也无济于事，只好表示希望朱德学成后再回来。

这一年6月初的一天，朱德乘坐的江轮离开重庆朝天门码头，缓缓地向下游驶去。

江轮出三峡，过汉口，经九江到达了南京。朱德在南京改乘火车到达了上海。

上海，对朱德来说是非常陌生的。不到一个月时间，朱德就乘火车离开了这里，沿津浦北上，来到了北京。

在北京，朱德在孙炳文的陪同下，游览了名胜古迹。几天后，他们又乘车北上，到宣化、大同、归绥（今呼和浩特）一带旅行。

已经到了8月中旬。朱德和孙炳文顶着似火的骄阳，迎着炙人的热浪返回上海。正好孙中山也从广州来到了上海。朱德决定去见一见孙中山。

孙中山很高兴地接待了朱德等人。他握着朱德的手说："你就是蔡锷麾下的勇将朱德！早已闻名，你们都是讨袁护国的有功之臣！"

朱德回答说："作为革命军人，忠于职守，讨平国贼，理所当然！"

孙中山接着向朱德等讲述了陈炯明在广州叛变的经过，并希望朱德等能尽快回到滇军中去，重振军威。

朱德如实地向孙中山说明了要去国外留学的想法。孙中山见劝说朱德等无效，也只好作罢，默默点头表示赞同他们出国的做法。

临别时，孙中山还紧握着朱德的手，说："革命前程远大，虽然各人志向不同，道路不同，但都是为了中华民族的复兴和强盛。好自为之吧！"

几天后，朱德和孙炳文找到了中共中央执行委员会委员长陈独秀。

经过孙炳文的介绍，朱德怀着殷切的希望，兴致勃勃地向陈独秀提出加入中国共产党的请求。但是，使朱德根本没有想到的是，陈独秀拒绝了朱德的请求。这使朱德十分痛心，他怀着满腹的委屈和惆怅，慢慢地走出了陈独秀居住的那间小屋。

回到住处，朱德彻夜难眠……

陈独秀没有答应朱德的入党要求，使他只能把希望寄托在到国外去寻找拯救中国的道路。

9月初的一天，朱德乘坐的法国邮轮"阿尔及尔"号缓缓离开上海黄浦港。朱德终于踏上了赴国外学军事之路。

海上航行是漫长的。"阿尔及尔"号邮轮，经过四十多天的漫长航行，最后到达了法国名城马赛。朱德和他的同伴们没有在这里停留，当天就乘火车去巴黎了。

在巴黎，朱德和孙炳文住在一个中国商人的家中。他们听说中国留法学生中已建立中国共产党的旅法组织，主要组织者叫周恩来。不巧的是，当他们打听到周恩来的住处时，他已经离开法国到德国去了。

朱德和孙炳文立即买好车票，乘上驶往德国的火车。

10月22日，朱德和孙炳文赶到了德国柏林，马上按照打听来的地址找到了周恩来的住处。抗日战争初期采访过朱德的著名作家史沫特莱在《伟大的道路——朱德的生平和时代》一书，曾详细地记述了朱德向她描述的那天同周恩来见面的情景：

"周恩来的房门打开时，他们（指朱德和孙炳文）看到的是一个身材瘦长、比普通人略高一点的人，两眼闪着光辉，面貌很引人注意，称得上清秀。可是，那是个男子汉的面庞，严肃而聪颖，朱德看他大概是二十五六岁的年龄。""朱德顾不得拉过来的椅子，端端正正地站在这个比他年轻十岁的青年面前，用平稳的语调，说明自己的身份和经历：他怎样逃出云南，怎样会见孙中山，怎样在上海被陈独秀拒绝，怎样为了寻求自己的新的生活方式和中国的新的革命道路而来到欧洲。他要求加入中国共产党在柏林的党组织，他一定会努力学习和工作，只要不再回到旧的生活里去——它已经在他的脚底下化为尘埃了，派他做什么工作都行。""两位来客把经历说完，周恩来微笑着说，他可以帮他们找到住的地方，替他们办理加入党在柏林的支部的手续，在入党申请书寄往中国而尚未批准之前，暂做候补党员。"①

11 月，经中共旅欧组织负责人张申府、周恩来介绍，朱德加入了中国共产党。由于工作需要，他作为秘密党员，对外的政治身份仍然是国民党员。朱德后来回忆说："从那以后，党就是生命，一切依附党。"

初到德国，朱德遇到的最大困难就是语言不通。因此，在柏林的半年时间里，他就把主要精力放在顽强地学习德语上了，这对已经 36 岁的朱德来说，是需要多么大的决心和毅力啊！

朱德并不是每天都把自己关在屋子里，他还抓紧时间出去到处看一看。那时，他几乎走遍了柏林的所有地方。当然，朱德也并不是单纯为了游玩，他时常想到自己到国外来是学习军事的，因此，他处处从军事的眼光去看待一切。他在回忆这段生活时曾这样说道："那时旅行还多带有军事的眼光，一过那里，一想就想到：'这里要是打起仗来，应该怎么办呢？'然后在脑筋中就慢慢设法布置起来了。"②

---

①　艾格妮丝·史沫特莱：《伟大的道路——朱德的生平和时代》，第 177～178 页，三联书店 1979 年版。

②　《朱德自传》（1886～1937），手抄稿本。

1923 年 5 月 4 日，朱德移居到德国中部的哥廷根。这是一个很小的城市，当时只有四万人。那里有四十多个中国留学生，其中四川人就有十多个。朱德住在文德路 88 号。这幢楼房的主人是一个曾在德皇军队中担任过将军的男爵，朱德选择住在这里就是为了可以请这位男爵向他讲述第一次世界大战中的战例、战法，以便他更好地学习军事。同时，朱德还买了许多德文的军事书籍，其中包括一套有关第一次世界大战历史的报纸汇编，共 12 本，潜心研究国外的军事历史，不断充实自己的军事知识。

第二年的 3 月，朱德进入盖奥尔格—奥古斯特大学哲学系，专修社会学。

1925 年 1 月，朱德又从哥廷根回到了柏林。这时，德国共产党在恩斯特·台尔曼的领导下建立了自己的半军事性组织——红色前线战士同盟。这一年的夏天，朱德在参观了有 20 万人参加的红色前线战士同盟检阅式、野营训练和巷战演习后说：这是人民武装的一次演习，一旦革命需要他们拿起武器，这就是一支强大的工人阶级军队。看来，革命要取得成功，要有人民的军队，还要有人民的支持。

现实使朱德对进一步学习军事的愿望越来越迫切了。3 月 7 日，他写信给已从德国到苏联的李季和陈启修，请求他们帮助联系赴苏联学习军事。在这封信中，朱德立下了终身为党做军事运动的志愿。他在信中恳切地写道：

"转托中国代表（驻莫的）一封介绍信，往德共总部，使我加入他们的军事组（此事可能否）研究数月，即来莫（指莫斯科）入东方大学，再入赤军研究军事，归国后即终身为党服务，做军事运动。此种计划，在莘农（即陈启修）同志留德时已定，我始终竭力办此事，均未有效。去冬欲偕莘农同志往莫，莫方以额满为拒，德组为申送事，逼得治华出党。今岁法组送五人到莫，接任卓宣同志函，法组送四名，德组送一名，熊锐或朱德前往。那时我已准备来莫，后又未果。似此种种困难情形，看来或是我党员资格太差，或是我行动太错，不能来莫研究，或同志中有不了解我的，说我是军阀而官僚而小资产，终不能做一个忠实党员的吗？以上种种疑误，是我的环境使然，不明我的真相的人，绝不晓得我是一个忠实的党员。我现在决心两月以后即动身来莫，如东方大学准我入，我即加入听课；如不许我入，我亦当加入莫组受点训练，即在外住几月，亦所不辞。"①

信发出去以后，朱德急切地等待着消息。5月，朱德接到通知，他前往苏联的申请得到批准，近期即可启程。

7月4日，朱德离开柏林，和李大章等一起抱着实现他那"终身为党做军事运动"的宏图大愿，登上了开往苏联的轮船。他后来回忆道："我从德国这样被赶出来，非常痛恨。不过，在这几年中间，脑筋思想都大大改变了。坐在帝国主义家里来看帝国主义倒是清楚一些。在研究马克思列宁主义方面也有很大的进步。我读了很多这种书籍。在这休养期间、重新准备时期里，我把自己的思想、行动都重新检讨了。现在想起来，那时的确是有很大的进步。"②

一踏上苏联的国土，朱德立刻感受到一种友善、热烈的气氛。不久，中共旅莫支部根据朱德的请求，同意他留在苏联进入莫斯科东方劳动大学学习。

在莫斯科东方劳动大学，朱德比较系统地学习了辩证法唯物论、政治经济学、军事学，理论水平得到进一步提高。几个月后，朱德又到莫斯科郊外一个叫莫洛霍夫卡的村庄，这里是东方大学管理的几个农庄之一。四十多名来自法国、德国的中国革命者在这里接受军事训练，学习城市巷战、游击战的战术。教官大多是苏联人，也有来自罗马尼亚、奥地利等国

---

① 《朱德军事文选》，第1页，解放军出版社1997年版。
② 《朱德自传》（1886～1937），手抄稿本。

的革命者。朱德当队长。曾经同朱德在一起学习军事的刘鼎回忆说："教官在讲授军事课时，我们不懂的地方，朱德就帮助解释，因为他是有亲身体会的。对于游击战术的问题，他懂得多，理解得也透彻。"①

1926年，中国的政治局势发生了重大的变化。2月下旬，中共中央在北京举行特别会议，认为："党在现时政治上主要的责任，是从各方面准备广东政府的北伐。"会议决定建立中央军委，以加强党的军事工作。

为了支持北伐战争，中共中央决定从苏联抽调一批军事、政治工作人员回国。这一年的5月18日，朱德和房师亮等一起，乘火车离开莫斯科，准备回国。

策应北伐到万县

1926年7月12日，年已40岁的朱德乘坐的火车，穿越西伯利亚到海参崴，他再转乘轮船，回到了阔别近4年的祖国。

回国后，朱德首先来到了上海，向中共中央军委负责组织工作的王一飞报到，并了解北伐战争发展的形势。

就在朱德到达上海的前几天，国共合作下建立起来的国民革命军已正式誓师北伐，并开始向湖南挺进。中国共产党直接控制的国民革命军第四军独立团，作为北伐先遣队，5月初已在团长叶挺的率领下从广东进入湖南，接着，先后攻占湖南的醴陵和浏阳。7月11日，又攻占了湖南省会长沙。在这种情况下，控制湖南、湖北的直系军阀首领吴佩孚正在企图联合四川军阀，牵制并阻遏国民革命军继续向北推进。

为了争取四川，中共中央决定派得力干部入川，策动四川军阀起义，并在可能的条件下建立自己的武装，配合北伐军在两湖的作战。

在上海，朱德会见了中共中央总书记陈独秀。朱德后来回忆说："我由苏回国，到上海见陈独秀接受任务。当时陈说有两件工作：一是去四川

①《朱德传》（修订本），第76页，中央文献出版社2000年版。

杨森处，杨当时要和我合作，向我们要人，我们如能抓住，可以迎接北伐；另一件是去广东，准备北伐。"① 朱德考虑到，杨森曾同他在护国军中共事，他出国前杨森还许愿一定"虚席以待"。于是，他立即要求到杨森那里去。陈独秀同意了朱德的要求，并要他在上海停留期间去一次南京，利用他在旧军队中的关系调查孙传芳部在上海、南京一带的兵力部署情况，以配合国民革命军北伐。

在这几天时间里，朱德利用过去与滇军的关系，走访在上海、南京的滇军旧友，并通过他们和孙传芳的上层军官接触，弄清了孙传芳部的实力和军事部署，完成了这项调查工作。

7月26日，天气闷热，朱德按照中共中央的指示，以广东国民政府代表的名义从上海坐船前往杨森司令部所在地——川东的万县。

江轮先到了汉口。由于国民革命军已越过湖南北部的汨罗河，吴佩孚下令在汉口实行戒严，朱德不得不在这里下了船，他看到码头、街口到处都是吴佩孚的北洋军在盘查过往行人，如临大敌。在这里，朱德给杨森发去一封信，告诉杨森自己从德国回来了，正受广东国民政府委派要去其所部工作。

在汉口，朱德一边等待杨森的回信，准备入川；一边利用自己过去与滇军的关系，帮助中共湖北区执行委员会调查北洋军阀吴佩孚军队在武昌、汉阳、汉口的军事部署情况。

杨森表示欢迎朱德去他那里的电报来到了。朱德立即乘江轮前往四川。船行至宜昌，遇到水灾，整整耽搁了四天。一直到8月11日，才抵达万县。

朱德的到来，令杨森十分高兴。他立即把朱德迎进了他的高级招待所——王家花园，进行了热情的接待。

在同杨森相处的日子里，朱德对四川的形势和杨森的情况作了认真的分析。他看到，当时，整个四川正处在军阀割据的状态之中。刘湘、刘文辉、杨森、邓锡侯等四川军阀各霸一方。杨森直接指挥的军队有枪支2.7万支左右，受他控制的军队共10万多人，盘踞在川东万县一带。对于时

---

① 《朱德传》，第63～64页，人民出版社、中央文献出版社1993年版。

局的变化，杨森正处于矛盾之中，一方面，他看到国民革命军北伐进展顺利，便派人向广东国民政府表示要加入国民革命军，又派人到北京找中共北方区委负责人李大钊，请调人到万县帮助他工作；另一方面，他同吴佩孚义有较深的历史关系，此前不久，吴佩孚刚任命他为四川省省长。因此，何去何从，杨森一直处于观望之中。

朱德弄清楚杨森的这种矛盾心理以后，他向杨森讲述革命形势，宣传孙中山的三民主义和联俄、联共、扶助农工的三大政策，规劝杨森参加国民党。当杨森提出国民革命政府可以向他提供多少钱这一问题时，朱德回答说，国民革命政府正在进行北伐战争，在目前情况下不可能提供钱饷，也没有带钱来，"我能向你提供的只不过是一个确定不移的事实，即我们这方面必然得胜，你如果不参加过来，坚持要打我们，你就毫无前途"。虽然，杨森当着朱德的面，口口声声表示赞成北伐，但又借口兵饷来源困难，不愿脱离吴佩孚，更不愿交给朱德兵权，只给了一个行营参谋兼第九师（杨森的直辖师）代理师长的空头衔。

8月14日，杨森不听朱德要他参加国民革命军的劝告，通电宣布就任吴佩孚所委任的四川省省长的职务。

8月25日，正在中共北京地委工作的陈毅受李大钊派遣，随杨森的秘书长喻正衡（是陈毅留学法国的同学）从北京来到万县。杨森对陈毅说："李大钊是我的知交，要我参加国民革命是可以的，但我是吴佩孚提拔起来的，不便背信弃义去反对他。"① 经过杨森的介绍，朱德结识了陈毅。两位同乡，一见如故，便共同商议起如何设法争取杨森的问题。

就在陈毅抵达万县后不久，国民革命军相继攻克了通往武汉的要冲汀泗桥、贺胜桥，歼灭吴佩孚亲自督战指挥的主力部队，一直推进到汉口外围。

这一消息传到万县以后，杨森如坐针毡，十分不安。也就在这时，另一件使他更为气恼的事情发生了。

---

① 《陈毅早年的回忆和文稿》，第25页，四川人民出版社1981年版。

8月29日，杨森部官兵在云阳提取盐款及粮税各款后准备搭乘英国太古公司的商船"万流"号返回万县。正当他们分乘两艘木船，快要接近"万流"号商船时，没有想到的是，"万流"号却加快马达，快速行驶，一下子就撞翻了两艘木船，"计损失银八万五千元，连长、排长各一员，士兵五十六名，枪支五十六支、子弹五千五百发。"① 杨森得知这一消息后，又气又恼，却又无可奈何。但是，人员的伤亡和巨额军饷的损失，又使他不甘心就此罢休。于是，他就去找朱德和陈毅商量如何处理这一事件。

事实上，在这一事件发生之后，朱德已同陈毅以及杨森的同乡杜钢百三人进行过商议。杜钢百后来回忆说："朱德和陈毅分析说：北洋军阀的背后，都有帝国主义的靠山，所以反帝与反封建军阀是一致的，人民痛恨帝国主义，我们就要动员群众力量，迫使杨森转向广东政府，割断他和北洋军阀的联系。""最重要的是我们要广泛发动群众，领导群众，掀起一个像'五卅'那样的群众反帝政治运动。"三人商定：由朱德出面做杨森的工作，陈毅负责动员民众，杜钢百携朱德的亲笔信赴重庆向中共重庆地委书记杨公汇报情况②。

很快，杨森来到了王家花园找朱德商量。朱德已有准备，他知道杨森正处在矛盾状态之中，便抓住他的弱点，给杨森出主意说，只有将肇事英国轮船扣留，提出赔偿要求，才有可能挽回损失。

在朱德的说服下，第二天，杨森下令扣留了途经万县的肇事英国轮船。

9月2日，朱德在陈毅主持召开的万县各界代表的预备会议上发表了讲话。他说，帝国主义列强无视中国人民的生命财产，在我内河肆意横行，草菅人命，撞沉我船只，这不是一件小事，而是关系到国家独立、人民生存的大事。只有打倒封建军阀，把帝国主义赶出中国，国家才会有真

---

① 《朱德传》，第65页，人民出版社、中央文献出版社1993年版。
② 《朱德传》，第66页，人民出版社、中央文献出版社1993年版。

正的独立，人民才会有真正的自由①。他号召各界民众联合起来，行动起来，抗议帝国主义的罪行。

不久，杨森在万县邮政局会议室与英国驻重庆领事卢思德谈判。他根据朱德、陈毅的建议，提出"惩祸首，赔损失"的方案，但是，英国领事不仅无理地拒绝，而且还调遣军舰分别从重庆和宜昌驶往万县，企图对中国当局进行威吓，并用武力劫夺被扣留的英轮。于是，朱德和陈毅便鼓励杨森采取强硬手段，做好还击的准备，并帮助他拟定了还击作战的计划。

9月4日，朱德和陈毅在万县西校场组织各界数万群众参加反对英帝国主义暴行大会。在会上发表了《万县雪耻会宣言》，正式成立"万县英轮惨毙同胞雪耻会"。会后，举行了抗英示威游行。

9月5日下午，三艘英国军舰强行靠近被扣的英轮，企图用武力劫夺，遭到了中国守军的抵抗。在激战中，英舰长达理被击毙。下午5时左右，英舰悍然开炮轰击万县城区，制造了震惊中外的万县"九五惨案"。

当朱德突然听到炮声后，立刻赶往杨森司令部，敦促他封锁江面，予以还击。杨森立即命令炮兵和江岸部队向英舰还击。朱德先同杨森一起，协助指挥，然后又到黄桷树炮兵阵地督战。

朱德还向杨森建议："速将惨案发生的前后经过通电全国各革命组织，并吁请北洋政府向英方提出严重抗议交涉，要求赔偿、惩凶、道歉，内伸民愤，外张公理，以重国权，而雪耻辱。"②

随即，一场声势浩大的反对英帝国主义的群众运动在全中国迅速掀起。同时，也促使杨森被迫转向广东国民政府。他委派朱德赴武汉，表示愿意接受国民革命军的称号。

9月中旬，朱德到达了武汉，向国民革命军总政治部主任邓演达报告了杨森愿意接受国民革命军称号，邓演达表示同意，并决定派一批政治工作人员，交给朱德带回去改造杨森的部队。9月23日，在汉口旅鄂川人万

---

① 参见《朱德传》，第66页，人民出版社、中央文献出版社1993年版。

② 《朱德传》，第67页，人民出版社、中央文献出版社1993年版。

县惨案后援会成立大会上，朱德发表了讲话。他说："此次开炮，兄弟亲与此役，英人之强横，可笑亦复可怜。他以为他的枪才可以杀人。我们川军这回也不客气，为正当防卫。还他几枪，彼此都有伤亡。不过人民无辜，为他杀得太多了。""但是，我四万万民众为他打醒了！尽都知道帝国主义者非打倒不可，总望军民一致团结起来。"①

9月24日，国民革命军总司令部委任杨森为国民革命军第二十军军长兼川鄂边防督办，朱德为第二十军党代表。第二天，邓演达召集将随朱德入川的政治工作人员会议。朱德参加了这次会议，并告诉大家：与大家共同入川工作，感到很高兴。但是，现在入川尚有困难，宜昌还驻有吴佩孚的军队。所以，大家走时必须化装，路上一定要多加小心。

但是，当朱德从武汉回到万县时，却得到杨森派兵东下鄂西支援吴佩孚的消息。原来，国民革命军攻占汉口、汉阳后，武昌仍在吴佩孚的手中，北伐军久攻不下，因此杨森对吴佩孚仍抱有希望。对于杨森这种出尔反尔的态度，朱德十分气愤，当面质问杨森，并晓以大义。但杨森仍不为所动。10月10日北伐军攻克了武昌，杨森的态度表面上有所转变，但仍迟迟不肯下令撤回东进鄂西的三个师，并对就职一事也敷衍搪塞，对朱德说："只要走革命的道路，迟早宣布就职没有多大问题。"实际上仍在犹豫不决。

11月上旬，当进犯武汉的杨森部遭到国民革命军围歼时，杨森只好被迫派代表赴武汉"请罪"，并多次找朱德表示"悔悟"。21日，杨森在宜昌通电就任国民革命军第二十军军长。同时，他还致电吴佩孚，表示他对吴的"忠诚"②。

11月中旬，中共重庆地委军事委员会在重庆成立，朱德为委员。会后，朱德返回万县继续进行争取杨森的工作。

在朱德的建议下，杨森设立了中国国民党第二十军党部，由朱德任主任委员，党部设在重庆，并且在万县杜家花园建立第二十军军事政治学

① 《朱德年谱》上，第74页，中央文献出版社2006年版。
② 《朱德传》（修订本），第85页，中央文献出版社2000年版。

校。由朱德带到万县的政治工作人员卢振纲、文强、熊荫寰、江亚中、滕代顺、谌杰分别担任教育长和五个大队的大队长。

第二十军的军校建立起来后，朱德十分关心军校的学员，他曾到军校对学员们说："一个军人要有崇高品德的修养，要有坚强的革命方向，要为国家为人民做一些光辉事业。"①

在杨森的第二十军中，朱德虽然担任党代表兼代政治部主任，但他生活仍然十分俭朴。"每天到杨森总部办公、汇报，都是身着布军服，手拿公文包，胸前佩戴着总部出入证，与一个普通的工作人员一样，徒步来去。""他总是和蔼可亲地与人接谈，当面圆满地解决问题，使人心悦诚服地离去。"这种朴实的作风在旧军队高级官员中是很少见到的，因而博得军内广大官兵的尊敬②。

12月初，四川泸顺起义在中共重庆地委军委领导下爆发了。随着革命形势的胜利发展，特别是第二十军在政治工作人员的教育指导下出现的新面貌，引起了杨森的疑忌。他担心自己的部队被分化瓦解，于是，就以第二十军军事政治考察团赴武汉考察的名义，要求朱德率团前往。

12月下旬，朱德率由杨森部80余名中下级军官组成的军事政治考察团乘"永丰"号江轮离开万县赴武汉，脱离了杨森的部队。

创建南昌军官教育团

1927年1月初，朱德从武汉回到四川万县，在万县西校场以国民革命军第二十军党代表兼政治部主任身份，同杨森进行该军军事政治学校和讲武堂学员的阅兵。

这个月的中旬，朱德脱离了第二十军，返回到了武汉。由于朱德已受到杨森的疑忌，按照中共中央军委的指示，利用自己同国民革命军第五方

---

① 廖宾儒：《回忆朱委员长在1926年临万县政治学校讲话实史》，未刊稿。
② 参见《朱德传》，第69页，人民出版社、中央文献出版社1993年版。

面军总指挥朱培德及其所属第三军军长王均、第九军军长金汉鼎等滇军的关系，前往江西南昌，在国民革命军第三军工作。

朱德对国民革命军第三军并不陌生。这是一支云南部队，当时驻扎在南昌、九江、吉安一带的是第三军朱培德部。这一年1月初召开的北伐军军务善后会议后，第三军被编为北伐军总预备队（后改为第五方面军）。朱德同这支部队的高级军官们有着很深的历史关系。总预备队总指挥朱培德和师长王均、金汉鼎都是朱德在云南陆军讲武堂的同班同学，以后又长期在滇军共事，相互之间建立了很深的情谊。朱德还有一些旧部和老同事也在这支部队里。因此，他一到南昌，朱培德就立即委任他担任国民革命军第五方面军总参议、第三军军官教育团（即南昌军官教育团）团长，并着手筹办实际上受中共中央军事部领导的军官教育团。

为什么要建立军官教育团？这是因为朱培德部先后在牛行车站和南昌城下同北洋军阀孙传芳部主力激战，虽然取得了重大胜利，但本身的伤亡也很大。原因就在于"现任中、下级军官几乎半数以上都是在战火纷飞中凭战功递升起来的，对于军事学术、政治思想的水平都较低落，有亟待整训提高的必要。"[①]

由于朱德不仅在云南讲武堂里学习和工作过，而且又在国外学习了军事知识，因此，他对创建军官教育团，应该说是轻车熟路了。在朱德的主持下，军官教育团的组建工作很快就绪，地址就设在南昌永和门内的原江西陆军讲武堂。学员分两部分，大部分是朱培德部的下级军官，编为第一、二营，共700多人；还有一个第三营，是学兵营，主要招收省内的中学生，也有一部分从上海来的北方宣传队队员，共400余人。教导团内的中下级军官和教官，除从第三军抽调外，还有随朱德来南昌的原第二十军考察团成员以及原来在广州的第三军军事政治训练班的毕业生。他们在任职前，先经过测验，再到广场逐个考验军事实地的指挥能力，然后按照他们的实际成绩，分别委任连、排级职务。

---

① 《朱德传》，第71～72页，中央出版社、中央文献出版社1993年版。

军官教育团学员的成分和思想状况都比较复杂，能不能把这些人教育好，当时就有争论。有人认为，这些学员大多当兵多年，受到社会恶习的影响较深，已不容易接受教育。但是，朱德对他们的教育改造则很有信心。他说："这些人的思想是亟应改造，但也是可以改造的。我们有信心把他们改造成为革命的可靠力量，否则，怎能谈得上改造社会、改造人类、改造世界呢？改造人不是个个都一样，而是要了解不同的思想情况，做不同的工作。主要是：主动地接近他们而耐心细致地以理说服。我看是能够争取他们走革命这条光明大道的。"① 又说："学员们的思想亟待改造，也可以改造。在过去，他们就像在茫茫大海里行驶着的无指针的帆船，没有不迷失方向的。现在有了共产党，就有了灯塔，给他们指明了前进的道路，绝大部分都可以培养成为革命的力量。"②

朱德对军官教育团的教学工作十分重视，尤其重视提高学员政治思想觉悟的教育。开学之初，由于朱德忙于一些其他的工作，军官教育团的教学计划主要由副团长刘介眉负责拟定。刘介眉是个旧军人，对政治教育不太重视，学员每天的活动还是和旧式军队差不多，每天三操两堂课。当朱德了解这一情况后，明确指出："我们办校必须为革命，不能因袭旧规。我们必须注意学员的政治进步和思想改造，所学军事知识才能为革命服务。"③ 从而对教学计划进行了改变。

对学员的政治思想教育，朱德总是以理服人，循循诱导。有一次，针对有些学员提出"革命何时才算完"的问题，朱德指出："要知道反革命势力是长期存在着的，我们在这里消灭了它，它又会在另一个场合，采用另一种形式，猛烈出现在革命人民面前。那里的革命人民把它消灭了，再有机会，它又会重新出现，我们得再次消灭它。这样辗转反复，直到最后把它消灭。这是马克思主义的辩证法所揭示了的。所以，我们当革命取得

① 莫湘：《缅怀敬爱的朱德委员长》，1982 年 11 月，未刊稿。
② 《战争年代的朱德同志》，第 3 页，人民出版社 1977 年版。
③ 《战争年代的朱德同志》，第 4 页，人民出版社 1977 年版。

胜利之时，必须提高警惕，防止反革命的反扑。我们不能有片刻的松劲，不能解除思想武装。我们要时刻准备战斗，我们要有长期革命的思想，要有终身为革命的坚强意志。不然，我们就会被反革命所消灭。"① 深刻的道理使学员们受到了极大的教育。

朱德不仅重视对学员的思想政治教育，而且对学员的生活也十分关心。军官教育团创建之初，他就强调对学员的管理上要注意说服教育，启发教育，严禁打骂。教官和学员中如有意见向他提出，可以不受越级上提的限制。他常说："我们革命军队要求官兵之间，上下级之间的亲密无间和思想一致，语言一致，行动一致。这就必须做到以理服人，启发士兵自觉遵守纪律。"② 曾随朱德从万县到南昌担任军官教育团排长的莫湘也在回忆中说：在这些日子里，"从未见他（朱德）冒过火，发过脾气，一直是和蔼可亲地与人交谈，发觉到人的思想有问题时，总是旁敲侧击，循循诱导；见人行动上有错误的，总是明白指出，以理诲人。"

在生活上，朱德一直保持简朴的作风。平时只穿一套粗布军衣，裹一副粗布绑腿，穿一双旧皮鞋，有时还穿草鞋。他的住房只有简朴的床铺和一张旧方桌、几张木凳子。有时因开会或工作忙，吃不上饭，便买个烧饼充饥。徐震球在《大革命时期跟随朱德委员长的片断回忆》一文中这样写道，朱德平时"对学员非常关心，吃饭同大家一起在大食堂里，晚上查夜给学员盖被子。教育团实行说服教育，严禁打骂，军官、学员一律平等。星期六野外演习，往返五六十里，朱委员长有马不骑，让给体弱或临时生病的学员，自己同大家一起走路。回到团里大操场上，还要带领全团一起跑三十分钟的步。在出操时，他亲自向学员做示范动作，耐心纠正学员做错的动作。真是诲人不倦，处处以身作则。"③

军官教育团名义虽然隶属于第三军，但实际上是在中共中央军委和江

① 《战争年代的朱德同志》，第 5 页，人民出版社 1977 年版。
② 《战争年代的朱德同志》，第 7 页，人民出版社 1977 年版。
③ 《朱德传》（修订本），第 90 页，中央文献出版社 2000 年版。

西省委直接领导下的培养革命人才的基地。在每个连队很快都秘密建立起共产党小组，有的连党员达到学员的三分之一，参谋长陈奇涵担任党支部书记。一般工作人员也经常举行生活检讨会，开展批评和自我批评。当时江西的工农运动正在高涨，不少工人运动和农民运动的干部都参加了教育团举办的短期训练班。整个军官教育团内呈现出浓重的革命气氛。①

军官教育团虽然从1927年1月就开始招收学员了，但是，开学典礼则是在3月5日才举行的。

这一天，当时驻在南昌的蒋介石也来参加军官教育团的开学典礼了。

那时候，由于北伐军在两湖、江西、浙江、安徽等省的胜利进展，担任国民革命军总司令的蒋介石的政治威望随之大大提高，实力也有很大扩充。他觉得自己的力量已经强大了，便开始暴露出反对共产党、分裂国民党中央、准备实行个人独裁的面目来。2月21日，他在南昌总司令部第十四次总理纪念周上发表演说，公然说："我是中国革命的领袖，并不仅是国民党一党的领袖。共产党是中国革命势力之一部分，所以共产党员有不对的地方，有强横的行动，我有干涉和制裁的责任及其权力。"②

在军官教育团开学开典礼大会上，蒋介石又打着孙中山的旗号来抬高自己，说："总理在世，一切由总理做主，现在总理已经过世，中正肩上的担子加重了……我们要做总理的信徒，总理在世，我们一切信赖总理，现在总理不在世了，我们必须选择一个作为我们信赖的中心……总理在世，一切服从总理，现在总理已去世，我们作为一个革命军人，就必须有一个服从的中心。"③

听了蒋介石的讲话后，朱德心里感到不是滋味。在朱培德、王均、郭沫若先后讲话后，他进行发言。据原军官教育团总务处长赵镕回忆："朱团长当时告诫同学们，'旧军阀要打倒，新军阀同样也应打倒……我们必

---

① 《朱德传》（修订本），第91页，中央文献出版社2000年版。
② 蒋介石：《在南昌总部第十四次总理纪念周演讲词》，1927年3月21日。
③ 转引自《朱德传》，第74页，人民出版社、中央文献出版社1993年版。

须警惕任何形式的新军阀在我们革命阵营中产生……我们要反掉任何跋扈、专横的独裁与篡国窃权的阴谋，才能完成我们的革命任务，才能彻底实现革命'。"① 不难看出，朱德的讲话是完全针对蒋介石的，虽然，蒋介石在讲完话后就离开了会场，没有听到朱德的讲话。但朱德的这一番讲话，不仅表现了他的胆识，而且对军官教育团的学员们是会产生影响的。

就在蒋介石参加军官教育团开学典礼的第二天，驻江西的新编第一师在蒋介石指使下，伙同反共的"AB团"分子杀害了江西省总工会副委员长、赣州总工会委员长陈赞贤。紧接着，又强行解散了原来由国民党左派掌握的国民党南昌市党部和江西省学联等民众团体……

蒋介石一手掀起的一股股反动逆流，激起了江西各界民众的极大愤慨，南昌工人罢工三天表示抗议。3月18日，南昌市各界群众数万人在大校场召开追悼陈赞贤烈士大会，会后举行了示威游行。朱德率领军官教育团参加了游行，他对教育团的学员们说："反动派已经开始动手杀害革命同志了，我们要准备还击。'AB团'的捣乱绝不是孤立的事件，阶级敌人已经杀进南昌来了，我们必须认真对待。"② 30日，军官教育团又配合南昌的工人纠察队，收缴了蒋介石留驻在牛行车站的宪兵团的枪支。

3月下旬以后，蒋介石一直在积极策划反共政变。南昌工农群众纷纷走上街头，不断举行声势浩大的示威游行。军官教育团也派出一部分学员，身穿便衣，携带短枪，加入到游行队伍中。

4月9日，江西省政府主席朱培德任命朱德兼南昌市公安局局长。朱德在全局干警大会上告诫大家说，要切实负起责任，保护民众，尽快恢复南昌的秩序。随即从公安局拨出100多支枪武装江西省农民协会组织的农民自卫军大队。

不久，朱培德派朱德率军官教育团到赣东的抚州一带剿匪，朱德在出发前一再向全团人员阐明："要做到真正地成为一个革命的人，就要有个

---

① 赵镕：《朱德元帅革命事迹回忆片断》，未刊稿。
② 《朱德年谱》上，第81页，中央文献出版2006年版。

清醒的头脑，有个明净的眼光，有个坚定的信念。要能明辨是非，要能澄清曲直，要能分清敌我，还要站稳立场。如果是一贯欺压人民和剥削群众的反革命分子，哪怕口头甜如蜜，其心则是毒若剑，我们必须毫不留情予以打击。若遇有权有势而有钱的人在咒骂他人时，则当多考虑之，多给予调查研究之。如系是阶级敌人诬陷穷人，则必予以惩罚而支援工农，支援穷人。"军官教育团在赣东活动了一个多月，平息了真正的匪患，农民运动迅速发展了起来。在部队调回南昌前，朱德又派军官教育团的副官卓濂诗担任抚州市公安局长，排长冉国平担任临川县农民自卫大队大队长。这样，不仅支持了农民运动，而且使军官教育团的学员得到了实际战斗的锻炼，提高了军事指挥能力①。

---

① 《朱德传》，第75～76页，人民出版社、中央文献出版社1993年版。

四、在挫折中奋起

参与领导南昌起义

1927 年 4 月 12 日，历史将永远记住这个日子。这一天，蒋介石公开背叛孙中山制定的国共合作和反帝反封建的政策，疯狂地举起屠刀，杀向中国共产党人，杀向工农群众，发动了震惊中外的"四一二"反革命政变。

紧接着，4 月 15 日，李济深等紧跟蒋介石，一手制造了广州大屠杀，捕杀了共产党员和工人 2000 多人。

5 月 13 日，原驻湖北宜昌的国民革命军第十四独立师师长夏斗寅公然通电联蒋反共，并向武汉发动军事进攻。

5 月 21 日，国民革命军第三十五军团长许克祥又在湖南长沙发动了"马日事变"，收缴工人纠察队枪支，大量捕杀共产党员和革命群众。

……

全中国被笼罩在一片腥风血雨之中。

这腥风血雨很快遍及到了南昌。这时，朱培德虽然还没有公开反对共产党，但也在 5 月 29 日下达了"礼送共产党出境"命令，并且在 6 月 6 日又下达了在江西全省停止工农运动的命令。

正在赣东剿匪的朱德得知朱培德"礼送共产党出境"的命令后，在 6 月中旬赶回到了南昌，并亲自上门质问朱培德。

朱培德见朱德到来，连忙说："玉阶兄，我也是不得已而为之呀！望能谅解弟的处境和难处。"接着又说："你最好能在三日内离开南昌。不然，你的安全，我真是难以保证了！"

听了朱培德的话，朱德十分生气。但是，他感到同朱培德再说什么已完全没有用了。这个月的下旬，朱培德真的以"礼送"的名义要朱德离开南昌。朱德后来回忆说："我因为平素与朱培德他们感情好，而博得一个'欢送'。"①

6月下旬，朱德被朱培德"礼送"出境，离开南昌去武汉。途经九江时，访晤了国民革命军第五方面军第九军军长兼赣北警备区司令金汉鼎。

金汉鼎是朱德多年共患难的老朋友了。他们曾在滇军中并肩战斗，生死与共，立下了赫赫战功，让敌人闻风丧胆。1922年，当唐继尧杀回昆明，通缉他们时，他俩又结伴出逃，历经艰险才到了上海。后来，朱德出国学习军事，金汉鼎则奉孙中山之命南下广东去参与重振滇军。他们虽天各一方，分道扬镳，但两人之间的情谊是很深的。见到朱德到来，金汉鼎十分高兴，连忙把朱德迎进了门，并派人送朱德上庐山游玩和休息。

到达武汉后，朱德探望了孙炳文的妻子任锐。有同志问今后怎么办，朱德回答说："上山打游击去！"

全国的局势越来越严峻了。7月15日，汪精卫等控制下的武汉国民党中央公开宣布"分共"，这标志着第一次国共合作终于全面破裂了。

7月中旬，朱德在汉口和刘伯承、吴玉章一起召集四川革命人士会议，讨论泸顺起义失败后部队的善后事宜和发展革命军事力量以及应付紧急情况等问题。周恩来出席了这一次会议，并在会上分析了形势，征询到会者对发展革命军事力量的意见。有人主张回四川再干。朱德和刘伯承认为，现在四川形势险恶，再在那里谋发展已很困难，武汉的形势也日益紧张，搞不好连站脚的地方也没有。朱德根据他在江西工作半年了解的情况，提出可以在江西发展革命军事力量，并号召大家到江西去。

---

① 《朱德自传》（1886～1937），手抄稿本。

面对蒋介石对中国共产党人和工农群众的血腥屠杀，中国共产党人毅然决定拿起武器，武装反抗国民党反动派的血腥屠杀政策。这一年的7月初，中共中央临时政治局常委会组成，推选张国焘、张太雷、李维汉、李立三、周恩来五人为委员。7月中旬，中共中央召开会议，确定了武装斗争的总方针，并决定在湘鄂赣粤四省举行秋收起义，随即确定在南昌、九江一带举行武装起义。

当时，中国共产党所能掌握或影响的军队，主要有叶挺率领的国民革命军第十一军第二十四师、由原叶挺独立团扩编而成的国民革命军第四军第二十五师和贺龙率领的国民革命军暂编第二十军。7月间，这些部队在"东征讨蒋"的口号下，已陆续向长江下游移动，正分驻在江西九江和九江、南昌之间。考虑到朱德在南昌有便利的工作条件，对各方面的情况也比较熟悉，中共中央决定派朱德先赶回南昌为起义做准备工作。

南昌的驻军还是朱培德的国民革命军第五方面军。7月20日中午，朱德冒着酷暑乘江轮抵达九江。他下船后，就直奔赣北警备司令部去找金汉鼎。

坐下之后，金汉鼎便对朱德说，他刚刚接到朱培德从庐山打来的电话，说汪精卫和张发奎已经上了庐山，要他立即前去庐山，说有要事相商。所以，他正准备上庐山去开会。

朱德一听忙问道："有啥子要事？"

"我也猜不透，只是近来风声很紧，流言蜚语不断，像是要发生什么事变。"金汉鼎回答道。

朱德把要去南昌的事告诉了金汉鼎。

看看时间紧急，朱德和金汉鼎已经顾不上再说什么了，急忙出门，一同乘上一艘小船前往莲花洞九江车站。在船上，朱德向金汉鼎分析了目前的形势和今后革命发展的趋势，劝金汉鼎说："在江西的这班人都是灰色，不愿革命了。我们一同到广东去建立新的革命根据地。"但是，金汉鼎对朱德的一席好言相劝不仅无动于衷，反而劝说朱德："你刚到江西，对近来这里发生的一切可能还不太了解。我看凡事还是谨慎为好吧。"金汉鼎后来回忆说，当时因为他有阶级偏见，没有答应朱德的要求。①

当朱德和金汉鼎急匆匆赶到莲花洞时，去南昌的火车早已开走了。金汉鼎便约请朱德上庐山去休息，待第二天再去南昌。朱德婉言谢绝了金汉鼎的好意，就一个人留在莲花洞，等候第二天的火车。

7月21日，朱德回到了南昌，在花园角2号住了下来。7月的南昌，正是炎暑季节。太阳就像火球一样烧烤着大地，一丝风也没有，闷热得让人都透不过气来。朱德顾不了天气的炎热，立刻投入了紧张的起义准备工作之中。

朱德决定趁朱培德已上庐山不在南昌的有利机会，抓紧时间利用自己的社会地位、声望与滇军的关系，和朱培德部下的军官接触，以详细了解敌情。他不停地在朱培德部下的军官们中走动，不断地同他们接触、交谈。正是通过直接交谈和派人秘密调查，朱德进一步弄清了南昌城内及其附近驻军的番号、人员、武器、装备及设防部署、火力配备等情况。

当夜幕徐徐落下以后，朱德又在昏暗的灯光下，挥汗伏案精心整理调查来的材料，并根据这些材料绘制成了一张敌军分布草图，并仔细地标出了敌人火力的配备位置。

7月27日，按照中共中央的决定，化装后的周恩来从九江秘密来到了南昌，负责发动并领导武装起义。

当天晚上，周恩来就来到了朱德的住处。两人相见，心情都非常激动。朱德详细地向周恩来汇报了南昌国民党军队的情况以及他所做的工作："南昌城内外，现有六个团：第三军的两个团，即第二十三团和第二十四团；第九军的两个团，即第七十九团和第八十团；第五路军总指挥部的警卫团；第六军的第五十七团，是最近几天才进驻南昌的。此外，还有一些零星的警卫部队。总兵力大约一万余人，都经过训练，有一定的战斗力。我办的那个军官教育团，第一、二营的学员已提前毕业，分配了工作；第三营还有三个连。我在南昌市公安局争取过来的保安人员和消防人

---

① 金汉鼎：《八一起义前后见闻点滴》，1964年，未刊稿。

员，约有四五百人，人数不算多，武器也不算好，但他们熟悉地形，了解情况，暴动时，可望成为一支可靠的力量！不过，前几天朱培德派人把在南昌的军用物资全都运走了。"

当周恩来看到朱德绘制的敌军分布草图上不仅有街道、地名和敌人的番号、兵力部署，而且还有碉堡、火力配置以及进攻路线等时，非常满意地说："这份兵力分布图绘制得好极了。你为南昌起义立了头功，真是一个很好的参谋和向导。"

朱德接着说："上层高级军官的工作进展不大。他们当中许多人长期跟随军阀，多是趋炎附势、追名逐利之徒。有些人虽然对当前的形势颇多感慨，但是，当真要他起来革命时，那就对不起了，还是升官发财要紧。"

"不足为奇。他们的总指挥张发奎、朱培德，不就是这样吗？对他们这些人不能抱有任何幻想，但对下面的将领和下级军官，我们还是要耐心地做说服工作，努力去争取。"周恩来边说边拿毛巾擦着脸上的汗水，"最新消息，完全为我党所掌握的武装力量，除了叶挺所在的第十一军、贺龙的第二十军外，还有国民政府卢德铭警卫团、武汉军校的部分同志以及周士第的第二十五师等，可望在暴动前夕赶到南昌。这样，我们的兵力就多于敌人几倍。敌人虽在赣南、赣东有部队，但远水解不了近渴，来不及增援。所以说，南昌暴动正如中央估计的那样，是能够取得胜利的。"

就在这一天，叶挺率第十一军第二十四师、贺龙率暂编第二十军乘火车，先后进入南昌。

朱德在南昌租赁了中山路洗马池的江西大旅社，作为领导南昌起义的大本营。这是一座土木结构的四层楼房，进门是一个长方形的庭院，南方称为"天井"。穿过"天井"是宴会厅，叫喜庆厅，三大间，呈长方形，一式花格子长窗。整个旅社有大小近百个房间，又地处市区中心，设立指挥部非常适宜。在这里，成立了领导南昌起义的中共前敌委员会。根据中共中央决定，前敌委员会由周恩来、李立三、恽代英、彭湃四人组成，周恩来任书记，负责指挥前敌一切事宜。决定在 7 月 30 日晚举行武装起义。周恩来说："我们这次起义是敌人逼出来的，不如此便没有出路。起义只能成功，不能失败。成功的关键在于团结一心，众志成城，在于有周密的准备，出敌不意，攻其不备，一举歼灭南昌的敌人。"①

第二天，周恩来来到设在子固路的第二十军指挥部看望贺龙，把行动计划告诉他。贺龙毫不迟疑地回答："我完全听共产党的话，要我怎样干就怎样干。"②

一场大较量已经迫在眉睫。一时间，整个南昌城里的气氛异常紧张了起来。

时间在这紧张的气氛中一天天地过去了。正当南昌起义的各项准备工作都在按计划地进行着的时候，突然，前敌委员会在 7 月 29 日上午接连收到中共中央代表张国焘发来的两份电报，说，暴动宜慎重，无论如何要等他到后再作决定。

收到张国焘的这两份电报以后，周恩来和前委其他成员进行了认真的商议以后果断地决定：暴动决不能停，继续进行一切准备工作。

7 月 30 日早晨，张国焘以中共中央代表的身份从九江赶到了南昌。周恩来立即召开前敌委员会紧急会议，参加这次会议的有前委委员李立三、彭湃、恽代英和谭平山、叶挺、周逸群等。张国焘在会上提出："中央意见暴动宜慎重，国际电报，如有成功把握可举暴动，否则不可动。将在军队中的同志退出，派到各地农民中去。所以目前形势，应极力拉拢张发奎，得到张之同意，否则不可动。"③ 李立三一听，就对他说："什么都预备好了，哈哈！哪里现在还讨论。"周恩来也明确表示："还是干。"前委几个成员都指出："暴动断不能迁移，更不可停止。张（发奎）已受汪（精卫）之包围，决不会同意我们的计划。在客观应当是我党站在领导的地位，再不能依赖张了。"④ 结果，双方发生了激烈的争论。

争论一直进行了数小时，因张国焘是中共中央代表，不能用少数服从

---

① 《刘伯承传》，第 66 页，当代中国出版 1992 年版。
② 《南昌起义资料》，第 2 页，人民出版社 1979 年版。
③ 《刘伯承传》，第 68 页，当代中国出版社 1992 年版。
④ 《中共中央文件选集》第 3 册，第 407 页，中共中央党校出版社 1989 年版。

多数的办法来决定，问题还是没有得到解决。

7月31日早晨，前敌委员会紧急会议不得不继续召开，双方又争论了数个小时之久。张国焘一看受到那样强烈的反对，就说这是国际代表的意见。平时对人很温和的周恩来这时实在忍无可忍了，愤然以辞职相抗争。他激动地说："国际代表及中央给我的任务是叫我来主持这个运动，现在给你的命令又如此，我不能负责了，我即刻回汉口去吧！"① 由于周恩来太生气了，说话时还拍了桌子。20多年后，他对人说道："拍桌子这个举动，是我平生仅有的一次。"谭平山也十分气愤，提出要在会后把张国焘绑起来。周恩来劝阻说：张国焘是党中央的代表，怎么能绑呢。最后，张国焘表示服从多数人的意见。于是，会议决定南昌起义改为8月1日凌晨4时举行。

7月31日下午，南昌起义的准备进入最后阶段。起义部队以军、师为单位召开团以上干部会议。周恩来、贺龙、叶挺等分别在会上传达中共中央和前敌委员会的决定，宣布了起义的命令，并给各团、营明确了战斗任务和有关规定。命令说："我军为达到解决南昌敌军之目的，决定于明日凌晨四时开始向城内外所驻敌军进攻，一举而歼灭之！"

为保证南昌起义的胜利，也就在这一天的晚上，朱德遵照前敌委员会的指示，要完成一项特殊而重要的任务。

这是一项什么特殊而重要的任务呢？朱德曾回忆说："我被分派的任务是，邀请朱培德下面的一些军官。"

原来朱培德驻扎在南昌地区的部队中，第二十三和第二十四两个团是他的主力，也是起义军的劲敌。如果在起义中把这两个团的指挥官拖住，使其失去指挥，这对南昌起义的胜利将会起到极大的作用。为了完成这一特殊而光荣的任务，朱德想出了一个"调虎离山"的办法。

凭着朱德在滇军中的威望，他向第二十三团团长卢泽明和第二十四团团长萧曰文等发出请帖，邀请他们在7月31日晚带着团副一起前来赴宴。

① 《南昌起义》（资料选集），第81页，中共中央党校出版社1981年版。

接到请帖的军官原来都是滇军中的人，同朱德都比较熟。他们一看是朱德的邀请，自然十分高兴，纷纷表示愿意按时前来赴宴。

为了更好地达到目的，考虑到第二十三团和第二十四团的驻地都在南昌城东，朱德有意把宴会设在城西大士院街口的嘉宾楼上，使距离相隔得很远。

天色慢慢地暗了下来，南昌城里的灯光亮了，第二十三团和第二十四团的团长和团副们都来到了嘉宾楼。朱德在楼里悠闲自得地应酬着请来的各位客人。只见他端起一杯酒，说道："我们虽然同在一座城里，平时却难得一聚。好在同出一脉，都是滇军，不是外人。所以，今晚我朱某敬请各位光临，纯属叙旧，别无他事，请各位随便畅饮！"说完，朱德一口把杯中的酒喝完了。

"朱将军乃我滇军前辈！赐吾等如此殊荣，实在担当不起。能与将军同桌共饮，实为今生难得！今日北伐，相聚在赣，虽是异土他乡，但能同朱将军在一起，倍感亲切。今后，将军若有用得着部下之处，吾等当效犬马之劳！"萧曰文代表几位来客表白感激之情。

就这样，他们边吃边饮，边叙旧交谈，笑语不断。一桌丰盛的酒席，从傍晚一直吃到夜里9点多钟。

当团长们起身准备离开时，朱德掏出怀表看了看，说："时间还早，各位今晚又无要事，这附近有一个极好的去处，何不去打几圈麻将！"

听朱德这么一说，团长们都很高兴地同意了。朱德把他们带到了大士院32号，安排他们打起了麻将。

一切都安排就绪之后，朱德立即来到第二十军指挥部，向贺龙通报了情况，接着又迅速回到了大士院32号。

时间已到了午夜时分了，团长们还在高兴地打着麻将，还没有一点要离开的意思。

"快开门！快开门！"

突然传来一阵急促的敲门声。

随着门被打开，第二十四团的团副跌跌撞撞地冲了进来，喘息未定就向萧曰文报告说:"报告团长,9 时接到指挥部通知,说贺龙的一个副营长密报,明晨 4 时共产党要暴动……命令各团立即采取应急措施,严加防范!"

这一下,把几个团长惊呆了。一时,不知所措,半天还未回过神来。当他们回过神来时,便急匆匆地要离开,赶回团里。

事情发生得太突然了,朱德也被眼前的情景所惊住了。但是,他马上镇静了下来,知道一定是哪儿走漏了风声。于是,他从容不迫地站了起来,若无其事地说:"各位老弟,不必惊慌。在这多事之秋,蜚言流长,什么谣言都可能有!'暴动'呀!'起义'呀!天天都能听到,未必可信。各位都是从大风大浪里闯过来的,何必大惊小怪呢?"

说完,朱德又坐了下来,劝说道:"来来来,各就各位,打完这四圈牌再走吧!"

但是,这些团长们再也没有玩麻将的兴趣了,一个个穿上衣服就要走。朱德见时间也不早了,不便再强留,以免发生意外,只好把他们一一送出门外。

刚送走这些团长们,朱德就立即赶到第二十军指挥部,将第二十军第一团一个姓赵的副营长跑到敌人指挥部告密的事告诉了贺龙。

当前敌委员会得到这一消息后,当机立断,把起义的时间改为 8 月 1 日凌晨 2 时,比原来的计划提前了两个小时。

后来,朱德在回忆这段经历时这样写道:"我被分派的任务是,邀请朱培德下面的一些军官。一直搞到夜晚九点,还拉在那里饮酒。可是因为发命令太早,一下走漏了消息。那是贺龙部队一个云南人的营长去报告的。他们得到消息,因为封建关系,立刻惊怕起来,马上派人来叫这些军官立刻回营。他们起来要走,我也不好拦挡。不过这时朱培德本人是到庐山去了。他们走了,我也就回去。此刻街道上已不通行了。我赶到贺龙的司令部告诉他消息已经走漏了。于是不得不提前两点钟暴动就开始了。"[①]

---

① 《朱德自传》(1886~1937),手抄稿本。

从贺龙处出来，朱德又到了第三军第二十一团团长李世龙家中。据第三军第二十团中校团副蒋文光回忆说："七月三十一日晚，我（指蒋文光）在街上看到叶挺、贺龙的部队情况有些不同，赶紧跑去找二十一团团长李世龙，要李立刻注意，或者将部队带出南昌，可是到了那里，碰见朱德正与李世龙闲谈。朱德一见他即知来意，不等有所表示，就拉着他说：'文光，我们到街上走走。'没有两个小时，街上到处响起了枪声。"①

"叭！叭！叭！"清脆的枪声，击破了南昌沉静的夜空。霎时间，枪声、炮声、喊杀声和爆炸声响彻了整个南昌城。

8月1日凌晨2时正，南昌起义的战斗打响了。

起义军的战士们，呼喊着从四面八方向敌人驻地发起了进攻。经过几个小时的激战，至清晨6时，南昌城内的敌人全部被肃清，共歼敌3000多人，缴获枪500余支，子弹70多万发，还有大炮数门，起义取得了成功。敌军的主力第二十三和第二十四两个团，由于朱德巧设宴会，处于无人指挥的状态，没有做过多的抵抗就被消灭了。

当东方出现曙光时，在洗马池江西大旅社的楼顶上，高高地飘扬起一面起义军的红旗，显得格外鲜红，格外耀眼。

天亮了，南昌的市民们像潮水般地涌向街头，他们敲锣打鼓，燃放鞭炮，热烈欢庆南昌起义取得伟大胜利，欢迎威武雄壮的起义军。

南昌起义向国民党反动派打响了武装反抗的第一枪，在中国革命战争史上开辟了一个新的时期。朱德后来对这次起义作了很高评价："它明确地指出了中国革命的政治方向，它是共产党独立领导革命和独立领导革命武装斗争的开始。""从此民主革命的大旗就由共产党独立肩负起来。"②中国共产党领导的人民军队就是在这次起义中诞生的。从此，8月1日，成为中国人民解放军建军节。

毫无疑问，在这一伟大的武装起义之中，朱德起了特殊的关键的作

---

① 《朱德传》，第79页，人民出版社、中央文献出版社1993年版。

② 朱德：《在北京市各界人民庆祝中国人民解放军建军30周年大会上的讲话》，《人民日报》1957年8月1日。

用。首先，在起义前，朱德对南昌的敌情和兵力部署都作了详细的了解，从而保证了前敌委员会和叶挺、贺龙的部队一到南昌，不但能立即详细地了解敌情，而且能根据敌人的兵力部署合理地安排起义部队的驻地，把部队的驻地和战斗部署结合起来，为起义的顺利进行起了决定性的作用。第二，朱德按照前敌委员会的安排，很好地利用设宴会的办法，巧妙地控制了敌人主力部队的指挥人员，为起义迅速结束战斗创造了有利的条件。第三，得知贺龙部第一团第一营副营长向敌人告密的消息后，及时报告贺龙指挥部，为前委正确作出起义提前两小时的决定起了关键性的作用。不难看出，朱德在南昌起义中，虽然不是前敌委员会的成员，也不是起义军中的主要将领，但他对起义迅速取得胜利所起的作用，是参加起义的所有领导人都替代不了的。

南下受挫

南昌起义的胜利，使国民党反共势力大为惊恐，他们想立即扑灭这革命的火种。由于起义部队还处在朱培德、张发奎部队的四面包围之中，情况极为险恶，在南昌是不能久留了。

面对如此不利的形势，前敌委员会决定，起义军立即按照中共中央原来的计划撤出南昌，南下广东，实行土地革命，重建革命根据地，再举行第二次北伐，以统一全中国。其具体目标就是广东的东江流域和潮汕地区。因为那里的农民运动正在蓬勃发展，共产党在那里有较好的群众基础。而且，占领了汕头就有了出海口，可以争取到国际的援助。

前敌委员会根据中共中央事先的决定，起义成功后，仍以"中国国民党革命委员会"的名义来号召革命。因此，起义部队仍沿用国民革命军第二方面军的番号，由贺龙兼代总指挥，叶挺兼代前敌总指挥，下辖第十一军、第二十军、第九军三个军。第十一军和第二十军的军长分别是叶挺和贺龙。

对于第九军军长的任命则有一个过程。因为第九军原是在江西的滇军的番号，滇军参加南昌起义的兵力不多，只有军官教育团的三个连。滇军中有一个叫韦杵的师长，那时是国民党左派。起义前朱德在同他交谈过程中，他抱着同情的态度。因此，朱德建议由韦杵来担任第九军军长，自己任副军长。起义第二天，革命委员会就根据朱德的建议，作出任命。不料，韦杵在起义前夕因病赴武汉治疗，不在军内。因此，当起义军撤离南昌时，又改任朱德为第九军军长。

这几天，朱德十分繁忙。他一面着手组建第九军的指挥机构，一面整编参加起义的军官教育团，并吸收一部分铁路工人和青年学生，组成第九军教育团。

由于时间紧急，起义军没有休息，也没有得到整顿，更来不及等候一些正在赶来的部队到达，就在起义的第三天，即1927年8月3日，匆忙地从南昌启程，踏上了南下广东的征途。

出发前，朱德派人给驻防抚州（今临川）的国民党第三十一军第二十七师师长兼赣东警备区司令杨如轩送了一封信。杨如轩在护国战争期间，是朱德支队的副营长，各方面曾得到过朱德的教益。在信中，朱德告诉他：我们最近在南昌开了一个会，推举孙中山夫人宋庆龄为领导，揭起反对独夫民贼蒋介石的大旗。现决定去广州开辟新的革命策源地。请你拉起部队跟我一起参加革命。希望他到抚州柴埠口来面商一切。接到信后，杨如轩思考了一下，因丢不下已取得的地位，拒绝了朱德的建议，但回话说，愿意把驻抚州的部队移驻城南，让南昌起义的部队通过抚州后再回防。

朱德作为南下的先遣司令，带着先遣队第九军教育团，先出发了。只见他身穿粗布灰色军装，双腿打着布绑带，背着一个旧斗笠，紧扎的腰带上佩挂着驳壳枪。他大步走在队伍旁边，有时和一些指挥员边走边谈，了解部队情况，有时又用幽默的话语鼓动部队的行军情绪。战士们出发前都把长裤剪成了短裤，扛着枪，一路快走着。

先遣队的主要任务就是向沿途群众做宣传、筹措粮草和安排宿营，任务非常艰巨。朱德说："我从南昌出发，就走在前头，做政治工作，宣传工作，找寻粮食，……和我在一起的有彭湃、恽代英、郭沫若，我们只带了两连人，有一些学生，一路宣传一路走，又是政治队，又是先遣队，又是粮秣队。"①

抚州，距南昌190里，是起义军南下时经过的第一个重要城市。从南昌到抚州，一路上没有遇到敌人的抵抗，还算顺利。

由于同杨如轩有约在先，当朱德率部到达抚州时，杨如轩便悄悄地把部队撤到了南城外，给起义军让出了一条南下的大路。

8月6日，朱德率起义军先遣队进入抚州，受到了全城各界群众的热烈欢迎。

但是，起义军南下的困难还是很多的。8月的江西，酷暑笼罩，天气热得使人难以忍受。加之起义军南下后所走的多是山路，因为要多带子弹，每人背负250至300发，还要自扛机枪、大炮，加之由于反动派的造谣，沿途居民大多数逃散，连食物和茶水也难以买到。许多战士又得了病。路上病倒的、脱队的非战斗减员十分严重。行军三日，人困马乏，实力损耗已近三分之一。在南昌缴获的武器弹药，因运输困难，也大多被抛弃了。

在抚州经过将近一周的休整后，起义军于8月12日离开抚州，继续南下，经过宜章、广昌，直指瑞金、会昌。这时，蒋介石已把他的嫡系部队钱大钧部的2个师加2个团共9000余人，从赣州调往瑞金、会昌一带，准备拦击起义军。他的2个前哨团就驻在瑞金以北30里的壬田市。同时命令桂军黄绍竑部10个团也正赶来增援。面对这样的局势，起义军指挥部决定将第二十军的第三师拨归负责先遣任务的朱德指挥。

8月25日，朱德率第二十军第三师的一个营，作为前卫营南下，在壬田遇到了钱大钧部的两个团，双方展开了一场激战。这是起义军离开南昌南下后所打的第一仗。朱德率领部队坚持战斗，一直坚持到贺龙率第二十军主力赶到，在第二天清晨将钱大钧部的两个团击溃，敌人经瑞金向会昌

① 《朱德自传》（1886～1937），手抄稿本。

退却，起义军乘胜进占瑞金。

在瑞金，缴获敌人许多文件，得知钱大钧、黄绍竑两部准备在会昌集结18个团。起义军指挥部为了避免在继续南下时遭到强大敌人从背后袭击，便决定乘黄绍竑部尚未赶到、敌人兵力尚未集中之时，先击破会昌的钱大钧部，再行南下。

攻打会昌，这是起义军南下途中第一场恶仗。在这场战斗中，叶挺指挥的第十一军第二十四师和第二十五师为右纵队，攻击会昌西北的山头阵地，为主攻方向；由朱德指挥的第二十军第三师为左纵队，向会昌东北高地进攻，为助攻方向；贺龙率第二十军的第一师和第二师为总预备队，驻守瑞金附近，以策应和支持各方①。

朱德接受任务后，首先命令第二十军第三师教导团团长侯镜如，挑选几十人组成敢死队，追击正向会昌退却的钱大钧部。朱德向大家动员说："你们都是不怕死的中华健儿。可是，今天我要求你们一反往常猛打猛冲的常规，只同敌人打心理战。你们要分作数股，分散活动，跟在敌人后面或插到敌两翼，向敌人打冷枪，要搅得敌人吃不下、睡不着，这就是你们的任务。"敢死队的小分队遵照朱德的指示，一路上利用有利地形，隐蔽自己，不断向钱大钧部打冷枪，直把敌人追到离会昌只有40里的地方才宿营。钱大钧部被搞得筋疲力尽。50多年后，侯镜如在回忆这段战斗经历时说："会昌战斗中，朱总指挥我们和钱大钧作战，就采用了游击战法。敌人退，我们跟着进；敌人驻下，我们就从四面八方打冷枪，扰乱敌人，不让他们休息。这就是'敌退我追，敌驻我扰'。"②

8月30日凌晨，进攻会昌的战斗打响了。朱德指挥的第二十军第三师，由教导团和第六团组成。那时，第六团还没有赶来，朱德便和第三师师长周逸群、党代表徐特立带着教导团出发了。不久，就遇到钱大钧部的两个团。敌人凭借着有利地形进行顽强抵抗，起义军反复冲杀，战斗一时

---

① 《朱德传》（修订本），第102～103页，中央文献出版社2000年版。
② 《朱德传》（修订本），第103页，中央文献出版社2000年版。

形成了拉锯状态。等到第六团赶到时，又展开更猛烈的进攻。但由于第十一军第二十五师在夜间走错了路，城西的主攻方向一时未能打响，守敌的注意力就全部被吸引到原来作为助攻的东北方向来了，敌人便集中大部分兵力和火力向朱德指挥的第二十军第三师猛扑过来。朱德率部坚守阵地，并鼓动部队说：我们这边吃力些，把敌人背到身上，右纵队那边就好办了！正在危急时刻，第二十五师迅速赶到了，叶挺指挥第十一军发起了总攻，激战到下午4时，钱大钧部全线崩溃。起义军一鼓作气，追击30里，钱大钧部伤亡、被俘和逃亡的达6000余人，只余下3000余人逃走①。

这是起义军南下征途中取得的一次大胜利，但起义军自身死伤也达1000余人，在当时全军人数中占了不小的比重。

会昌战斗结束后，8月31日，前敌委员会讨论继续南下的路线问题，决定改变原来取道寻邬直下东江的计划，改由福建长汀（汀州）、上杭，沿汀江南下东江地区。这是因为，寻邬至东江一线已有敌人重兵把守，而福建却是敌人兵力空虚之地，进军阻碍力较小。加上在壬田、会昌战斗后，起义军增加了许多伤员和战利品，走长汀、上杭，顺鄞水下韩江，可用船只运送大批伤员和战利品；如走寻邬，都是山路，运输困难，无法携带。同时，由寻邬南下的行军计划，已被叛逃的军官向敌人报告，并在各报上披露，必须改变。

9月2日，黄绍竑部五个团从洛口来攻会昌，被起义军打败，俘获一部。这时，朱德已率起义军先头部队向长汀进发了。

越过闽赣边境的武夷山后，9月5日，朱德率起义军先头部队到达长汀。对于起义军在这时的情况，周恩来在给中共中央的报告中这样写道："总瑞金会昌两役，我军伤亡官兵，约近千数，子弹消耗亦多。本来沿途行军，因山路崎岖，给养困难，落伍逃亡重病之士兵，为数极多，经此两战，我虽胜敌，但兵员与子弹之缺乏，实成为入潮梅后必生之最大

———————————————

① 《朱德传》（修订本），第103页，中央文献出版社2000年版。

困难。"①

起义军在长汀稍事休息。数百名伤员被送进傅连暲主持的福音医院进行治疗。在这里，周恩来主持召开了前敌委员会会议，对夺取东江的计划又进行了详细的讨论。讨论中，前委内部出现了两种意见，周恩来和叶挺"主张以主力军由三河坝经松口取梅县，再经兴宁、五华取惠州，以小部分军力（至多两个团）趋潮汕"。他们认为敌人在潮汕的兵力空虚，可以不战而得，如果主力先取潮汕再回攻惠州，过于迂缓，敌人有集中兵力攻击起义军之可能。再一种意见"主张以主力取潮汕，留一部分兵力于三河监视梅县之敌，再经揭阳出兴宁、五华取惠州"②。由于后一种意见得到了共产国际军事顾问的支持，多数同志也渴望攻占潮汕，能得到休息，又能在沿海口岸得到国际的援助，所以，会上通过了后一种意见。这就形成了三河坝分兵的决策。不能不说三河坝分兵是一个失败的决策，它使原来兵力已日益不足的起义军力量更加分散了，这对以后起义军南下的迅速失败有着直接的影响。

三河坝分兵计划大体是：由周恩来、贺龙、叶挺、刘伯承等率第二十军和第十一军的第二十四师，从处在粤闽边境的大埔乘船，经韩江顺流而下，直奔潮汕；朱德率领第十一军第二十五师和第九军教育团，共约4000余人留守三河坝，以防敌人从梅县抄袭主力部队进军潮汕的后路。

第十一军第二十五师是以叶挺独立团扩编而成的。无论部队的战斗力还是党的力量，在起义军中都是最强的劲旅之一。陈毅就在这个师的第七十三团任党代表。当第二十五师划归朱德指挥之后，朱德和陈毅这两位四川老乡又见面了。他们从在四川万县第一次相见后分别已整整一年了，如今又重新相逢，两人喜出望外。

10月1日，朱德带着第二十五师师长周士第等，仔细地观察了三河坝的地形。

① 《周恩来传》，第183页，中央文献出版社1998年版。
② 《朱德传》，第84页，人民出版社、中央文献出版社1993年版。

三河坝在广东大埔县的南面，是一个位于三江口上的大镇子。从北面飞流直下的汀江，同从江西南面奔腾而来的梅江在这里汇合后，向南泄入水深流急的韩江。在三河坝对岸有一座 80 多米高的笔枝尾山，它形如鱼尾，山势险要，松林茂盛，群峰叠嶂，可攻可守，大有一山镇三江之势，是兵家必争之地。

观察了地形之后，朱德认为三河坝位于三江汇合处，发生战斗时，第二十五师如果留在三河坝必将处于背水作战的不利地位。于是，他决定把部队转移到三河坝对岸的东文部、笔枝尾山、龙虎坑、下村一带布防，连夜构筑工事。师指挥部设在龙虎坑东边高地。朱德、周士第和第二十五师党代表李硕勋等都在这个指挥所，准备随时迎击敌人。

朱德还仔细地讲解了如何构筑工事，如何防守阵地；对渡江的敌人，什么时候打，怎样打最有利。听讲的军官对朱德坚定的胜利信心和渊博的军事知识十分敬佩。

当年参加三河坝战斗的第七十五团团长廖运周，对当时的情景曾有一段回忆："第二天午后，朱德在河滩竹林边，召集全师官兵讲话。他和士兵一样，背着小斗笠，穿着短裤和草鞋，给人一种非常温厚和朴实的感觉。朱德同志动员我们：要坚守三河坝，控制敌人兵力，为向海陆丰进军的我军创造有利条件。同时他指出，我军绝大部分都是农民出身，革命的军队必须与农民结合，才能取得革命胜利。他号召我们要发扬会昌歼敌的精神，保持铁军的荣誉，战胜来犯敌人。"①

一切准备工作刚刚结束，钱大钧就带着经过补充的 3 个师 10 个团约 2 万人向三河坝扑了过来，扬言要同起义军决一死战。

气势汹汹的敌人窜到汇城以后，发现起义军早已经转移到韩江东岸。于是，他们在江西的旧寨、南门坪一带构筑了许多工事，架起几十挺机枪，虎视眈眈地同起义军隔江对峙。

10 月 1 日下午，敌人用密集的火力向起义军阵地发起猛烈攻击。朱德

---

① 《南昌起义》，第 328 页，中共党史资料出版社 1987 年版。

命令部队到稠密的松林里隐蔽，有时集中火力进行还击，有时又一枪不发。敌人闹不清虚实，不敢贸然渡江，只是漫无目标地向松树林里倾泻子弹。

钱大钧看到隔江相对不能解决问题，决定渡过韩江消灭起义军。夜深了，浓浓的夜幕锁住了韩江。敌人乘坐着二十多条木船，顶着浓重的夜幕，开始偷渡韩江了。但是，当敌人的木船行到江中时，早在滩头阵地严阵以待的起义军战士遵照朱德"半渡而击"的指示，一齐开火。钱大钧部的大部分船只被击沉，剩下的几条船连忙逃回了对岸。

钱大钧并不甘心失败。第二天，他又从松口一带抢来了十多条民船，趁着浓雾抢渡韩江，又遭到起义军迎头打击，仍没有渡过江来。

10月3日拂晓，大雾弥漫，江面、滩头和山林都被乳白色的雾霭深锁起来。为了防备敌人偷袭，朱德命令部队加强戒备。但是雾气越来越重，到后来，连几十步外的景物也都看不清了。滩头阵地上的战士们一边支棱着耳朵，屏气倾听江面上的动静，一边把眼睛睁得大大的，注视着江面上，恨不得将云帷雾帐看穿。

再说钱大钧两次渡江未成，恨得咬牙切齿，但他还是不甘心，又调集大批船只，企图再次抓住这个难得机会，利用浓雾的掩护，在密集炮火的掩护下，分多路强渡韩江。

忽然，起义军的一个战士指着江面大声叫道："快看！"只见一条大船影影绰绰从浓雾中浮现出来。紧接着，密密麻麻的船只几乎同时从雾帐里钻了出来。船上的敌人大概也看到了滩头的动静，拼命加快船速，架在船头上的机枪顿时喷出一条条火舌。

起义军立即还击。几只划在最前面的敌船中弹后，在江面中剧烈地摇晃着，其中有的船翻了个底朝天。落水的敌人嘶喊着，号叫着，拼命地扑腾着，江面上一片混乱。尽管如此，还是有一部分敌人的船只强渡成功，抢占了第七十五团防守的滩头阵地，双方展开了反复的争夺战，战斗一直僵持到午后。

下午3时，钱大钧部又调集许多迫击炮和机枪，加强火力掩护，拼命攻击。经过几个昼夜的激战，虽然起义军战士的粮食已经没有了，炮弹也要断绝，但他们仍在坚持顽强战斗。

浓烈的硝烟渐渐散尽，夕阳映照的阵地上，出现了短暂的沉寂。

朱德从一段阵地走到另一段阵地，仔细检查部队的弹药。弹药已经不多了。他又爬上山头望了望远处的敌人。敌人的大部队已经渡过江来，正在抢修工事，准备进行新攻击。特别是另一股敌人强渡过江后，又抢占了梅子岽一带，对起义军形成两面夹击，形势更为不利。

朱德一边看着一边想着：起义军经过三天三夜的顽强阻击战，大量地杀伤敌人，掩护主力部队进军潮汕的任务已经完成，起义军在激战中损失也很大。敌众我寡，情势危急。如果死守，不但不能保住阵地，而且会使这支宝贵的起义部队遭受更大的损失。既然如此，不如撤出战斗，趁夜间将部队转移出去，同潮汕方面的主力汇合，另寻战机。想到这里，朱德和周士第进行了研究，作出了立即撤出战斗、去潮汕追赶主力的决定。

夜幕降临了，朱德留下第二十五师第七十五团第三营作掩护，他和周士第带领着其余的部队以及伤病员趁着夜色悄悄地撤出了战场，迅速转移。

朱德和周士第带领着第二十五师约 2000 人，在 10 月 6 日清晨撤出三河坝阵地后，当夜兼程去追赶主力部队。周士第后来回忆说："三河坝战斗进行的时候我们还不知道潮汕失守，起义军主力已经失败。我们当时认为守住这地区对主力作战有利，因此坚持与兵力超过我们许多倍的敌人作战。激战三天三夜后，东文部、笔枝尾山都被敌人占领，我们已处于绝对优势敌人的三面包围之中，于是就决定退出战斗，拟经百侯圩、饶平到潮汕与主力军会合。"[1]

可是，一个意外的沉重打击却突然来到。当天晚上，朱德和周士第带领部队到达了饶平以北的茂芝。第二天清晨，他们遇见了第二十军教导团参谋长周邦采带领的从潮汕退下来的起义军官兵 200 多人，才得知第二十

① 《周士第回忆录》，第 149 页，人民出版社 1977 年版。

军第二十四师和第二十军已在潮汕失败了。这一消息真是如同一盆冷水浇在大家头上。许多人心事沉重,思想混乱。一些指挥员也处于不知所措的境地。

这真是一个异常严峻的时刻。正如粟裕后来所说:那时,"这支部队的处境极端险恶,敌人的大军压境,麋集于潮汕和三河坝地区的国民党反动军队有五个多师,共约四万人左右,气势汹汹,企图完全消灭我军,扑灭革命火种。从内部来说,我们的部队刚从各方面会合起来,在突然遭到失败的打击之下,不论在组织上和思想上都相当混乱。"① 特别是此时,朱德同起义军的领导机构前敌委员会失去了联系,成为脱离群阵的一只孤雁,一切只能由朱德独立负责,他当机立断地作出决断。"虽然下面的部队绝大部分都不是他的老部队,领导起来有困难,但在此千钧一发之际,他分析了当前的敌我情况,作出了正确的决策。"②

朱德同几个主要领导干部研究后,决定部队必须尽快离开这里,甩开敌人重兵,摆脱险恶的处境,否则将有全军覆没的危险。10 月 7 日上午,朱德在饶平县茂芝的全德学校召开干部会议,参加会议的有朱德、周士第、陈毅等二十多人。据有人回忆说:会上,朱德介绍了起义军在潮汕失利的情况后,断然决然地说:"我是共产党员,我有责任把八一南昌起义的革命种子保留下来,有决心担起革命重担,有信心把这支革命队伍带出敌人的包围圈,和同志们一起,一直把革命干到底!"经过热烈讨论,他把大家的意见归纳为四条:"第一,我们和上级的联系已断,要尽快找到上级党取得联系,以便取得上级的指示;第二,我们要保存这支军队,作为革命种子,就要找到一块既隐蔽又有群众基础的立足点,湘粤赣边界地区,是敌人兵力薄弱的地方,是个三不管的地带,这一带农民运动搞得早,支援北伐得力,我们应当以此为立足点;第三,据最新情报看,敌人

---

① 粟裕:《激流归大海——回忆朱德同志和陈毅同志》,《人民日报》1978 年 12 月 1 日。

② 粟裕:《激流归大海——回忆朱德同志和陈毅同志》,《人民日报》1978 年 12 月 1 日。

已从南、西、北三方面向我靠拢，我们要从东北方向穿插出去。现在敌强我弱，我军又是孤立无援，所存弹药不多。行动上要隐蔽，沿边界避敌穿插行进；第四，要继续对全军做艰苦的政治思想工作，要发挥党团员、干部的先锋模范作用，坚决扭转对革命失却信心的混乱思想，安定军心，更要防止一些失败主义者自由离队、拖枪逃跑甚至叛变投敌的严重事故发生。会议否决了少数同志关于解散队伍的提议。"会议上的军事决策，简单地说，就是隐蔽北上，穿山西进，直奔湘南。① 为此，朱德对部队进行了初步的整编，以第七十三团为基础编为第一营（四个连），以第七十四团编为第二营，以第九军教育团编为第三营。

进行"赣南三整"

朱德的正确决策为这支处于困境而陷入混乱的起义部队指明了方向。为了巩固这支起义军余部，保存革命火种，朱德在陈毅的协助下，适时地对部队进行了三次整顿。这就是天心圩整顿、大余整编、上堡整训，人们统称它为"赣南三整"。

1927 年 10 月 7 日，朱德率领这支部队离开茂芝，在遮天蔽日的丛山密林中，一路急行军，经麒麟岭，过闽粤交界的柏嵩关，进入福建，再沿着闽粤边界的崎岖山路北上，从九峰经平和、永定、上杭，10 月 16 日到达闽赣交界处的福建武平。这时，部队还剩下 2500 余人。敌人已经发现起义军余部向西转移的动向，他们立刻派钱大钧部一个师尾追不放。

为了摆脱敌人的追击，朱德主张给敌人以还击。他的意见得到了陈毅、王尔琢等人的支持，就在武平附近选择有利地形设伏。10 月 17 日，击退了钱大钧部两个团的进攻。后来，又遇到了钟绍奎的部队，消灭了他的一个营，才进入了武平以西的武夷山南端。

这时，起义军剩下 1500 余人了，枪不足 1000 支。处境更加困难，部

---

① 《朱德传》（修订本），第 108～109 页，中央文献出版社 2000 年版。

队官兵疲惫不堪，杂乱无章，悲观和动摇的情绪在部队中蔓延着，不断有人因为受不了饥饿寒冷和疾病的折磨而离队逃亡，行军路上一遇到岔道口，便有人不辞而别。

朱德带领部队向西北转进。一天，他们来到了石径岭。

石径岭，位于武夷山的最南端，在武平西北的崇山峻岭之中。这里的山都是峭壁悬崖，一眼望去，如同斧砍刀削一样。在壁立的两山之间，有一条石径山路，弯弯曲曲盘亘其中，在狭窄的隘口，山势更加陡峭，道路也更加险峻。

当部队进到闽粤边界的石径岭附近的隘口时，发现隘口已被地方反动民团加强了防守，无法通过。担任前卫的第一营几次冲杀都没能通过。这样，从石径岭翻越武夷山去江西的通道被阻挡了。

就在大家一筹莫展之时，朱德来到了第一营。他问明情况后，又望了望四周的悬崖峭壁，便"亲自带领几个警卫人员，从长满灌木的悬崖陡壁攀登而上，出其不意地在敌人侧后发起进攻"，抢占了反动民团据守的隘口，带领部队进入赣南山区。粟裕回忆说："当大家怀着胜利的喜悦，通过朱德亲自杀开的这条血路时，只见他威武地站在一块断壁上，手里掂着驳壳枪，正指挥后续部队通过隘口。""通过这次石径岭隘口的战斗，我才发觉，朱德同志不仅是一位宽宏大度、慈祥和蔼的长者，而且是一位英勇善战、身先士卒的勇将。"①

石径岭战斗之后，起义军摆脱了敌人的追击，完成了"隐蔽北上"的任务，开始"穿山西进"，直指赣南山区。

10月下旬，朱德率领只有1500余人的部队到达江西安远县的天心圩。

当时，这支部队的处境仍然十分困难：四面受敌，孤立无援，虽然摆脱了敌人的重兵尾追，但仍经常受到地主武装和土匪的袭击，不能不在山谷的小道穿行，在山林里宿营；同上级党组织还没有取得联系；官兵饥寒

---

① 粟裕：《激流归大海——回忆朱德同志和陈毅同志》，《人民日报》1978年12月1日。

交迫，疾病流行，得不到供应和治疗；部队思想一片混乱，许多经不起考验的人，甚至"师长、团长均皆逃走，各营、连长亦多离开"[1]。"每个人都考虑着同样的问题：现在部队失败了，到处都是敌人，我们这一支孤军，一无给养，二无援兵，应当怎么办？该走到哪里去？"[2] 不少官兵相继离队，有的甚至带着一个排、一个连公开离队，有的还在继续散布失败情绪，要求解散部队。部队随时都有瓦解的可能。

在这危难关头，朱德首先考虑的，是如何保存这支幸存的队伍，他决定在天心圩对部队进行初步整顿。

傍晚，夕阳刚刚隐没在山后，小河的流水在缓缓地淌着。在天心圩圩场外的河滩上，朱德召开了由排以上干部参加的大会。

朱德还是穿着那身洗得发白的灰色粗布军装，背着一顶斗笠，一双破草鞋用绳子横七竖八地捆在脚上。他脸颊瘦削，胡子老长，双眼却炯炯有神，和蔼可亲。他望着这些与自己一道浴血奋战的同志，只见他们"衣服破烂，身上又脏，而且饿得心慌，可是仍然直挺挺地站着，许多人背着三四杆步枪"[3]。然后，朱德又慢慢地走到人群中间，悲怆而又激奋地说：

"大家知道，大革命是失败了。我们的起义军也失败了！但是，我们还是要革命的。"

讲到这里，朱德停了一下。整个河滩上显得十分寂静，只听见河水流淌的声音。

"同志们，要革命的跟我走；不革命的可以回家！不勉强！"朱德洪亮的声音响了起来，打破了这一片寂静。

这洪亮的声音久久地在河滩的上空激荡着。听着这些话语，起义军的官兵一个个都在低头沉思。

"但是，大家要把革命的前途看清楚。"朱德继续讲道，"一九二七年

---

① 《南昌起义》，第135页，中共党史资料出版社1987年版。
② 《星火燎原》选编之一，第110页，战士出版社1979年版。
③ 艾格妮丝·史沫特莱：《伟大的道路——朱德的生平和时代》，第245页，三联书店1979年版。

的中国革命，好比一九〇五年的俄国革命。俄国在一九〇五年革命失败后，是黑暗的，但黑暗是暂时的。到了一九一七年，革命终于成功了。中国革命现在失败了，也是黑暗的，但黑暗也是暂时的。中国也会有个'一九一七年'的。只要保存实力，革命就有办法。你们应该相信这一点。"①

朱德的讲话产生了强大的感染力，使大家在黑暗中看到了光明，在困难中认清了方向，受到了鼓舞、增强了信心。粟裕在回忆起这段历史时曾说："朱德同志的这些铿锵有力、掷地有声的话语，精辟地分析了当时的政治形势，展示了革命必然继续向前发展的光明前景，令人信服，感人至深。陈毅同志对之作了极高的评价。他曾说，朱德同志的这次讲话，是讲了两条政治纲领，我们对部队进行宣传教育，就是依据这个纲领做些发挥工作。"② 后来，陈毅曾这样说道："人们听了朱总司令的话，也逐渐坚定，看到光明前途了，当时如果没有总司令领导，这个部队肯定地说，是会垮定的。""朱总司令在最黑暗的日子里，在群众情绪低到零度，灰心丧气的时候，指出了光明的前途，增加群众的革命信念，这是总司令的伟大，没有马列主义的远见，是不可能的。"③

天心圩整顿，主要是对部队进行思想教育，统一大家的认识，振奋革命精神。通过这次整顿，扭转了部队中思想混乱、人心涣散的局面。一些意志不坚定的人离队了，大约走了300多名军官和士兵。但是留下来的却更加坚定了。人数虽然减少了，但都是革命的精华，为人民军队保存下一批重要的骨干力量。整个部队的精神面貌发生了新的变化。数十年之后，朱德对这次天心圩整顿还记忆犹新，他回忆说："我们……折转北上，在武平旧城和敌人一个师打了一仗，然后转到江西安远县的天心圩。这时部队更涣散了，由三部分集拢在一起，有周士第的一部分，有潮汕撤出的一部分和我原来指挥的一部分，七零八落，没有组织。有些人中途跑掉了，

---

① 《星火燎原》选编之一，第111页，战士出版社1979年版。
② 粟裕：《激流归大海——回忆朱德同志和陈毅同志》，《人民日报》1978年12月1日。
③ 陈毅：《关于八一南昌起义》，《近代史研究》1981年第2期。

留下来的人也还有继续要求走的。根据这种情况，我们就在天心圩进行了初步整顿，召集军人大会，说明革命形势和任务，指出最后的胜利一定是我们的，以鼓舞情绪和坚定信心。"①

朱德在这支部队生死攸关、需要作出何去何从的关键时刻，以大无畏的英雄气概，挺身而出，担当起历史赋予的重任，把部队带出绝境，赢得了部队全体官兵对他的巨大信任。正如陈毅在回忆中所说："这时候，朱德同志才成为这支部队的领袖，朱德同志在南昌暴动的时候，地位并不重要，也没有人听他的话，大家只不过尊重他是个老同志罢了。"② 但是，朱德并不把这些归功于自己。30 年后，当有人问朱德："听说三河坝失败后，革命队伍内部发生了动摇和混乱现象，当时你号召说，谁愿意革命就跟我走。"朱德回答说："有这样一回事。你们研究这些问题的时候，应该把它看做是集体的事业，看做是党的领导。当时我所讲的，也并不是我个人独到的见解，而是革命的经验。在当时的情况下，需要用马克思主义来分析革命形势，指出革命是有前途、有出路的，只有这样，才能坚定大家的革命意志。部队要巩固，就要经常在部队中进行马克思主义的政治思想工作，最基本的是要依靠党的组织。那时党员比较多，把党的组织加以整顿以后，又发展了一批党员，就依靠他们去巩固队伍。"③

这一时期，不论行军还是打仗，朱德一直和士兵们一样穿灰色土布军装，一样吃大锅饭。行军时，他有马不骑，和士兵一样肩上扛着步枪，背着背包，有时还搀扶着伤员、病号。他还抓紧一切时间做官兵们的思想工作，"见人就谈，谈革命前途，谈继续革命的方法"。对于官兵们提出的关于中国今后的革命战争问题，朱德回答说："农民的游击战争是主要形式。"对于反革命整天跟在后面怎么办的问题，朱德回答说："他总有一天不追的，因为中国军阀的军阀性、买办性、封建性，他们之间不能协调，他们自己打起来，就不会追我们了，我们就可以发展了。"他的谈话，士

---

① 《朱德与中共党史重大事件》，第 69 页，中央文献出版社 2001 年版。
② 陈毅：《关于八一南昌起义》，《近代史研究》1981 年第 2 期。
③ 《文献和研究》，1986 年第 6 期。

兵很爱听，使大家受到很大鼓舞，也受到大家的衷心爱戴①。

天心圩整顿是起义军余部转战途中的一个转折点，它虽然挽救了这支部队，但是部队存在的实际困难并没有得到解决，反而更趋严重。饥寒、疲劳、疾病、穷困，把部队折磨得筋疲力尽。因此，朱德又对这支部队进行了大余整编。

大余整编是在 10 月底进行的，重要内容是进行组织整顿，先后做了两件事：一是整顿党、团组织；二是整编部队。

粟裕在回忆这次整编的历史背景时说："一九二七年十月底，我们的队伍从信丰来到了赣粤边境的大余地区。正如朱德同志所预料，国民党新军阀各派之间矛盾重重。这时候，继宁汉之战，又爆发了粤系、桂系、湘系军阀的混战。他们忙于互相争夺，不得不暂时放松了对起义军的追击。朱德、陈毅同志便利用这个间隙，领导部队进行了一次整顿和整编。"②

怎样进行整顿和整编？朱德回忆说："于十月底到了大余，对部队进行整编。首先，整顿党、团组织，成立党支部。"③ 粟裕也回忆说："这一次整顿，重点是加强党对部队的领导。首先，由陈毅同志主持，整顿了党、团组织。南昌起义，虽然开始了我们党独立领导军队的新时期，然而，当时这支部队只是在上层领导机关和军官中有少数党员，在士兵中，除了像我所在的这个排，因为前身是二十四师的教导队，它是由'马日事变'后从两湖逃出来的部分学生和工人干部组成的，全是党、团员外，一般是没有党、团员的。因此党的工作不能深入到基层和士兵中去。经过这次整顿，重新登记了党、团员，调整了党、团组织，成立了党支部。记得当时部队还有共产党员五六十人，党员人数不到群众人数的十分之一。那时候我们还不懂得应当把支部建在连上，但是实行了把一部分党、团员分配到各个连队去，从而加强了党在基层的工作，这是对于这支部队建设有

---

① 《朱德传》（修订本），第 114 页，中央文献出版社 2000 年版。
② 粟裕：《激流归大海——回忆朱德同志和陈毅同志》，《人民日报》1978 年 12 月 1 日。
③ 《朱德传》，第 92 页，人民出版社、中央文献出版社 1993 年版。

重大意义的一个措施。"① 在整顿党、团组织过程中，还选派了一些优秀党员去基层担任指导员，从而加强了党对部队的全面领导。

在整顿党、团组织的同时，还对部队进行了整编，使它更有利于指挥和作战。当时，这支由不同来源组成的部队，已经七零八落，不成建制。原来的军师都成了空架子，已经不能适应新的情况。在整编中，取消了"军、师、团"建制，从实际出发，把部队改编为一个纵队，共组成七个步兵连和一个迫击炮连、一个重机关枪连。改编后的部队采用"国民革命军第五纵队"的番号，朱德为纵队司令员，对外化名王楷，指导员是陈毅，参谋长是王尔琢。②

经过大余整顿和整编，部队的面貌焕然一新。官兵们虽然还是衣衫褴褛，面黄肌瘦，但个个精神抖擞，斗志昂扬。正如粟裕回忆所说："从此，部队的组织状况和精神面貌都大为改观，团结成了一个比较巩固的战斗集体。这时全团虽然只有七八百人，比起饶平出发时只剩下了三分之一，但是就整体来说，这支部队经过严峻的锻炼和考验，质量更高了，是大浪淘沙保留下来的精华，已成为不灭的革命火种。这次大余整编，是我们这支部队改造的重要开端。"③

11月初，朱德带领部队来到了上堡。这是一个位于罗霄山脉南端渚广山区，靠近湘赣粤三省边界的一个偏僻小镇，属江西省崇义县管辖。

这里山高林密，晚霜晨雾，寒气逼人。这时，湘粤两省军阀之间又重新开战，无暇顾及起义军余部，直到这时，朱德才感到南昌起义以来三个月行军作战的紧张情绪得到了一点缓解，有了一种安全和稳定的感受。他又抓住这一难得的有利时机，在上堡对部队进行了一次整训。

上堡整训，"首先是整顿纪律，那时就规定了募款和缴获的物资要全

---

① 粟裕：《激流归大海——回忆朱德同志和陈毅同志》，《人民日报》1978年12月1日。

② 《朱德传》（修订本），第116页，中央文献出版社2000年版。

③ 粟裕：《激流归大海——回忆朱德同志和陈毅同志》，《人民日报》1978年12月1日。

部归公"。在这之前，朱德、陈毅就一直很重视对部队纪律的教育。转战途中，当在信丰发生少数不良分子鼓动士兵哄抢当铺的事情时，朱德、陈毅就曾抓住这件事对部队进行过严厉的教育。到上堡后，部队的任务不仅是行军、打仗，而且还深入农村发动群众，打土豪，分财物，加强纪律的重要性就显得更加突出了。所以，部队明确规定募款和缴获全部归公，只有没收委员会才有权没收财物，并对官兵进行了自觉遵守纪律的教育①。

在加强纪律教育的同时，上堡整训还加强了部队的军事训练。那时，崇义、上堡一带正是国民党军第二十七师师长杨如轩的防区，由于历史上的特殊关系，朱德又给杨如轩写去一封信，希望杨如轩"眢起眼皮，把上犹借他练兵三个月，他保证练一团人，就可以打败蒋介石"②。杨如轩虽然没有正面答应，但也"眢起眼皮"，没有骚扰起义军。在整训中，起义军"每隔一两天上一次大课，小课则保持天天上。为了适应客观要求，当时已提出了新战术问题，主要是怎样从打大仗转变为打小仗，也就是打游击战的问题，以及把一线式战斗队形改为'人'字战斗队形等"③。

起义军的指挥员多数是原叶挺独立团的，不少是黄埔军校的毕业生。他们打仗所习惯的是正规战那一套。起义军中的士兵，多数参加过北伐战争，打的也是正规战，南昌起义后的一些战斗也还主要是正规战。在上堡，朱德对当时的形势和部队的任务进行了认真的分析、思考，他看这一切都已经发生了变化。部队转移到了山区去找"落脚点"，发动群众，打土豪，分田地。从实践中逐渐懂得了"还可以上山打游击"，"觉得上山有出路"，开始了由正规战向游击战的转变，这就需要学习游击战。杨至诚回忆说："在这里，我们按照朱德同志的指示，以上堡、文英、古亭等山区村镇为中心，开展了游击战争。部队以连排为单位分散开来，向群众做宣传，帮助群众劳动，收缴地主和土匪的武装，组织群众分粮，分财物。这里的群众多少年来深受地主、土匪的压迫，又有大革命时期农民运动的

---

① 《朱德传》（修订本），第117页，中央文献出版社2000年版。
② 杨如轩：《我所知道的朱德委员长》，1977年11月，未刊稿。
③ 《朱德选集》，第394页，人民出版社1983年版。

影响，一经发动，便轰轰烈烈起来了。"[1]

对于起义军在战略战术方面的这一次重要转变，朱德曾说："起义军南下途中，右翼支队由我率领，在三河坝虽然失败，但没有被完全打垮。我们由福建退至江西，开始被迫上山，被迫进行游击战争。这有一个好处，从此以后即开始转入正确的方向——游击战争的方向，不是采取过去占大城市的办法，而是实事求是，与群众结合，发动群众起义，创造革命根据地。战术也变了，有把握的仗就打，没有把握的仗就不打，不打就'游'。方向正确，革命力量就能存在，而且还能得到发展。"[2]

"赣南三整"是从 1927 年 10 月下旬开始至 11 月初结束的，虽时间很短，前后只有 20 天左右，但具有重要的意义。它不仅有效地稳定和巩固了起义军余部，为后来人民军队的创建和发展保留了革命的火种，而且它和毛泽东所进行的"三湾改编"一样，对创建一支新型人民军队做了一次有益的探索，在人民军队建军史上也产生了深远的影响。

在困境中的合作

经过"赣南三整"，起义部队的精神面貌有了很大改观，但在物质方面仍面临着许多严重困难，特别是给养和弹药无法解决，眼看隆冬季节就要来到，起义军官兵还穿着单衣单裤，有的甚至还穿着短衣短裤，打着赤脚，连草鞋都穿不上；无处筹措粮食，官兵们常常饿着肚子；缺乏医疗设备和药品，伤病员得不到治疗；部队的枪支弹药无法补充，人也很疲乏，战斗力越来越削弱。如何克服这些困难，这直接关系到这支部队的生存和发展。朱德为此而苦苦地思索着。

在深山老林中，朱德与外界的联系基本中断，对外界的了解唯一的途径是靠报纸。一天，朱德和陈毅各拿着一张报纸，正在聚精会神地看着。

---

① 《朱德传》（修订本），第 118 页，中央文献出版社 2000 年版。
② 《朱德军事文选》，第 483～484 页，解放军出版社 1997 年版。

突然，朱德一拍大腿站了起来，抖着手中的报纸，大声说：

"好消息！有办法了。我说天无绝人之路嘛！"

原来，朱德从报上意外地看到了国民革命军第十六军已从广东韶关移防到同崇义接邻的湖南郴州、汝城一带。

这一意外的消息不能不使朱德高兴。他立即同陈毅商量后，提笔给第十六军军长范石生写了一封亲笔信，希望同他合作。

范石生，字筱泉，云南省河西（今为峨山彝族自治县）人。原是朱德在云南讲武堂的同期同班同学。他们曾结拜为把兄弟，一起组织五华社，一起秘密加入孙中山领导的同盟会，一起参加昆明重阳起义，又一起在蔡锷的领导下参加护国讨袁战争。后来，范石生成了滇军的高级将领，在广东讨伐叛逆陈炯明中建立功勋，进驻广州，被孙中山誉为"军中有一范，顽敌心胆颤"。孙中山非常倚重他，常与他商讨军中要事，后委任他为滇军第二军军长，授予上将军衔，并赠予他亲笔书写"功在国家"的条幅和一把瑰丽的军刀，以褒奖其战功。1926 年，第二军改编为国民革命军第十六军时，范石生仍为军长。1927 年 10 月，第十六军移防到韶关和汝城一带。他同粤系、桂系、湘系军阀都有矛盾，但同蒋介石的矛盾更加尖锐。曾在范石生军中担任军官团教官的严中英回忆说："范石生与蒋介石之间的矛盾，由来已久。一九二三年范任驻粤滇军第二军军长时，孙中山大元帅指挥东征，申讨叛逆陈炯明。当时，蒋介石任粤军许崇智的参谋长。在一次军事会议上，蒋介石即席要求发言，范石生以主席身份傲慢地问：'你叫什么名字？'蒋答后，范又问：'你要讲什么？'蒋谈了自己对作战的意见。范不等蒋讲完，就嘘了一声说：'算了吧！你说得轻巧，拾根灯草！'使得蒋十分尴尬，加深了两人之间的矛盾。"蒋介石报复心很重，当了国民革命军总司令后，范石生心里自然更有顾虑。所以，他需要寻找盟友，以加强自己的力量。当他得知朱德正率南昌起义军余部转战赣南时，便几次派人秘密寻访，进行联络①。

---

① 参见《朱德传》（修订本），第 119～120 页，中央文献出版社 2000 年版。

事实上，中国共产党人同范石生的统一战线关系早已建立。还在 1926年范部改编为国民革命军第十六军时，周恩来就派人在第十六军中秘密建立了共产党组织。朱德曾说过："南昌起义前，驻在湘南的范石生第十六军同我党保持着统一战线关系，该军内仍然有我们党的组织，范石生也有同我们联合一起进入广东之意。南昌起义后，部队南下时，恩来同志就给我们写了组织介绍信，以备可能同范石生部发生联系时用。"①

现在，这一关系果然用上了。朱德给范石生的信发出后约半个月，范石生派人送来了复信。信中写道：

玉阶吾兄大鉴：

春城一别，匆匆数载。兄怀救国救民大志，远渡重洋，寻求兴邦救国之道。而南昌一举，世人瞩目，弟感佩良深。今虽暂处逆境之中，然中原逐鹿，各方崛起，鹿死谁手，仍未可知。来信所论诸点，愚意可行，弟当勉力为助。兄若再起东山，则来日前途不可量矣！弟今寄人篱下，终非久计，正欲与兄共商良策，以谋自立自强。希即枉驾汝城，到日唯（第十六军第四十七师师长曾日唯）处一晤。专此恭候。

弟筱泉顿首

接到范石生的信后，朱德把陈毅找来，又向他详细介绍了范石生的情况。两人商议后认为，根据当时的情况，同范石生合作是必要的，也是可能的。这样做，有利于隐蔽目标，积蓄力量，待机发展。

朱德又向全体共产党员讲明了同范石生进行合作的意义和目的。大家经过讨论，统一了认识，一致同意在原建制不变、保证组织上独立、政治上自主、军事上自由的前提下同范石生合作。

---

① 《朱德选集》，第 395 页，人民出版社 1983 年版。

11 月 20 日，朱德受党组织的委托，带着作战参谋王海清和黄义书以及从教导队中挑选出来的五六十名身强力壮、灵活机智的青年学生兵，从崇义的上堡出发，去汝城到范石生部第四十七师师长曾曰唯处进行谈判。

中堡距汝城约 80 余里，险峻的渚广山横隔在中间，山上盘踞着以何其朗为首的一股土匪。据说何其朗在北洋军阀时代曾在江西军事学校受过训，毕业后在江西督军身边当马弁。后来投靠新任皖系督军邓如琢，在邓部当营长。北伐军攻占江西击败邓如琢，何其朗率残部逃入渚广山，占山为匪，无恶不作。何其朗获悉朱德率南昌起义余部到达上堡的消息后，派其内弟朱龙奴率领百余名土匪沿途跟踪，企图活捉朱德。

朱德等翻过渚广山，进入湘南地界。但当他们途经汝城县濠头圩时，已经是傍晚了。他们就在濠头圩的一个祠堂里住了下来，他和警卫员就住在祠堂后院伙房旁边的一间小屋里。

谁知，到了半夜，他们突然被附近的何其朗部包围了。

"哗啦啦！"随着一阵响声，土匪们气势汹汹地砸开门，冲进了祠堂，呼喊着直向后院冲来。

朱德和警卫员一下子被惊醒了。朱德见已经来不及逃走或躲藏了，便沉着地对警卫员说："不要慌张，见机行事！"

朱德和警卫员立即侧身闪进了紧挨着的小伙房里。

不一会儿，几个土匪闯了进来，大声问朱德："你是什么人？"

"我是伙夫头。"朱德十分镇静地回答说。

土匪又问："你们的司令在哪儿？"

朱德指着后面的房子说："住在那边。"

土匪看了看那边的房子，又看了看朱德。由于朱德穿着简朴，同士兵没有什么区别，土匪果然相信了，就到那边去了。

土匪刚一走开，朱德和警卫员就从窗户跳了出去，脱离了危险。

到汝城后，朱德同曾曰唯进行了谈判。

当晚，范石生也从乐昌赶到了汝城。第二天，双方正式谈判。在谈判中，朱德提出三个条件：

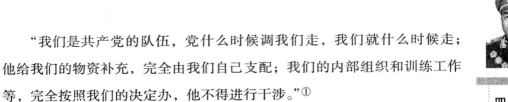

"我们是共产党的队伍，党什么时候调我们走，我们就什么时候走；他给我们的物资补充，完全由我们自己支配；我们的内部组织和训练工作等，完全按照我们的决定办，他不得进行干涉。"①

双方经过协商，最后达成如下协议：

一、同意朱德提出的部队编制、组织不变，要走随时可走的原则；

二、起义军改用第十六军第四十七师第一四○团的番号，朱德化名王楷，任第四十七师副师长兼第一四○团团长（不久，范石生又委任朱德为第十六军总参议）；

三、按一个团的编制，先发一个月的薪饷，并立即发放弹药和被服。

后来，1928年6月，杜修经在给湖南省委的报告中也写道："在受编的时候，朱德向范石生他们表示，大意：我们是共产党的军队，我们党有命令要我们怎样时，我们还是怎样，他们意承了。"②

对这些协议，范石生是认真执行了的。朱德说："他接济我们十万发子弹，我们的力量又增强了。他还一个月接济万把块钱、医生、西药、被单……在红军的发展上来讲，范石生是值得我们赞扬的。"③。当时在范石生身边的严中英回忆说："范对我说：'这支部队现在还穿着单衣短裤，没有盖的，天气这样冷，就得先把棉服军毯运去。'我从侧面了解，范对这部红军是按照一个团的军需物品和粮饷等予以补充的。后来朱总司令把部队带过十六军的驻地时，我看到战士们穿着新发的棉衣。在服制装备方面，与范军没有什么区别；但在精神上态度上，却与国民党的部队截然不同，尤其引起我注意的是，在队伍中分不出谁是官，谁是兵，大家说说笑

① 《朱德选集》，第395页，人民出版社1983年版。

② 《朱德传》（修订本），第122~123页，中央文献出版社2000年版。

③ 《朱德自传》（1886~1937），手抄稿本

笑，亲如家人，我见了感到新奇。"①

随后，陈毅、王尔琢带着部队开到汝城西北方向的资兴。在资兴时，又从范石生那里领了五六十万发子弹。

这段时间内，朱德以第十六军总参议的名义，不时到军司令部与范石生会晤，谈笑风生。他们有时讲到过去在昆明翠湖之滨一堂相聚的岁月，有时又讲到现时中国革命的前途，处得很融洽②。

朱德与第十六军党的秘密组织接上关系后，很快成立了中国共产党第十六军军委，陈毅为书记。在党的活动分子会议上，朱德在讲到同范石生合作的意义时，说过："范石生之所以与我们达成协议，实现联合，是想扩充队伍，壮大实力，同蒋介石以及其他军阀对抗。我们这样做，是为了与范部建立统一战线，以他为掩护，隐蔽目标，积蓄与发展力量，绝不是放弃原则，顺从他人，也绝不能束缚住自己的手脚，我们应该独立自主地进行活动。"③

12月间，按照中共广东省委关于支援广州起义的有关指示，朱德率部队从资兴南下，进入广东北部地区，移驻韶关西北三四十里的犁铺头。但是当他们到达这里时，广州起义已经失败了，这样，他们就在犁铺头进行休整。

犁铺头，地处湖南、广东两省交界处，是一个人口稠密、比较富饶的集镇，地势比较隐蔽，是一个利于部队进行休整训练的好地方。

部队刚在犁铺头驻扎下，朱德就开始思考如何训练部队的新方法，并亲自编写步兵操练和阵中勤务两类训练教材提纲。教导大队大队长李奇中几次从朱德的窗前经过，总是看见他坐在桌前，在纸上写些什么，写一阵，停笔凝思一阵。

有一天，朱德把李奇中、副大队长蒙九龄以及一名越南籍的区队长找来，先是问他们最近是否考虑在军事课目上如何训练军官的问题，接着对他们说："就现在情况来看，我们像现在这样安定的机会不多，敌人总要

---

① 严中英：《回忆朱德总司令》，1978 年，未刊稿。
② 《朱德传》（修订本），第 123 页，中央文献出版社 2000 年版。
③ 《朱德传》，第 99 页，人民出版社、中央文献出版社 1993 年版。

打我们，我们总是要打仗的。可是以后打什么样的仗，仗怎么打，大家并不了解，我们要抓紧一切机会来训练部队，让他们经常学到新的作战知识才行。"① 李奇中回答说，自己正在为教材发愁。朱德说："教材是人编的嘛。没有教材，我们自己编。"又说："现在，敌人是强大的。我们的大革命失败了，才开始搞自己的武器，人少，枪也少。要想战斗打得赢，以少胜多，就要根据我们的条件，讲求新的战术。"② 说着，他从桌上拿起一沓写满字迹的纸片看了看，详细地给他们讲解如何练兵。

在部队训练时，朱德自己亲自讲课，他要求部队抛弃旧的队形，改为梯次配置的疏开队形，以减少密集队伍受到敌人火力的杀伤；要求指战员重视对敌情的搜索和侦察，不摸清敌人的情况不动手；要求士兵除熟悉手中武器外，一定要做到不靠近敌人不开枪，打不中不开枪。他反复强调："一定要让每个同志牢牢地记住：我们人少枪少，不能和敌人硬拼。我们要瞅住敌人的弱点，我们要注意避实就虚的游击战术。"③

在犁铺头期间，朱德率部队无论在驻防还是行军时，都照样打击当地的土豪势力，有时还处决一些民愤很大的地主恶霸。当有人把这一切向范石生报告时，范石生却从来没有过问和制止过。

1928 年初，纷纷扬扬的大雪下个不停。当有人向蒋介石报告：朱德率领的南昌起义军余部就隐蔽在范石生部队里时，蒋介石十分恼火。他立即下令要范石生解除起义军的武装，逮捕朱德。同时，又密令方鼎英部队从湖南进入广东北部地区，监视起义军和范石生第十六军的动向。

范石生接到蒋介石的密电后，虽然感到有些吃惊，但他却不忘旧谊，信守协议，立刻提笔写了一封亲笔信，派秘书杨昌龄前往犁铺头，亲手交给朱德，劝他立刻率部队离开，还送来一万块钱。他在给朱德的信中说："一、'孰能一之？不嗜杀人者能一之'；二、为了避免部队遭受损失，你

---

① 《朱德传》，第 99～100 页，人民出版社、中央文献出版社 1993 年版。
② 《朱德与中共党史重大事件》，第 80 页，中央文献出版社 2001 年版。
③ 李中奇：《朱德同志教我们战斗》，《中国人民解放军三十年》初选稿，第 1 卷，第 1 辑。

们还是要走大路，不要走小路；三、最后胜利是你们的，现在我是爱莫能助。"①

接到范石生的亲笔信以后，朱德十分感动。但是，他必须立即率部队离开这危险的地方。最初，他准备照中共广东省委的意见，去东江同广州起义的余部会合。但是，部队刚刚到达仁化，突然发现国民党第十三军的部队正沿浈水开往仁化东面的南雄，切断了起义军前往东江的去路，朱德当机立断地决定，在收集广州起义的一部分失散人员后，便折向湖南南部地区。18年后，朱德在延安编写红一军团史座谈会上说："今天看来，当时和范石生搞统一战线的策略，是完全对的，应该的。"②

领导湘南起义

1928年1月5日，朱德率领部队冒着岭南山区少有的鹅毛大雪，从广东仁化一直向西行进来到了广东浮源县（今属乐昌县）的杨家寨子。

这一次给朱德部队带路的是龚楚。他是广东乐昌人，1925年加入中国共产党，曾在江北地区搞农民运动，并带领着江北农军参加过北伐战争，后来又带领农军参加过南昌起义。起义军南下失利后，他回到家乡乐昌县。朱德在回忆这段历史时曾这样说道："我们脱离范部，从韶关北上，计划去湘南找一块根据地。这时，龚楚已来到我们部队，便由他引路带我们到了宜章县的杨家寨子。"③

宜章县农会主席杨子达，当时就住在杨家寨子。当得知朱德率部将抵达杨家寨子时，立即利用宗族关系，说通族长组织了十多名群众，顶着严寒前往村外三四里远的柞树坳去迎接。

从当时的形势来看，国民党南京政府同原来盘踞在湖南、湖北的唐生智部的战争正在进行之中。唐生智本人虽已通电下野，南京政府组织的

---

① 参见《朱德传》（修订本），第125页，中央文献出版社2000年版。
② 《朱德军事文选》，第484页，解放军出版社1997年版。
③ 《朱德选集》，第396页，人民出版社1983年版。

"西征军"已占领武汉，但唐生智的余部三个军退入湖南，"西征军"正分路进逼长沙、岳阳，新的大战即将爆发。双方对峙的兵力集中在湖南北部，一时都无力顾及其他方面，这使得敌人在湖南南部地区的兵力相当空虚。加之广西的军阀黄绍竑部也正在同广东军阀张发奎部在广东西部地区相持不下。同时，湖南的农民运动在大革命时期基础很好，北伐军首先从那里经过。大革命失败后，虽然地主进行反攻倒算，农会受到摧残，但潜在力量还很大，原来在国民革命军和城市中的不少湘南籍共产党和革命分子在蒋介石发动的"四一二"反革命政变后被迫返回家乡，在本地工农群众中已做了许多工作，容易一呼而起。在这种情况下，朱德率部队来到杨家寨子，目的是想由此进入湘南，在湘南发展武装起义，建立革命根据地。

在这前不久，中共湘南特委已经制定了《湘南暴动大纲》。朱德率部队到达杨家寨子后，湘南特委所属宜章县县委书记胡世俭和县委委员高静山、陈东日、毛科文等都赶来了。

朱德连忙把陈毅、王尔琢、蔡协民等人叫到杨氏宗祠的大屋里，听胡世俭详细介绍宜章的敌情：城内没有正规部队，只驻有邝镜明的500名民团，同外界没有通讯联系。这是有利的条件。但是宜章是一座石头城，易守难攻。

听了胡世俭的敌情介绍，朱德就如何拿下宜章、打好湘南起义的第一仗的问题动员大家献计献策。

大家一下子就七嘴八舌地议论开来了。有的人认为民团不堪一击，主张强攻；有的人建议应该采取引蛇出洞的办法，把敌人诱出城来加以歼灭；有的人提出组织一支小分队，装扮成赶圩场的群众，混进城去，来个里应外合；还有的主张兵临城下，把宜章城围个水泄不通，限期令对方投降。

朱德耐心地听完大家的发言后，说道："同志们，宜章既然没有正规军设防，500名民团又是一群乌合之众，杀鸡焉用牛刀？依我看不必强攻，可以智取。"

"智取"一词，语惊四座，大家都用惊奇的眼神期盼着朱德继续说下去。

朱德不慌不忙地扳着手指，一连讲了智取宜章的四个有利条件：第一，军阀正在湘北酣战，湘南地区敌人势力比较薄弱；第二，时近年关，地主豪绅逼租逼债更加厉害，贫苦农民和地主豪绅间的矛盾更加尖锐；第三，起义军经过了补充和休整，战斗力大大提高；第四，胡少海出身豪门，参加革命后没有公开地参加过本乡本土的阶级斗争，身份尚未暴露。因此，他提出由胡少海以国民革命军第六十军第一四〇团团长的名义，率领一支先遣队进驻宜章城，布告全城：本军奉范军长之命移防宜章，保护乡里。稳住宜章的上层统治后，大部队随即跟进。

朱德的话音未落，大家都拍手叫好。

这时，陈毅走到胡少海的身旁，拍着的他肩头，风趣地说："这一回，我看是要借重你五少爷的大名和胆量喽！可不是让你去冲锋陷阵啊！"

陈毅的风趣和幽默，引起了大家的一阵欢笑。

胡少海，又名胡鳌，家是湘南宜章县的富户，父亲是宜章的豪绅。兄弟六人，他排行老五，乡亲们都称他为"五少爷"。他虽然出身豪门，但上学读书时受进步思想的影响，放弃了"嗣承祖业"的士绅少爷生活，投身于民主革命，在程潜部李国柱旅当一名下级军官。后来进了程潜办的"建军援鄂军讲武堂"，毕业后在程潜部任营长。"四一二"政变后，他遭到怀疑，便带着部分湖南籍士兵，离开部队，躲到杨家寨子，以贩马作掩护，领导着一支农民武装，打富济贫，秘密进行革命活动。后来，同中共宜章县委的杨子达、高静山取得联系，在党的领导下开展革命工作①。

朱德和胡少海进行认真商量后，制定了一个"请君入瓮"的计策：为了不让宜章城内的反动头目逃脱，决定由胡少海出面，以"宴请桑梓父老"为名，对准备捉拿的人都送去请柬，并在宴前设下埋伏，以便一网打尽。

---

① 参见《朱德传》（修订本），第127页，中央文献出版社2000年版。

一封盖有国民革命军第一四〇团关防的公函送进了宜章县衙门。县长杨孝斌打开公函一看，原来是本县富豪之子胡少海以国民革命军范石生第十六军第一四〇团团副的名义写给他的信，信中告诉他：国民革命军第一四〇团奉范石生军长之命，即将移防宜章，以"协助地方维持治安"，本团先遣队由团副胡少海率领将于 1928 年 1 月 11 日进驻宜章县城。

杨孝斌看完了这份函，觉得胡少海荣归故里，并且又是带部队来维持家乡地方治安，理应热烈欢迎。

宜章县议会大厅里，杨孝斌和县参议长、团防局头头、警察局局长、商会会长以及各界士绅，正聚集一堂，商讨如何迎接即将入城的"国民革命军"。

1 月 11 日，难得的一个晴朗天气。宜章城南门外锣鼓声、唢呐声响成一片，一派热闹的景象，县里的头面人物都来到了南门外，正列队站在城门外的两边，准备迎接胡少海的来到。

胡少海带领着先遣队来了。先遣队一进城门，立即布哨，换下了团防局的哨兵，把宜章城的交通要道全部掌握在了自己的手中。接着，胡少海向朱德发出了一封密信：

"弟平安抵达。盼兄如期归来。阖家团圆，辞旧迎新，共度佳节。少海手书。"暗示朱德他这里一切都很顺利，可以按原计划进行。

在胡少海率队开进宜章县城的同时，朱德、陈毅率领主力部队随后跟进。宜章县委的胡世俭、高静山、杨子达、陈东日、毛科文都化了装，也杂在部队里。傍晚，部队到达陈东日的家乡栗源堡宿营。这里距宜章县城仅有二三十里路了，朱德在宿营地主持召开了党的活动分子会议，进行战前动员。他说："现在我们得到了休整和补充，又和湘南地方党组织取得了联系。这里敌人的正规部队撤走了，统治比较薄弱。这里有我们的地方党，有经过大革命锻炼的革命群众，我们可以趁这个机会打起红旗，大干一场了！"接着，他希望大家一定要打好部队进入湘南的第一仗，他说："智取宜章是个完整的战斗方案，我们一定要沉着、机智，与地方党密切配合，夺取这次战斗的彻底胜利，这是我们进入湘南的第一次战斗，这一仗打胜了，对湘南人民的革命斗争将产生巨大的影响。如果受了挫折，湘南暴动就会遇到困难。"①

第二天，正午过后，宜章城门大开，朱德、陈毅、王尔琢带着起义军开进了宜章城。在第一四〇团司令部的临时驻地——宜章县女子职业学校，朱德立即召开会议，研究行动方案。

在会上，胡少海汇报说，根据各方面的情况判断，当地官员、士绅现在还不知道真相，只是对部队进驻宜章的目的有着种种猜测，因此，事不宜迟，我们要抓住这一有利时机及早动手。

朱德问道："宴请各界的事准备得怎么样了？"

胡少海回答说，他已向县长杨孝斌提出，杨孝斌说那样使不得，不能反主为宾，只要王楷团座一到，就为各位接风洗尘。

朱德听后高兴地说："那我们就借水行船吧！"

傍晚，宜章县参议会的明伦堂里，灯火通明。杨孝斌在这里举行了盛大的宴请会。席间，大家举杯互庆，热热闹闹。

"鱼，来啦——"！声音未落，大厅里闪进来一个头包蓝色头巾的"跑堂"。他左手托着一个红木盘子来到桌前，只见一条尺把长的鲤鱼放在一个硕大的银盘里。这是事先约定的信号，说明一切都已准备好了。

突然间，朱德站了起来。"哐啷"一声，把手中的酒杯掷在了地上，只见门外立刻冲进十多个士兵，把枪口对着那些官员和士绅。

这些平时耀武扬威、骑在穷苦百姓头上作威作福的贪官污吏们，一看枪口对准了自己，早已吓得魂不附身，站立不稳，乖乖地举起了双手。

这时，朱德大声宣布："我们是中国工农革命军。你们这些贪官污吏、土豪劣绅，作威作福，糟蹋乡里，反对革命，屠杀工农，十恶不赦，是穷苦大众的罪人。现在把你们统统抓起来，听候公审！"②

————————

① 《朱德与中共党史重大事件》，第87页，中央文献出版社2001年版。
② 《朱德与中共党史重大事件》，第88页，中央文献出版社2001年版。

几乎就在同一时间，陈毅、王尔琢指挥起义军以迅雷不及掩耳之势，解决了在东山养正书院的团防局和警察局，俘虏了 400 多人，缴枪 300 多支。

智取宜章的胜利，揭开了湘南起义的序幕。

接着，朱德下令打开监狱，放出被捕的革命者和无辜群众；打开粮仓，把粮食分给贫苦的工农群众。顷刻间，宜章城里一片欢腾。

1 月 13 日上午，中共宜章县委在北门城内广场召开群众大会，庆祝智取宜章胜利。会上，朱德根据中共广东省委的指示，郑重宣布起义军改名为"工农革命军第一师"，朱德任师长，陈毅任党代表，王尔琢任参谋长，蔡协民任政治部主任。废掉原在南昌起义时用的青天白日旗，改为满天红斧头镰刀军旗，第一次举起了镰刀斧头的红旗。朱德号召大家组织起来，打倒当地军阀势力，实行"耕者有其田"。他在讲话中说：我们是工农革命军，是共产党领导的帮助穷人打天下的军队，我们已经推翻了国民党县政府，逮捕了一批贪官污吏土豪劣绅，我们支持大家行动起来闹革命，工农只有自己掌握了武装，彻底打倒蒋介石等新老军阀，实行耕者有其田，才能真正当家做主人。大会接受群众意见，经公审后处决了罪大恶极的宜章县县长杨孝斌、原县长黄得珍、挨户团副主任刘秉钧等。

会后，在宜章县立女子职业学校设立了工农革命军司令部和宜章暴动指挥部。朱德、陈毅和宜章县委的胡世俭、高静山、杨子达等共同部署各区乡配合工农革命军组织工农武装、发动全县起义。当天晚上，朱德自己来到栗源堡，召集全村人开大会。他说："你们这个村子，是大革命时期最勇敢的村子，你们也是最勇敢的农民。因为反动派的屠杀，把你们成立的农民协会推翻了。我们革命者是杀不绝的，农民协会是推不翻的，你们要把农民协会恢复起来，组织起来，发动农民打土豪分田地。"[①] 会后，村里就组织了暴动队，朱德还发给他们六七支新枪。这支部队以后编入了宜

---

① 陈茂：《从湘南到井冈山》，《回忆井冈山斗争时期》，第 559 页，江西人民出版社 1979 年版。

章的独立第七师。

在朱德、陈毅和宜章县委的发动和组织下，宜章县各区、乡的农民革命风暴如火如荼地开展了起来。

1月22日，朱德率领工农革命军主力来到奇石，在村民欢迎会上说：我们要干，手里没有枪，可以用梭镖。五支梭镖可以抵一支枪，五支梭镖可以换一支枪。我们革命，一定要明确革命目的，一切为着穷人翻身而战，一切为着世界大同而战。当晚，他又来到奇石平民学校，勉励学员们说：过去青年人没有书读，要好好读书啊，将来的世界要你们这些青年人来创造。

第二天，朱德和陈毅率部开赴黄沙堡城，用"引蛇出洞"和"赶蛇出洞"的计谋，将当地农军围了三天两晚没有攻破的黄沙堡城攻破了，消灭了盘踞该城的反动团防。战斗结束后，朱德出席了在黄沙堡城学校操场召开的祝捷大会并讲话，勉励战士和群众继续英勇战斗，打倒土豪劣绅，与反动派血战到底。

当离开黄沙堡时，朱德指示将缴获的枪支弹药全部交给了当地农民群众，还派了三个军事干部，在黄沙堡参加组织农军工作。

正当农民革命风暴席卷宜章全县之时，控制着广东的李济深密令曾经发动"马日事变"、大量屠杀工农的独立第三师师长许克祥"即日进剿，不得有误"。

许克祥接到密令后得意洋洋地说："老子用六个团同朱德的一个团去较量，吃掉他绰绰有余。"立刻带着全师人马，从广东乐昌日夜兼程北上，想去扑灭刚刚燃起的湘南起义的熊熊烈火。

这一着，早在朱德的预料之中。这时，工农革命军的主力部队已发展到3000多人。为了对付许克祥部的进攻，并接受南昌起义中没有同当地农民运动相结合而失败的惨痛教训，朱德在春节前夕，就率领部队秘密撤出了宜章城，隐蔽在乡村间，休整队伍，发动群众，以逸待劳，准备反击敌人的反扑。朱德回忆这一段历史时说："从此，我们的军队就和湘南的农民运动结合起来。这一教训是：大败之后重新整理队伍，恢复元气，转变方向，深入农村，得到了群众拥护，才得以生存与发展。"①

许克祥率部一路气势汹汹地杀了过来，当他们到达岩泉圩、屯粮坪石镇时，宜章县委派谭新到工农革命军驻地长村，向朱德、陈毅汇报许克祥进攻的情报。听完汇报后，朱德对情况作出分析，认为："的确，敌人有不少优势，我们不能低估。他兵力数倍于我，武器装备精良，后方实力雄厚。在这种敌强我弱的情况下，决不可采取南昌起义后那种死打硬拼的方法，同敌人拼消耗。应该有勇有谋，灵活机动，扬长避短。用游击战和正规战结合的打法，去战胜敌人。"② 大家一致同意朱德的分析，决定避实就虚，诱敌深入，主动撤退，寻找有利战机。

一听说要打发动过"马日事变"的死对头许克祥，工农革命军的情绪十分高涨。周围的农军也都赶来要求参加战斗。他们高唱的是：

> 梭镖亮堂堂，
>
> 擒贼先擒王。
>
> 打倒蒋介石，
>
> 活捉许克祥。

"活捉许克祥，为'马日事变'死难烈士报仇！"成了最响亮的口号。

正当朱德、陈毅把部队隐藏在深山中的圣公坛时，许克祥把他的教导队和补充团留在坪石镇，亲自带领 2 个主力团进到岩泉圩一带，而把另外 2 个团部署在坪石、长岭、武阳司、栗源堡一线展开，搜寻工农革命军。但他每天得到的报告却是："共军去向不明"、"朱德无影无踪"。

许克祥以为朱德被吓跑了，更加洋洋得意，自吹自擂地说："自潮汕一战，朱德成了惊弓之鸟。他在宜章得手，是由于守兵麻痹受骗之故，非战之罪。于今我许某大军一到，朱德自知不是对手，故闻风而逃，东躲西

---

① 《朱德选集》，第 126 页，人民出版社 1983 年版。
② 《朱德传》，第 106 页，人民出版社、中央文献出版社 1993 年版。

藏了。"

1月30日，朱德对敌我双方的情况进行了分析，他看到：第一，工农革命军经过休整，士气高涨，体质增强；第二，许克祥部连连扑空，锐气已减；第三，许克祥部的兵力摆成一线，首尾难以相顾，便于各个击破。

经过分析，朱德和陈毅、王尔琢认为，歼灭许克祥部的时机已经到了。于是，他们连夜制定了作战方案，决定兵分两路：一路由熟悉地形的胡少海、谭新带领，迂回到敌后，阻击增援之敌，截断岩泉圩敌军的退路；另一路由朱德、陈毅率领主力，直捣岩泉圩，消灭许克祥的两个主力团。

1月31日拂晓，朱德率工农革命军主力向宜章县城南50里的岩泉圩悄悄地出发了。对于这一切，许克祥连做梦都没有想到。他还处在洋洋得意之中。因此，当一个土豪赶到岩泉圩向他报告说：朱德的部队到了百岁亭，离这里不到五里路了。许克祥不仅不相信，反而训斥道："你这是造谣惑众，扰乱军心！"

早晨7点钟，冬天的太阳刚刚升起。岩泉圩上传来声声哨声，许克祥的部队正在开饭。正在这时，工农革命军突然以迅雷不及掩耳之势冲进岩泉圩。前来助阵的农军也在四面山上摇旗呐喊，燃放鞭炮。胡少海、谭新领着另一路兵马，又从侧后杀了过来，前后夹击。许克祥部腹背受敌，无法招架，纷纷向坪石仓皇而逃①。

岩泉圩一攻下，朱德立刻命令部队：乘胜追击，不给许克祥以喘息的机会！

下达命令后，朱德将工农革命军汇成一路，集中兵力，以最快的速度向坪石挺进。

许克祥刚逃回坪石后，朱德就带着工农革命军赶到了。许克祥便仓皇应战，部队混作一团。

在朱德指挥下，工农革命军一进入坪石，就猛冲猛打，穷追不舍，一

---

① 参见《朱德传》（修订本），第132～133页，中央文献出版社2000年版。

下子追了一二十里。许克祥只剩下七八个人了，慌忙换上便装，跳上乐昌河边停靠的一只小船逃命去了。大家都想捉到许克祥，朱德亲自带了部队追他，赶到渡口时，只见岸上扔着一套许克祥的军装，许克祥逃走了。朱德后来曾不无遗憾地说，如果当时先去抢船，必定能把他捉到了！

坪石大捷，是朱德巧妙地运用游击战和运动战相结合的打法取得的，也是他吸收南昌起义失利的沉痛教训，实现武装力量同农民运动相结合的一次初步尝试。30多年后，朱德在回忆这次战斗时，高兴地说道："我们的同志和广大群众对许克祥是恨之入骨的，听说打许克祥，士气空前高昂，个个争先恐后。许克祥把他的六个团摆成一条长蛇阵，这就便于我们各个击破。所以，战斗一打响，我们很快就把他先头的一个团打垮。紧跟着追击下去，一路走，一路打，把他的六个团一个一个地都打烂了。我们追到坪石时，敌人已溃不成军，乱作一团。坪石是一条峡谷，且无交叉道路，敌人只能沿这条峡谷逃窜。我们就一直追下去，追到乐昌河边，再不能追了才停了下来。这一仗打得好，我们抓了好多俘虏，其中有一部分补充了我们的部队。特别是在坪石，把许克祥的后方仓库全部缴获了，补充和武装了自己，不仅得到了机关枪，而且还得到了迫击炮和大炮。可以说，许克祥帮助我们起了家。"[1]

朱德率领工农革命军在湘南地区不断取得胜利的消息传开后，轰动了整个湘南大地。春节刚过，湘南各地的农民群众在当地党组织的领导下，纷纷发动了暴动，武装斗争的烈火迅速燃遍了湘南大地。

朱德并没有沉醉在胜利的喜悦之中。2月1日晚，朱德出席了在坪石附近召开的特别会议，决定利用这大好的形势，把刚刚燃起来的武装起义烈火引向湘南广大地区。胡少海等率农军返回到了宜章，把宜章独立团改编为工农革命军第三师，师长由胡少海担任，副师长是陈东日，党代表是龚楚，留守在宜章并监视坪石、韶关方面的敌人动态。朱德、陈毅指挥工

① 《朱德传》，第107~108页，人民出版社、中央文献出版社1993年版。

农革命军第一师北上，直逼郴州①。

接着，朱德又出席了宜章县党政军联席会议，并在会上作了题为《今后斗争的工作路线》的报告，指出：现在蒋介石与武汉政府的矛盾，以及各省军阀之间的矛盾更加尖锐了。整个局势动荡不安，这是我们力图发展的大好时机。特别是坪石一仗，在政治上狠狠打击了反动派的气焰，大大鼓舞了革命人民的斗志，在军事上打了个大胜仗，我们可以利用缴获敌人的物资装备壮大自己。

早在朱德、陈毅率领南昌起义军余部占领宜章后，中共郴州县委就立刻召开会议，决定请朱德率部进入郴州地区支援起义。县委书记夏明震用明矾写了一封密信交给良田区委，让他们立即派人送到宜章。1月22日，良田区委派共产党员肖光标、李克如、李言勤三人送信到宜章。朱德看到郴州县委的来信后，知道郴州存在着一支红色游击队，非常高兴，立刻拨出步枪100余支，让他们把红色游击队武装起来。

2月3日，朱德和陈毅率工农革命军第一师从舨塘经白石渡，向郴州方向进军。2月4日，朱德率领工农革命军来到宜章、郴州之间的良田镇，得知有两个营国民党军队驻守在大铺桥一带。

大铺桥，又叫大福桥，是群山之间的一处要冲，宜（章）郴（州）大道就从村中经过。村边的河上有座石桥，大铺桥就由此得名。驻守在这里的两个营是国民党第三十五军军长何键刚刚组建起来的，六个连队都是些从小学和中学征召来的学生，被编成训练队，准备做军官。他们大部分都还不到20岁，有些只有十六七岁，从来没有打过仗，但装备却很好，都是汉阳造的新枪。朱德组织大家讨论作战方案时，有人主张对这些毫无战斗力的敌军，采取突然袭击，一举加以歼灭，自己不会造成多少伤亡；也有人主张用政治攻势，争取他们投降。

朱德听完大家的争论，他看了看旁边的两张太师椅子，便指着一把雕有"武松打虎"图案的太师椅，打趣地问大家：

---

① 参见《朱德传》（修订本），第135页，中央文献出版社2000年版。

"武松为什么打虎?"

有人回答说:"不打虎,老虎就要伤他啊。"

于是,朱德又指着另一把雕有"苏武牧羊"图案的太师椅问道:

"苏武为什么不打羊呢?"

这有趣的问题,引起大家一阵笑声。在笑声中,有人回答说:"羊不咬人啊。"

朱德笑着点了点头,接着说:"大铺桥这一仗,正像这两幅图案,有'虎',也有'羊'。对'虎'——那些顽固的反动军官,我们要学武松,要坚决地打,不然就过不了景阳冈。对'羊'——那些学生兵,我们要学苏武,耐心地去把他们牵来。打虎才能牵羊,只有把'虎'打死、打伤了,'羊'才能得救。"

这朴素的语言,生动的比喻,让官兵们深受启发。大家都一致同意朱德这个"打虎牵羊"的方案①。

朱德还对陈毅和其他参谋人员说:"这六连人都是受过教育的青年——还受过一点军事训练!我们需要这样的人。我们可以送他们到宜章重新训练,然后要求他们加入我们的队伍。"② 他叮嘱部队对待他们要像对待误入歧途的兄弟一样,开始攻击时先喊欢迎他们参加革命的口号,涣散他们的斗志,力争避免一战。

大铺桥战斗,按照预定的方案打得非常顺利。一阵枪响后,学生兵根本没有抵抗的能力。工农革命军立刻喊话:"弟兄们,我们是工农革命军,是穷人的队伍,穷人不打穷人,士兵不打士兵!欢迎你们参加革命!"敌军的团长威胁学生兵们开枪还击,并且举枪打死了几个不愿还击的士兵。这时,一阵排枪把这个团长打倒,滚到水沟里去了。"虎"被打死了,"羊群"大乱了起来,部队完全失去了控制。朱德趁势下令吹起冲锋号,把包围圈越缩越小。守军除一小部分逃散外,大部分都缴械投降了。后来,把

---

① 萧克:《南昌起义》,第81~82页,人民出版社1977年版。

② 艾格妮丝·史沫特莱:《伟大的道路——朱德的生平和时代》,第255页,三联书店1979年版。

他们送到宜章去学习，多数人自愿参加工农革命军，小部分要求回家的还发给了路费。1937年，当美国记者史沫特莱问起这件事时，朱德告诉她说：当年的那些学生兵，"许多人已经成了他部队中的军政干部"①。

拿下大铺桥后，郴州城里原来驻有何键的正规部队五个连便弃城而逃了。2月4日傍晚，工农革命军擎着绣有镰刀斧头的红旗，开进了郴州城。

2月5日，朱德、陈毅参加了中共郴州县委扩大会议。会上，决定对县委的领导班子进行调整和充实，并对全县的武装起义活动作了部署，决定以郴州农民自卫军和工人纠察队合编为工农革命军第七师，邓允庭为师长。第二天，湘南第一个红色政权宜章县苏维埃政府成立。

2月10日，朱德率领工农革命军第一师主力离开郴州继续北上，向耒阳挺进。陈毅留守郴州，准备向东北侧击永兴。

当驻守在耒阳城里的国民党军听到朱德要率领部队进入耒阳城的消息时，都十分害怕，迅速将正规部队撤到了衡阳，国民党县政府的县长也早早地逃走了。县挨户团总局的300多人，在队长章家梅带领下，统归维持会指挥，紧闭城门，打算负隅顽抗②。

2月15日，朱德率工农革命军主力进入耒阳的幺平圩。当晚在圩场上召开群众大会并讲话，号召贫苦农民起来革命，起来暴动，打倒军阀，打倒土豪劣绅。第二天凌晨，率部占领灶头街。在这里，朱德听取了耒阳县委的汇报，了解县城敌人的布防情况后，决定：工农革命军第一师主力正面进攻桌子坳之敌，另抽出一个主力连队配合农军攻城。担负攻城的部队，先隐蔽在城外的树林里，观察动静，相机而动。由耒阳县委委员邓宗海、刘泰身藏短枪，带几十名农军，打扮成卖猪肉、蔬菜、柴草的，装作去赶圩场，骗过团丁的盘查，从城北门混进城去，同城内接应的中共地下党员一起解决把守城门的敌兵。朱德对参加会议的干部说："这是一个完整的战斗计划，部队要与农军密切配合，发挥各自的特长，迅速拿下耒

① 艾格妮丝·史沫特莱：《伟大的道路——朱德的生平和时代》，第256页，三联书店1979年版。

② 参见《朱德传》，第110页，人民出版社、中央文献出版社1993年版。

阳，以减少不必要的伤亡。"另外，他还特别叮嘱，耒阳是一座文化古城，是活字印刷发明家蔡伦的家乡，要认真保护①。

2月16日凌晨，攻城部队隐蔽在耒阳城北门外的树林里，化装后的农军闯过团丁的盘查，进入北门。几声枪响后，埋伏在城外树林里的农军和工农革命军3000多人一起扑向耒阳城北门。天亮以前，朱德带领着工农革命军主力，向驻守在城南桌子坳的挨户团的常备队发起了猛烈的攻击。开始时，挨户团的常备队还想顽抗，后来看到城里火光冲天，无心恋战，迅速逃跑了。

攻下耒阳的第二天，中共耒阳县委在城隍庙召开了欢迎工农革命军的群众大会，朱德参加了大会并发表讲话。他说："蒋介石、李宗仁和汪精卫、唐生智正在混战，趁着这些强盗吵嘴打架，互相揪住辫子，难分难解的时候，我们发动了湘南暴动，组织和武装了工农群众，壮大了自己的力量。现在，宜章、郴州、资兴、永兴的暴动取得了胜利，耒阳的暴动也胜利了！"他还说：宜章暴动的胜利仅仅是湘南起义一个好的开端，郴州、耒阳的胜利说明湘南起义推上了高潮，暴动就要在湘南全面开花，反动派在湘南就要完蛋了！②他还指出，耒阳与衡阳交界，衡阳是湘桂反动军阀的巢穴，他们绝不会甘心失败，一定会派兵来攻打我们。我们大家要团结起来，提高警惕，随时准备消灭来犯的敌人。

这一天，中共耒阳县委扩大会议决定，立即建立各级苏维埃政府。两天后，在耒阳杜陵书院召开了县第一次工农兵代表大会，选举成立了耒阳县工农兵苏维埃政府。

不久，朱德根据中共中央和广东省委的指示精神，在耒阳组建了工农革命军第四师，由邝鄘任师长、邓宗海任党代表。同时，还建立了各区的独立团、县赤卫队、乡赤卫队、少先队等。

在宜章、郴州取得武装起义胜利后，湘南各地的武装起义烈火相继点

① 参见《朱德传》，第111页，人民出版社、中央文献出版社1993年版。
② 参见萧克：《南昌起义》，第84页，人民出版社1979年版。

燃，越烧越旺。在永兴，黄克诚、尹子韶、黄平等举行暴动。朱德在郴州、永兴交界处的油榨圩，遇到了刘木带领的永兴县部分农民武装，去永兴支援起义，并带去57支步枪。2月19日攻克永兴城，成立县苏维埃政府，并组建了永兴红色警卫团，由尹子韶任团长，黄克诚任党代表①。

2月26日，朱德得知国民党桂系第十九军李宜煊师的先头部队将经过冠市街、新市街、大陂市向耒阳县城进攻的消息后，命令驻在高炉水口的林彪的二连战士在鳌山配合地方武装伏击该敌，取得了歼敌100余人、缴枪100余支和军马1匹的胜利。李宜煊遭此失败，立即率部倾巢而动，直扑耒阳。为了避敌锋芒，保存力量，朱德率部主动撤离耒阳，佯装向郴州方向退却。

当天晚上，朱德率部撤离了耒阳，当撤退至小水铺附近野雉尾山时，走在主力部队前面的后勤人员遭到当地反动武装的突然袭击，受到一些损失。得到这一报告后，朱德马上召集紧急会议，决定将部队分三路前进。东、西两路是随军农民，中路是正规部队。朱德亲自率领中路军绕道西冲、麒麓、上盘，迅速包围野雉尾山之敌。该敌闻风逃散，躲得无影无踪。为迷惑这一敌人，朱德连夜率部撤退，佯装向郴州败退，继而悄然折转向东，来到夏塘。为了打击小水铺土豪劣绅而又不伤害受蒙蔽的群众，朱德派一个连化装成敌第十九军一部，抵达小水铺三公庙，以召开"庆功"会为名，将前来参加会议并在会上表"功"的各村土豪劣绅捉拿并当即予以处决，群众拍手称快。

接着，朱德又率部来到安仁，歼敌一个连。他在安仁华王庙的广场上召开了群众大会。对于这次大会的情况，当时安仁农民武装的领导人唐天际回忆说："大会是由我主持的，朱德同志在会上讲了话。他说，我们都是穷人，都受土豪劣绅的压迫。大革命失败后，敌人杀死了很多农民，你们吃了苦。我们是共产党领导的队伍，是为贫苦人民大众谋利益的，现在我们出头的日子已经来到了！朱德讲话的时候，群众越集越多，场地上挤

---

① 参见《朱德传》，第112页，人民出版社、中央文献出版社1993年版。

得满满的。朱德同志讲话的时间不长，但对群众鼓舞很大，使地主豪绅的威风受到了很大的打击。"①

很快，资兴、桂阳等地也相继发动了武装起义，建立了苏维埃政府。

在这以前，朱德还派谢汉文和一名家在耒阳的战士，化装成商人，到耒阳以西的常宁县水口山铅锌矿去发动工人暴动。谢汉文到水口山矿后向中共地下党组织传达了朱德关于组织工人暴动的指示。不久，中共湘南特委书记陈佑魁也派人到水口山，准备发展组织，开展武装斗争。后来，在工人宋乔生领导下，工人暴动取得了胜利，工人暴动队与在桐梓山一带活动的秘密农民武装，共1100多人，成立了桐梓山工农游击队。不久，根据朱德的指示，桐梓山游击队改编为工农革命军第一师独立第三团，宋乔生为团长，谢汉文为党代表。后来，这支工人武装在朱德带领下上了井冈山，改编为特务营②。

朱德后来在回忆湘南起义时说："我们相继攻下耒阳、资兴、永兴、桂东、汝城等县城，茶陵、安仁、酃县也举行了暴动，共有十一个县的群众行动起来了，并且组织了自己的地方武装，在地方党的领导下，打倒土豪劣绅，推翻反动政权，建立苏维埃政府。这就是一九二八年初的湘南暴动（当时称年关暴动）。"③

朱德领导的湘南武装起义是在当时全国一片白色恐怖的情况下举行的，在不到一个月的时间内，整个湘南地区各县先后发动了武装起义，100多万农村人口起来了，切断了粤汉之间的交通线，打败了许克祥，极大地震动了湖南、广州的敌人。萧克后来说："为什么一起义规模很大呢？我看有两条：第一条，湘南保留了党的组织，部分地区的农民协会隐蔽下来了，五个县都有县委，有湘南特委；第二条，有一支经过锻炼的有战斗力的正规军参加，两个力量配合起来了。这两个力量缺一个，也不可能有

① 唐天际：《安仁农军上井冈》，《井冈山革命根据地》（下），第236页，中共党史资料出版社1987年版。

② 参见《朱德传》，第112～113页，人民出版社、中央文献出版社1993年版。

③ 《朱德选集》，第397～398页，人民出版社1983年版。

这么大的声势。"①

在领导湘南起义中，朱德已自觉地把武装起义与土地革命结合了起来，这是朱德总结南昌起义失败教训的结果。他在讲到南昌起义时曾说过："当时只是看到武装斗争的必要，而没有认识到武装斗争必须和农民的革命斗争相结合，没有把军队开到农村去搞政权，建立革命根据地；反而在起义胜利后把部队从南昌拉到广东去了。"② 朱德正是认真吸取了这一教训，从湘南起义一开始，就注意把武装斗争与土地革命结合起来。正如当年参加湘南起义的萧克所说："从三月五日第二次收复耒阳到四月三日工农革命军向井冈山转移，朱德同志领导抓了两件大事：一是深入土地革命，'插标分田'；一是组织宣传群众，扩大人民武装。"③

① 《朱德传》，第113页，人民出版社，中央文献出版社1993年版。
② 朱德：《关于南昌起义、湘南起义和井冈山会师》，《文献与研究》1986年第6期。
③ 萧克：《南昌起义》，第86页，人民出版社1979年版。

五、坚持井冈山斗争

朱毛会师

就在朱德率领部队在湘南发动武装起义，建立苏维埃政权的时候，突然乌云翻滚，一场倒春寒向形势大好的湘南袭来。

1928年3月，随着宁汉战争结束，唐生智余部通电接受南京国民政府的收编，使他们有可能腾出手来，以更多力量来对付湘粤的农民运动。为了扑灭这场武装起义的熊熊烈火，湘粤国民党军根据南京国民政府的命令，纠集了七个师的兵力，从湘南衡阳和广东乐昌两个方向南北夹击，进逼湘南。湘南地区的地主武装也活跃起来。在双方力量悬殊的情况下，起义军处于腹背受敌的不利境地。

特别严重的是，在湘南苏维埃区域内，这时出现了"左"倾盲动主义的错误。这种错误主要来自中共湘南特委。他们错误地提出了"烧烧烧，杀杀杀，干干干"的盲动口号，到处乱杀乱打。尽管朱德率领的工农革命军没有这样，正如朱德自己所说："还好，那时军队里就没有执行过这盲动主义。"[1] 但是在地方上很多是那样做了，使一部分群众产生了恐惧心理，远离了革命，党和群众的关系受到了很大损害。朱德后来说："当时'左'倾盲动路线的错误，脱离了群众，孤立了自己，使革命力量在暴动

---

[1] 《朱德自传》（1886～1937），手抄稿本。

之后不久，不得不退出了湘南。”①

在这十分不利的形势下，为了保存工农革命军，避免在不利的条件下同敌人决战，朱德当机立断，除留下部分地方武装，在湘南继续坚持斗争外，主力部队和新建的农军都撤出湘南，向井冈山转移，与毛泽东率领的秋收起义部队会师。

朱德之所以作出这一决策，一个重要的原因，就是这两支起义部队早就有了多次联系。粟裕回忆说：1927 年 10 月底，南昌起义军失利后“到达信丰时，地方党组织赣南特委派人来接头，就第一次说到毛委员率领秋收起义部队开始上井冈山的消息。朱德、陈毅同志听到这个消息，非常高兴”②。

在江西转战时，朱德和陈毅就曾想与毛泽东取得联系。陈毅曾对朱德说，有一个人可以完成这个任务。

朱德问：“是谁啊？”

陈毅告诉他说：“他叫毛泽覃，是毛泽东的亲弟弟，现在就在我们部队里。”

南昌起义时，毛泽覃奉命参加南昌起义。但当他赶到南昌时，起义部队已经离开南昌南下了，他也就一路南下追寻起义部队。在江西临川，他追上了起义部队，周恩来派他到叶挺的第十一军政治部工作。当起义军主力在潮汕失利后，他随一部分队伍突围到了饶平，便留在了朱德的部队之中。

朱德立即找来毛泽覃，交给了他这项特殊的重要任务，并委托他向毛泽东问候，告诉毛泽东，说我们希望早日同他会合。

毛泽覃接受了任务以后，便化名覃泽，装扮成国民革命军第十六军副官，由崇义、上犹经桂东、酃县，于 12 月到达了井冈山，向毛泽东详细介绍了朱德所部及其行动的情况，并转达了朱德的问候。

---

① 《朱德选集》，第 398 页，人民出版社 1983 年版。

② 《粟裕战争回忆录》，第 57 页，解放军出版社 1988 年版。

1927 年 11 月上旬，当朱德率部队在江西崇义上堡休整时，又遇到了从井冈山下来的由营长张子清、副营长伍中豪带领的工农革命军第一师第一团第三营，通过张子清、伍中豪的介绍，朱德更具体地了解到毛泽东率领秋收起义部队进到井冈山的情况，更加迫切希望走上井冈山，同毛泽东会师。正如杨至诚回忆所说："知道毛泽东同志率领的秋收起义的部队在井冈山建立了革命根据地。这更增加了我们的勇气和信心。部队中湖南人很多，大家都知道毛泽东同志是大革命时期农民运动的领袖，他写的《湖南农民运动考察报告》很多同志都读过，影响很大。于是，'到井冈山去找毛泽东同志'便成了我们每个人的希望。"①

差不多就在朱德、陈毅渴望走上井冈山，同毛泽东会师的同时，毛泽东也派了当时任第一团卫生队党代表的何长工下山，去长沙寻找中共湖南省委，汇报秋收起义的经过和工农革命军向井冈山转移的情况，然后前往湘南，与中共湘南特委取得联系，打听朱德和南昌起义部队的下落。

何长工到长沙向中共湖南省委作了汇报后，湖南省委叫何长工不必再找衡阳特委，说是由省委直接去联系，而要何长工绕道粤北去联系革命力量。12 月中旬，何长工辗转到了广州，准备由那里经粤北韶关返回井冈山。不巧的是，正遇到广州起义爆发，使从广州到粤北韶关的火车也不通了。十多天以后，何长工才乘火车到达韶关。

到了韶关，何长工这样回忆说："几个月的奔波，身上脏得很，一下车就住进旅馆，忙着去洗澡。韶关驻扎着云南军阀范石生的第十六军。恰好有几个军官和我一起洗澡，水汽蒙蒙的，谁也看不清谁，听见他们谈论：'王楷的队伍到犁铺头了，听说他原来叫朱德，是范军长的老同学。'另一个说：'同学是同学，听说那是一支暴徒集中的部队，我们对他有严密的戒备。'这个无意中听来的消息，真使我兴奋极了，踏破铁鞋无觅处，得来全不费工夫。南昌起义保留下来的部队，原来就在这里！我匆匆洗了

① 杨至诚：《艰苦转战》，《星火燎原》选编之一，第 116 页，战士出版社 1979 年版。

澡，看看钟，已经下半夜一点了，我心急如火，顾不得天黑路远，马上离开韶关向西北走去，来到了犁铺头。"

事实正是如此。朱德和陈毅正率领部队在犁铺头进行休整和训练。当何长工连夜赶到犁铺头时，遇见了曾与他一起在洞庭湖做过秘密工作的蔡协民。蔡协民立即带他去见朱德、陈毅。

见面后，朱德向何长工详细地询问了井冈山的情况，何长工一一作了介绍，朱德和陈毅听后都十分高兴。何长工回忆说："朱德同志详细了解了井冈山地区的地形、群众、物产等情况后，十分满意，怀着羡慕和赞赏之情说：'我们跑来跑去就是要找一个落脚的地方。我们已经派毛泽覃同志去找毛润之了，如果不发生意外，估计已经到了。'"① 这对朱德以后决定率领部队上井冈山，实现朱毛会师，无疑产生了重要影响。

但是，湘南特委仍强调湘南起义军"守土有责"，借口"共产党员应该不避艰险"，要求以湘南的全部武装力量同敌人进行硬拼。这些盲动主义的主张遭到了朱德的坚决反对。

3月29日，朱德率领部队完成了转移的准备，在耒阳鳌山庙整装待发。他在指挥部门前的大坪上作了动员，说："这次进入湘南取得了很大胜利，广大农民已组织起来了，各县都有了自己的工农武装，贪官污吏、土豪劣绅威风扫地，广大农民扬眉吐气。但是，国民党反动派不甘心他们的失败，他们还要卷土重来，我们要百倍警惕，要选择更有利的地点、时间消灭更多的敌人。革命道路是漫长曲折的，同志们要树立不怕苦、不怕死、敢于斗争、敢于胜利的精神。我今年已经四十二岁了，你们还年轻，我都不怕，你们更要不怕苦，要将革命进行到底。"②

朱德的讲话，被阵阵掌声打断。部队出发时，附近的工农群众都站在大道两旁，依依不舍地挥手送行。

朱德每到一个地方，只要部队一休息，他总要找一些老百姓来问一

① 《何长工回忆录》，第119页，解放军出版社1987年版。
② 《朱德传》，第118页，人民出版社、中央文献出版社1993年版。

问，谈一谈，不管老人还是小孩，他都找来聊一聊。人多了，他就站在高处讲。从鹜山庙来到附近的芭蕉坪，他对当地赤卫队员讲了话。他说："不要看我们人少，但我们一定会胜利，这是因为革命的同情者是多数，地主、富农等剥削者总是少数。"在讲到怎样打仗时，他说："我们不能光打硬仗，硬打要加巧打，要灵活，打了就走，不要贪多。"①

也就在这时，中共湘南特委派湘南特委军事部部长周鲁来到了井冈山，以毛泽东为书记的前委"工作太右"、"烧杀太少"为理由，宣布中共中央给毛泽东"开除中央临时政治局候补委员"和"撤销现任省委委员"的处分；取消前委，成立师委，毛泽东改任师长，并命令毛泽东率领井冈山的部队下山支援湘南起义，粉碎湘粤两省敌军对湘南起义部队的围攻。毛泽东认为这是一种盲动主义的行动，其后果不仅会失掉井冈山根据地，而且会使井冈山和湘南两支工农革命军主力处于难以挽回的绝境之中。但是迫于湘南特委的命令，也为了接应朱德、陈毅率领的部队，毛泽东还是于 2 月中旬率部队离开井冈山。3 月下旬，毛泽东在酃县中村得知朱德率部离开湘南正向井冈山方向转移的消息后，十分高兴地说，南昌起义的部队要来了，我们就如虎添翼，我们一定要做好迎接工作。

于是，毛泽东立即要毛泽覃带领一个特务连，迅速取捷径直接与朱德、陈毅联系，把南昌起义部队和湘南农军接上井冈山。

毛泽覃从耒阳地方武装负责人谭冠之处得知朱德已率部东进，遂率特务连继续追赶，终于在途中与朱德率领的部队会合。

在毛泽覃带领的特务连接应下，朱德、王尔琢率领的工农革命军第一师主力和耒阳新成立的第四师、宋乔生领导的水口山工人武装，经安仁、茶陵到了酃县的沔渡。

再说毛泽东知道朱德、陈毅正率部队向湘南边界转移的消息后，4 月 6 日离开桂东沙田，向汝城进发，以牵制敌军，掩护朱德、陈毅率部转移，

① 王紫峰：《井冈山斗争史的一些回顾》，《井冈山革命根据地》（下），第 457 页，中共党史资料出版社 1987 年版。

随即进占汝城。这时，毛泽东正患感冒，发烧咳嗽，许多同志都劝他休息，但毛泽东坚决不肯，说，这么一件大事，我不去能行吗？4月中旬，到达资兴县的龙溪洞，同萧克领导的宜章独立营500多人会合。这是第一支同毛泽东亲自率领的部队会合的湘南起义军。

与此同时，何长工、袁文才、王佐率领井冈山第二团向资兴、郴州方向前进，从正面接应湘南起义军。4月10日，第二团同陈毅率领的部队在资兴会合。接着，陈毅带着工农革命军第一师主力一部和湘南农军第三师、第七师以及何长工、袁文才、王佐带领的第二团一起到达酃县的沔渡，和朱德率领的主力部队会合了。何长工去见朱德，朱德非常关切地问他："毛泽东同志什么时候能到？"何长工说："两天左右可能会到宁冈。"①

第二天，何长工带着第二团先期赶回到宁冈，准备房子、粮食，以欢迎两军会师。

朱德和陈毅在沔渡会合后，便带领直属队从沔渡经睦村来到了井冈山下的宁冈砻市，分别住在附近的几个小村子里。4月下旬，毛泽东率领部队从湘南的桂东、汝城返回砻市，他不顾长途跋涉的劳累，立刻到龙江书院去见朱德。

听说毛泽东来了，已在龙江书院等候的朱德、陈毅等立即走到龙江书院的门口。在何长工的介绍下，朱德紧紧地握住了毛泽东的手，朱德和毛泽东终于会合了。这是他们第一次相见。这时，朱德42岁，毛泽东34岁，从此开始了他们长时期亲密合作的生涯，朱毛不可分了。当时在场的何长工回忆道："毛泽东和朱德同志的会见地点是在宁冈砻市的龙江书院。毛泽东同志一到砻市，得知朱德、陈毅住在龙江书院，顾不上一路征尘，立即带领干部向龙江书院走去。朱德同志听说毛泽东同志来了，赶忙与陈毅、王尔琢等主要领导干部出门迎接。我们远远看见他们，就报告毛泽东同志说：'站在前面的那位，就是朱德同志，左边是陈毅同志，朱德同志

①《何长工回忆录》，第140页，解放军出版社1987年版。

身后的那位是王尔琢同志。'毛泽东同志点点头，微笑着向他们招手。"

"快走近书院时，朱德同志抢先几步迎上去，毛泽东同志也加快了脚步，早早把手伸过来。不一会儿，他们两只有力的大手，就紧紧地握在一起了，使劲地摇着对方的手臂，是那么热烈，又是那么深情。毛泽东同朱德同志这次历史性的会见，是我党我军历史上光辉的一页。从此，毛泽东和朱德的名字便紧紧地联系在一起。"①

朱毛会师后，两军领导人毛泽东、朱德在龙江书院的文星阁召开了两支部队连以上干部会议。根据中共湘南特委的决定，会议讨论了中国工农革命军第四军成立及人事安排等一系列重大问题，并决定在纪念五四运动九周年的时候，在砻市召开群众大会，热烈庆祝秋收起义部队和南昌起义部队的胜利会师。接着，召开中国共产党工农革命军第四军党的第一次代表大会，选举产生了第四军军委，军委由毛泽东、朱德、陈毅等23人组成，毛泽东为书记。

5月4日，山明水秀的砻市格外的热闹。天刚亮，人们就从四面八方涌向砻市。会场就设在龙江西岸的沙滩上，几十只禾桶和门板搭起的主席台，上面还用竹竿和席子支起了凉篷。主席台的两边挂着许多彩旗和标语。战士们迈着整齐的步伐走进会场，在会场的中央整齐地坐下，宁冈、遂川、永新、酃县等地的农民群众，扛着梭镖，举着红旗和标语小旗，川流不息地走进会场，兴高采烈地来参加庆祝会师大会。欢声笑语，汇成了一片欢乐的海洋。

上午10时左右，毛泽东、朱德、陈毅、王尔琢和根据地党政军各方面的代表先后登上了主席台，陈毅宣布庆祝大会开始，列队站在主席台前的几十名司号员一同奏起庄严的军乐。

在会上，陈毅首先宣布两军会合后，改编为中国工农革命军第四军，军长为朱德，党代表为毛泽东，参谋长为王尔琢。

接着朱德讲话。他说："我们党领导的两支革命武装的会合，意味着

---

① 《何长工回忆录》，第143页，解放军出版1987年版。

中国革命的新起点。参加这次胜利会师大会的同志，一定都很高兴。可是，敌人却在那里难过。那么，就让敌人难过去吧。我们不能照顾他们的情绪，我们将来还要彻底消灭他们呢！这次胜利会师，我们的力量大了，又有井冈山作为根据地，我们就可以不断地打击敌人，不断地发展革命。"①

最后，朱德还希望两支部队会师后，一定要加强团结，提高战斗力。他还向群众保证：工农革命军一定保卫红色根据地，保卫群众的利益。

朱德的话音刚落，会场上就响起了热烈的掌声。

朱德讲完话后，毛泽东讲了话。他说，这次会师是有历史意义的。会师后有着光明的前途。现在我们的部队虽然在数量上、装备上不如敌人，但我们有革命的思想，有群众的支持，不怕打不败敌人。我们要善于找敌人的弱点，然后集中兵力，专打他那一部分。等到我们打胜了，就立刻分成几股躲到敌人背后去跟敌人玩"捉迷藏"的把戏。这样，我们就能掌握主动权，把敌人放在我们手心里玩。接着，毛泽东在会上宣布了工农革命军的"三大任务"和"三大纪律六项注意"。

工农革命军第四军成立后，先编成三个师九个团。不久，又缩编为两个师六个团：第二十八团、二十九团、三十团、三十一团、三十二团、三十三团和 1 个教导大队。其中，第二十八团是原南昌起义的余部，第二十九团是原宜章农民起义军，第三十一团是原秋收起义的部队，第三十二团是原袁文才、王佐的部队，第三十团、三十三团是原湘南郴州、耒阳、永兴、资兴等地的农民起义军。

5 月 25 日，中共中央发布《军事工作大纲》，规定"在割据区域所建立之军队，可正式定名为红军，取消以前工农革命军的名义"②。此后，中国工农革命军第四军改名为中国红军第四军，简称为红四军，朱德仍为军长。

---

① 《何长工回忆录》，第 145 页，解放军出版社 1987 年版。
② 《中央通告第五十一号——军事工作大纲》，1928 年 5 月 25 日。

朱毛两支部队会师后，部队的人数多了，由于井冈山"人口不满两千，产谷不满万担，军粮全靠宁冈、永新、遂川三县输送"①，造成了部队的给养十分困难。5月底，红四军军委决定撤销师的番号，军部直属四个团：第二十八团、二十九团、三十一团、三十二团。原来以湘南农军编成的第三十团和三十三团，在各县领导带领下，返回湘南。结果，这些部队分散到敌人兵力强大的湘南各县农村去，先后遭到失败。朱德后来谈到这件事，曾说这部分部队返回湘南，"一方面是想恢复湘南工作，一方面是因为井冈山吃饭困难，其实还是可能的。结果，送回湘南给打垮了。""对于保护革命种子，给了我们很大的经验。当时，主要干部的地方观念也很重，一方面吵着要回去，一方面也准备要回去，那时克服农民意识成为很重要的一件事。"②

朱毛会师井冈山，使由中国共产党领导的两支具有北伐战争传统和战斗力很强的部队聚集在一起，不仅大大增强了井冈山革命根据地的军事力量，而且对红军的创建和发展以及井冈山地区的武装割据都有重要意义。为纪念这次具有伟大意义的会师，朱德曾赋诗一首：

> 红军荟萃井冈山，主力形成在此间。
>
> 领导有方在百炼，人民专政靠兵权。

粉碎敌人的"进剿"

井冈山，位于江西、湖南两省边界的罗霄山脉中段。这里山势险峻，林木茂密，山上有生产粮食的水田和地势平坦的村庄，但只有几条蜿蜒狭窄的小路可通。党的组织和群众都有相当的基础，是一个实行武装割据的理想的军事根据地。因此，建立和巩固井冈山革命根据地，是摆在毛泽东

---

① 《井冈山前委对中央的报告》，1928 年 11 月 25 日。

② 《朱德自传》（1886～1937），手抄稿本。

和朱德面前的头等大事。正如中共湘南特委书记杨克敏在一份综合报告中所说：对于朱毛红军来说，"因为鉴于过去军队没有一个根据地，流寇似的东闯西窜，得不到一个休养的机会，军队感觉十分疲劳，而甚难解决的，就是伤兵的安置问题，要找一个军事根据地，必须用力量去建立一割据区域。罗霄山脉中段的井冈山是很好的军事根据地，于是创造罗霄山脉中段的割据，建立罗霄山脉中段的政权，为朱毛部当时唯一的工作和企图。"①

但是，要在井冈山建立巩固的革命根据地，毛泽东和朱德则面临着极大的困难。首先就是要打败敌人对井冈山的"进剿"。毛泽东和朱德认真分析了当时的敌情：井冈山西侧的湖南方面的国民党军事力量比较强，共有20个师和2个教导团，而且都是本省的军队，但他们对主要位于江西境内的井冈山实行"进剿"，积极性不是很高；东侧的江西，敌人的兵力比较弱，只有3个师，又主要是云南的军队。所以，毛泽东和朱德决定把主要力量用来对付江西方面的国民党军队。

在朱德上井冈山之前，敌人已向井冈山革命根据地发动过一次"进剿"了。朱毛会师后，国民党军队对井冈山革命根据地发起了第二次"进剿"。

1928年4月下旬，盘踞在江西永新县城的敌第二十七师师长杨如轩，已下令所属的第七十九团、八十一团立即出动；第七十九团经龙源口直逼井冈山北麓的宁冈，第八十一团绕道拿山向井冈山南麓的遂川县黄坳方向迂回，企图分进合击，进犯井冈山。杨如轩自己带着第八十团在永新坐镇指挥。

面对敌人发动的新"进剿"，工农革命军第四军在砻市召开了营以上干部会议，决定采用"集中兵力，歼敌一路"的作战方针，先粉碎江西之敌从遂川方向对井冈山的"进剿"。具体部署是：朱德、陈毅、王尔琢率领第二十八团和二十九团，作为主力，在遂川方向迎战敌左路军第八十一

① 参见《朱德传》（修订本），第155页，中央文献出版社2000年版。

团，相机夺取永新县城；毛泽东、何挺颖、朱云卿率领第三十一团，到宁冈、永新交界的七溪岭阻击向宁冈进攻的敌右路军第七十九团。

部署完毕，朱德、陈毅便率领第四军军部和第二十八团、二十九团经茨坪、下庄、行州，迅速向南挺进。第二十九团赶到黄坳，同敌第八十一团的一个先头营相遇。团长胡少海立即组织部队抢先占领街北的山头，向该营发起猛烈袭击。虽然第二十九团是由原来的宜章农军改编而成，武器装备很差，只有少数枪支，多数战士还使用着大刀、梭镖，也缺乏战斗经验，但是，在团长胡少海的指挥下，发扬勇敢作战的精神，经过两个小时的激战，一举击溃了敌人的这个营，缴获枪支四五十支。

第二十九团首战告捷，挫伤了国民党军队的锐气。

第二十八团到达黄坳时，第二十九团已经取得了黄坳作战的胜利。王尔琢随即率领第二十八团继续前进，当天下午抵达遂川五斗江，准备迎战从拿山方向开来的敌第八十一团主力两个营。当时，正在第二十八团的粟裕回忆说："当时我们从黄坳出发，向遂川运动，刚一接触，敌人就逃跑了。这时朱德同志和我们一起，他一面领着我们跑，一面不停地督促：'快追！快追！'我们一口气追了三十五公里。""这种追击已不是一般意义上的追击，而是为了达到歼灭敌人的一种战术。"① 第二天，国民党军第八十一团在团长周体仁带领下，从拿山向五斗江扑去。第二十八团在工农革命军第四军参谋长兼该团团长王尔琢指挥下，迅速占领有利地形，趁着暴雨后的浓浓大雾，迅速逼近敌人。全团约 1200 人，同时发起攻击。经过一个多小时的激战，打垮了敌人，缴获了几百支枪。

接着，朱德、陈毅率部从五斗江出发，继续追击残敌，当晚在拿山宿营。第三天，在朱德指挥下，部队一路向永新奔袭，中午时分，在永新城外的北田附近追上了敌人。这时，杨如轩命令守城的第八十团出城救援，企图扭转败局，可是士气已经大挫，在工农革命军的猛烈冲杀下，全线败退，逃往吉安。朱德指挥工农革命军乘胜追击，占领了永新城。这是工农

——————————

① 《粟裕战争回忆录》，第 77 页，解放军出版社 1988 年版。

革命军第一次占领永新城。这时，正向龙源口开进的国民党军第七十九团，听到第八十一团惨败的消息后，也连忙向吉安退去。至此，江西的国民党军对井冈山革命根据地的第二次"进剿"被彻底粉碎了。这是朱毛会师后取得的第一次大胜利。

在永新城，工农革命军第四军的第二十八团和二十九团召开了庆祝胜利大会，朱德、陈毅等先后在会上讲话。朱德说："现在我们从湘南到江西来了，两天前在黄坳打了胜仗，前天到五斗江又打了胜仗，我们要在江西打出一个局面来。"

说到这里，朱德停了一会儿，又继续说："我们要加强纪律，革命军队要爱护工人、农民，不要损害他们的利益，军队要服从纪律，要守纪律，服从命令。革命没有纪律是不会成功的，有一种人认为自己会打仗，就骄傲起来，以为了不起，我们用不着这种英雄豪杰。"

接着，朱德讲到了打五斗江的事。他说："五斗江战斗时，敌人八十一团走了一夜，包围五斗江时是比较疲劳的。第二天他们袭击我们，二十八团就地反击，打得很好，缴了几百支枪。但是有个缺点，就是没有追击，因为敌人一晚没有睡觉，他们爬山来包围我们，又没有吃饭，下着雨，路又滑，而我们的队伍睡了觉，如果打垮他们后一直追下去，追他个六十里，追到拿山，就可以把他们消灭。"①

朱德的讲话，既有表扬又有批评，说得大家心服口服。

在这次大会上，还宣告成立了永新县工农兵政府。会后，按照毛泽东、朱德的布置，第二十八团留在永新城就地休整，第二十九团和三十一团在永新境内分兵发动群众，协助当地工农兵政府成立农民协会，组织赤卫队、暴动队，打土豪分田地。

国民党军队在五斗江失败后，并不甘心。5月中旬，江西敌第二十七师和第七、第九师各一个团，对井冈山革命根据地发动了第三次"进剿"。

---

① 萧克：《四打永新》，《井冈山革命根据地》（下），第395页，中共党史资料出版社1987年版。

毛泽东、朱德根据敌情，决定采取"敌进我退，声东击西"的战术，待敌人深入到根据地内后再消灭它。为此，毛泽东、朱德命令第二十八团主动撤出永新县城，退回到革命根据地的中心——宁冈，积极备战，待机出击；第二十九团在永新东面的高桥、天河一线，不断骚扰敌人，使他们处在疲惫不安之中。

不久，江西敌第二十七师率第七十九团和二十七团的一个营进占永新城，其主力近四个团南渡禾水河，企图由龙源口进攻宁冈。

乘敌人从永新出动向龙源口搜索的机会，工农革命军第三十一团第一营在营长员一民、党代表匡祖泉率领下，采取"声东击西"的战术，从永新西乡出发，经莲花边境向湖南茶陵的高陇奔袭；摆出主力西出湖南的架势，迷惑江西的敌人，并搜索报纸和有用的资料。

高陇是湖南、江西两省交界处的重要通道，在军事上十分重要，湖南国民党军队派有重兵防守。工农革命军第三十一团一营同这里的守敌进行了激战，但未分胜负。接着，朱德、陈毅率领第二十八团从宁冈赶到高陇增援，在界首附近同第三十一团一营会合后，立即向守敌发起猛烈攻击，经过两个小时的激战，歼敌1个多连，缴获枪100余支。

工农革命军出击高陇的行动，果然迷惑了敌人。杨如轩误以为工农革命军主力已经西去湖南，根据地内兵力空虚，于是便放心大胆地向根据地腹地进犯。毛泽东那时正在宁冈，当江西敌人主力离开永新城后，便立即写信给朱德、陈毅，要他们率领部队迅速折回，东袭永新，迫使已进到龙源口的两个团的敌人返回，打破敌企图进占宁冈的计划。朱德、陈毅接到毛泽东来信后，马上召开营以上干部会议。朱德在会上动员部队长途奔袭永新，端掉杨如轩的指挥部。他说："打他的心脏，打他的指挥机关，打他的脑袋瓜子，一个铁掌把他的脑壳打碎，他们就完了。我们今天走几十里路，明晚奔袭永新城。如果你们同意，就准备爬城头，准备楼梯。"[1]

朱德、陈毅率领第二十八团和三十一团一营离开高陇，突然向东袭

——————————

[1] 《朱德传》，第128～129页，人民出版社、中央文献出版社1993年版。

击。这一天，阴雨连绵，道路泥泞，路上又满是石子，十分难走。部队冒雨急行军 130 里，当晚赶到澧田，严密封锁消息，集合待命。澧田同永新城相距 30 里，是永新西面的一个大集镇。

第二天凌晨，朱德率领部队从澧田出发。在逼近草市坳时，突然遇到江西之敌第七十九团也从永新方向开来。他便利用草市坳的有利地形迎击敌人。

草市坳是澧田、永新之间的一个山凹口，三面环山，一面临水，一条山路绕着山脚转。山虽不高，但杂草丛生，林木繁茂。朱德根据敌情和地形，作了部署。上午，敌第七十九团果然钻进朱德预设的包围圈。王尔琢指挥第二十八团奋勇冲杀，敌人伤亡惨重，慌忙向后撤退。刚逃到草市坳的大桥头，又被埋伏在那里的工农革命军挡住去路。这时，工农革命军从四面八方包围过来，经过一个多小时的激烈战斗，全歼了敌第七十九团，团长刘安华被当场击毙，缴获枪数百支。正在永新城里的杨如轩，突然接到报告说工农革命军已经打来了，他还不相信。这时，枪声四起，他便慌忙地换上便装，从城墙上吊下来，又被流弹击伤，狼狈地逃到了吉安①。

朱德率领四个营的兵力，在一天内连打两次胜仗，击溃了敌第二十七师，乘胜开进永新城，缴获大批武器、弹药和军需物资，彻底粉碎了江西之敌的第三次"进剿"。当年在第二十八团任党代表的何长工说："朱德同志出色地领导这次奔袭草市坳、二占永新城的胜利战斗，是有远见、有预见的。""特别是二占永新的胜利，表现了朱德同志非凡的指挥才能。"40年后，杨如轩回忆起这一段往事时，曾这样说道："我奉蒋介石命，向井冈山进攻，把指挥部设在永新。当时，毛主席指挥工农革命军守在龙源口，我攻了几天都攻不下，万万没有想到，朱委员长率另一支部队以一天一夜走一百八十里的速度，从宁冈、莲花绕道而来，给我一个措手不及，刚刚得报永新西乡有警，接着，我的指挥部后方就响起了密集的枪声。在

---

① 参见《朱德传》，第 129 页，人民出版社、中央文献出版社 1993 年版。

仓皇撤退中，我只好跳城墙逃命，弄得狼狈不堪。"①

江西国民党军队对井冈山的两次"进剿"失败后，并不甘心，在6月上旬又对井冈山根据地发动了规模更大的第四次"进剿"。由于杨如轩的第二十七师已在草市坳遭到惨败，这次江西之敌改由杨池生部为主力。杨池生任总指挥，带着他率领的第九师的三个团，会同杨如轩的二个团，采取"分进合击"的战术，向边界地区大举推进。湖南之敌吴尚的第八师也出动了三个团，向酃县、茶陵逼进，企图从西面骚扰井冈山根据地。

毛泽东、朱德得知后，首先命令红军于5月底撤出永新城，集结于宁冈休整，伺机歼敌。随后，在宁冈茅坪召开军事会议，分析敌情，定下对湖南之敌取守势，对江西之敌取攻势的作战方针，决定集中兵力对付江西之敌杨池生和杨如轩部，对湖南之敌吴尚部取守势。但是，在第一阶段，先采取"声东击西"的战术，故意向西出击湖南酃县。这样做，既可牵制湖南之敌，使它不敢轻举妄动，又能引诱江西之敌出动，便于红军转头来歼灭它。为此，会议决定由毛泽东、朱德、陈毅率领红军主力第二十八团、三十一团和二十九团，西征酃县；袁文才、王佐带领第三十二团留守井冈山根据地，密切监视江西之敌的动向②。

会后，毛泽东率领第三十一团从茅坪出发，进入酃县的沔渡、十都；朱德、陈毅率领第二十八团和二十九团，由茅坪的西南方向进入酃县的十都同第三十一团会合，击溃吴尚的一个团，迅速占领酃县县城。杨池生、杨如轩得知红军主力占领酃县的消息，以为有机可乘，立刻发动向井冈山根据地的进攻。杨如轩作为前线总指挥，带着第二十七师的两个团和第九师的一个团，向新老七溪岭进犯；杨池生带着第九师的另外两个团守在永新城里。杨如轩在白口设立前线指挥部，亲率他的两个团向老七溪岭进犯，杨池生部一个团向新七溪岭扑去。

① 杨如轩：《我所知道的朱德委员长》，1977年11月，未刊稿。
② 参见《朱德传》，第130~131页，人民出版社、中央文献出版社1993年版。

得到江西之敌已从永新出动的消息后，毛泽东、朱德、陈毅立刻率领主力迅速回师宁冈。6 月 22 日，在宁冈新城由陈毅主持召开军事会议，详细研究了歼敌计划。会上，大家围绕着打不打和怎样打的问题，展开了热烈讨论。有的人提出杨池生的部队装备精良、训练有素，而我们部队武器低劣，条件较差，很难取胜，主张后撤。大多数人认为红军有许多有利的条件，战士觉悟高，战斗勇敢，两次打败杨如轩，士气高昂，在根据地内作战，是以逸待劳，还有广大群众的支援；而且敌人是劳师远征，长途行军，已经疲惫不堪，又屡遭红军和游击队的打击，士气低落①。

毛泽东、朱德等认真地听着这些争论，也在思考着。他们感到这是关系井冈山根据地存亡的一仗，必须坚决打好。所以，会议决定："兵分两路：一路打敌人的正面；一路打敌人的背后。"朱德说："因为新七溪岭是杨池生的主力，由我率二十九团截击敌人，而由陈毅、王尔琢率领二十八团主攻，出击老七溪岭敌人的后背。"

6 月 23 日，朱德率第二十九团和三十一团一个营，占领了新七溪岭的有利地形，阻击杨池生部的李文彬团；陈毅、王尔琢带着第二十八团，赶往老七溪岭迎击杨如轩的两个团；袁文才带着第三十二团一部和永新赤卫大队，从武功潭一带侧击敌人。

新七溪岭，是永新经龙源口通往宁冈的要道，山高路险，林木丛生，又修有相当的工事，第二十九团在团长胡少海带领下，遵照朱德的命令，首先抢占新七溪岭的制高点望月亭一带，江西之敌在李文彬指挥下，也向制高点冲来。第二十九团多次打退敌人的进攻，一直坚守在阵地上。但敌人凭借着武器精良，弹药充足，火力猛烈，逐渐占了优势，抢占了红军的前沿阵地风车口。红军第三十一团一营赶来增援，仍没有扭转局势。

在战斗最激烈的时候，朱德冒着枪弹，手提着花机关枪赶到了望月亭，立即组织火力把敌人压了下去，夺回了前沿阵地。

---

① 参见《朱德传》，第 131 页，人民出版社、中央文献出版社 1993 年版。

在老七溪岭方向，杨如轩带着他的第二十五团、二十六团，一大早就向老七溪岭发起了攻击，抢先占领了制高点百步墩。红军第二十八团因为路途较远，赶到时已处于不利的地形。他们在王尔琢指挥下，多次对敌发起攻击，都没有奏效。而江西之敌的大部又赶到了，敌人居高临下，正向红军第二十八团压来。在这千钧一发的紧急关头，王尔琢立即召开了紧急会议，决定由第三营营长萧劲光，从部队中抽调班、排长和共产党员组成敢死队，趁敌人中午休息时发起攻击。经过几个小时的反复争夺，占领了制高点，夺下百步墩。接着猛冲猛打，没有给敌人喘息的机会，一直把杨如轩的两个团压到龙源口一带。

正在新七溪岭上恋战的李文彬，听到红军夺取老七溪岭上的百步墩、杨如轩的部队已经溃逃的消息后，立时慌了手脚，准备退走。朱德抓住这一有利时机，组织第二十九团和三十一团一营发起全面进攻。李文彬再也无法招架了，带着部队冲向龙源口，打算夺路而逃。埋伏在武功潭山上的红军第三十二团和永新赤卫大队，在袁文才带领下，趁势袭击设在白口的杨如轩的前线指挥部。杨如轩在向永新城逃跑中被击伤[1]。

朱德率领新七溪岭上的部队，乘胜追击，在龙源口会同第二十八团，把敌人团团围住。经过异常激烈的肉搏战，敌人因腹背受到打击，军心瓦解，全线崩溃。

龙源口一仗，歼灭江西国民党军队 1 个团，击溃 2 个团，缴获步枪400 支，重机枪 1 挺，取得了井冈山革命根据地创建以来最辉煌的胜利。

龙源口战斗，是井冈山时期最大的一次战斗，规模之大，歼敌之多，影响之深，前所未有。在毛泽东、朱德的率领下，红军乘胜第三次占领了永新城，彻底粉碎了国民党军队对井冈山革命根据地的第四次"进剿"[2]。

当永新地区的老百姓得知红军取得了龙源口大捷时，高兴万分，他们还编了一首广为流传的歌谣：

---

① 参见《朱德传》，第 133 页，人民出版社、中央文献出版社 1993 年版。

② 参见《朱德传》，第 133～134 页，人民出版社、中央文献出版社 1993 年版。

朱毛会师在井冈，红军力量坚又强。

不费红军三分力，打败江西两只"羊"。

时至今日，在井冈山革命老区，许多老人都知道"打败江西两只'羊'"的故事。

龙源口大捷后，井冈山革命根据地迅速扩大到宁冈、永新、莲花三县全境，吉安、安福各一小部分，遂川的北部，酃县的东南部，红色根据地区域的面积达 7200 多平方公里，共有 50 多万人口。这是井冈山革命根据地进入全盛的一个时期。

井冈山革命斗争所以能开创出这样一个全盛时期，可以说是朱毛会师的直接结果，亲身经历过这个时期斗争的谭震林回忆说："朱德、毛泽东井冈山会师，部队大了，我们有力量打下永新。当然，在这之前打了茶陵、遂川，也占领了宁冈县城，那时不敢走远，因为国民党来上两个团我们就打不赢，可是朱毛会师后力量就大了，所以一打永新，二打永新，尤其是七溪岭打了一仗，这样就把江西来的三个师打败了。"① 朱德自己也说过："三打永新消灭了朱培德的主力。朱培德的主力被打垮了，国民党其他军队就不敢配合了。三打永新的胜利是一个关键，是根据地发展和红军发展的关键，与红军后来取得胜利有关。"②

在这一过程中，朱德起了重要的作用。当年在井冈山担任红四军连长的萧克回忆说道："红四军在井冈山时期主要是朱德指挥战斗。""当时红四军官兵特别是参加过南昌起义在三河坝失败后继续战斗的人，不管遇到什么样的危险，只要朱德军长在，就感到踏实。"③

在这一时期红军粉碎国民党军队对井冈山革命根据地"进剿"的

① 《谭震林同志的谈话》，《党史会议报告集》，第 24 页，中共中央党校出版社 1982 年版。

② 朱德：《参观井冈山博物馆时对有关历史问题的谈话》，《井冈山革命根据地》（下），第 8 页，中共党史资料出版社 1987 年版。

③ 萧克：《"朱毛红军"侧记》，《近代史研究》1990 年第 5 期。

过程中，毛泽东、朱德提出了游击战争的基本原则，这就是游击战的"十六字诀"："敌进我退，敌驻我扰，敌疲我打，敌退我追。"游击战的"十六字诀"提出后不久，就得到了中共中央的承认并向其他游击区推广。毛泽东曾对"十六字诀"给予很高的评价。他说："十六字诀包举了反'围剿'的基本原则，包举了战略防御和战略进攻的两个阶段，在防御时又包举了战略退却和战略反攻的两个阶段。后来的东西只是它的发展罢了。"①

事实上，朱德对游击战"十六字诀"的形成起了重要的作用。因为，朱德对游击战争的实践和认识都很早。辛亥革命后，他率部在四川、云南、贵州同北洋军阀和游勇打仗，不仅善于打正规战，而且还采取游击战法。后来在莫斯科学习，教官问他回国以后怎样打仗，他回答说："我的战法是'打得赢就打，打不赢就走，必要时拖队伍上山'。"这就是游击战争的思想。正如他自己后来所说："在这一点上，我起了一点带头作用。"南昌起义后，他在三河坝和优势敌人打了一次不利的正规战，从此，就开始转入农村游击战争。丰富的游击战的实战经验，有助于朱德和毛泽东共同对游击战的经验进行总结，从而提出游击战争的基本原则——十六字诀。

八月失败的沉痛教训

龙源口大捷后，井冈山革命根据地进入了一个全盛的时期。在这个大好形势下，红四军主力是留在井冈山地区开展土地革命，巩固和发展井冈山革命根据地，还是脱离井冈山革命根据地向外发展呢？这一问题摆在了毛泽东、朱德的面前。

毛泽东的思想比较明确，他坚持红四军主力留守井冈山。他曾对井冈

---

① 《毛泽东军事文集》，第1卷，第725页，军事科学出版社、中央文献出版社1993年版。

山根据地的有利条件和重要意义作了认真的分析，指出：罗霄山脉"中段的长处：（1）有经营了一年多的群众基础。（2）党的组织有相当的基础。（3）经过一年多的时间，创造了富有斗争经验的地方武装，这是十分难得的；这个地方武装的力量，加上红军第四军的力量，是任凭什么敌人也不能消灭的。（4）有很好的军事根据地——井冈山，地方武装的根据地则各县都有。（5）影响两省，且能影响两省的下游，比较湘南赣南等处只影响一省，且在一省的上游和僻地者，政治意义大不相同。"① 因此，毛泽东、朱德决定抓紧敌人受到重创、一时尚未发动反攻的短暂时机，将各部队分兵发动群众，开展土地革命，建立红色政权，扩大红军和地方武装：第二十八团开往福安，第二十九团开往莲花，第三十一团在永新的石灰桥、吉安的天河一带活动。

可是在这时，朱德、陈毅带上井冈山来的部队——第二十八团、二十九团，虽然打仗很勇敢顽强，但是大多数人都觉得井冈山的生活太艰苦了，不愿意留在井冈山。由于第二十八团的官兵主要是南昌起义军，他们想打回赣南去；第二十九团的官兵绝大多数是湘南宜章、郴州的农军，他们家乡观念重，想回到湘南去；就连毛泽东带上井冈山的第三十一团，其中一部分是浏阳、平江的农民，也想回家，不安心在井冈山进行艰苦的斗争。

这一问题必须加以解决。1928 年 6 月 16 日，毛泽东在给湖南和江西省委并转中共中央的报告中说："军队中一部分下级军官投机的心理尚未除去，常想逃避斗争跑到赣南去，这已成为党内的一种奋斗，及特委成立（指 1928 年 5 月 21 日成立的中共湘赣边界特委），用特委命令把他们勉强制止。"

这种"勉强制止"，当然意味着还没有从根本上真正解决问题。

正在这个时候，中共江西省委和湖南省委对井冈山革命根据作出的一些脱离实际的错误领导，对问题的发展也起到了推波助澜的作用。

---

① 《毛泽东选集》，第 1 卷，第 79 页，人民出版社 1991 年版。

1928 年 5 月，中共江西省委曾"去信毛泽东、朱德同志，要他们赶快向吉安及赣西南发动，因遂川、永新、宁冈本地的工作深入固然要紧，但在军事上不如播（采）扩大的策略。"①

就在这个月底，湖南省委派巡视员杜修经又来到了井冈山。杜修经在宁冈、永新、井冈山地区了解情况后，返回了当时省委驻地安源，报告了井冈山革命根据地和红四军的情况。6 月 19 日，湖南省委作出了《中共湖南省委给湘赣边界特委及四军军委工作决议案》，并于当天写了一封指示信，提出湘赣边界特委和红四军"应采取向外发展的策略"，打破原有的"保守观念"，并提出"以后四军须集中力量向湘南发展，与湘南工农暴动相一致，进而造成湘南割据，实现中央所指示的割据赣边及湘粤大道计划。总之你们目前的主要策略，应当是积极地向外发展，必须打破原有的保守观念。"② 6 月 26 日，湖南省委又分别给湘赣边界特委和红四军军委发来了指示信。这两封信的口吻更为坚决。在给湘赣边界特委的信中说："省委决定四军攻永新敌军后，立即向湘南发展，留袁文才同志一营守山，并由二十八团拨枪二百条，武装莲花、永新农民，极力扩大赤卫队的组织，实行赤色戒严，用群众作战的力量，以阻止敌军的侵入，造成工农为主体的湘赣边割据，在同志中纠正对红军的依赖观点。""泽东同志须随军出发，省委派杨开明同志为特委书记。"在给红四军军委的信中说："希望毫不犹豫地立即执行。"要求"杀出一条血路，向湘南资兴、耒阳、永光、郴州发展。""出发湘南的四军军委应取消，另成立四军前敌委员会指挥四军与湘南党务及群众工作"，"前委书记由泽东同志担任。""并派杜修经同志前来为省委巡视员，帮助前委工作。"③

接到中共湖南省委指示信后，6 月 30 日下午，毛泽东在永新县城商会

① 《江西省委致中央信》，《井冈山革命根据地》（上），第 95 页，中共党史资料出版社 1989 年版。

② 《湖南省委给湘赣特委及四军军委信》，《井冈山革命根据地》（上），第 139 页，中共党史资料出版社 1989 年版。

③ 《湖南省委关于军事工作给湘赣特委及四军军委指示信》，《井冈山革命根据地》（上），第 143~144 页，中共党史资料出版社 1989 年版。

楼主持召开了湘赣边界特委、红四军军委、永新县委联席会议，朱德出席了这次会议。会议上，对湖南省委的来信展开了激烈的争论。省委巡视员袁德生、杜修经极力主张坚决执行湖南省委关于红四军主力前往湘南的决定。毛泽东、朱德根据时局的分析，认真权衡了各方面的利弊得失，认为当敌人内部处于稳定时期，而湘南地区敌人的力量又过于强大、各方面条件对我们不利的情况下，红军远离井冈山革命根据地，出征湘南，不论对边界工作，还是对红四军本身，都是不利的。经过讨论，会议顶住湖南省委的压力，仍决定坚持井冈山革命根据地的计划，袁德生、杜修经最后也表示同意会议的这一决定。

7月4日，毛泽东以红四军军委和中共湘赣边界特委的名义，在永新给湖南省委写了报告，指出："决定四军仍继续在湘赣边界各县作深入群众工作，建设巩固的根据地。有此根据地，再向湘、赣推进，则红军所到之处其割据方巩固，不易为敌人消灭。""在新军阀战争未爆发前，尚不能离开宽（冈）、永（新）、莲（花）往湘南。一俟此间基础略固，外面有机可乘，四军仍可于茶（陵）、攸（县）、醴（县）、浏（阳），参加湘省之总暴动。"在湘南敌军兵多战斗力强之时，"我军一去……有立即被消灭之虞"，井冈山地势优越，有党和群众的基础，可以长期坚持，"若此刻轻易脱离……四军非常危险"，根据地必求基础巩固，井冈山的工作日益深入，再能有一些工夫，就更有胜利的把握；湘南各县烧杀之余，经济破坏，"此刻到湘南去解决经济困难，仍是绝对不可能"。并一再陈述了坚持井冈山根据地，不能冒进湘南的理由：（一）红四军正根据中央和湖南省委批准的计划，建设以宁冈为大本营的根据地，洗刷"近于流寇"的"遗毒"，永新、宁冈二县群众已普遍起来，不宜轻率变动。（二）"湘省敌人非常强硬，实厚力强，不似赣敌易攻。""故为避免硬战计，此时不宜向湘省冲击，反转更深入了敌人的重围，恐招全军覆灭之祸。"（三）"宁冈能成为军事大本营者，即在山势既大且险，路通两省，胜固可以守，败亦可以跑"，"实在可以与敌人作长期的斗争，若此刻轻易脱离宁冈，'虎落平阳被犬欺'，四军非常危险"。（四）过去全国暴动，各地曾蓬勃一时，一且敌人反攻，则如水洗河，一败涂地。这都是因为"不求基础巩固，只求声势浩大"的原因。因此，我们全力在永新、宁冈工作，建设罗霄山脉中段的政权，求得巩固的基础，这"绝非保守观念"。（五）湘南各县经济破产，土豪打尽。四军此刻到湘南去，经济困难绝不可能解决。（六）"伤兵增到五百，欲冲往湘南去，则军心瓦解，不去又不可能，此亦最大困难问题之一。"① 因此， "请省委重新讨论，根据目前情形，予以新的决定"②。

永新联席会议后，毛泽东、朱德指挥红四军转战于永新、莲花、安福和吉安边境，分兵发动群众，扩大井冈山革命根据地。这时，湖南的国民党军吴尚部趁机侵入宁冈，红四军进行反击未能奏效。为了阻止湖南之敌与江西之敌会合，解除对井冈山革命根据地的威胁，红四军分兵两路迎战。一路由朱德、陈毅、王尔琢等率领第二十八团、二十九团跨入湖南境内，攻击湖南之敌的后方营地酃县、茶陵，迫使他们回援，不敢久留永新、宁冈；另一路由毛泽东、宛希先、朱云卿率领第三十一团经拿山打回宁冈，同朱德所部形成东西夹击湖南之敌的态势。当第三十一团回到茅坪时，湖南之敌已由龙源口退往永新。第三十一团立刻跟踪追击，直奔永新。朱德率领的红四军第二十八团、二十九团和军部特务营，在7月12日一举攻克地处湘赣边境的酃县县城。③

两天以后，湖南之敌又匆忙从永新退回到高陇；江西之敌虽然跟进着又开进永新，但两军会合的计划终于没有实现，又受到红军第三十一团的不断袭扰，处在进退维谷之中。

朱德、陈毅、王尔琢率第二十八团和二十九团攻下酃县后，原计划向北进攻茶陵，但是，吴尚部已被迫由宁冈、永新一带返回茶陵。这样，红军主力攻击酃县以调动湖南之敌回防的目的已经达到，而江西之敌侵入永

---

① 《毛泽东年谱》上卷，第248页，中央文献出版社1993年版。

② 《中共湘赣特委及四军军委给湖南省委的报告》，《井冈山革命根据地》（上），第148页，中共党史资料出版社1989年版。

③ 参见《朱德传》，第138～139页，人民出版社、中央文献出版社1993年版。

新后对边界割据造成严重威胁。于是，朱德、陈毅、王尔琢决定改变攻取茶陵的计划，率红四军主力折回同鄜县接壤的江西宁冈，以增援永新。

就在这时，意外的事情突然发生了。原来，在红四军第二十八团、二十九团攻占靠近湘南大门口的鄜县后，第二十九团已经有人故意把湖南省委要红四军向湘南前进的消息透露给了部队，煽动部队起来要求回湘南。第二十九团内立即有人提出了"打回老家去！""就地闹革命！"等口号。湖南省委巡视员杜修经、第二十九团团长胡少海、党代表龚楚不仅不进行劝阻，反而在部队中进行鼓动，带头闹着要回湘南。据曾担任过第二十九团一营士兵委员会委员的李步云于1983年1月回忆说："这一传十，十传百，一两天之内，整个二十九团都知道这个消息。战士和班、排长们有的手舞足蹈，有的三五成群互相谈论着。团长胡少海是宜章人，党代表龚楚是广东人，他们也想回家。他俩没有战略眼光。尤其是龚楚，他是想回到湘南的主角，唯恐二十九团不乱，竭力指示各营党代表，要他们转告各连士兵委员会的负责人，造成回湘南的很大的声势，就是非回湘南不可。"①

7月12日晚，第二十九团在鄜县县城秘密召开士兵委员会会议，"不通知上级官长及党代表，竟决定十三号由鄜县去湘南，私自找好了带路人，出动的时间都决定了"②。

就在这一天夜晚，陈毅布置完第二天的工作后，就去城边一条清澈的小河里洗了澡。当他回来时，突然听到有人在传说：二十九团士兵委员会私自开会，要打回湘南去，有的连队已经找好了带路人，打算明天就出发。

陈毅听到这个消息后，大吃一惊，立刻去找朱德。朱德也正派人找他来了。红四军参谋长兼第二十八团团长王尔琢已经向朱德报告了同样的情况。他们立即派人去找胡少海、龚楚来紧急研究对策。

---

① 罗英才、石言：《探索——陈毅和毛泽东、朱德在湘赣闽》，第15页，解放军文艺出版社1993年版。

② 杨开明：《关于湘赣边区情况的综合报告》，《井冈山革命根据地》（上），第253页，中共党史资料出版社1989年版。

谁知，胡少海一进门，还没有等其他人开口，就说："士兵委员会要闹事，要回家，向导都找好了。"

龚楚的脸上没有任何表情，他瞅瞅朱德，又瞅瞅陈毅，说："怎么说呢？我看二十九团的官兵回湘南是必然的，拦是拦不住的。"

陈毅责问龚楚：永新联席会议你是参加的，通过的决议要不要服从？

龚楚却说：永新联席会议他是少数服从多数。可是永新联席会议本身就不服从上级党部湖南省委的指示，现在二十九团广大官兵要求执行湖南省委指示，向湘南发展，他没法制止。

胡少海也说留在井冈山挨饿不如回湘南发展。

在这种情况下，朱德、陈毅立刻写信给留在永新的毛泽东，并且召开红四军军委扩大会议，对第二十九团要返回湘南的行动加以阻止。经过紧急磋商后，决定加强部队的纪律教育，说服二十九团官兵服从革命需要，克服思乡观念。于是先后召开了士兵委员会代表会和全体官兵大会，由朱德、陈毅反复讲话，进行说服教育。但是，第二十九团的官兵根本不听，坚决要求回湘南，说是湘南再困难也比井冈山好。朱德后来回忆说："等到打开酃县，队伍都要回湘南去，上下一致都这么主张，多糟糕。"

面对快要失去控制的部队，为了防止第二十九团溃于一旦，朱德、陈毅被迫允诺先回宁冈解了井冈山之危后再有计划地去湘南。这样才勉强稳住了部队，使部队向宁冈回师。正如杨开明所说："多方面解释阻止，无效，后又由朱德召集士兵演讲亦无效，他们总是要去。他们说官长如果不允许他们去，他们就缴了枪单去。因为那时永新告急，遂川亦增了兵，大部军队如去湘南，边界有立即丧失的危险，所以军队当时负责的同志都感到非常棘手。后来经过千言万语的解释，说暂时回去解了井冈山之危，再回湘南不迟，勉强将军队开出。"[1] 在这种情况下，朱德不得不断然宣布撤销第二十九团士兵委员会，下令红军大队从酃县开往沔渡，仍准备回师井

---

① 杨开明：《关于湘赣边区情况的综合报告》，《井冈山革命根据地》（上），第255页，中共党史资料出版社1989年版。

冈山北麓的永新。

7月14日，红军大队在朱德、陈毅率领下，离开酃县城向东开发。但是，一路上，部队行动十分缓慢。1929年2月25日，杨开明在《关于湘赣边区情况的综合报告》中这样写道："走了一天只走了三十里，士兵垂头丧气，似行不行，三五成群，步伐零乱，军心涣散，组织解体。如果途中遇着敌人定是不能作战，马上溃散。"①

部队勉强行军到达沔渡，刚一宿营，第二十九团的官兵再次闹了起来，仍坚持要回湘南。朱德、陈毅看到部队这种涣散解体的样子，十分焦急、气愤，但对部队的错误动向还是力图阻止。

红四军中再一次出现混乱。7月15日，朱德、陈毅决定在沔渡再次召开红四军军委扩大会议，试图整顿纪律，以克服部队的这种松弛涣散现象，确定部队的行动方向。但是，会议由纪律问题迅速转到回湘南的问题上，绝大多数人不愿意再回井冈山了，而要回湘南或赣南。"朱德同志是不同意去湘南。"② 龚楚却竭力主张把部队拉到湘南去，"还提出'围魏可以救赵'，我们到湘南，把敌人引过来，可以促进毛泽东率领的部队在永新发展"。③ 这时，很多人看着湖南省委派来的杜修经，杜修经也支持去湘南的意见。据李步云回忆说，当时杜年纪小，作为一营一连士兵委员会的负责人也在会上振振有词地主张回湘南开辟新根据地。龚楚听了他的发言说，这个小同志说得好！

看到这种情况，朱德嘴唇紧闭，目光严峻，显然是对会上某些人的表现不满。最后，经红四军军委复议后，仍不顾这些反对意见，坚持作出东进遂川以解永新之围的决定。

这时，第二十八团也节外生枝，有人提出不回永新，要去赣南，说是

① 杨开明：《关于湘赣边区情况的综合报告》，《井冈山革命根据地》（上），第255页，中共党史资料出版社1989年版。

② 《何长工回忆录》，第189页，解放军出版社1987年版。

③ 《朱德传》（修订本），第175页，中央文献出版社2000年版。

"到赣南就食，一有事马上回来"。① 在这种意见分歧的情况下，迫使朱德、陈毅等不得不改变返回永新的决定，同意第二十九团去湘南的要求。他们还考虑到如果第二十九团单独行动，孤军奋战为敌所算的危险，又决定第二十八团一同去湘南。但是，第二十八团的官兵们又不愿去湘南，非要去赣南。杜修经怕担当责任，便提出："部队不忙行动，待我去茅坪同毛泽东商量一下，看他的意见如何再定。"②

当杜修经离开时，龚楚却拍着杜修经的肩膀说："你去，我们只能等一天，后天就不等了。"

第二天，杜修经起了个绝早，摸黑趁凉赶路，他急于早一点见到毛泽东。

当他爬山过水，长途跋涉，汗流浃背地来到茅坪时，不巧的是，毛泽东已去永新了。他只好向新任湘赣边界特委书记杨开明报告了情况，并送上朱德、陈毅以红四军军委名义写的报告。

杨开明听了汇报，又看了报告，想了想，说："你们既然作了决定，你们就去吧！毛泽东那里由我去说。"

杨开明答复得是如此的轻快，他怎么也没有想到，他的这一答复带来了怎样的后果啊！

杜修经带着杨开明的答复，立即赶回了部队，向朱德、陈毅报告了情况。他们又一次召开了红四军军委扩大会议，最后正式决定第二十九团去湘南。部队由沔渡去湘南时，取消红四军原军委，组织了湖南省委任命的红四军新前委，因毛泽东不去湘南，便推选陈毅为前委书记。这就是毛泽东于1928年11月25日在给中共中央的报告所说的："当军队由沔渡出湘南时，原有军委取消，组织湖南省委任命之前委，陈毅为书记。"

7月16日，朱德、陈毅率部队由沔渡开到酃县水口。17日，第二十八团、二十九团和军部特务营从酃县水口出发，向湘南开进，踏上了一条

---

① 《何长工回忆录》，第190页，解放军出版社1987年版。

② 《朱德传》（修订本），第176页，中央文献出版社2000年版。

错误的道路。

部队向湘南行军一天多，忽然接到毛泽东派中共茶陵县委书记黄琳（江华）送来他的亲笔信。黄琳从永新城出发，一天跑了130里才追上部队。杜修经后来回忆说：部队正在向湘南进军的途中，"送来一封毛泽东要我们不要去湘南的信，送到我手里，部队在休息。我看信时，陈毅在旁边，我看完后就给陈毅看。信是毛泽东写的，有两页。"① 毛泽东这封写给杜修经、朱德、陈毅的亲笔信，讲了许多不能去湘南的理由。他说罗霄山脉中段的政权，我们必须坚持，绝不能放弃。现在形势的发展对坚持井冈山根据地的斗争、建设巩固的罗霄山脉中段的政权十分有利。如果此刻离开边界去湘南，必然会被敌人各个击破。他希望朱德、陈毅耐心说服部队，不要去湘南，留在边界坚持斗争。陈毅看完信后，杜修经问他怎么办。陈毅说宿营后，晚上军委开会决定。

部队宿营后，军委决定就地休息一天。第二天，杜修经主持召开了连以上干部会议。会上，又展开了一场激烈的争论。朱德、陈毅拿来军用地图，摊在桌子上，计算回去的路程。朱德提出要按毛泽东的意见办，不要去湘南，劝大家赶快回去解永新之围。他说："回宁冈需要两三天时间。"龚楚仍然坚持要去湘南。他说："看来离井冈山近，但因大山相隔实在很远。"② 还说回去走的是山路，而去湘南是下坡。这是执行湖南省委的指示问题。两种意见，各不相让。萧克回忆说："二十八团有意见，不愿去湘南。王（尔琢）团长就反对去湘南。杜修经在会上以省委代表的资格压人，非常专横跋扈，对王团长讲：'是你听省委的，还是省委听你的？'在水口住了一天，还是决定回湘南。"③ 会上虽然经过激烈的争论，仍没有能改变杜修经、龚楚等坚持要去湘南的决定。这就是毛泽东所指出的："只知形式地执行湖南省委向湘南去的命令"和"杜修经导致二十九团的错误

① 《朱德传》（修订本），第176～177页，中央文献出版社2000年版。
② 杜修经：《八月失败》，《革命回忆录》，第17页，人民出版社1980年版。
③ 《朱德传》（修订本），第177页，中央文献出版社2000年版。

意见，军委亦未能加以阻止，大队遂于七月十七日由酃县出发，向郴州前进"。①

后来，江华回忆起执行这次任务的情况时说："我为这件事从永新县城跑到酃县城，一天晚上就跑到，一天跑了一百多里，找到陈毅、朱德他们。他们正在庙里开会。我带了主席的信，要他们回来。他们讨论了，是在酃县一个大庙里，都是干部。""主席这封信的意思，就是劝他们回来，不要打湘南，要打茶陵，打了茶陵回来。我是茶陵县委书记，所以派我去。结果挽回不了。"② 朱德、陈毅率领部队一从酃县南下，以湘南农民为主体的第二十九团立刻一改原来那种"似行不行，三五成群，步伐零乱"状态，行军速度飞快，一路上很少休息，第二十八团在后面紧追都跟不上。这时，朱德忧心忡忡，总觉得打郴州是凶多吉少。他后来说："当时上面是盲动，下面农民意识是那样浓厚。""八月很远地去袭击郴州，那样远，又那样热，真是好冒险。"③

打郴州是南下湘南途中的主要一仗。龚楚说："攻郴州计划决定后，朱德为了保持高度的秘密及出敌意外，决定先下桂东，威胁汝城，然后转攻郴州。于是我们即率二十八、二十九两团及郴州赤卫队于十七日出发，十八日下桂东，十九日至沙田，二十日进抵汝城之南洞，休息了一天，并派一营向汝城游击。二十二日由南洞出发，越过资兴的龙溪十二洞，经东江，于二十四日下午二时进攻郴州。"④

7 月 24 日凌晨，朱德、陈毅率部队来到了郴州城郊，准备对郴州城发起攻击。原来以为城内是许克祥的部队，攻城命令下达后，部队正准备发起攻击。就在这时，从城里跑出来的老百姓那里得知，驻扎在郴州城里的并不是许克祥的部队，而是范石生的部队。朱德最不愿发生的事情就发生了。朱德没有忘记，当他率南昌起义军余部转战粤赣边界时，曾得到范石

---

① 《毛泽东选集》，第 1 卷，第 60、61 页，人民出版社 1991 年版。

② 《朱德传》（修订本），第 178 页，中央文献出版社 2000 年版。

③ 《朱德自传》（1886～1937），手抄稿本。

④ 《龚楚将军回忆录》，第 191～192 页，香港明报月刊社 1978 年版。

生的不少帮助。他们在韶关分手时，曾有默契：今后我们相遇时，你不打我，我也不打你。现在遇到这种完全出乎意外的情况，使朱德感到十分为难。他反复思索后说："不打了吧！"但是，杜修经坚持要打，说："已经打响了，就打吧！"这时，部队已经开始行动，事实上也难以中止了①。

由于郴州城内驻的不是范石生的主力部队，部队很快攻下了郴州城。这时，湘南农民出身的第二十九团的官兵们根本不听指挥，乱哄哄地涌进城去，以为发财的机会到了，疯抢东西，"包袱、毯子、银元，什么都捡，一个个肩背手提，罗罗唆唆一大堆，真不像个红军的样子。直到朱军长进了城，才制止住这种违反纪律的行为。"② 这一下，第二十九团全部散了，发现敌情时根本不可能收拢了。

当天傍晚，范石生驻在城外的主力部队两个师约五六个团反扑了过来，向城内发起攻击。第二十八团在朱德的指挥下，守住了大石桥，并命令部队迅速撤退。只见朱德亲自指挥着机枪连，掩护部队过桥。军部、第二十八团和特务营都过来了，第二十九团奉命先撤出郴州，在城郊集合。但是，他们在进郴州城后，部队已经自行散开，已无法掌握了，撤出郴州城时又动作缓慢，被范石生的部队切断，大部分没有过桥，直向宜章方向退散。正如毛泽东所说："第二十九团随即自由行动，跑向宜章家乡，结果一部在乐昌被土匪胡凤章消灭，一部散在郴宜各地，不知所终，当日收集的不过百人。"③ 第二十八团从郴州城安全撤了出来，损失不算太大。第二十九团只剩下团长胡少海、党代表龚楚以及团部的一些零星人员和萧克的一个连，一共100多人。朱德、陈毅、王尔琢只好带着他们从郴州向资兴方向撤去。萧克在回忆这一段经历时说，军部和团部的命令由通信员传到，命令第二十九团官兵即向资兴转移，他们都不听，先后三次命令，反而加速了他们成连成排向家乡奔跑的进程。他们枪上挑着在郴州发到的"洋财"，奔向死亡和溃散之路。

---

① 参见《朱德传》，第143页，人民出版社、中央文献出版社1993年版。
② 杨得志：《横戈马上》，第29页，解放军文艺出版社1984年版。
③ 《毛泽东选集》，第1卷，第60页，人民出版社1991年版。

7 月 25 日，朱德、陈毅、王尔琢率领部队继续退到了桂东、资兴、汝城之间的龙溪十二洞。由于打郴州先胜后败，第二十九团几乎全军溃散，部队士气不振，思想混乱，于是，朱德、陈毅决定在这里对部队进行一次整顿。

当红二十八团开到桂东沙田后，在何长工主持下，召开了营、连党代表会议，会上认真总结了打郴州的教训，严肃批评了把部队拉到湘南遭到失败的错误，许多人要求湖南省委给杜修经处分。接着，王尔琢主持召开了士兵代表大会。会上，朱德、陈毅先后讲了话。他们回顾了两军会师后在井冈山开展革命斗争的大好形势，分析第二十八团官兵当前的思想状况和困难处境，沉痛地指出此前不顾永新联席会议的决议把部队拉向湘南的错误。朱德宣布："只有重上井冈山才能保存和发展这支部队，才能扭转目前存在的被动局面。"[1]

会后，对部队进行了整编，将军部特务营和第二十九团余下的 100 多人充实编入第二十八团，还从地方武装和青壮年中动员了 500 多名新兵充实第二十八团。

下一步怎么办？是不是立即回井冈山？这成为朱德、陈毅心上的一大问题。第二十八团还是有一些人主张到赣南去，不再想回井冈山。朱德、陈毅虽在和干部、战士们谈话时一再检讨了自己未能制止部队南下湘南的错误，但他们感到既已来到了湘南，不给湘南人民留下一些什么就走，那就太对不起这里的群众了。于是，在部队整编后，他们把第二十八团进行分兵，在桂东地区深入农村，发动群众，开展土地革命，建立苏维埃政权。

正当朱德、陈毅率部队南下湘南受挫时，林彪派人从桂东送来一封急信，说毛泽东率领第三十一团在永新一带与江西之敌苦战一个月后，亲率第三十一团一部南下迎接朱德、陈毅部队回井冈山。朱德、陈毅接信后深为感动。8 月 22 日，毛泽东率部进入桂东县城后，就派人去东水红四军军

---

① 《八月失败》，《井冈山的武装割据》，第 199 页，江西人民出版社 1983 年版。

部，同朱德、陈毅取得联系。第二天上午，朱德、陈毅从沙田赶到桂东县城，来到了城西北角上毛泽东住地唐家大屋，见到了毛泽东。

这是一座周周正正长方形的房屋。随后，毛泽东、朱德、陈毅在这里主持召开了营以上干部参加的前委扩大会议。下午会议仍在进行时，湖南之敌吴尚的第八军第三师有两个团在桂东县挨户团的配合下，突然分两路袭击桂东县城，插入城中，将第二十八团和第三十一团第三营隔开。毛泽东和朱德立刻指挥第二十八团第一营和第三十一团第三营冲出城去，占据有利地形，进行阻击。战斗一直打到天黑，打退敌人的多次进攻后，为了避开强敌，随即撤出桂东县城，转移到沙田附近的寨前。在这里，前委扩大会议继续举行。会上总结了这一次南下湘南的教训，批评了杜修经的错误，决定红军返回湘赣边界，继续坚持罗霄山脉中段的政权。会上还撤销了7月中旬按湖南省委命令组织的前委，另行组织行动委员会，毛泽东为书记，决定杜修经、龚楚留在湘南，组织湘南特委，领导湘南人民的斗争。

8月25日，红军部队分两路回师井冈山。当部队到达崇义县的新地圩时，担任前卫的第二十八团第二营营长袁崇全伙同该营的副营长和党代表，擅自带着第二营四个步兵连和团部的机枪连、迫击炮连企图叛变。朱德、陈毅得知这一消息后，立刻派王尔琢带着一个营前往追赶，追回了被袁崇全裹胁走的第二营第五连和迫击炮连，可是，当王尔琢带着警卫员进入袁崇全盘踞的村子喊话时，遭到叛徒枪击，不幸牺牲[①]。

9月8日，毛泽东、朱德、陈毅率领红四军第二十八团和第三十一团第三营，回到井冈山南麓江西遂川境内的黄坳。

9月26日，正好是传统节日中秋节的后两天，红军又返回到了井冈山上的茨坪。月儿圆，朱毛红军又在井冈山上团圆了。

事实上，就在朱德、陈毅率红四军主力远离井冈山革命根据地的时候，国民党军队乘机对井冈山革命根据地发动了猛攻，侵占了湘赣边界的

① 参见《朱德传》，第147页，人民出版社、中央文献出版社1993年版。

各县城和平原地区，使井冈山革命根据地又一次遭到了严重的摧残。这是井冈山时期遭受到最为严重的一次失败。毛泽东称之为"八月失败"。

对于"八月失败"，其主要原因是什么？其主要责任又在谁？早在1928年11月，毛泽东在《井冈山的斗争》一文中就明确指出："此次失败的原因是：（1）一部官兵动摇思家，失掉战斗力；一部官兵不愿往湘南，缺乏积极性。（2）盛暑远征，兵力疲惫。（3）从酃县冒进数百里，和边界失去联系，成了孤军。（4）湘南群众未起来，成了单纯的军事冒险。（5）敌情不明。（6）准备不好，官兵不了解作战的意义。"① 后来，他又对江华说："八月失败""主要是湖南省委、湘赣特委的问题，军队内部也有责任，二十九团的龚楚，还有些人附和他，结果去了湘南，就失败了。"② 1962年，朱德在参观井冈山革命博物馆时也曾说："'八月失败'是湖南省委代表杜修经起主要作用，当时军队由特委指挥，湖南省委要部队回郴州，在战略上不对。"③ 当然，对朱德来说，这一次失败也给了他一个沉痛的教训。

取得三战三捷

1928年9月8日，毛泽东、朱德、陈毅率红军回到遂川境内的黄坳时，虽然，红四军的这两个团损失并不是太大，但是全军的数量质量都不如以前了。这时，江西之敌独立第七师刘士毅部对井冈山发起了新的"会剿"。毛泽东、朱德在黄坳召开了连以上干部会议，分析敌情，制定了攻打遂川的作战计划。

9月12日，毛泽东、朱德率红军由黄坳出发，到达遂川县的堆子前一

① 《毛泽东军事文集》第1卷，第25页，军事科学出版社、中央文献出版社1993年版。

② 江华：《井冈山斗争时期几事的回忆》，《井冈山革命根据地》（上），第548页，中共党史资料出版社1987年版。

③ 朱德在井冈山革命博物馆谈话记录，1962年3月5日。

带宿营。经过侦察，得知敌人在遂川城外已布了包围圈，打算派一支小分队引诱红军进入包围圈后加以歼灭。于是，毛泽东、朱德决定将计就计，由朱德率领第二十八团和遂川赤卫队一中队作为前卫，突破敌人包围圈后，再杀回马枪，使敌人措手不及；毛泽东率领第三十一团第三营和遂川赤卫队一中队作为后卫，当前卫打响后，出其不意地发起进攻，形成前后夹击，实行反包围。

9月13日，朱德作了简短动员后，两支队伍一前一后地出发了。上午10时左右，第二十八团在草林附近，遇到一股江西之敌。战斗打响后，敌人自以为得计，一面还击，一面朝遂川城佯作溃退，红军紧追不舍。敌人指挥官看到红军的炊事担子都过来了，以为红军已全部进入埋伏圈。于是命令设伏的部队迅速向遂川县城移动，实行包围。这时，红军第三十一团第三营和县赤卫队二中队突然赶到，一起冲向敌军。第二十八团也随即调转头来，杀了个回马枪，敌人一时大乱起来，红军一举夺取遂川城，敌人很快退向赣州。这一次战斗，红军以4个营的兵力，打败了敌刘士毅部5个营，缴获枪支250支，俘虏敌营长、连长各1名，排长三四名，士兵200余人。在这次战斗中，红军击毙了叛徒袁崇全，大快人心。这是红军回师井冈山后的首战告捷。

9月24日，江西之敌李文彬部从泰和赶来增援；同时，刘士毅部独立第七师也从赣州开来，企图合击红军。面对来势汹汹的敌人，朱德指挥部队迅速撤出遂川，于9月26日返回到了井冈山上的茨坪。

当红军回到井冈山上的茨坪时，江西之敌正忙着调防，原来驻守在永新、宁冈一带的杨如轩和杨池生两部调去吉安整编。属于江西地方势力的国民党军第五师第十四旅旅长周浑元接替"两杨"的"进剿"任务，进驻永新和宁冈新城。为了摸清红军的情况，周浑元派两名女探子化装后来到茨坪打探消息，被当地暴动队抓获了。经过审讯弄清敌人的情况后，朱德决定有意给那两个女探子留下红四军主力未归的印象，并且故意造成让她们有逃脱的机会，放她们回去报告。果然，周浑元以为红四军主力还没有回到井冈山，便派出第二十团一个营，在营长周宗昌的带领下，会同当地武装靖卫团前来偷袭茅坪。

9月30日，毛泽东、朱德在茅坪主持召开各团干部会议，布置歼敌计划，决定利用坳头垅的有利地形，设下包围圈。

坳头垅地处两座高山之间的一条狭长的山沟之中，是从宁冈新城到茅坪的必经之路。在朱德指挥下，红军第二十八团第二营、第三营和第三十一团，埋伏在狭沟两侧的高山上；第三十二团袁文才部以少数兵力在沟口引诱敌人；第二十八团第一营从正面出击，以便将进入坳头垅的敌人一举歼灭。

10月1日，周宗昌带着六个连，拿着浸过煤油的草纸进入茅坪，准备大烧大杀。但当他们全部进入坳头垅后，朱德一声令下，红军各部队一起发起了攻击，敌人顿时乱成一团，一起挤在垅内，进进不去，退退不出来。敌人一个营的兵力被彻底地歼灭了，敌营长周宗昌被活捉，并俘虏敌100余人，缴获枪100余支，乘胜收复了宁冈全县。这就是二战二捷。

坳头垅战斗后，江西之敌李文彬部错误地估计情况，以为红四军将进攻永新，便匆忙从遂川出发，绕道泰和增援永新，在遂川只留下独立第七师一部。朱德、陈毅经过周密分析研究，认为可以趁机拿下遂川，为部队解决给养问题。10月30日，朱德率第二十八团再一次对遂川发起进攻。战斗打响后，敌第七师留驻遂川的部队却不战而逃，红四军再次占领遂川城。然后分兵五路进行游击，发动群众，分配土地，重建党组织和苏维埃政权，壮大地方武装，并筹集到一万块大洋和大批物资①。

周浑元发觉红四军主力在遂川，又赶紧派出第二十七团从永新再次入侵宁冈新城，企图占据茅坪，进攻井冈山。同时，李文彬部的两个团在独立第七师的配合下又对遂川发起进攻。面对强敌，红四军为避免硬仗，于11月2日退出了遂川，回师井冈山。

回到井冈山后，毛泽东、朱德决定"以迅雷之势进攻敌力较弱之宁

---

① 参见《朱德传》（修订本），第188页，中央文献出版社2000年版。

冈、永新，打破包围之一面"①。

11月9日，红四军主力开始出击。第二十八团和三十一团一部在毛泽东、朱德指挥下，由茅坪出发，对宁冈新城之敌发起进攻。在红军凌厉攻势下，歼敌第二十七团1个营；敌人余部向龙源口逃去，红军一路紧追不放，在龙源口又打了一仗，又歼敌1个营。一天之内，共歼敌2个营，击毙敌营长1人，俘虏敌副营长2人、连长1人，排长1人，士兵100余人，缴获枪160多支。这就是三战三捷。

朱德和毛泽东回师井冈山后的三战三捷，粉碎了国民党军队对井冈山革命根据地的第二次"会剿"，扭转了"八月失败"后的被动局面，重新打开了井冈山革命根据地的新局面。

但是，敌人改用了新的手法，他们从军事上的"会剿"改变成在经济上的封锁，井冈山根据地的经济越来越困难了。朱德在《自传》中这样写道："九月、十月，敌人不来攻打，专门围上不动，说是'久困穷追'。这是王钧干出来的新政策。""我们尽量发展地方工作，不大打仗，战士的生活都变得很苦，都是单衣，天天吃的南瓜。"

11月6日，朱德参加了中共湘赣边界特委召开的扩大会议，会议讨论了中共中央6月4日来信，"依中央的指定，以毛泽东、朱德、地方党部书记（谭震林）、一工人同志（宋乔生）、一农民同志（毛科文）五人"组成红四军新的前委，毛泽东为书记，"特委及军委统辖于前委"。

11月14日，红四军党的第六次代表大会在宁冈新城召开，大会进行了两天，讨论了政治、军事、党务等各项重要问题，并作出相应决议，组成了红四军新的军委，朱德为书记，"对内是军中党的最高机关，隶属前委。对外是边界苏维埃军事委员会，指挥红军及地方武装"②。

从11月中旬开始，红四军集合在宁冈新城、古城一带地区，进行冬季训练。

---

① 《井冈山前委对中央的报告》，1928年11月25日。
② 《井冈山前委对中央的报告》，1928年11月25日。

随着敌人经济封锁的加紧和冬季的来临，井冈山革命根据地内的生活更为困难了，所需要的食盐、棉花、布匹、药材以至粮食特别缺少，连红军官兵除粮食外"每天每人五分大洋的伙食钱。"① 都难以保证了。一日三餐都是红米饭、南瓜汤，有时还吃野菜。严冬已到，战士们依然光着脚，穿着单衣。

为了解决眼前的吃饭问题和储备一定的粮食，红四军司令部发起下山挑粮运动。这些粮食大多从宁冈的大陇背来。大陇的粮食是砻市、古城等地集中起来存在那里的。朱德也常去挑粮食和背粮食。来回一百多里路，翻山越岭，顶风冒雪，非常辛苦。有人回忆说："一些人叫朱德同志伙夫头，他满身衣服上都是油，帽子上也有油，和我们战士打成一片。他挑粮我是亲眼看见的，他把裤子脱下来背米，把裤头、裤脚捆起来背米上山。"② 他还常常"穿双草鞋，戴斗笠，挑了满满的一担米和战士们一道爬山"③。战士们大都是二十多岁的人，为了照顾年过四十的朱德，就把他挑粮用的扁担藏了起来。朱德找来找去没有找到，就让人向老乡买了一根毛竹，又做了一根扁担，并在扁担上写下"朱德记"三个大字，以防别人再拿走。朱德带头下井冈山挑粮的事迹，很快在井冈山革命根据地内传开了，战士们编成歌谣赞诵道：

朱德挑谷上坳，粮食绝对可靠。

大家齐心协力，粉碎敌人"会剿"④。

那条记录着红军光荣传统的"朱德扁担"，至今仍陈列在井冈山革命博物馆里，"朱德扁担的故事"也至今流传着。

艰苦的生活，更需要强有力的政治思想工作。朱德在这方面也处处作

---

①　《井冈山前委对中央的报告》，1928 年 11 月 25 日。

②　贺礼保：《随茶陵游击队上井冈山》，《井冈山革命根据地》（下），第 225 页，中共党史资料出版社 1987 年版。

③　朱良才：《红军的连队生活》，《井冈山革命根据地》（下），第 437 页，中共党史资料出版社 1987 年版。

④　《朱德传》（修订本），第 191 页，中央文献出版社 2000 年版。

出榜样。他一直生活朴素，平易近人，从不吹胡子瞪眼睛地训人，而是循循善诱地向战士们讲道理。他很懂得战士们的心理。陈毅曾对人讲过这样一件事："在一次部队作战失利退下来的时候，看到部队战士破坏纪律，乱拿老百姓的东西。他（指陈毅）立即上去指责。那个犯纪律的战士，不但不听，反而扭转枪头放了一枪。陈毅同志对此气极了，把这件事告诉朱德同志。朱德同志听后说：'傻子！打了败仗退下来，战士肚子里饿，违犯了纪律，这时你去批评他，他是不会听的，只有让他吃好，休息好，到第二天集合起来，提出批评才有用处。'由于朱德同志善于带兵，一般作战失利士气低落的部队，经他带一段时间后，很快就会把士气提高起来。"① 在平时，朱德也处处以身作则，十分关心战士。部队给他配备了一头骡子，但他在行军作战中多半是步行，把骡子让给伤病员骑，因此，深深得到战士们的敬爱②。

---

① 见李克如：《红军的政治工作》，《井冈山革命根据地》（下），第248～249页，中共党史资料出版社1987年版。

② 参见《朱德传》（修订本），第191～192页，中央文献出版社2000年版。

六、转战赣南、闽西

进入赣南

随着 1928 年隆冬季节的到来，井冈山成了一片冰雪的世界。在这一年的最后两个月，毛泽东、朱德和红四军指战员在冰雪覆盖的山林里度过了一段相对宁静的时日。更令毛泽东、朱德高兴的是，这时，彭德怀率红五军主力也到达了井冈山，同红四军会师。

在井冈山的红军队伍扩大了。但是，新的问题又摆在了毛泽东的面前：井冈山的经济困难，严重地威胁着红军在井冈山革命根据地的生存和发展。加之，敌人对井冈山革命根据地的第三次"会剿"又要开始了。

这是井冈山斗争的最困难时期。怎么办？1929 年 1 月 4 日，中共红四军前委在宁冈县柏露村主持召开了有红四军军委、红五军军委、湘赣边界特委、各地方党组织以及红四军、红五军代表共 60 多人参加的联席会议，史称"柏露会议"，着重讨论了解决井冈山的经济问题和如何对付即将到来的敌人第三次"会剿"的策略。经过权衡各方面的利害后，红四军前委决定采取以攻为守的策略，主动向外线出击，向敌人的薄弱环节进军，打破其"会剿"，以确保井冈山根据地的存在。这就是"围魏救赵"之战术。具体部署是：红五军留守井冈山革命根据地，坚持内线斗争；红四军转战外线，向敌人力量薄弱的赣南发展。为了便于统一指挥，决定红四军和红五军合编，将红五军改编为红四军第三十三团，由彭德怀任红四军副军长兼第三十三团团长，滕代远任红四军副党代表兼第三十三团党代表。

红四军留下一批干部充实原红五军和地方党政机关。同时，从井冈山革命根据地各县抽调一批地方干部，随红四军南下，去赣南开展工作。

1月10日，敌人的"会剿"就要开始了。1月14日，正是个大雪天。大雪中，毛泽东、朱德率红四军军部直属部队和第二十八团、三十一团3600余人，分别从井冈山的茨坪、小荇州出发，经遂川、大汾、左安，突破敌人的防线向赣南挺进，踏上了转战赣南、闽西的征途。在转战途中，以军长朱德、党代表毛泽东的名义发布了《红四军司令部布告》。

当敌人发现红四军的行动后，立即以湖南敌主力围攻留守井冈山革命根据地的彭德怀部，另调江西敌主力第二十一旅刘士毅部及第五十五旅刘建绪部和原驻赣州的第三十四旅、十五旅尾追毛泽东、朱德率领的红四军主力。

毛泽东、朱德率红四军主力下井冈山后，最初的进展还比较顺利。部队隐蔽地从井冈山靠江西一侧打出去，朱德在《自传》中说："每天行军五六十里路，一面还做群众工作，打破了几条封锁线，一直向南走去，沿着上犹，占领了崇义城。"

1月23日，毛泽东、朱德率部攻克了大余县城，在这里停留了两三天。这时，敌人已经完全弄清了红四军主力的动向。两天后，敌金汉鼎和李文彬就来进攻，"因为当地无群众组织，事前不知敌人向我进攻，以致仓猝应战，我军未能全数集中，并因兵力垒积重叠于一线致失利"①。这是红四军主力下山后遭受的一次重大失利，伤亡达二三百人。

由于敌众我寡，红军匆忙地撤出大余。朱德与特务营营长毕占云亲自在后面，掩护部队撤退。全军分两路翻过大余岭进入广东南雄县境内的乌迳集合。在这里，又遇到了一次很大的险情。朱德回忆说："到了乌迳，天也要黑了，都很疲倦了，就讲讲话，开开会，就都在平坝子上露营了。可是当时敌人却来了，正是晚上九点钟。我们丝毫不晓得，还（以）为敌

---

① 《陈毅关于朱毛红军的历史及其现状的报告》，《井冈山革命根据地》（上），第361页，中共党史资料出版社1987年版。

人也十分疲乏，休息整理，准备进攻。就在这时，这里地方党支部派出去的侦探把这消息带来了。我们即刻惊起，出发，连号都没吹。是冬天露营，所以说走就走了。这一次红军的命运那是极端危险了。如果没有地方党的支部，那一下就会被敌人搞垮了。"[1]

离开乌迳后，毛泽东、朱德率红四军主力先到达了南雄的界址，再折入江西信丰县境。这一路的行进十分艰苦，作战又是接连失败。正如陈毅后来在一份报告中所说："沿途皆两省交界，红军没有群众帮助，行军宿营侦探等非常困难。敌人又采取轮班穷追政策，我军为脱离敌人，每日平均急行九十里以上，沿途经过山岭皆冰雪不化，困苦加甚。"所以"连战皆失利"[2]。

这真是一次艰难而险恶的转战。折回江西后，部队在信丰只休息了一夜，便继续向东南方向前进，经过安远，进入赣粤闽边界的寻乌县境，在项山的圳下村宿营，又遭到敌人的一次袭击，朱德遇到了一次更大的险情。粟裕回忆说："最惊险的一次是二月初向罗福嶂开进时，听说那里是个山区，地形很好，山上还有几户土豪可打。当时，敌人离我们十多公里，我们一个急行军，一天走了六十公里，但敌人还是追上来了。凌晨，我们在项山受到刘士毅部的突然袭击。那次第二十八团担任后卫，林彪当时任第二十八团团长，他拉起队伍就走，毛泽东同志、朱德同志和军直属机关被抛在后面，只有一个后卫营掩护，情况十分紧急，毛泽东同志带着机关撤出来了，朱德同志被打散了，身边仅有五名冲锋枪手跟随，敌人看到有拿冲锋枪的，认定有大官在里面，追得很凶，越追越近。朱德同志心生一计，几个人分作两路跑，自己带一个警卫员，终于摆脱险境。这时，我们连到达了一个叫圣公堂的地方，听说军长失散了，我们万分着急，觉得像塌了天似的，情绪很低沉，恐慌，因为军长威信很高，训练、生活、打仗又总是和我们在一起，大家对他有很深的感情。下午四点半朱军长回

---

① 《朱德自传》(1886～1937)，手抄稿本。

② 《陈毅关于朱毛红军的历史及其现状的报告》，《井冈山革命根据地》(上)，第361页，中共党史资料出版社1987年版。

来了，此时部队一片欢腾，高兴得不得了，士气高起来了。"① 但不幸的是，朱德的爱人伍若兰因受伤后被敌人抓了去，受尽残酷折磨，于2月12日在赣州被敌人杀害。伍若兰牺牲后，朱德把伍若兰为他做的一双鞋子一直带在身边，使大家很受感动。

对朱德在圳下村突围时的危险情况，还有人回忆说："朱德同志身穿一件军大衣，他身边有个警卫员挂了花，不能走。朱德很留恋他，跑了几步，还回来看他。"走了一里多路，到一条小河边，"因为小桥又软又小，部队涉水而过。这时正是严冬腊月，雪花满地，毛泽东、朱德同志也同战士一样，在寒冷刺骨的水中过了河。"②

在圳下村脱离险境后，毛泽东、朱德率领部队又冒着大雪向东北方向翻越了几座大山，于2月1日到达了闽粤赣三省交界的罗福嶂。这里地势十分险要，只要堵住路口，几百人也难冲上去。部队在这里休息了一天，毛泽东、朱德主持召开了中共红四军前委会议。会议决定红四军开往江西独立第二、第四团的根据地东固地区；部队分三路行动，朱德随第二十八团和特务营活动，毛泽东随第三十一团活动。鉴于行军打仗和军情紧急，为了减少领导层次，会议还决定"军委暂停止办公，把权力集中到前委"，由前委直接领导军内各级党委。原由中共中央指定的军委书记朱德的职权随即暂时停止。

这一次红四军前委会议刚开完，敌"追剿"军第十五旅就向罗福嶂包围了过来，朱德和毛泽东立即撤离险境，沿闽赣边境经福建武平折向江西会昌、瑞金进发。

在向会昌进发的途中，朱德给曾是自己学生的现任敌第二十一旅旅长李文彬写了一封信，劝告他率部或单独一人投奔起义军。信中说：

> 质卿吾弟，南昌一别，匆匆年余。几年来，各方为一阶级而奋

---

① 《粟裕战争回忆录》，第81～82页，解放军出版社1988年版。
② 黎崇仁、谢甫鹏：《圳下战斗和罗福嶂会议》，《回忆中央苏区》，第52～53页，江西人民出版社1984年版。

斗。吾弟对军事进步很大，对政治没有注意。遂川一役，能出奇制胜，不负吾之所教，大余一役，追随吾后多日，不辞辛劳。现蒋冯阎桂同床异梦，将来必然发生问题。识时务者为俊杰，若能率队归来，自当竭诚欢迎。如为环境所限，个人来归也很赞同。目前暂处困难，将来工农革命一定成功。何去何从，吾望早图之。

但是，李文彬没有听从朱德的劝告，后来还将此信交给第三军军长王均。

从大余到罗福嶂的这些日子里，毛泽东、朱德和红四军主力一直处在敌人的追击和堵截之中，处境十分危险，伤兵也很多。离开罗福嶂后，红四军本来准备北上会昌，后来得知敌人正在那里集结的消息，便向福建的武平方向前进。朱德回忆说："后面追赶的敌人以为我们过福建去了。他们也犹豫，因为他们跑得也很疲乏。谁知我们拐了一个弯，一下又折回头，插到江西瑞金。"①

毛泽东、朱德指挥红四军主力很快打下了瑞金城，但又很快撤了出来。

2月9日，正是农历除夕，朱德和毛泽东率部队到达了瑞金城郊乌石龙，因不知城内敌人情况，仅派少量红军进城去侦察兼搜集报纸。当城外的红二十八团被优势敌人严密围住，局势十分紧急时，朱德对部队动员说："前面有敌人拦住我们，后面有敌人追击我们，我们还往哪里去呢？要是贪生怕死，那就等敌人来时交枪投降，屈膝求饶；要是愿意为人民去死，那就干一仗，把敌人消灭掉。"② 说完，朱德迅速判断敌情并果断下达命令："全团一个方向。""一营跟着我从中间突破，二、三营左右配合，全团上刺刀。"接着，便带领部队冲出重围，与红四军第三十一团会合后，率部向瑞金城北10公里的大柏地、隘前转移。

① 《朱德自传》（1886～1993），手抄稿本。
② 《朱德年谱》上，第135页，中央文献出版社2006年版。

当天晚上，朱德和毛泽东率部到达了大柏地。这里四面环山，地势险要。他们望着四周的高山，决定利用这里的有利地形，给尾追的敌人一次打击。晚上，朱德和毛泽东主持召开了排以上干部会议，部署大柏地战斗计划。在会上，朱德引导大家分析敌我形势，还根据自己在来到大柏地途中留心察看的周围地形情况，指出大柏地以南的山谷地带有条件设置伏击圈。会议决定集中兵力埋伏在瑞金通往宁都的道路两侧山林中，打一仗伏击战。

第二天，朱德和毛泽东在大柏地南北走向的十余里长的狭谷布置了一个长形口袋阵，主力埋伏在瑞金通往宁都的道路两侧的山林中，以一个营在隘前警戒，并诱敌进入伏击圈。下午3时，敌第十五旅两个团进入伏击圈后，朱德一声令下，红军对敌发起猛烈攻击。激战至次日正午，红军指战员在几近弹尽援绝之时，全歼被围之敌，俘敌800余人，缴枪800余支，取得了转战以来的第一次作战胜利。粟裕在回忆时说道："这时，朱军长、毛委员已发现追击之敌刘士毅的第十五旅孤军突出的弱点，且大柏地地形有利，故决定再在大柏地有计划地打一仗。这天正是阴历年除夕，我们闯到土豪家里，把土豪准备的年夜饭吃了个精光，吃饱喝足以后，我们离开大柏地，埋伏在石板道两旁山上的树林里，朱德安排一些人挑着担子走在道上，装作掉队的人员，要他们见到敌人就向埋伏区里跑。等到下午，敌人没来。第二天大年初一，我们继续设伏待敌。那天，下起了毛毛雨，雨停以后又起风，风停了又下雨，衣服湿了刮干，刮干了又湿，时间显得漫长。下午三时，敌人大摇大摆地进了埋伏圈，我军立即开火，双方激战竟夜，歼灭了刘士毅两个团的大部，俘敌团长以下八百多人，取得了进军以来的第一个重大胜利。"[1]

大柏地战斗后，红四军主力士气大振，后面没有尾追的敌人。朱德和毛泽东又率部继续前进，于2月13日攻克宁都，在这里筹了款，买了布，补充了给养，每人还发了五角钱的零用钱。朱德会见了中共宁都县委负责

---

① 《粟裕战争回忆录》，第83页，解放军出版社1988年版。

人，要他们做好协助红军筹款、侦察敌情等工作。

2月14日，朱德和毛泽东率红四军主力离开宁都县城，又向吉安、兴国、永丰三县交界处的东固转移。三天后，到达吉安县东固地区，与活动在那里原中共赣西特委秘书长李文林领导的江西红军独立第二团和独立第四团会合。

东固，离吉安县城很远，处于数县交界的边境，地形险要，周围都是崇山峻岭，中间有一片田地和村落。红四军主力经历了一个多月脱离根据地的艰苦转战后，来到这里才获得休整的机会。粟裕回忆说："这块根据地对于我们发展赣南、闽西起了很大的作用。由于有了这块根据地军民的掩护，我们从从容容地休整了一个星期，恢复了体力。"①

红四军同红二独立团、红四独立团会合后，2月22日，朱德和毛泽东在东固召开了会师大会。毛泽东、朱德先后在会上讲了话。朱德说："国民党反动派天天说要打朱毛，可是朱毛红军却越打越多，你们都成了朱毛。"② 大家听了都笑了起来。会后，红四军向独立二团、四团赠送了一批枪支，并决定留下毛泽覃、谢唯俊帮助他们工作。

也就是在东固，毛泽东、朱德得知在敌重兵攻击下，井冈山革命根据地失守，彭德怀率部已突围下了山。

不久，一直尾追红军的江西之敌主力李文彬旅3个团正向东固进逼，吉安之敌金汉鼎部也对东固采取攻势。在井冈山失守、东固地区又不能久留的情况下，毛泽东、朱德主持召开了中共红四军前敌委员会会议。会议认为，此时若以东固为阵地同强敌作战是不利的，将会使这个地区原来秘密割据的优势完全丧失。因此"决定抛弃了固定区域之公开割据政策，而采取变定不居的游击政策（打圈子政策），以对付敌人之跟踪穷追政策"③。

---

① 《粟裕战争回忆录》，第83页，解放军出版社1988年版。

② 李祖轩：《江西红军独立第二、第四团》，《回忆中央苏区》，第61页，江西人民出版社1981年版。

③ 《前委致福建省委并转中央的报告》，1929年3月20日。

一进闽西

红四军主力下一步的发展方向应该指向哪里？毛泽东、朱德认真分析了情况，决定向敌人力量较薄弱的闽西开进。

闽西，是福建省建立党组织较早的地区之一。当红四军主力转战赣南时，2月24日，中共福建省委在给中央的信中就曾提出："红军转战千里，旦夕不休，尤其是这两个月来长期的奔走，一定是很疲惫，并已子弹缺乏，目前回湘赣或开往广东很有困难，客观上的不幸，红军暂时开到闽西长汀、上杭一带来作一段时间的休息，是有可能的，因为汀杭与赣粤相距较远，同时福建的反动统治力量比较薄弱。"①

1929年2月25日，毛泽东、朱德率领红四军离开东固，调头向东，经永丰、乐安、广昌、石城，向闽西进军。

3月11日深夜，部队进入福建长汀县境内。第二天到达四都镇。当晚，驻守长汀的福建省防军第二混成旅旅长郭凤鸣派团长卢新铭带一个补充团赶到四都镇。13日凌晨，向红四军进行偷袭，朱德立即命令特务营营长毕占云率部猛烈追击偷袭红军的福建之敌不让其中途集结。毕占云奉命率领全营穷追猛打，一口气追到胜华山脚下的陂溪方才停下。溃敌后退到长岭寨凭险据守。随后，红四军军部和红四军主力到达陂溪。朱德和毛泽东在这里听取了中共长汀县委负责人段奋夫汇报郭凤鸣部队的情况和长汀县的革命形势后，决定向长汀县城南屏障长岭寨攻击，然后乘胜夺取长汀，消灭敌郭凤鸣部②。

长岭寨山岭绵延十几里，山高林密，毛竹、杂草丛生，地势十分险要，距长汀城15里，是进入长汀的必经之路，被称为长汀的天然屏障。要攻克长汀，必须先拿下长岭寨。

---

① 《中共福建省委给中央的信》，1929年2月24日。

② 参见《朱德传》（修订本），第203页，中央文献出版社2000年版。

3月14日晨，毛泽东、朱德指挥红四军分兵三路向长岭寨发起进攻，敌郭凤鸣亲自督战。经过异常激烈的战斗，敌人大部被歼灭，其余部队也溃不成军，郭凤鸣也中弹受伤，在逃跑途中被红军打死。当时任特务营营长的毕占云后来回忆说："我们刚到达牛斗头附近，枪声已变得稀疏零落，战斗结束了。这时朱军长由对面大步走来，没等我报告，就笑眯眯地说：'郭凤鸣给打死了。''怎么？这样快呀！'我感到有些突然。'真的！随后就抬下来，老乡们还要求在城内示众三天呢！'接着，似命令非命令地说：'走吧，进城去！'"①

当天下午，红四军乘胜进占长汀城。

长汀是闽赣边境上的一个重镇，也是一个较为富庶的中等城市。毛泽东、朱德和红四军长期转战于湘、赣、闽、粤边境的山区，还不曾进入过这样比较富庶的城市。一进入长汀城，就向商界筹借了军饷，购置了布匹，用缴获的敌人服被厂，赶制了4000余套军衣。杨得志回忆说："几天后，每人发了一套崭新的灰军装，一顶带红五星的军帽，一个挎包，一副绑带，两三双'陈嘉庚胶皮鞋'。""听说就是朱军长、毛党代表他们也是头一次得到这么齐全的装备。队伍拉出来，一色的新衣帽新鞋子，整齐划一，精神抖擞，人都好像变了模样，威武得很。"②

在长汀，朱德会见了当地的福音医院院长傅连暲，采纳了他的建议，在红军中普遍接种牛痘，防止天花蔓延。后来，傅连暲率领医院中许多医务人员参加了红军，组成红军中的医疗队③。

3月15日，朱德在长汀县城汀江畔的南寨河坝主持召开了群众大会。在大会上，朱德号召穷苦群众组织起来，向地主豪绅和封建统治者作无情的斗争。

为了便于开展游击战争，毛泽东、朱德对红四军进行了整编，把原来

团的建制改为纵队。全军编为 4 个纵队，原第二十八团大部为第一纵队，原军直属的特务营和独立营加上原第二十八团的一部分合编为第二纵队，原第三十一团改为第三纵队，每个纵队有枪 500 余支，1200 余人。军长仍是朱德，党代表是毛泽东。

3 月 20 日，毛泽东在长汀"辛耕别墅"主持召开了中共红四军前委扩大会议，朱德参加了会议。会议讨论并确定了红四军的行动方针。

这时，从井冈山突围的彭德怀部已经转战到达赣南。考虑到江西的国民党军队北调，准备参加蒋桂战争，造成赣南兵力空虚的情况，毛泽东决定红四军主力迅速回师赣南。

4 月 1 日，毛泽东、朱德率红四军主力离开长汀后，翻过武夷山，到达江西瑞金。第二天，同彭德怀、滕代远率领的红五军会合。

4 月 3 日，毛泽东、朱德在瑞金接到中共中央在 2 月 7 日发出的《给润之、玉阶两同志并转湘赣边特委信》，即《中央二月来信》，信中提出"应有计划地有关联地将红军的武装力量分成小部队的组织散入湘赣边各村中进行深入的土地革命"，"中央从客观方面考察和主观的需要，深信朱毛两同志在目前有离开部队的必要：一方面朱毛两同志离开部队，不仅不会有更大的损失，且更便于部队分编计划的进行，因为朱毛两同志留在部队中，目标既大，徒惹敌人更多的注意，分编更多不便；一方面朱毛两同志来到中央，更可将一年来万余武装群众斗争的宝贵经验，贡献到全国以至整个的革命。"①

4 月 5 日，毛泽东主持召开中共红四军前敌委员会会议，讨论刚刚收到的《中央二月来信》。朱德和毛泽东从实际出发，认为《中央二月来信》的精神是消极的，所提意见是不适当的。会后，毛泽东为红四军前委起草了给中共中央的回信。在回信中指出："中央此信对客观形势及主观力量的估量都太悲观了。""中央要求我们将队伍分得很小，散向农村中，朱、毛离开大的队伍，隐匿大的目标，目的在保存红军和发动群众，这是

---

① 《中央给润之、玉阶两同志并转湘赣边特委信》，1929 年 2 月 7 日。

一种理想。以连或营为单位单独行动，分散在农村中，用游击的战术发动群众，避免目标，我们从前年冬天就计划起，而且多次实行都是失败的。"回信并从红军不是本地人、分开则领导机关不健全、容易被敌人各个击破和愈是恶劣环境领导者愈须坚强奋斗等方面，说明红军不能分散、领导者不能轻易离开红军大部队的理由。

这一期间，毛泽东、朱德利用国民党军队在赣南兵力空虚的机会，大胆放手地分兵以发动群众，扩大根据地，取得了明显的成效。朱德在《自传》中说："慢慢地发展到江西的宁都、兴国、瑞金、东固，都组织了，到处打开了些土围子，打土豪，分田地，几个月中间转了很宽，沿着兴国、瑞金、东固，工作都做起来了。""打宁都也打开了。这时自己编成三个团，都还打得。各个团都可以说很强，三大纪律，打土豪归公，进出宣传都做得很好。譬如我们以前在大柏地打仗，吃了老百姓的东西，这时就去还钱了。还的方法是自动由老百姓报就给钱，开始以为是假的，后来地痞流氓有些冒领的也发了，一下发了三千多块钱到老百姓中间去。"①

至5月中旬，赣南革命形势发展很快，在于都、兴国、宁都三县建立起革命政权，群众初步发动起来，赣南的工农武装割据局面初步形成。

二进闽西

1929年5月中旬，蒋桂战争刚告平息，江西敌主力立刻抽回身来向红四军发动进攻。而在闽西方面，地方军阀陈国辉主力却因粤桂战争爆发，赴广东参战，兵力空虚。特别是在这时，毛泽东、朱德又接到了闽西特委书记邓子恢派专人送来的《闽西历年斗争与敌我情况》的书面报告，说明闽西形势已发生了新的变化，群众革命斗争高涨，急盼红军急速重返闽西。根据这些情况，毛泽东、朱德决定红四军主力再次进入闽西。

5月19日，朱德和毛泽东率红四军主力从瑞金县武阳出发，又一次翻

---

① 《朱德自传》（1886～1937），手抄稿本。

越武夷山，疾速向闽西挺进。敌人很快发现了红四军主力的动向，江西之敌李文彬旅立即紧追不舍，福建之敌卢新铭团也在汀江东岸设防拦截，企图迫使红军背水而战，以期全歼。

5月20日清晨，红四军抵达长汀县境内汀江边上的渡口——水口，在当地群众帮助下，汇集九条渡船，全部渡过汀江。当敌人赶到水口时，毛泽东、朱德已率红四军主力安全进入福建连城境内了。

红四军第二次进入闽西和第一次大不相同。过去，闽西民众对红军是陌生的，有些人还因不了解而心存疑惧，这一次红四军所到之处，受到了当地老百姓的热烈欢迎和支持。

刚刚渡过汀江的红四军，在第二天便离开汀江东岸的刘坊村和河东村，经涂坊、南岑、下罗地、新泉，进驻连城县的庙前，连城地方党组织根据闽西特委的指示，集中各乡的农民到庙前欢迎朱毛红军过境。

当晚，毛泽东、朱德在庙前孔清祠接见应约前来与红四军联系的闽西地方武装负责人曾省吾、傅柏翠等，听取他们的汇报，在弄清情况后决定暂时不去攻打长汀，而是出敌不意地直接攻打龙岩，再打永定或漳州，甩开李文彬，消灭陈国辉，相机打击张贞，来扩大红军在闽西的影响。于是，毛泽东、朱德联名写了一封信，由来人送给邓子恢。

为了争取时间，红四军没有在庙前久留，就立刻向龙岩进发。要求傅柏翠等做好后方侦察，阻击追敌，掩护主力进攻龙岩。

邓子恢接到毛泽东、朱德的信后，立即召开特委紧急会议，决定通知龙岩、上杭、永定、长汀、连城各县县委发动农民武装暴动，配合红四军主力在闽西的军事行动。

毛泽东、朱德率红四军离开庙前后，经古田向龙岩前进。5月22日黄昏时分，他们到达龙岩城西30里的小池圩。行军途中，为保证地方邮电通信工作正常进行，朱德给古田邮电所的邮递员亲笔写了"所有快报信件已经检查，望沿途友军准予通过为荷"的指令。当天晚上，毛泽东、朱德在这里的赞生店召开了军事会议，听取闽西特委派来的代表介绍龙岩城内敌陈国辉部的情况。当时，陈国辉部的主力正在广东大埔参加对徐景唐的战争，在闽西只留下几个补充营。龙岩城里，只有旅部和特务连、机枪连防守着，兵力不足500人。根据这种情况，毛泽东、朱德研究决定了攻打龙岩的作战计划：红四军第一、第三纵队沿通往龙岩的公路，从正面奔袭龙岩，第二纵队从左翼占领龙岩城北门外的北山，对龙岩城实行包围夹击。

龙岩，在闽西有着重要的地位，是闽西政治、经济、文化的中心，盘踞在龙岩、洋州一带的福建省防军第一混成旅陈国辉部，原是闽南地区的一股土匪部队。北伐军入闽时，陈国辉率部投靠了何应钦，在闽西一带称王称霸，干尽了坏事，老百姓对他十分痛恨。

5月23日上午7时许，红四军第一、第三纵队占领龙岩城郊的龙门圩，打垮了守敌的第一补充营，紧追残敌，突破西门，首先攻入龙岩城；第二纵队按计划，占据北门外的制高点后，居高临下，向城内发起猛烈的攻击，经过近两个小时的激战，至9时左右，红四军攻取了龙岩城，俘虏陈国辉部营长一人，连、排长9人，士兵324人，击毙敌官兵90余人，缴获机关枪两挺，驳壳枪23支，步枪549支，子弹35担，迫击炮弹9担。①

红四军并没有在龙岩停留，立即在当天下午就撤离了出去，继续奔袭张贞部的总兵站永定城。当天，朱德在途中向中共中央写信简要汇报了红四军第二次入闽和首次攻占龙岩的情况，信的全文是：

中央各同志：

我们因为实行游击战略的缘故，于本月十四日由瑞金退出，经濯田、新田、小池直到福建的龙岩，袭击陈国辉后方。已于二十三日午前九时占领龙岩城。缴陈部步枪数百支，机关枪数挺，子弹无算。陈之残部百余人向漳平方面退却。我们以消灭闽西反动势力，发动闽西群众工作，及参加闽、粤、赣三省农村土地革命之目的，决于今晚星夜出发，袭击永定（永定为张贞总兵站所在）。

① 《朱德传》（修订本），第214页，中央文献出版社2000年版。

四军以连次战役，颇有损失。然士兵的精神却甚好。我们现在很注意训练工作，加强红军同志对于政治的认识，以与敌人作坚决的持久的斗争。民众对于我们，真是和兄弟一样。我们为他们解决了反动的豪绅地主的武装，他们的热情也给我们很好的影响。军事行动上，有许多地方也亏当地的民众帮忙。

朱德①

5月25日，红四军在张鼎丞领导的地方武装的配合下，占领了永定城。当天下午，在赖家祠的后楼大厅里，毛泽东主持召开了红四军前委和永定县委联席会议。朱德、陈毅、谭震林、张鼎丞、邓子恢等参加了会议。两天后，在永定城关南门坝召开了万人祝捷大会，毛泽东、朱德、陈毅先后在会上讲了话。

当红四军主力转向永定后，从龙岩败退到漳平、永福的陈国辉残部，在5月25日返回到了龙岩。红四军前委判断：张贞和陈国辉的主力仍在广东，一时难以回援；龙岩城内的陈部，是被红军击败过的残部，缺乏战斗力；而龙岩、永定的农村土地革命刚刚开始，需要得到红军的有力支援，所以，他们决定以第三纵队为主，二次攻打龙岩，调动陈国辉主力回援，待机加以消灭；第一纵队和第二纵队仍分别留在永定坎市和龙岩西郊龙门一带，继续发动群众。

6月3日清晨，红四军第三纵队迅速攻入龙岩城内，守敌只有一个补充营和特务连，被痛击后逃到漳平的永福。

正在广东参加军阀战争的陈国辉，得知龙岩再次被红军占领，大为震惊，日夜兼程由广东赶回福建。红四军得到这一消息后，决定暂时撤离龙岩，转攻驻守在上杭白砂的卢新铭部的钟铭清团，引诱陈国辉主力回到龙岩再寻机加以消灭。朱德还派出小股红军，沿途阻击陈国辉的部队，边打边退。陈国辉误以为红军不敢同他作战，必定要退回到赣南。于是，他

---

① 《朱德军事文选》，第6页，解放军出版社1997年版。

率部在 6 月 6 日上午回到了龙岩，举行庆祝大会，并放假三天①。

陈国辉完全没有想到，撤出龙岩的红四军正集中主力，准备夺取白砂。

白砂是地处上杭城的东北部的一个较大的集镇，是上杭通往龙岩的咽喉要冲。当郭凤鸣部主力被红四军在长岭寨歼灭后，团长卢新铭收集郭凤鸣的残部，自任旅长，盘踞上杭，在红四军攻打龙岩城时，卢新铭派出钟铭清团（实际兵力只有一个营）驻守白砂，作为上杭的防守前哨。

6 月 5 日，毛泽东、朱德在龙岩、上杭交界的大池，主持召开了红军干部会议，具体研究歼灭钟铭清的作战方案，同时，迅速集结部队，严密封锁消息，为攻占白砂进行准备。

6 月 7 日，红四军在闽西红军的配合下，兵分三路向白砂发起攻击。这一天正好是农历五月初一，恰逢白砂举行庙会，钟铭清对红军的行动还一无所知。当红军发起进攻后，钟部仓促应战，纷纷溃逃。经过一个小时的战斗，俘敌 100 余人，缴枪 100 余支，火炮 2 门。钟铭清只带了 20 名随从逃回到上杭。卢新铭则龟缩在上杭城里，也不敢出来活动。

白砂战斗结束后，红四军故意制造向江西退却的假相。6 月 10 日，毛泽东、朱德率领红四军沿着通往赣南的大道，开往连城的新泉。他们在新泉休整了一个星期，一面进行整训；一面深入农村发动群众，造成连城南部广大地区的武装割据。

陈国辉得知红军开到了新泉，更加相信红军将要撤回赣南。所以，他回到龙岩后洋洋得意，自我陶醉在一片胜利的喜悦之中，毫无戒备。

这时，毛泽东、朱德认为消灭陈国辉的时机已经到了。6 月 18 日，他们率领部队悄悄地进抵龙岩附近的小池，召开军事会议，周密地部署第三次攻打龙岩的作战计划。朱德在《自传》里回忆说："群众都组织得很好，城外十里地就有了游击队，我们到离城三十里左右的大池、小池集中，敌

---

① 参见《朱德传》（修订本），第 215～216 页，中央文献出版社 2000 年版。

人还不晓得就去打，夜晚十一点钟出发，三十里走完将将天亮。敌人一旅三千多人，我们有六千多人，统统用上。我带两个团在左面，另一个团在右面，切断通漳州的道路，正面按上一个新编成的团，将将天光亮，恰恰完成了对城的包围，敌人出来下操，就打下来。"①

6月19日拂晓，"叭！叭！叭！"随着三颗信号弹上天，三打龙岩的战斗打响了。朱德亲临前线指挥作战。攻击从北门开始，红军迅速抢占了陈国辉设在制高点上的机枪阵地。北门打响后，红四军第一纵队第一支队在萧克的指挥下，以迅雷不及掩耳之势猛扑龙岩城南的屏障——莲花山锣石鼓阵地，消灭了一营敌人，为第一、第四纵队直取南门扫清了道路。

龙岩城西门的战斗也在激烈地进行着。守敌凭借着街道房屋负隅顽抗，在巷战中，红军损失严重，战斗处在相持之中。

在这紧要时刻，朱德看清在巷战中逐房逐屋逐院地进行争夺，对红军非常不利，立刻传下命令：采取"掏墙挖洞打老鼠"的战术，对敌人分割包围，各个击破。同时，开展政治攻势，向陈国辉喊话，退缩在几个大院子里的陈国辉部终于竖起了白旗，向红军投降了。

红四军主力第一纵队在第四纵队的配合下，越过河上的浮桥，突入龙岩南门。红四军取得了三打龙岩的胜利。

毛泽东、朱德指挥红四军主力二进闽西，三次攻打龙岩，共消灭陈国辉部主力2000余人，"共缴步枪九百余支、迫击炮四门、水机关枪六架、手机关四架，陈国辉精锐部队损失过半"②。

打下龙岩后，毛泽东等在蛟洋帮助闽西特委召开闽西党的第一次代表大会。红四军军长朱德、党代表毛泽东和政治部主任陈毅联名发布了《红军第四军司令部、政治部布告》。

毛泽东、朱德率红四军第二次进入闽西，在一个多月的时间里，一举

---

① 《朱德自传》（1886～1937），手抄稿本。
② 《中共闽西特委关于武装斗争党务工作的报告》，1929年8月22日。

攻下龙岩、永定等县城，开辟了闽西革命根据地。毛泽东在回忆这一段历程时曾说道："我们接着就分兵挺进永定、上杭和龙岩，在这几县都成立了苏维埃。红军来到以前就存在于这些地区的战斗的群众运动，保证了我们的胜利，并使我们能够在稳定的基础上，非常迅速地巩固苏维埃政权。通过群众性的分田运动和游击活动，红军的影响扩大到其他好几个县，但是共产党人到后来才在那里完全掌握。"①

---

① 《毛泽东一九三六年同斯诺谈话》，第 58 页，人民出版社 1972 年版。

七、朱毛争论风波

争论的缘由

　　自 1929 年 1 月至 5 月，毛泽东、朱德率红四军主力撤离井冈山革命根据地转战赣南、闽西，以游击战术摆脱了数倍于己的国民党军队的追击，转败为胜，开辟了新的更为广阔的根据地，奠定了即将形成的闽西、赣南革命根据地的基础。红四军又得到了一个相对稳定的发展时期。然而，就在这时，红四军党内、军内原来就存在的各种非无产阶级思想也随之蔓延。特别是红四军党内高层领导人试图在理论和实践上探索、总结如何建设红军的过程中，其思想并没有得到完全统一，因此经常发生一些争论。毫无疑问，作为红四军前委书记的毛泽东、红四军军长的朱德等主要领导人，是这场争论的中心人物。

　　可以说，红四军内部的争论是由来已久。在红四军离开井冈山后的一段时间内，处境困难，屡遭挫折。于是，红四军内部，包括高级领导干部中，对井冈山时期以及下山后的一些政策和做法产生了各种议论。1929 年 4 月，中共红四军前委召开于都会议后，这种争论又逐渐发展到各部队。

　　5 月初，中共中央军事部派刘安恭到红四军工作。这又使这场争论有了发展。

　　刘安恭，四川人，早年留学德国并在比利时加入第三国际，成为旅欧中国革命者中的早期共产党员之一，1924 年回国以后曾协助朱德在四川军阀杨森部队做党的秘密工作，参加过南昌起义，随后又赴苏联学习军事，

1929 年初回国后受命为中共中央特派员到红四军工作，当时还不满 30 岁。刘安恭的到来，加剧了红四军内部的意见分歧。他散布说：红四军领导人中有两派，一个是拥护中央派，一个是反对中央派。特别是由于他长期在国外，对于红军发展的历史和现状缺乏了解，对于红四军的领导体制与战略战术却又很不以为然，企图以苏联红军的模式来改造中国红军。因此，他刚当上军委书记没几天，就以居高临下的姿态作出决定：前委只能讨论红军行动问题，不要管军队的其他事，"以限制前委的领导权"①。

在这种情况下，毛泽东不得不在红四军占领永定以后，6 月 1 日，在湖雷主持召开了中共红四军前委会议来讨论这个问题。会议对要不要恢复正式的红四军军委的问题发生了争论。

中共红四军军委始建于 1928 年 4 月朱毛井冈山会师之时，几经撤销和重建的变迁。毛泽东、朱德、陈毅先后担任过军委书记。同年 11 月，依照中共中央 6 月 4 日指示信，成立中共红四军前敌委员会，下设军委和职工运动委员会（后亦称工农革命运动委员会），指定毛泽东为前委书记，朱德为军委书记。于是，陈毅改任红四军士兵委员会秘书长，毛泽东兼任工农革命运动委员会主任。前委和军委的隶属关系和职责，如毛泽东信中所说，有所分工，两个机构的主要领导人又都是前委成员。毛泽东、朱德率红四军离开井冈山，转战赣南、闽西的征途中，为应付恶劣环境，减少领导层次，便于机断，于 1929 年 2 月初在赣南项山决定军委暂时停止办公，由前委统一指挥；3 月攻战汀州以后，又取消了工农革命运动委员会，改建为红四军政治部，作为前委领导下的党的工作机关。5 月间，随着赣南、闽西根据地扩大，军队和地方工作都增多了，前委又决定成立红四军临时军委，以刘安恭为临时军委书记兼政治部主任。

不难看出，红四军党的领导机构的上述变化，显然是出于工作实际的需要，毛泽东、朱德、陈毅三位主要领导也都在各自岗位上发挥了充分的作用。

---

① 《毛泽东年谱》上卷，第 274 页，人民出版社、中央文献出版社 1993 年版。

出乎毛泽东意外的是，湖雷会议不仅没有解决任何问题，而且出现了两种截然对立的意见。当天，毛泽东以前委的名义给中共中央写了一封信，他在信中说：去年11月在井冈山时按中央指示成立前委，前委之下设立军委，管辖全军各级党组织兼地方赤卫队。前委除领导红军以外，还负有指导地方党组织的责任。今年1月，红军由井冈山出发以来，因每日行军作战，环境特殊，"感觉军委之重叠，遂决议军委暂时停止办公，把权力集中到前委"；现又因工作发展和红军数量大增，前委兼顾不过来，于是决定重新组织军委，"刘安恭同志可为书记兼政治部主任，党内现发生些毛病，正在改进中。"①

从毛泽东的这封信可以看出，毛泽东当时并没有向中共中央详述争论的情况，只是以"党内现发生些毛病，正在改进中"一句话轻轻带过。

6月8日，毛泽东又在福建上杭县白砂主持召开中共红四军前委扩大会议，继续讨论要不要恢复红四军正式军委的问题。会上，多数人不同意恢复正式军委，并主张取消临时军委。毛泽东认为由于前委和军委的根本分歧使党的"三个最大的组织原则发生动摇"。第一，有人反对党管一切，说"党管太多了，权力集中于前委了"；第二，有人反对一切归支部，说"支部只是教育同志的机关"；第三，有人反对党员的个人自由受限制，要求党员要有相当的自由。所以，毛泽东在会上给红四军前委提出了一份辞职的书面意见，写道：前委、军委呈分权式，"前委不好放手工作，但责任又要担负，陷入不生不死的状态"；"对于决议案没有服从的诚意，讨论时不切实争论，决议后又要反对且归咎于个人，因此，前委在组织上的指导原则根本发生问题"；"我不能担负这种不生不死的责任，请求马上调换书记，让我离开前委"②。

朱德对毛泽东的三条意见提出了不同的看法。第一，他认为"党管理一切为最高原则，共产主义中实在找不出来"，并说这种口号"是违背党

---

① 《红军第四军前委书记毛泽东给中央的报告》，1929年6月1日。
② 《毛泽东年谱》上卷，第278页，人民出版社、中央文献出版社1993年版。

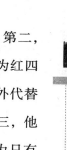

的无产阶级专政的主张"，所以，他不同意"党管一切"的说法。第二，对于"一切工作归支部"的原则，他是"极端拥护的"。但是他认为红四军在原则上坚持得不够，成为"一切工作集中于前委"。前委"对外代替群众机关，对内代替各级党部"，"这样何尝有工作归支部呢?"第三，他认为党员在党内要严格执行纪律，自由要受到纪律的限制。他认为只有"赞成执行铁的纪律方能培养全数党员对党的训练和信仰奋斗有所依归"。同时，他还指出，恰恰在这个问题上，前委书记毛泽东没有做好，不仅自由发表意见，自由谩骂同志，而且对中央和省委的指示也不认真执行①。

不难看出，白砂会议的争论是激烈的。选择只有两个，要么毛泽东辞职，前委瘫痪；要么撤销临时军委。最后，会议以举手表决作出裁决，结果以36票赞成、5票反对的压倒多数，作出了取消临时军委的决定。

林彪在这场争论中，也起了挑拨的作用。当时，他是红四军第一纵队司令员。在白砂会议开会前几个小时，他给毛泽东写了一封信，表示不同意毛泽东离开红四军前委，希望毛泽东有决心纠正红四军党内的错误思想，并用"封建关系"、"无形结合派"、"政客的手段"、"卑污的行为"以及"阴谋"等词，把攻击的矛头指向朱德。他在信中写道："现在四军里实有少数同志的领袖欲望非常高涨，虚荣心极端发展。这些同志又比较在群众中是有地位的。因此，他们利用各种封建形式成一无形结合（派），专门吹牛皮的攻击别的同志。这种现象是破坏党的团结一致的，是不利于革命的"，"但是许多党员还不能看出这种错误现象起而纠正，并且被这些少数有领袖欲望的同志所蒙蔽阴谋，（附）和这些少数有领袖欲望的同志的意见，这是一个可叹息的现象"。不难看出，林彪的矛头直指朱德。

林彪还在会议发言中说："朱德同志用手段拉拢部下，他支持军委攻击前委虽因为他觉得比不上毛泽东同志，又无别的解决办法，所以，想成立军委以脱离前委的羁绊和管束，这是不对的。"又说："我在信中用了一些措词，比如'封建关系'、'无形结合派'、'政客的手段'、'卑污的行

---

① 参见萧克：《朱毛红军侧记》，第91页，中共中央党校出版社1993年版。

为'以及'阴谋'等等，有些人有看法，有意见，今天我在这里讲明，我这封信专指军委问题。"①

临时军委撤销了，但要不要设立军委的争论仍在继续，两种意见争执不下。正如毛泽东在白砂会议后几天所说："到近日两种不同意见最明显的莫过于军委问题的争论。""争论的焦点是在现在时代军部要不要的问题。"主张建立军委的认为："既名四军，就要有军委（即四军党部）"，"完成组织系统应有军委"。反对建立军委的却认为，"现在只有四千多人的一个小部队，并没有多数的'军'，如中央之下有多数的省一样，行军时多的游击时代与驻军时多的边界割据时代又决然不同，军队指导需要集中而敏捷"。因此，认为由前委直接领导就可以了。坚持要设军委的还提出，过去前委"太管事了"，"权力集中"了，前委不但"包办了下级党的工作"，还"代替了群众组织"，并说前委领导有"家长制"倾向。而主张不设军委的说，设立军委是不从实际出发的"形式主义"，这种形式主义看问题的结果，"必定是分权主义"，"分权主义"是"与无产阶级的斗争组织不相容的，军委前委分权的形式所以不能存在就是这个理由"。

在要不要军委这个具体问题的争论背后，实际上是一场关于党和军队关系问题的争论。此后，红四军转移到连城新泉休整。毛泽东和朱德都在思考：争论的实质问题既然是关系到红四军建设的大问题，主要的问题究竟是些什么？应该如何加以解决？

6月14日，毛泽东给林彪回了一封长信。在这封信中，毛泽东把当时争论的主要问题概括为14个方面：

（一）个人领导与党的领导；

（二）军事观点与政治观点；

（三）小团体主义与反小团体主义；

（四）流寇思想与反流寇思想；

（五）罗霄山脉中段政权问题；

---

① 转引自张国琦：《毛泽东与朱德在一九二九年》，《东方纪事》1980年，第3期。

（六）地方武装问题；

（七）城市政策与红军军纪问题；

（八）对时局的估量；

（九）湘南之失败；

（十）科学化、规律化问题；

（十一）四军军事技术问题；

（十二）形式主义与需要主义；

（十三）分权主义与集权；

（十四）其他腐败思想。

　　毛泽东认为，在这些问题中，主要的是个人领导与党的领导的问题。具体地说，有人"与党争权"。毛泽东说："你的信给我很大的感动，因为你的勇敢的前进，我的勇气也起来了，我一定同你及一切谋有利于党的团结和革命的前进的同志们，向一切有害的思想、习惯、制度奋斗。因为现在的争论问题，不是个人的和一时的问题，是整个四军党的和一年以来长期斗争的问题，不过从前因种种原因把它隐蔽了，到近日来才暴露出来，其实从前的隐蔽是错误了，现在的暴露才是对的，党内有争论问题发生是党的进步，不是退步。"①

　　接着，毛泽东就红四军党内争论中的几个重要问题发表了自己的观点。关于党对军队的领导。毛泽东认为，"这是四军党的主要问题"。他深刻地分析了"党的领导权在四军里至今不能绝对建立起来"的两个原因：一是红四军的大部分是从旧式军队脱胎出来的，便带来了一切旧思想、旧习惯、旧制度的拥护者；二是红四军大部分是从失败环境中拖出来的，失败之前的党组织既非常薄弱，在失败中又完全丧失了领导。"那时候的得救，可以说十分原因中有九分是靠了个人的领导才得救的，因此造成了个人庞大的领导权。"毛泽东说："我们记起了这两点，就可以知道一切思

① 《毛泽东军事文集》，第 1 卷，第 70 页，军事科学出版社、中央文献出版社 1993 年版。

七　朱毛争论风波

MILITARY STRATEGIST　ZHU DE

想、习惯、制度何以这样难改，而党的领导与个人的领导何以总是抗分，长在一种斗争状况之中。红军既是从旧式军队变来的，便带来了一切旧思想、旧习惯、旧制度的拥护者和一些反对这种思想、习惯、制度的人作斗争，这是党的领导权在四军里至今还不能绝对建立起来的第一个原因。"① 关于小团体主义。毛泽东指出："军阀军队残余的小团体主义是贻害红军最大问题之一，"因此，必须努力去消灭小团体主义。如果"小团体主义不消灭，不能如二、四团一样的完全由集体的党领导，则红军只是一个好听的名称罢了！"② 关于单纯军事观点，毛泽东说："四军中向来就有一些同志是偏于军事观点的，与站在政治观点即群众观点上的人的意见不合，这是一个很严重的政治路线问题。"他认为，因长期的斗争经验和工农群众的影响，这种单纯军事观点在红四军中的有些人头脑中比较减少了，但没有完全消灭，表现为只注意"发展单纯的军事影响而不去发展政治影响"。③ 关于流寇思想，毛泽东说："流寇思想历来在红军中是很厉害的，它的产生是由于四军中的游民成分。"虽然我们与"这种思想曾作过许多的奋斗"，但这种思想在有的人头脑中还存在，他们时时刻刻想脱离边界的斗争，忽视根据地的武装建设。关于军队内部的民主，毛泽东针对有人为了反对党对红四军的领导，提出红四军"党代替了群众组织"、"四军党内有家长制"的说法，指出："党的组织代替群众的组织，自有四军党以来就是严禁的。"至于"家长制"，毛泽东说：如果"家长制的定义是：只有个人的命令，没有集体的讨论，只有上级委派，没有群众选举"，这样的"家长制"在红四军党内是根本没有的。红四军的党对于一些重大问题总是集体讨论，征求群众意见的，"说四军党内只有个人命令没有集体讨论，无论如何说不过去"。关于红军的纪律，毛泽东说："红军的游民成

---

① 《毛泽东军事文集》，第 1 卷，第 71 页，军事科学出版社、中央文献出版社 1993 年版。

② 《毛泽东军事文集》，第 1 卷，第 75 页，军事科学出版社、中央文献出版社 1993 年版。

③ 《毛泽东军事文集》，第 1 卷，第 75 页，军事科学出版社、中央文献出版社 1993 年版。

分产生了流寇思想，同时影响到城市政策与红军军纪。"他强调"军纪问题是红军一个很大的政治问题"，但是由于有的人认为军纪破坏一些"也没有什么大要紧"，"结果便发生不良的影响"，对此必须引起足够的重视。毛泽东还对军事技术、形式主义等问题进行了分析，并指出：红四军党内存在的各种非无产阶级思想"是不利于党的团结和革命的前途的，是有离开无产阶级革命立场的危险"，我们必须同这些思想作斗争，去克服它，"以求红军彻底改造"。①

在信的最后，毛泽东说明了请求离开红四军前委的原因。他说："至于我之请求离开前委，并不是消极，不参加这种斗争，乃有以下的理由：（一）对于与党内错误思想奋斗，两年以来已经既竭吾力了，现在我又把问题的内容提出以后，使多数同志们作不断的奋斗才能得到最后的胜利。（二）我在四军的日子太久了，一种历史的地位发生出来的影响是很不好的，这是我要指出的中心理由。（三）我个人身体太弱，智识太贫，所以我希望经过中央送到莫斯科去留学兼休息一个时期。在没有得到中央允许以前，由前委派我到地方做些事，使我能因改环境而得到相当的进步。（四）四军的党已经有了比较坚固的基础了，我去之后，决然没有不好的影响。党的思想上的分化和斗争既已经起来了，决不因我去而不达到胜利的目的"②。

这时，朱德的心中也不平静，特别是对林彪对他的指责更为气愤。经过认真地思索，6月15日，朱德在新泉也给林彪写了一封信，表明了他的观点，指出他要求在军事机关实现"党给许的行政责任"和"核心作用"，不同意"党管理一切"的口号，提出"要打破家长制及包办制"，

① 《毛泽东军事文集》，第1卷，第81页，军事科学出版社、中央文献出版社1993年版。

② 《毛泽东军事文集》，第1卷，第81页，军事科学出版社、中央文献出版社1993年版。

主张在军内实行"由下而上的民主集中制"①。

毛泽东和朱德分别给林彪的信，同时在《前委通讯》第三期上全文作了刊载。

红四军内部的争论，并没有因为白砂会议的召开而结束，反而更加激烈了。当时任红四军第四纵队司令员的傅柏翠在回忆这场争论的过程时说："朱、毛之间对某些问题的看法也有争论。沿途为了解决这些问题，曾召开过一些大小会议，在党内展开辩论，朱、毛也多次在小会上作答辩。记得一九二六年六月，部队在新泉休整时，还专门召开过两次红四军前委会，朱、毛对下面提出的批评意见作了答辩。"②

为解决问题，红四军前委决定召开中共红四军第七次代表大会，以尽快结束红四军党内的争论。

中共红四军"七大"，主要由陈毅来准备并主持。毛泽东对这次会议也很重视，他曾就如何开好这次会议向红四军前委提出建议。

1929 年 6 月 22 日，中共红四军"七大"在现在的龙岩第一中学内的一座房子里召开。会场气氛紧张，争论毫无拘束，十分激烈。毛泽东和朱德各自阐述自己的观点，也为自己受到的责难作了简单的解释，希望获得更多代表的理解和支持。但是，会议显然没有一个明确的导向，与会代表即席发言，有表示拥护毛泽东的，也有赞成朱德的。

作为会议主持人陈毅也力图不偏不倚，息事宁人，以求和解与团结。他说："你们朱毛吵架，一个晋国，一个楚国，两个大国天天吵，我这个郑国在中间可不好办，我是进出之间为难，两大之间为小。我跟哪个走？站在哪一边？就是怕红军分裂，希望你们两方面团结起来。"

听了陈毅的讲话后，朱德没有说话，毛泽东则重申了自己的各项主张之后说："至于陈毅对我个人有许多批评，我现在不辩，如果对我有好处，

---

① 参见张国琦：《毛泽东与朱德在一九二九年》，《东方纪事》1980 年第 3 期；石言、吴克斌、罗英才：《"党中央训练班"——陈毅一九二九的思想飞跃》，《党的文献》1999 年第 4 期。

② 见《朱德传》（修订本），第 223 页，中央文献出版社 2000 年版。

我会考虑的，不正确的将来自然会证明是不正确的。"

经过一天的争论，大会通过了由陈毅起草的会议决议。在这个决议中，对毛泽东和朱德都作了批评，认为作为红四军主要领导人，他们两人对于红四军党内发生的争论负有责任，有同等的错误，"但毛同志因负党代表与书记之工作，对此次争论应负较大的责任"，因此，"毛同志予以严重警告，朱德同志予以书面警告"；至于朱、毛去留问题，由中央处理，在中央未作决定前仍留任前委委员。

决议还对刘安恭、林彪进行了批评。认为刘安恭"把四军党分成派。说朱同志是拥护中央指示的，毛同志是自创体系到不服从中央指示。这完全不是事实，是凭空臆断的。"认为林彪在白砂会议前几个小时给毛泽东写那样内容的信，"这是不对的"，"不要离开党而谈党的严重问题，因为这样不但不能解决党内纠纷而更之加重"。指出林彪信内的词句"未免过分估量，失之推测，这是错误的"[①]。

最后，这次会议通过民主选举，陈毅担任了红四军前委书记，毛泽东落选了。

对于红四军党的"七大"，毛泽东是十分不满意的。正如陈毅后来所说："在大会以后，朱方面还没有什么意见，毛方面则不满意，有不能一朝之慨。所以代表大会并没有把问题彻底解决了，所以朱毛争论以后不能恢复工作如初，还静待中央派人去主持，所谓前委，只是一个'过渡内阁'。"

红四军党的"七大"后，7月8日，毛泽东离开了红四军，启程前往闽西上杭县蛟洋，在这里一方面休养身体，一方面指导闽西地方工作。

代理红四军前委书记

在红四军党的"七大"后，朱德就曾告诉中共中央："党内争论问题，

---

① 《红军第四军第七次代表大会决议案》，1929 年 6 月 22 日。

自七次大会后，即告结束，虽有少数同志仍留点成见，但正确的指示，大家很诚恳接受，消除一切成见去对付敌人。"① 朱德是这样说的，也是这样做的。

就在毛泽东前往闽西上杭县蛟洋的同时，朱德、陈毅率领红四军前委、司令部及直属部队来到了连城的新泉。

这时，福建、广东、江西三省的国民党军队开始对闽西革命根据地和红四军进行"会剿"。红四军前委决定以游击战争对付敌人的"会剿"，将红四军的四个纵队分赴闽西各县，深入发动群众，巩固和发展革命根据地，以粉碎这次"会剿"。前委认为"此时东江、赣南皆不能去，只有留在闽西，敌来当相抗对付。现在分兵在永定、龙岩、（上）杭、（长）汀、连（城）之一部发动群众的斗争，造成赤色区域之势力割据，敌来当打破一面找出路"②。这就是红四军闽西分兵的计划。

1929 年 7 月中旬以后，参与"会剿"的国民党军相继向闽西推进。江西之敌金汉鼎部第十二师的四个团占领了长汀；福建之敌张贞师分别向华安、龙岩行进，企图占据龙岩；广东之敌蒋光鼐、蔡廷锴部第三师以永定、上杭为进攻目标，向粤闽边开进。

军情万分火急。7 月 29 日，红四军前委在新泉得到有关敌情报告后，为了商讨应急计划，朱德、陈毅立刻从新泉赶到蛟洋毛泽东的住处，召开红四军前委紧急会议，毛泽东作为红四军前委委员参加了这次会议。会议由陈毅主持，毛泽东在会上发言指出：敌人内部有矛盾，他们各自为政，所谓"会剿"，实际上是"会"而不"剿"，"剿"而不"会"。对于敌人的"会剿"，我们不能硬拼，应该采取比较灵活机动的战术，敌人打过来，我们就缩小目标，转移敌人视线，分散敌人的力量。敌人一走，我们再打过去③。根据敌人"会剿"的态势，在讨论如何粉碎敌人"会剿"计划时，有人主张集中兵力在闽西战斗，有人主张打出去。会议决定，改变原

① 萧克：《朱毛红军侧记》，第 100 页，中共中央党校出版社 1993 年版。
② 《中共福建省委给闽西特委、前委、党委信》，1929 年 8 月 8 日。
③ 《毛泽东年谱》上卷，第 283 页，人民出版社、中央文献出版社 1993 年版。

MILITARY STRATEGIST
ZHU DE

170

来分兵计划，"积极准备反动派三省会剿之到来，如三省合兵进攻闽西，红军可取道闽北入赣东、赣南发动沿途群众；或入闽省腹地到福州、延平之间活动；或分兵两路，一路往闽北，一路留闽西"①。根据上述决定，红四军前委把红四军兵分两路：第一、第二、第三纵队到上杭白砂集中，向闽中出击，从外线打击敌人；第四纵队留守在闽西坚持斗争，巩固和发展闽西革命根据地。

红四军这次分兵行动的目的是为了打破敌人的"会剿"。1937年，朱德在延安向美国记者史沫特莱介绍这段历史时说："红军这时也分成两支队伍，毛泽东率领一支留在闽西骚扰敌军，朱德率领另一支展开大规模牵制战，深入敌区，直到沿海，以切断敌军的主要补给线，至少要压迫福建军队离开苏维埃根据地。"②

这一次红四军前委会议之后，根据中共中央4月5日来信中所要求"派一得力同志"，"来中央报告与讨论一切问题之后，再回到你们那里工作"的精神，红四军前委决定派陈毅赴上海去向中央汇报。

陈毅临去上海前，又专门来到蛟洋毛泽东的住处，请毛泽东回红四军主持前委工作，毛泽东没有同意。

在陈毅离开红四军后，由朱德代理红四军前委书记。就这样，朱德一人挑起了指挥红四军应付敌人"会剿"的重任。事实证明，这副担子实在不轻啊！

陈毅走后，红四军前委决定兵分两路的计划，在实施过程中发生了一些变化。8月2日，第二、第三纵队按时赶到了白砂集中，由朱德率领向敌人兵力薄弱的宁洋县城挺进，计划出击闽中，在外线打击敌人。但林彪率领的第一纵队，在上杭一带活动却因汀江水涨，过江迟缓，没能按时同第二、第三纵队会合，仍留在闽西，会同第四纵队同敌人周旋。这样，由

① 《陈毅关于朱毛军的历史及其状况的报告》，《井冈山革命根据地》（上），第374页，中共党史资料出版社1987年版。

② 艾格妮丝·史沫特莱：《伟大的道路——朱德的生平和时代》，第299页，三联书店1979年版。

朱德率领出击闽中，从外线打破敌人三省"会剿"的兵力就比原计划大大减少了。

朱德分析判断："在前来进攻的赣、闽、粤三路敌军中"，广东的蔡廷锴和江西的金汉鼎是比较难打的，福建的"张贞是比较有把握打的，结果就准备着打他"。[①]

8月4日，朱德指挥红四军第二、第三纵队，攻占宁洋县城，在城内住了三天，做了三件事：一是刷制并张贴了标语和布告，召开群众大会，宣讲红军的宗旨和工农革命的道理。朱德在大会上发表了演说，号召广大工农群众起来暴动闹革命；二是打击当地三个土豪，没收了他们的粮食和其他财物，分给贫苦群众；三是烧毁国民党宁洋县的衙门，处决了从连城押来的两个土豪劣绅。

三天以后，8月7日，朱德率领第二、第三纵队离开宁洋县城，沿双溪南下，在过罗溪渡口时，朱德亲自到前沿阵地观察，选择有利地点，指挥部队泅水强渡，一举击溃守敌，乘胜追击，于第二天进入漳平，消灭了当地民团和张贞的一个营。

在漳平，朱德召开了群众大会。他在会上号召当地的工农群众起来跟着共产党闹革命，打土豪分田地。会后，又把从土豪劣绅那里没收来的财物，分给贫苦群众。他还召集手工业工人和农民代表，分别座谈，进行调查研究。然后，组织了漳平县工会、漳平县农民协会和城防第一赤卫队，并武装了城区赤卫队。8月15日，红四军前委开会布置跳出外线，出击闽中。17日至19日，分两批离开漳平。

闽中，是福建土著军阀卢兴邦的地盘。他有十几个团、上万的人马，还有一个可以造枪弹的兵工厂。他依仗着人多枪多，霸占着闽中、闽北和闽西二十多个县，同国民党福建省政府主席杨树庄分庭抗礼。当红四军进入福建时，他的部队据守在各个县城里，以逸待劳，没有受到多大的

---

① 《朱德自传》（1886～1937），手抄稿本。

损失①。

为了取得进军闽中的胜利，朱德发动党员进行讨论，广泛听取群众对作战的意见。在此基础上，他又冷静地分析了形势和敌情，集中了大家的意见，决定暂时还不能直接与卢兴邦部作战。于是，朱德想了一计。后人回忆说："好在红军与卢部没有直接打过仗，还可以'礼尚往来'。在大田县城附近，朱军长派出信使到卢兴邦司令部，称'借道过境'。卢兴邦这个'山大王'毕竟老奸巨猾，怕我们'暗度陈仓'，借口'本乡地僻土瘠'，没有答应。"② 8 月 20 日，朱德率领红四军第二、第三纵队围攻大田县城，但没有成功，只好转入永春、福鼎一带地区。

朱德率领红四军第二、第三纵队在 20 天内接连攻占了宁洋、漳平两县后，敌人立即从德化、安溪、华安等地调兵向红军围攻了过来。加上正遇盛暑高温，红军的伤病员增多，情况对朱德十分不利。

面对不利的情况，中共闽西特委写信给红四军前委，要求"调四军回闽西，在漳平一带工作"。

8 月 28 日，朱德率部突然回师到漳平境内的杨美村驻宿。第二天，在当地农民的带领下，从南溪后面的打鼓岭发动袭击，一举占领南溪圩，全歼敌张贞部的张汝劻旅 1 个团，击毙副团长 1 人，俘敌 200 余人，缴获了大量枪支弹药。朱德指挥部队乘胜追击，8 月 30 日第二次攻占漳平城，又消灭张汝劻 1 个团，俘敌 100 余人，缴获一部分军用物资。当时，《时报》报道说："二十九日朱德突率部二千余猛袭漳平，宁洋也同时受袭。漳平守军以朱已远去，无戒备，且寡不敌众，应战一日，至三十日遂不支，退至永福。朱部复陷漳平。"③

朱德率领红四军第二、第三纵队在漳平一带活动 28 天，足迹遍及 13 个乡镇，近百个村庄。朱德对红军的纪律抓得特别严明，他要求红军所到之处一律住宿祠堂、庙宇、桥亭、市场等公共场所，买卖公平，一律付现

① 参见《朱德传》，第 181 页，人民出版社、中央文献出版社 1993 年版。
② 赖毅：《出击闽中》，《闽西的春天》，第 91 页，福建人民出版社 1979 年版。
③ 《时报》，1929 年 9 月 12 日。

款。因此，红军战士都能自觉地遵守群众纪律。有时用了群众的东西，群众不在家，就留下信和钱。有的红军战士用了杨美一家粮店的米，老板不在家，就在墙上写下："老板：你不在家，你的米我买了二十六斤，大洋二元，大洋在观泗老板手礼（里）。"有的红军战士喝了茶水，也留下铜板和银毫子。当地人民群众盛赞红军战士纪律严明。

张贞的"会剿"部队本来兵分两路：一路进攻漳平，一路再一次进攻龙岩。当朱德率部回师闽西，再一次攻克漳平后，龙岩的守敌就弃城而逃了。9月6日，红四军重新占领了龙岩。这样，敌人三省"会剿"中力量最薄弱的福建之敌张贞部已被击破。广东之敌和江西之敌也各自撤回到了本省。8月底，蒋介石对闽西革命根据地的第一次"会剿"便以失败而结束了。

朱德率领红四军第二、第三纵队出击闽中，时间只有一个月，取得了重大的胜利。

回师闽西后，朱德率领红四军第二、第三纵队到上杭白砂同第一、第四纵队会合，准备攻打上杭。

上杭，位于汀江中游，汀江绕城而过，城垣三面环水，有砖石建造的三丈高的坚固城墙，易守难攻，素有"铁上杭"之称。上杭是闽西的一个重镇，历来为兵家必争之地。当地流传着这样一首民谣：

> 铁打上杭，固若金汤。
>
> 东无退路，西无战场。
>
> 南有河道，北有池塘。
>
> 嘱咐子孙，莫打上杭。[1]。

当时驻守在上杭城里的是卢新铭部的福建省防第二混成旅，一年前，在长岭寨战斗中卢新铭曾被红四军打败，后来他逃到了上杭。

---

① 参见《朱德传》，第 183 页，人民出版社、中央文献出版社 1993 年版。

9月18日，朱德率领红四军和地方武装一万余人秘密向上杭运动前进，前委会作了周密的布置，同城内的党组织取得联系，并要求各地赤卫队配合红四军攻城。第二天，朱德带领着有关人员登上山头，仔细观察地形，制定具体的作战方案。红四军主力部队，趁夜间能见度低，由当地赤卫队带路，从汀江上游水浅的地方渡过了汀江。第一纵队攻打西门，第二、第三纵队主攻北门，第四纵队在赤卫队的配合下攻击东门，另一部分赤卫队佯攻南门。

战斗打响时，卢新铭部还蒙在鼓里，一点儿情况也不知道。当赤卫队乘着无数竹筏，划过汀江，用机关枪和土枪进行轰击，同时在洋铁桶里燃放鞭炮，卢新铭分不清真假，只得扼守城池，胡乱放枪。当第一纵队的炮火把守敌的主力引到西门后，第二、第三纵队立刻在北门发起猛烈攻击。朱德在北门外一个小高地上指挥作战。红军战士架起了云梯，翻入城内。当卢新铭发现中计，调兵增援北门时，北门已经被红军突破了，红军和赤卫队员蜂拥入城，朱德也随着进入了上杭城里，卢新铭只带着十几个贴身警卫从南门冲出重围后逃走了。

上杭被攻取了。9月20日，朱德在上杭县衙门前的广场上主持召开了上杭军民祝捷大会。

红四军打下上杭，不仅粉碎了敌人的"会剿"，而且又为红军争得了一个休息的机会。红四军人数发展到了7000余人，每个纵队由2个支队发展为3个支队。

9月下旬，朱德在上杭城太忠庙主持召开了中共红四军第八次代表大会。他的意图是想通过这个会议来制定一个红军法规，解决红四军党的"七大"所没有解决的一些争论问题，以加强红军建设。但是，由于继续实行"由下而上的民主"，政治上失去领导中心，会议前又没有做好必要的准备，没有拿出一个中心意见，就开会让大家讨论。结果，会议开了3天，大家七嘴八舌，争论不休，却毫无结果。

在召开红四军党的"八大"时，朱德希望毛泽东前来参加会议，并早日返回红四军，重新主持前委工作。尽管在一些问题上他和毛泽东有分歧，但他对毛泽东深厚的政治理论与渊博的学识，始终怀着崇敬之情。同样，红四军的其他许多干部也把重振红四军风气的希望寄托在毛泽东身上，因而在此期间，朱德便联名给毛泽东写了一封信，请他回来参加会议。

然而，毛泽东是一个坚持原则的人，在红四军党内的是非没有根本分清之前不想回到红四军，也不想参加红四军党的"八大"。所以，他在回信中把红四军党的"七大"造成的后果归咎于陈毅的"调和主义"，甚至干脆把那次会议上陈毅的调和折中称为"陈毅主义"，并明确表示，不打倒这个"陈毅主义"就不回来①。毛泽东回信中的激烈言词引起了红四军其他一些领导人的不满。因此，他们再次给毛泽东去信，敦促他必须回来参加会议，否则就要给予党纪处分。

毛泽东也无奈。他回来了。但是他确实身体不好，是被人用担架抬到上杭来的。此时会议已经开完了，大家见毛泽东身体确实有病，也就只好作罢，让他在上杭继续治病和养病。

10月13日，中共福建省委派来巡视的谢汉秋专程从厦门来到了红四军，他带来了中共中央和福建省委给红四军前委的指示。朱德从这些文件中得知，国民党军俞作柏部于9月下旬通电反蒋，随即又进军广东，攻击拥护蒋介石的粤军陈济棠部。中共中央和福建省委认为两广战争爆发，广东东江地区敌人兵力削弱，给东江革命势力的发展提供了极好的有利机会，因而下令红四军立刻向邻近的东江地区进击，创造东江割据局面，以与闽西、赣南连成一片。中共中央在9月28日指示信中说："在军阀战争爆发之际，红军应以全部力量到韩江上游闽、粤边境游击，以发动群众。至两广军阀混战爆发东江空虚时，红军可进梅县、丰顺、五华、兴宁一带游击发动广大群众斗争，并帮助东江各赤色区域的扩大，相机围缴敌军枪械，集中东江各县赤卫队建立红军。""如军阀战争结束较快或蒋系军队得

---

① 《陈毅传》，第112页，当代中国出版社1991年版。

胜时，红军仍留粤、闽、赣边界一带游击，以发动群众。"① 但是，福建省委在 10 月 6 日给闽西特委转红四军前委的信中却只提出红四军开往东江的要求，指出："省委同意中央对前委的指示，朱毛红军全部立即开到东江，帮助东江广大群众的斗争。"②

朱德对进军广东原来是一直持慎重态度的。这一年的 4 月 15 日，东江特委曾给红四军写信，提出东江反动军队因蒋桂混战而调走一部分，计划发动东江暴动，但又觉得自己力量不足，要求红四军前往帮助。接到这封信后，5 月 3 日，朱德以中共红四军前委代理书记的名义回了一封信，指出："无从参考你们这种计划对不对，但请你们要注意。现在蒋桂战争要起来，固然是我们武装暴动的机会，亦只是一个时期，而绝不是唯一暴动时机。而这时期在较大的区域内，只能尽量用游击战争发动群众的斗争，打击反动派势力，红军、赤卫队对外不要公开挂招牌，忙着带红带子。只要在城市及重要乡村组织几个坚强的秘密工会及农会和党的秘密支部，这样才不会易于失败。"又说："割据还要踏实地去做，不要只靠红军，过去琼崖、海陆丰的失败，就是单靠红军造成割据，忘却了在敌人势力下面去组织群众和党的秘密组织，以致我们的割据陷于孤立的状态，遂为敌人包围消灭。我们不要忘记了这个教训。""目前宜用游击战争去发动群众斗争，打击反动派，准备和扩大秘密组织（尤其是城市支部、职工会为最要紧的），不要轻易去攻打城市（单纯的农民扑灭城市是危险的），忙着公开干起来。"③

现在，面对的是中共中央和福建省委的指示，而且两广军阀混战的爆发看起来似乎确实是一个机会。考虑到这些，朱德虽然感到目前红四军的力量还不足，但还是遵照执行了。

红四军前委决定："立即调三个纵队向潮梅布置游击，准于十月二十日集中粤边，十月二十一日以后，进攻蕉岭，占领蕉岭后，仍用游击战争

----

① 《中共中央给红军第四军前委的指示信》，1929 年 9 月 28 日。
② 《中共福建省委给闽西特委、四军前委的信》，1929 年 10 月 6 日。
③ 《朱德军事文选》，第 3～4 页，解放军出版社 1997 年版。

发动群众起来斗争推进，与闽西确取联络，留一个纵队（第四纵队）红军在闽西坚持游击战争。"10月18日，朱德将这一决定报告了中共中央，并说，"陈毅同志仍未回来，毛同志久病。此次去东江，尚不能出发，负责同志更为困难"，希望中央派广东省委的重要干部前来指导①。可见，朱德对于独自一人担此重任，确实深为忧虑。

从10月15日开始，朱德率红四军第一、第二、第三纵队，分别向闽粤边境出击。第四纵队留在了闽西坚持游击战争。

朱德率领红四军主力向广东进军，出击东江，给红四军造成了重大的损失。因为，从当时敌人的力量来说，敌人在广东的军事力量，比闽西和赣南要强大得多。所以，红四军主力刚一进入粤东，有着较强战斗力的广东之敌第七旅陈维远部就从潮汕开往韩江上游堵截。红四军主力在广东的第一仗就遭到了严重的挫折。

10月20日，红四军前委由上杭到达了武平象洞。在这里，他们得到了一个不好的消息，刘安恭指挥的第二纵队在进攻广东大埔的虎市时由于过于轻敌，遭到了严重的损失。10月25日，巡视员谢汉秋在给中共福建省委的报告中说："是役牺牲了司令官刘安恭及其他重要官长二三人，士兵二十余人，伤数十人，为四军入闽以来未有之损失。"②

在红四军不断失利的情况下，前委决定改变原有的计划，转攻梅县松口。但是，广东之敌陈维远部一个团已抢先占领了松口，红四军主力不得不取道蕉岭，转平顺、五华，以便引诱广东之敌到根据地内部加以消灭。

10月22日，陈毅从上海经香港到达广东梅县的松源，见到了朱德。陈毅带来了由周恩来主持、陈毅起草的《中共中央给红军第四军前委的指示信》，即中央"九月来信"。这封信对红四军党的"七大"和前委扩大会议在处置红四军领导内部分歧问题时的缺点提出了批评，并且指出：朱、毛两人仍留前委工作，毛泽东仍任前委书记，并须使红四军全体同志

---

① 《红四军前敌委员会关于开往潮梅一带游击情况的报告》，1929年10月18日。
② 《巡视员谢运康给中共福建省委的报告》，1929年10月25日。

了解并接受。

10 月 23 日晚，朱德和陈毅率领红四军三个纵队，从松源出发，于第二天到达了蕉岭，经侦察得知梅县城内敌没有重兵把守，只驻有一支人数不多的警卫队，决定对梅县发起攻击。25 日，红四军主力向梅县进发，守敌慌忙弃城而逃，红四军很快夺取了梅县城。

红四军进入梅县城后，立即释放了被关押的革命同志和工农群众，并召开群众大会。红四军前委与梅县县委又召开了会议，准备成立东江革命委员会。但是，第二天，敌人的三个团兵力突然向梅县进行猛烈反扑，红四军猝不及防，被迫撤至丰顺边界。

当朱德和陈毅率红四军主力撤至丰顺后，得知两广的军阀混战已经结束了，广东之敌已有可能腾出更多的力量来对付进入广东的红军。东江地区原来留有敌蒋光鼐部的两个旅，陈济棠又将蔡廷锴部从广西梧州调回东江，敌人的军事力量已大大地超过了红四军。

但是，就在这时，红四军前委又接到了一个错误的情报，说广东之敌占领梅县后，只留了一个教导团驻守县城，于是又决定第二次攻打梅县县城。10 月 31 日，战斗打响后才发现，得到的情报并不准确，敌驻守梅县县城的兵力大大超过一个团。红四军"本想一鼓而下，卒因包围太紧，敌遂凭城死守"，加上第一纵队未能及时完成迂回任务，使第三纵队陷入孤军奋战。战斗持续了七个小时，仍不能攻破梅县县城。

出击东江，攻打梅县，给红四军造成了重大损失。在回师闽西的途中，原来在上杭收编的俘虏兵大部分逃走了。红四军的兵力损失近三分之一，减员 1000 多人，第一、第二、第三纵队只好实行缩编。这是继"八月失败"后，红四军受到的又一次重大损失。

这次失败，首先是由于对广东局势作了不正确的估计，以为两广军阀混战一起，广东之敌主力西调，东江空虚，红军正可趁机进入东江，没有想到两广军阀混战很快就结束，广东之敌能以重兵对付红军。朱德后来说："红四军第八次党代表大会以后，部队入东江，此次行动失败，原因又是方向错了。当时上海党中央命令红四军入东江打蒋光鼐、蔡廷锴，打梅县，配合张发奎入广东的反蒋战争。这个主观主义的命令，我们执行了，所以又遭失败。"他还说："这是接受主观主义瞎指挥的第二次的失败教训。"①

在毛泽东、陈毅离开红四军的三个多月里，朱德一人独立指挥红四军，对付敌人的三省"会剿"，凡是他能做的，他都竭尽全力地去做了。在军事上，他体现了灵活机动、出敌不意的指挥艺术。红四军第二、第三纵队第一次占领宁洋，接着打漳平。当时敌人以为城外河流水急，红军不会去打，戒备不严。朱德指挥部队出敌意外地渡过了河，连战连胜。当红四军在打大田时期遇到困难后，朱德又根据新的情况，迅速改变计划，返回闽西，突然袭击溪南之敌一个团，跟着打漳平，又打了敌人一个措手不及，将尾追的一路敌人打垮，一连几个胜仗，打破了敌人三省"会剿"的一面，影响其全局。除军事指挥外，朱德还亲自做政治工作、群众工作，建立苏维埃政权，组织武装游击队等。

但是，由于队伍扩大，工作繁杂，毛泽东、陈毅又不在红四军中，朱德深感独木难撑，力不从心，产生一些缺点，如做群众工作较差，但不能因此而否定朱德出击闽中这个战略方针的正确性。红四军前委在不久以后给中共中央的报告中，对于朱德一人维持红四军这三个月的状况曾有这样的评价："四军八、九、十，三个月中前委机关不健全，毛同志去地方养病，陈毅同志去中央，前委只余朱德同志一人，因此应付不开，政策上发现许多错误，党及红军组织均松懈。"②

朱毛不可分

已经到了 1929 年 11 月初了。这时，朱德、陈毅率红四军撤离东江地区，经赣南的寻乌回师闽西。18 日，到达了上杭官庄。在这里，朱德、陈

---

① 《朱德选集》，第 129 页，人民出版社 1983 年版。
② 《红四军前委关于回东江损失的原因及占领长汀后的工作情况》，1930 年 1 月 6 日。

毅主持召开了红四军前委会议，陈毅传达了中央"九月来信"。在这之前，陈毅已经派人把中央"九月来信"送给了毛泽东，并写了一封亲笔信，请毛泽东回到红四军重新主持前委工作。朱德也坚决拥护中共中央的指示，欢迎毛泽东重回前委工作。他说，我同意把毛泽东同志请回来，人家都说朱毛红军，朱离不开毛，朱离开了毛过不了冬啊！

11月23日，朱德、陈毅指挥红四军再占长汀后，前委写信给毛泽东并告诉他中央"九月来信"和周恩来代表中共中央所作的口头指示精神，请他回红四军前委主持工作。

11月28日，毛泽东虽然身体还没有完全恢复，但是，他还是在福建省委巡视员谢汉秋的陪同下，从上杭苏家坡来到了长汀，与朱德、陈毅再次相见了。陈毅诚恳地向毛泽东当面作了检讨，详细介绍了上海之行，并转达了李立三对毛泽东的问候。毛泽东也向朱德、陈毅表示诚恳地接受中央"九月来信"对自己工作方式的批评，并说：八大时因自己身体不好，情绪不佳，写了一些伤感情的话，请你们谅解。

朱毛争论的风波终于消失了。

就在毛泽东同朱德、陈毅再次相见的当天，毛泽东在长汀主持召开了红四军前委扩大会议，福建省委巡视员谢汉秋和东江特委代表也赶来参加了会议。会上，气氛融洽而热烈，这是朱毛争论半年多来的第一次团结民主的会议。会议除同意官庄会议的决议外，更深一层地检查了红四军的一些情况，决定了红四军的整顿和训练计划，认为如不能加紧红军的整顿和训练，要完全执行党的政策是困难的。会议认为："闽西已有八十万赤色群众足以掩护红军"，定能"打破会剿局面"，求得"出路"①。会议还根据中央"九月来信"精神，一致通过了三项决议：一、召开红四军党的第九次代表大会；二、用各种方法建立红四军的政治领导；三、纠正红四军党内各种错误倾向，扫除红四军内部的封建残余制度。

这次会后，毛泽东分别给中共中央和李立三写了两封信。

——————————

① 《毛泽东给中央的报告》，1929年11月28日。

在中共中央的信中写道：

"我病已好，十一月二十六日偕福建省委巡视员谢（汉秋）同志从蛟洋到达汀州，与四军会合，遵照中央指示，在前委工作。四军攻梅县失利，损失虽不小，但士气仍振奋，目前一时期当在福建境内工作。……四军党内的团结，在中央正确领导之下，完全不成问题。陈毅同志已到，中央的意思已完全达到。"①

在给李立三的信中写道：

"多久不和你通讯了，陈毅同志来才知道你的情形。我大病三个月，现虽好了，但精神未全复原。……我知识饥荒到十分，请你时常寄书报给我，能抽暇写信指导尤幸。"②

从这两封信中可以看出，毛泽东的身体好了，心情也很好了。为了开好红四军党的第九次代表大会，毛泽东、朱德、陈毅在长汀会议后，立即开展调查研究工作，为开好这一次代表大会做准备。

12月3日，毛泽东、朱德率领红四军进驻连城县新泉。他们在新泉的望云草堂对红四军进行了为期10天的政治、军事整训。

朱德主要负责军事整训。他克服各种困难，举办了基层军事干部训练班，亲自上课，言传身教，开展军事技术、战术训练。他还主持制定了红军的各种条例、条令等法规，为克服红四军内的各种错误倾向和提高战斗力，也为开好即将举行的红四军党的"九大"创造了条件。

12月中旬，毛泽东和朱德率红四军前委机关转移到了上杭的古田镇。这是上杭县北部的一个大集镇，也是上杭、龙岩、连城三县交界的地方，

① 《毛泽东书信选集》，第26页，人民出版社1983年版。
② 《毛泽东书信选集》，第28页，人民出版社1983年版。

有三条大道与外界相通，地势险要，易守难攻。这里的群众发动得比较好，已建立起苏维埃政权，有很好的群众基础。这里正是召开红四军党的"九大"的理想之地。

12 月 28 日，中共红四军第九次代表大会在上杭县古田村召开了。仍然由陈毅主持会议，毛泽东代表红四军前委作了关于红四军第九次代表大会决议案的报告，朱德作了军事报告。最后，一致通过了毛泽东起草的《中共红四军第九次代表大会决议案》，即古田会议决议。

在古田会议决议精神指导下，红四军内部消除了意见分歧，统一了思想，毛泽东和朱德之间更加团结了。

当红四军党的"九大"正在召开的时候，福建、广东、江西三省之敌对闽西革命根据地和红四军进行的第二次"会剿"已步步进逼。参加这次"会剿"的国民党军队共有 14 个团的兵力，在金汉鼎统一指挥下，兵分三路向闽西革命根据地扑了过来，形势非常严峻。毛泽东、朱德决定利用三省敌人之间的内部矛盾，各个击破，打破敌人的这次"会剿"。

要打破敌人的这次"会剿"，对毛泽东和朱德来说困难也是很大的。一个最严重的问题就是，部队的给养困难。红四军前委在给中共中央的报告中说：敌人"过年后，即开始分道向赤色区域进攻，红军已定了计划，于最近分别来破敌人，但有一当前大问题，即是全军给养，业已告罄，当此敌情吃紧之际，若不能等数日内筹得一笔款子，……则在闽西久顿，将生困难。"①

1929 年在战争的硝烟中很快过去了，1930 年来到了。

1 月 5 日，朱德率领红四军主力第一、第三和第四纵队，由古田北进向连城进发，准备在这里筹款。毛泽东则率领红四军前委和第二纵队暂时留在古田，并在小池附近诱敌，掩护主力北进。

朱德率领红四军主力进到距古田 50 里的庙前时，发现敌人已步步紧

① 《红四军前委向中央的报告》，1930 年 1 月 6 日。

逼过来：在长汀和上杭的江西之敌金汉鼎部准备进攻庙前、新泉；在龙岩的福建之敌刘和鼎部已向西进至小池和大池附近，准备进攻古田；广东之敌陈维远部已北进至永定、武平地区。

严重的敌情并没有吓倒朱德，1月6日，他从容不迫地仍按原定计划率部赶到了连城，立即着手筹款。两天后，江西之敌从新泉一直跟踪追赶到连城县境，切断了朱德率领的红四军主力同暂时留在古田的毛泽东部之间的联系。

在这个紧急关头，朱德和红四军其他领导干部对情况进行了冷静的分析，认为，如果红四军在这时离开闽西转入江西，可以迫使这次"会剿"主力的江西之敌金汉鼎部回援江西。这样，闽西革命根据地受到的敌人压力就会大大减轻，闽西革命根据地也可以得到巩固和扩大，对闽西的工作是有利的。而红四军进入江西后，又可以打通闽西、粤北、赣南三角地区的联系，扩大革命根据地。根据这个分析，朱德同毛泽东取得联系后，果断地决定实行战略转移，移师江西，威胁敌金汉鼎部的后方，以调动江西之敌回援赣南。

这一战略转移是很及时，也是十分重要的。

1月9日，朱德率领红四军主力从连城出发，经清流、宁化向江西急进。第二天，部队到达了宁化。

由于军情紧迫，朱德率红四军主力在宁化并没有停留多久，便向西翻越武夷山，冒着严寒，日夜兼程，进入江西石城县境。在石城，朱德宣传红四军在闽西开辟的大好革命局面，号召群众组织起来，进行武装斗争。1月16日，朱德率部攻占石城以北的广昌县城。攻占广昌后，已有可能继续向北推进，一举夺取南丰、南城、临川（抚州），逼近南昌，但由于红四军的目标是尽快打通福建、江西、广东三省的联系，并同中共赣西特委、江西红军第二和第四团会合，朱德决定不北上进攻南丰、南城、抚州，而是向西开赴宁都的东韶地区，准备在这里休息两天后，再部署下一步的行动。

在朱德率部来到东韶之时，毛泽东也率领红四军前委和第二纵队离开了古田向北前进，经连城、清流、宁化、归化（今明溪）县境，向西翻越武夷山到达了广昌，在1月24日来到了东韶地区，同朱德率领的红四军主力会合了，完成了从闽西到江西的战略转移。

毛泽东、朱德率领红四军到达江西后，参加"会剿"的三省之敌顿时失去了目标，引起了敌情的变化：福建之敌发生了内讧，纷纷撤离闽西；江西之敌因后方受到威胁，也把主力撤回到了赣南；广东之敌看到福建和江西之敌的部队都已撤走，也随着撤离闽西。根据敌情的这一变化，闽西的地方红军乘机进行反攻，收复了龙岩、永定等县城。敌人对闽西革命根据地的第二次"会剿"就这样一无所获地被粉碎了。

毛泽东、朱德率领红四军四个纵队在东韶地区会合后，立刻决定在赣南分兵以发动群众，深入土地革命，开展游击战争，扩大革命根据地。这是红四军在"九大"后的第一次分兵，各纵队按照古田会议决议所规定的各项原则开展工作，在很短的时间内取得了很大的成绩。第一和第三纵队在毛泽东、朱德率领下，先后攻克乐安、永丰，第四纵队发起了宁都战役，歼敌300多人，占领了宁都县城，并帮助中共宁都县委分配土地，组织苏维埃政权，建立赤卫队，发展革命根据地。

这时，蒋介石同阎锡山的关系日趋紧张，蒋阎之间的中原大战就要发生，因此，蒋介石将第七师从江西调往了皖北，在江西境内只留下了第二十师、第八师两个旅和第五十师一个旅，兵力大大减弱。而江西的革命武装力量却发展壮大了。为了抓住这一有利的时机，进一步促进赣南革命形势的发展，2月6日至9日，红四军前委、赣西特委、红五军军委和红六军军委，在吉安的陂头村召开了联席会议，史称"二七会议"。会议提出三项任务："1. 扩大苏维埃区域，特别提出夺取江西全省的口号；2. 深入土地革命；3. 扩大工农武装。"[①] 为了加强党的集中领导，会议决定扩大原由中央任命的指导红四军及所到之处的地方工作的前委任务，统一领导红四军、红五军、红六军和赣西、赣南、湘鄂赣、闽西、东江地区的工

---

① 《前委通告》第一号，1930年2月15日。

作。同时，调整了前委的组织，由 17 人组成，仍由毛泽东任书记，毛泽东、朱德、曾山、刘士奇、潘星元 5 人为常委。红四军成立军委，并决定成立红军第六分校，由朱德任校长，毛泽东任政治委员。

朱德因留守在藤田主持军事工作，没有参加这次会议。

"二七会议"后，前委决定集中兵力夺取吉安。毛泽东、朱德立刻率领红四军由藤田地区向吉安推进，同黄公略率领的红六军会合，准备先占领吉水，然后再进攻吉安。

蒋介石得知毛泽东、朱德率部逼近吉安的消息，急忙命令成光耀旅死守吉安，金汉鼎部伺机占领宁都，湖南之敌朱耀华旅开至乐安，戴岳旅在南丰、乐安之间集结；同时，急调湖北的唐云山部独立第十五旅匆匆赶到江西，于 2 月 20 日到达吉水县城至乌江镇一线。一时间，红军被敌人包围了起来。

面对强敌的包围，毛泽东、朱德认真分析了敌情和地形。从地形来看，吉水地处乌江北岸，不易涉渡。这一带又是当地地主掌握的会道门武装红枪会活跃的地区，红军不便在这里作战。因此，红军不能再继续向北推进。于是决定放弃原来攻占吉水的计划，改为诱敌深入，相机歼敌，将部队全部撤至富田休养待机。

湖南之敌唐云山部很快发现了红军向富田撤退的行动，但不知是诱兵之计，为了抢头功，便在其他各路之敌还在原地未出发时，就孤军深入，兵分三路向富田冒进。

2 月 24 日，毛泽东、朱德指挥红四军，在红六军第二纵队的配合下，开始投入战斗。他们以一部兵力从侧后迂回，牵制右路和中路之敌，集中兵力向进至水南的左路之敌发起猛烈的进攻，结果歼灭唐云山独立第十五旅大部，旅长唐云山被击伤，俘虏敌 1600 余人，缴获很多武器装备①。

这是朱毛争论风波消除后，朱毛红军取得的第一次重大军事胜利，有

① 参见《朱德传》，第 195 页，人民出版社、中央文献出版社 1993 年版。

力地促进了赣西革命形势的发展。不久，赣西革命根据地建立起来了。后来，朱德在谈到这次战役时说："蒋介石派唐云山一个旅二十四个连，还附有炮兵来攻我们这样多的人，我们先诱他到了吉安的富田，然后拿一部分兵力，由左面绕包直夏，正面一打就缴了枪了。正在需要枪的时候，又阔起来了，人也得到了补充，迫击炮什么都有了。一方面我们得到了会合，一方面又有人送来这么多财富。"[①]

打垮唐云山部以后，红四军前委和赣西南特委在水南召开了联席会议，讨论下一步的军事行动。会议决定，红军经广昌进入福建建宁，取得给养补充后，再看事态变化来决定以后的行动。根据这一决定，3月10日，毛泽东、朱德率领红四军和红六军第二纵队到达了东固，准备向广昌开进。

正在准备向广昌开进的过程中，毛泽东、朱德得知兴国和于都一带没有敌人，于都北乡群众正准备攻打土围子里的靖卫团，于是决定改变原来进攻广昌的计划，乘兴国、于都一带敌人兵力空虚这一有利时机，移师兴国。

到了兴国后，又得悉原来驻在赣州的金汉鼎部已全部调往福建去打地方军阀卢兴邦了，赣州成了敌人兵力空虚之地。毛泽东、朱德又决定留红六军第二纵队在兴国发动群众，红四军准备"以强攻之决心，施行奇袭之手段"，乘虚攻打赣州。

但是，当攻打赣州的战斗开始后，才发现得到的情报并不准确。本来，"屡据各方来报，有谓城中无敌，仅靖卫团百人，有谓城中敌人仅一营者，致使指挥官之判断敌方兵力误为一营，实则城内之敌为七十团全部（三营，每营步三连、机枪一连）"[②]。

3月16日，毛泽东、朱德指挥部队从东门、南门、西门三面对赣州城发起进攻。但由于守敌顽强抵抗，加上城四周围有20余里大河环绕，无

① 《朱德自传》（1886～1937），手抄稿本。
② 《朱德军事文选》，第8页，解放军出版社1997年版。

法靠近城墙，红军又缺乏攻城的重武器，久攻不下，只得撤退。

进攻赣川失利后，3月18日，毛泽东、朱德和红四军前委在赣州城郊的楼梯岭，发布第三号《前委通告》。《通告》在分析当前形势时指出："吉安、吉水、永丰一带现有成光耀、朱耀华、邓英三旅及唐云山残部，蒋系因对阎作战虽不能分兵到江西，但即此三旅以上兵力，使四军暂时不能走北进的路。"又指出："金汉鼎师向福建开，目的在与刘和鼎夹击卢（兴邦）部进占福州。赣南、闽西空虚，给我们以争取群众，打通三省联系的好机会。"为此，前委决定，应该抓紧这个时机，实行分兵游击的作战方针，对红四军、红五军、红六军的行动作了新的部署：以三个月为期，分散在赣南、赣西、闽西、东江、湘鄂赣等广阔地域内，发动群众，全面开展土地革命，扩大红军和地方武装，把福建、江西、广东三省的革命根据地连成一片。

3月19日，毛泽东、朱德发布关于第一次攻打赣州的经验教训的训令，从这次没有能攻下赣州城的原因中，总结出七条经验教训：一是对敌情判断不准确；二是对地形未预先观察；三是事先未充分准备；四是上下决心不一致；五是战场情报不确实；六是不按时实行总攻；七是指挥不适当参见①。

接着，3月21日，按照第三号《前委通告》的分兵计划，毛泽东、朱德率领红四军第一、第二、第四纵队到达南康县的唐江镇等地。第三纵队回宁都发动群众并开展游击战争。

毛泽东、朱德率部来到唐江后，立即召开红四军干部会议，部署下一步行动，并发布《整顿军风纪的训令》："为令遵事。照得本军在此工作，原为争取群众，训练本身，故于军纪风纪一层，自应严为遵守。岂容稍有松懈，致生不良影响于群众中，是以不嫌三令五申，务望各官兵一体遵照三条纪律六大注意，使红军精神及主旨深入于一般群众，则实

---

① 《朱德军事文选》，第8~9页，解放军出版社1997年版。

革命之利，亦各官兵之所乐为。故凡违反军风纪者，无论大小，必于查究。"①

正当毛泽东、朱德率红四军主力进行整顿之时，江西之敌金汉鼎部第六十八团、第六十九团向红四军发动了进攻。毛泽东、朱德指挥红四军主力经过激战后，于3月23日攻克南康。接着又攻克大余。在大余，毛泽东、朱德先后召开信丰、南康、南雄等县的共产党活动分子会议，讨论发展武装斗争，进行土地革命，建立革命根据地的问题。朱德在会上就这些问题发表了讲话。

4月1日，红四军在赣粤边境的梅岭关同广东之敌一个团遭遇，歼敌两个营，俘虏数百人。毛泽东、朱德指挥部队乘胜追击，于当天攻克广东北部地区的重镇南雄。在南雄，毛泽东、朱德得知敌金汉鼎部发生兵变，认为这是打击敌人扩大革命根据地的有利时机，立即率部回师江西，于4月10日和17日先后进驻信丰和会昌。

到会昌后，朱德除指挥部队作战外，还进行调查研究，做群众工作。4月20日，他参加在会昌城召开的群众大会后，又会见了于都盘古山矿工和靖石的农民300多人，指示他们组织以盘古山矿工为主力的红军第二十三纵队。在此期间，毛泽东、朱德又发布了《加强体力与提高射击技术的训令》，提出"我们红军作战既没有强盛的火力压倒敌人，又没有军用化学可以制胜，全凭着已沸腾的热血，誓死斗争的决心和敌人肉弹相搏，用血去染成赤色区域。所以每次胜利全靠官兵奋勇猛进，以我们的勇敢骇倒敌人。然而，这样就要靠有强健的体力才能一天奔跑百多里路，抢十多个山头，作几场恶战。这样还是不够，我们还没有制弹厂，还没有固定的后方。子弹无多，就应该特别爱惜，射击精确才能杀伤得多数敌人。……没有强健的体力，就有万分的革命精神和志愿也无从施用；没有良好的射击技术，就不能在战场上杀伤更多的敌人，而自己也就多受损失。因此，锻炼身体增进体力，熟习瞄准增进射击效能，是现在红军军事训练中的第一

---

① 《朱德军事文选》，第10页，解放军出版社1997年版。

要着。"①

为了打通赣南革命根据地和闽西革命根据地的联系，毛泽东、朱德率领红四军第一纵队和寻乌县的红十团，攻克寻乌的澄江，俘敌 1000 多人。接着又攻克寻乌县城，扫清了通往闽西的道路。以后，以寻乌为中心，在江西安远和广东平远一带发动群众，开展游击战争。

随着革命根据地的不断扩大，红军和地方武装力量不断发展，中共中央决定建立一个统一的军事指挥机构，4 月 24 日，成立了红四军、红五军、红六军总指挥部，"以朱德同志为总指挥，以统一军事行动计划"。②从此，朱德除指挥红四军外，还指挥红五军和红六军作战，肩上的担子更重了。

到 5 月间，红四军党的"九大"召开已近半年了，为了总结近半年来红军建设的经验教训，毛泽东、朱德在寻乌县的马蹄岗，召开红四军大队以上干部会议，对红军管理教育的经验进行了总结，提出了七条基本原则："第一，干部要处处以身作则，做战士的表率；第二，干部要深入群众；第三，干部要时刻关心战士，体贴战士；第四，干部要学会发动战士自己教育自己，管理自己；第五，说服教育重于惩罚；第六，宣传鼓动重于指派命令；第七，赏罚要分明。这七条原则，是毛泽东、朱德创建中国工农红军的重要经验，它对以后红军的建设起了重要的作用。"

毛泽东、朱德指挥红军三个月的分兵，不仅锻炼了红军部队，而且使赣南、闽西革命根据地得到了不断地扩大和巩固。

这时，蒋介石同阎锡山、冯玉祥之间的中原大战全面爆发，蒋介石一时无力顾及南方各省，福建之敌张贞、卢兴邦、刘和鼎之间又正在相互争斗，红四军主力决定按原计划部署第三次进入福建，打通福建、江西之间的联系，并取得经济给养的补充。

----

① 《朱德军事文选》，第 18 页，解放军出版社 1997 年版。
② 参见《朱德传》，第 198 页，人民出版社、中央文献出版社 1993 年版。

6月的赣南，骄阳似火。红四军全体指战员头顶烈日，在毛泽东、朱德率领下，由寻乌出发，向闽西开进。他们一踏上闽西的土地，便在上杭官庄击溃敌金汉鼎部的周志群新编第十四旅，占领武平、长汀县城，受到了广大群众的热烈欢迎。1930年8月28日的《红旗日报》的报道这样写道："朱毛这次到长汀，群众的欢声如潮，男妇老幼均持斧镰红旗欢迎，市面上顿现一番新气象。"

　　从毛泽东重新回到红四军，主持红四军前委工作以后，朱德和毛泽东一道率领红四军历时半年的转战，扩大了赣南、闽西革命根据地，并把这两块革命根据地连成一片，为以后中央革命根据地的建立奠定了坚实的基础。

八、在三次反"围剿"作战中

出任红军总司令

1930 年上半年,不仅赣南、闽西革命根据地和毛泽东、朱德领导的红军有了迅速发展,而且星星之火已燃遍了中国南方的大部分地区,建立起十几块革命根据地,红军已发展到 10 万人左右,共 13 个军。同时,蒋介石同阎锡山、冯玉祥之间的中原大战,又使红军获得了更多的生存空间和发展机会。

然而,就在这时,以李立三为代表的"左"倾盲动主义在中共中央逐渐占据了统治地位。

李立三,当时任中共中央政治局常委兼宣传部部长,当周恩来赴莫斯科向共产国际汇报工作后,中共中央的工作实际上由他主持。他被有利的革命形势冲昏了头脑,错误地认为全国的革命高潮已经到来,不承认全国革命发展的不平衡性,没有看到整个力量对比仍然是敌强我弱,过高地估计了革命力量,积极主张武装夺取大城市的"城市中心论",从而使原来在中国共产党内已存在的"左"倾盲动主义倾向迅速地发展起来了。

李立三的"城市中心论"与毛泽东、朱德的"乡村中心论"必然发生了激烈的冲突。在 1930 年 3 月 10 日中共中央政治局会议上,李立三就明确指出:"朱毛红军应向江西发展,与江西的红军会合,夺取江西的政权,以配合武汉的暴动。"紧接着,李立三于 4 月 3 日以中共中央的名义给红四军前委发出指示信，提出党的任务是实现一省或数省的胜利，和准备发起全国的总暴动，而红军正是实现这种前途的"直接动力之一"。为此，"猛烈地扩大红军与坚决地向中心城市发展，是红军当前主要的任务"，而"目前首先胜利的前途，最明显的区域，是湘鄂赣等省，而以武汉为中心"。毛泽东、朱德领导的红四军，"应该成为争取湘鄂赣先胜利的主要力量"，"坚决执行向赣江下游发展，配合整个革命形势与武汉首先胜利的前途，取得九江以保障武汉的胜利"。他批评毛泽东、朱德说："'造成粤闽赣三省边境的红色割据'，或者是'争取江西一省的政权'，这是你们历来的观念，在目前这是极端错误的了！前者是割据政策，是保守观念，是没有以全国胜利为前提，在目前革命形势下，自然是极端与党的总任务相冲突的，而且割据保守更是失败主义的表现。"

5月中旬，中共中央在上海秘密环境下召开全国红军代表会议，决定把各地红军分别编成军团，开始实行由游击战争向正规战争的转变。会议提出"红军革命的战争只有进攻，无所谓退守"；要"纠正上山主义，边境割据的残余"，否定了毛泽东、朱德提出的游击战争"十六字诀"，说这些经验"一般不适用"。5月20日至23日，中共中央和中华全国总工会中央执行委员会，又在上海召开全国苏维埃区域第一次代表大会，会议通过的《目前革命形势与苏维埃区域的政治任务》决议案中，指出："目前红军的战略，是坚决进攻，以消灭敌人的主力，向着主要城市与交通要道发展。过去的不打硬仗、避免与敌人主力冲突、分散游击等的游击战术，已经与目前的形势和任务不相合了，必须坚决地纠正过来。"[①] 朱德没有参加这次会议，但还是为大会名誉主席之一。

6月9日，李立三在中共中央政治局会议上作了关于目前政治任务决议案的报告，指责毛泽东是妨碍"猛烈扩大红军"的代表人物，说："在全国军事会议中发现了妨碍红军发展的两个障碍，一是苏维埃区域的保守观念，一是红军狭隘的游击战略，最明显的是四军毛泽东同志，他有整个

---

① 《朱德传》，第203页，人民出版社、中央文献出版社1993年版。

的路线，他的路线完全与中央不同。"

6月11日，中共中央政治局会议通过了由李立三起草的《新的革命高潮与一省或几省的首先胜利》的决议。决议武断地认为："中国新的革命高潮已经逼近到我们的前面了。"在这种形势下，准备一省或几省首先胜利，建立全国革命政权，已"成为党目前战略的总方针"。决议对毛泽东、朱德坚持的以农村包围城市、最后夺取城市的正确道路进行了批评，认为这"是一种极错误的观念"，要求猛烈地扩大红军。红军要坚决进攻打击敌人的主力，向主要城市与交通要道发展，根本改变过去的游击战术，而且要同主要城市的武装暴动相配合，夺取政权，建立全国革命政权。"过去的游击战术已经与这一路线绝对不相容，必须根本的改过来。"①

不久，李立三又主持制定了以武汉为中心的全国总暴动和集中全国红军进攻中心城市的冒险计划，准备"会师武汉"，"饮马长江"。

当李立三的"左"倾盲动主义错误在中共中央占统治地位之时，毛泽东、朱德正率领红军转战于闽西、赣南之中，他们不想也来不及执行李立三提出的"左"倾盲动错误，而是按照实际情况，开展游击战争，充分发动群众，建立苏维埃政权。6月12日，毛泽东、朱德率红四军从赣南转移到闽西后，开始在长汀县的南阳（今属上杭县），举行中共红四军前委和闽西特委联合会议。会议开了几天，19日又移至长汀县城继续进行，至22日结束。这次长达近10天的联席会议，对闽西土地革命的分田政策、红军的整编和行动方针以及政治工作等问题作了决议。

毛泽东、朱德的行动，不能不引起李立三的十分不满。6月15日，正当毛泽东、朱德在南阳开会的时候，中共中央给红四军前委发出一封信，信中一开头就严厉地指责说："中央过去曾经屡次把新的路线传递给你们，写了几次信，同时又委托蔡申熙同志口头传递……可是这一路线，直到现在你们还完全没有懂得，还是在固执你们过去的错误。""你们固执过去的路线，主要的原因是你们没有了解整个革命形势的转变。"又说："现在红

---

① 《朱德传》，第204页，人民出版社、中央文献出版社1993年版。

军的任务，不是隐于农村中作游击战争，它应当积极进攻，争取全国革命的胜利，并且应当准备大规模的国内战争以及与帝国主义的战争。""你们在今天还固执过去的路线，完全是错误了！因为革命形势已经转变。""你们现在完全反映着农民意识，在政治上表现出来机会主义的错误。"你们应当深刻地了解自己的错误，按照中央的指示转变你们今后的路线。信的最后发出警告："如果前委有谁不同意的，应即来中央解决。"①

万幸的是，中共中央的这封信，红四军前委直到10月才收到。

毛泽东、朱德虽然没有按时收到中共中央对他们批评的信，但是，6月21日，较早受中共中央委派的涂振农从上海来到了长汀。正好红四军前委和闽西特委的联席会议还在长汀开着，涂振农在会议上作了两天报告，传达李立三的许多"左"倾盲动主义部署和中央关于整编红军的决定，并严格督促执行。在这种情况下，联席会议不得不表示原则上接受中央的指示，并通过了接受中央指示的决议。

根据中共中央指示，联席会议决定把红四军、红六军（后改称红三军）和红十二军合编为第一路军（后改称第一军团），共两万多人，朱德任总司令，毛泽东任政治委员。不久，又把闽西、赣南和赣西南的红十二军和红三十五军等地方部队，归属红一军团建制；并把原来决定向赣东游击、进攻抚州的计划，改变为集中力量，积极进攻，准备夺取九江、南昌。

联席会议虽然原则上接受了中共中央的指示，但朱德的心情还是矛盾的。一方面，他根据自己多年的实战经验，对中央这个严重脱离实际的决定抱有怀疑，认为把地方部队也编入正规部队，离开革命根据地去进攻中心城市，"苏区就毫无防卫力量，门户洞开，任凭占领，红军因此也就丢失了革命根据地"②。另一方面，对中央的指示他又不能不执行。1937年，朱德同美国作家史沫特莱曾谈到过自己当时的矛盾心情："毛泽东和我对

① 《中央致四军前委信》，1930年6月15日。
② 艾格妮丝·史沫特莱：《伟大的道路——朱德的生平和时代》，第316页，三联书店1979年版。

于整个方案都表示怀疑，但是我们久居山区多年，能够得到的有关国内和国际局势的情报很不全面。在这种情况下，我们不得不接受我们中央委员会的分析，……中央委员会认为全国已经处在总起义的前夕，我们只好接受。"他又说："就我们所知，我们的部队以及其他红军部队力量既弱，装备又不好。即或我们能够攻占几座工业城市，即或有些产业工人参加战斗，但能否坚守城市的确是大可怀疑的。""除了毛泽东和我之外，很少有人反对李立三路线。我们别无选择，只有接受。"①

尽管如此，毛泽东、朱德在执行中共中央有关指示的实践过程中，却始终坚持从实际情况出发，灵活处理，以间接方式来抵制李立三的"左"倾盲动错误，尽力避免使红军遭受大的损失。

6月22日，毛泽东、朱德向红军第一路军发出了由闽西出发向江西广昌集中的命令。命令指出："本路军有配合江西工农群众夺取九江、南昌以建设江西政权之任务，拟于七月五日以前全路军开赴广昌集中。"② 这个命令既传达了中共中央关于进攻九江、南昌的指示，又留有余地，没有对夺取九江、南昌作出具体部署。毛泽东、朱德经过慎重考虑，还决定把红二十军和红三十五军仍留在闽西和赣南革命根据地坚持斗争，保卫闽西和赣南革命根据地。这是具有远见的一个决策。否则，闽西和赣南革命根据地将会缺乏防卫力量被敌人轻易攻占而导致严重损失。

当地群众知道毛泽东、朱德将率领红军北上后，在长汀县城南郊举行了欢送红军北上大会。当时的《红旗日报》这样报道说："到会的工农群众，达三四万人之多（全县人口二十余万），多数从远隔数十里的乡村而来，赤脚、光头，有的持红旗，有的荷步枪，有的带梭镖或鸟铳、刀棍，完全武装，红色遍野，成为赤色世界。这天演说的有二十余人，除了朱德、毛泽东和一台湾共产党的代表外，其余都是工农分子。"

6月23日，毛泽东、朱德率领部队由长汀出师北上。6月25日，进入

---

① 艾格妮丝·史沫特莱：《伟大的道路——朱德的生平和时代》，第316～317页，三联书店1979年版。

② 朱德、毛泽东命令，1930年6月22日。

江西石城县境，敌人弃城而逃，红军解放了石城县城。随后，毛泽东、朱德率部到达兴国，并在兴国召开北上誓师大会。当年参加这次誓师大会的萧华回忆说："一九三〇年六月，红军根据中央命令进行北上战役，来到了兴国。七月中旬，在兴国县平川中学大操场召开北上誓师大会。各路军马纷纷聚集，红旗招展，梭镖闪光，昂扬的战歌声、洪亮的口号声此起彼落，一派临战出征的雄壮气氛笼罩着大操场。忽然，热烈的掌声铺天盖地，如江潮一样汹涌而起——朱德总司令和毛泽东政治委员等领导同志登上了讲话台！""毛泽东同志，我早已见过两次了，而朱德总司令，则是头一次见到。在我的意象中，这位领导过南昌起义和湘南起义的伟大人物，该是一尊英气勃然、高大威武的形象呀，可站在眼前的朱总司令，却完全不是那么回事：个头不高，腿上打着齐整的绑带，脚穿一双粗茅草编织的草鞋，连一双袜子也没有。然而，脸上的表情是轻松而慈祥的，宽宽的额头下有一双深邃明净的大眼，稳重地环视着集结在草坪上的队伍。当他站起身的时候，就习惯地将两腿分开，双臂交叉在背后——那时候，他已经四十多岁了，大约是因为经历了许多惊天动地的斗争的缘故吧，所以那副瘦削的身体就显得像钢铁一样坚强。"[①]

萧华还回忆了那天同朱德谈话的情景："经毛主席介绍，我认识了朱总。我对朱总讲，我刚从地方调到部队，是一名新战士，对部队工作不熟悉。朱总笑着说，这没关系，你大胆去做，有军委的同志帮助你，搞一个时期就熟悉了。朱总说话时声音不大，也不着急，使人感到亲切，他留给我的印象是平易近人，没有一点官架子，像一个朴实的农民，又像一位慈祥的母亲，和蔼可亲。"[②]

7月11日，毛泽东、朱德在兴国发出向樟树推进的训令："本军团决进攻樟树，窥袭南昌，以响应武汉工人暴动，扩大政治影响。"[③] 这里并没有说"夺取"南昌，而是说"窥袭"南昌。从这里可以看出，毛泽东、

① 《朱德传》，第207页，人民出版社、中央文献出版社1993年版。
② 《朱德传》，第208页，人民出版社、中央文献出版社1993年版。
③ 《红军第一军团总指挥部训令》，1930年7月11日。

朱德一方面尽量在表面上执行中共中央的有关指示，但另一方面也留有余地，等到南昌附近以后看实际情况再决定下一步的行动计划。

按照训令，红一军团即日就兵分三路向樟树推进。途中先后攻取永丰、新淦，7月22日，毛泽东、朱德发出进攻樟树的命令。这时，敌鲁涤平部第十八师第五十三旅一○五团已赶到了樟树。7月24日拂晓，红军开始对樟树发起进攻，击破鲁涤平部两个营，缴获枪近200支，俘敌100余人。毛泽东、朱德率部进驻樟树后，就召开了群众大会，散发传单，宣传革命形势和红军的政策，并将打土豪得来的财物分给贫苦人民，得到了他们的积极支持。

毛泽东、朱德率领的红军下一步行动方向是什么？是向东夺取抚州，还是按照中共中央指示向北直取南昌、九江？毛泽东、朱德在樟树镇召开红一军团干部会议，对这个问题进行了讨论和研究。事实上，毛泽东、朱德率领的红军此时已陷入了三面皆敌的不利境地，前方南昌虽不很远，但有一个旅的守敌；右方抚州也有一个旅防守，国民党军戴岳旅又紧随于后。按照中共中央的意图，红一军团必须进攻南昌，北上九江。在这种情况下，毛泽东、朱德对下一步的行动该如何执行中央的命令不免疑虑重重，对部队的行动方向也颇感为难。正如毛泽东所说："若去攻抚州，抚州敌人必然跑走，打不到手。若敌人前进，又不知何日将敌人结束。若直指南昌，则敌主力没有消灭，且在我军后，南昌又四面皆水，于势不利。"① 此种心情，可谓进退两难。

毛泽东、朱德权衡利弊，决定既不向北直取南昌、九江，也不向东夺取抚州或在樟树附近伏击可能由抚州增援南昌的鲁涤平部，而是向西渡过赣江，绕道逼近南昌。根据这一决定，毛泽东、朱德发出了西渡赣江的命令，要求"各部队务要切实照办"。

7月26日拂晓4时前，毛泽东、朱德指挥部队顺利地渡过了赣江，一

---

① 毛泽东：《给赣西南特委并转中央信——关于我军在赣西一带新的军事行动概况》，1930年8月19日。

直向北前进，攻克了高安、上高等十多个县。

7月30日，毛泽东、朱德率红一军团来到了距南昌城30里的地方。敌人得到这一消息后十分恐慌，连忙调集部队向南昌集中，准备固守。毛泽东、朱德深知南昌周围的敌人防御工事密密层层，相当坚固。因此，他们并没有按照中共中央指示硬攻南昌，而是派罗炳辉带领红十二军的一部分部队，于8月1日攻击赣江西岸的牛行车站，隔江向南昌城鸣枪示威，以纪念"八一"南昌起义三周年，南昌守敌躲在城里也没有还一枪①。

8月1日，毛泽东、朱德在江西新建县万寿宫发出撤围南昌，向安义、奉新休整的命令，指出："我派出队本日（八一）已由南昌车站附近向南昌攻击，以为纪念八一节之武装示威运动。""本军团为求迅速完成其北上任务起见，决诱敌离开其巢穴而歼灭之，拟于明（八二）日进至安义县、奉新县之线休息整顿，工作筹款。"②

毛泽东、朱德无意久留于南昌郊外，他们于8月2日凌晨率部转移至赣西北的安义、奉新、靖安、高安、上高和宜丰等县休整待机，并进行筹款和做群众工作，使红军有了较大的扩充。朱德后来回忆说："这是我们很重要的时期，我们大大扩充了红军，聚集资力，组织群众，许多新的村庄加入了苏维埃。"这时，"事实上还是游击战争，所以取得了胜利。"③

红一军团下一步又该向哪里行动呢？久待赣西北肯定不行，因为南昌驻有重兵之敌，如果他们发现红一军团在赣西北，必定要前来攻击，那就会使红一军团处于不利的地位。这时，毛泽东、朱德得知彭德怀率领的红三军团已在7月27日攻占了长沙。于是，他们决定向湖南进发。8月10日，他们命令各部队西出万载。

两天以后，毛泽东、朱德率红一军团到了万载县城。8月18日，当他

① 参见《朱德传》，第209页，人民出版社、中央文献出版社1993年版。
② 《毛泽东军事文集》，第1卷，第155页，军事科学出版社、中央文献出版社1993年版。
③ 《朱德选集》，第129～130页，人民出版社1983年版。

们从万载到达湘赣边界的黄茅时，得知由于敌何键部以优势兵力进攻长沙，彭德怀已率领红三军团于 8 月 6 日退出了长沙，正在平江县的长筹街及其附近转入防御。何键带领 10 个团以上的兵力正向红三军团追击。其中第三纵队总司令兼第四十七旅旅长戴斗垣率领 4 个团，孤军突出地盘踞在济阳县的文家市和孙家段一线。毛泽东、朱德立即召开高级军事干部会议，决定乘戴斗垣部还立足未稳的机会，迅速奔袭文家市歼灭该敌。当天 20 时，毛泽东、朱德在黄茅发出《进攻文家市的命令》："何键残部约有兵力三团盘踞文家市（约两团）、孙家塅（约一团）之线，文家市与孙家塅之间之清江亦有敌之联络部队。""军团以肃清该敌残部然后攻取长岳之目的，拟先歼灭该线之敌。"①

　　第二天，红一军团根据毛泽东、朱德的部署，兵分四路迅速进入阵地。8 月 20 日拂晓，毛泽东、朱德乘敌不意，指挥部队向文家市发起了进攻，一举全歼戴斗垣旅的 3 个团又 1 个营和 1 个机枪连，击毙戴斗垣，缴获步枪 1400 余支，水机关枪 20 挺，手提机关枪和轻机关枪等 17 挺，驳壳枪 100 余支，红一军团得到了相当大的补充。

　　文家市战斗后，8 月 23 日，毛泽东、朱德率领红一军团北上到达浏阳以东的永和市，同彭德怀率领的红三军团 1.5 万余人胜利会师。随后，举行了两个军团前委联席会议，决定由这两个军团组成红军第一方面军，共三万多人，由朱德任总司令，毛泽东任总政治委员，成立红军第一方面军总前敌委员会，毛泽东任书记，朱德、彭德怀等为委员。

　　红一军团和红三军团联席会议在讨论中共中央关于第二次打长沙的指示时，朱德明确持反对意见，他认为："红军的装备和训练都不宜于打阵地战，如果执行这政策的话，今后就完全要打阵地战了。光是敌人开到长沙的增援部队就布置了三道防御工事，还有通电的电网。武汉的防御工事更为坚强，还有许多外国军舰停在长江里，准备红军一旦来时就开炮轰

---

　　① 《毛泽东军事文集》，第 1 卷，第 157 页，军事科学出版社、中央文献出版社 1993 年版。

击。攻打这样强大的敌军，这样坚强的工事，其结果将是红军全部消灭，革命力量在几十年内也无法抬头。"① 朱德的意见得到了毛泽东等的支持，但是，却被会议否决了。朱德只得执行中共中央指示和联席会议的决议，率领部队再次去攻打长沙。

8月24日，毛泽东、朱德向红一方面军发出向长沙推进的命令，指出："本方面军以消灭何键部队进占长沙之目的，决定三路向长沙推进……拟于明日（二十五号）由现在地出动。"②

为了加强对全国红军的统一指挥，这一年8月28日，中共中央总行动委员会主席团会议决定任命朱德为红军总司令。

经过四天的急行军，8月29日，红军各路部队先后进抵长沙东南近郊，对长沙城采取包围态势。

就在红军向长沙推进之时，何键率领三个旅于8月28日由浏阳退回长沙，同原来留守长沙的一个旅会合。此外，又增调其他援军进入长沙防守，并修筑了欧式的重层配备的防御工事，碉堡、壕沟和电网等共有八九层之多，还有飞机、军舰进行掩护。

面对据有重兵把守和坚固防御工事的长沙城，红军应该采取怎样的作战方针？毛泽东、朱德深深知道，红军的长处是野外作战，尚不具备打攻坚仗的条件，如果硬攻敌人的坚固防御工事，必将遭受重大损失。因此，他们决定采用将敌人诱出工事，逐个加以消灭的方法。

8月31日，毛泽东、朱德在长沙南郊白田铺发出《诱敌出工事外消灭并乘胜攻入长沙的命令》："长沙敌军仍依据工事向我顽抗中……方面军仍拟诱歼敌军于其工事之外，然后乘胜攻入长沙。"③

这真是一场恶仗。朱德站在长沙城外的一个山头上指挥全线作战。他

---

① 艾格妮丝·史沫特莱：《伟大的道路——朱德的生平和时代》，第320页，三联书店1979年版。

② 朱德、毛泽东红一方面军命令，1930年8月24日。

③ 《毛泽东军事文集》，第1卷，第164页，军事科学出版社、中央文献出版社1993年版。

已经几天几夜没有睡眠，但仍全神贯注地守在电话机旁，密切注视着敌人的动向，待机歼敌。可是，敌人已经吃够了红军机动作战的苦头，他们连续几天都守在长沙城里，一直不敢出击。

为了迫使敌人离开工事出击，9月1日20时，毛泽东、朱德命令红军于第二天晚向长沙发起全线攻击。

时机终于到来。9月3日，敌人终于以三个团的兵力分三路向城外出击了。其中陶广师的两个旅由猴子石出击，被红一军团赶到湘江江边，大部缴枪投降了；陈光中旅由大托铺偷渡，被红四军迎头痛击，退到易家湾；公秉藩师一部和王东原、罗树甲、彭信仁旅，被红三军团击溃。

战斗在激烈地进行着。红军虽然消灭了一部分敌人，但是还是没有攻进长沙城里。9月4日和5日，毛泽东、朱德连续发出关于诱敌出击准备围歼的命令和关于诱歼两路之敌的命令，但是，敌人始终没有上当。

如此相持不下，大多数年轻的红军指战员们急不可耐了，纷纷要求强攻歼敌。面对求战心切的数万官兵，9月10日，毛泽东、朱德发出了强攻长沙的命令，在长达30里的战线上，成千上万的红军指战员跃出战壕，用最简陋的武装和古代农民战争那样的方式，向有着新式装备和坚固防御工事的长沙守敌发动猛烈的进攻。

战斗的场面是壮烈的，又是悲惨的。这壮烈而悲惨的战斗场面，给朱德留下了深刻的印象。六年后，他在回忆这一难忘的景象时，用一种深沉的语调说道：战士们不顾生死地冲上前去，一批又一批地倒在敌人的炮火之下。他们试图破坏敌军工事周围的电网，视死如归，触电而亡的尸体成了堆。红军甚至向农民买来大批水牛，在尾巴上绑上蘸着煤油燃烧着的棉花，由士兵驱赶着冲向电网。然而，不通人性的水牛漫无目标地横冲直撞，不仅未能冲开敌人的工事，反而使得许多战士遭殃。这种很可能是从《三国演义》中搬来的战术，终于未能打开钢铁和强大电网构筑起来的防御工事。

9月12日，毛泽东、朱德发布了撤围长沙转移到萍乡、株洲待机的命令。

史沫特莱把毛泽东、朱德撤围长沙的这一举动，称为是毛泽东和朱德一生中共同采取的重大步骤之一。他说："第二次进攻长沙于九月初开始，直到九月十三日的黄昏结束。成千上万的农民和工人帮助红军挖掘战壕，运送粮食和弹药，抬运死伤，清扫战场。但血肉之躯究竟抵挡不住钢铁。九月十三日下午八点钟，朱德和毛泽东采取了一生事业中最重大的步骤之一，这一步骤扭转了中国革命运动中的一次严重的危机。他们推翻了李立三路线，亦即党中央委员会所通过的政策，而命令部队从长沙撤退。"① 朱德把这一切归功于毛泽东。他后来回忆说："毛主席的长处，就是在事先就知道上海中央的命令行不通，长沙是不易打下的，准备好转弯的步骤。"②

撤围长沙的第二天，朱德在株洲出席由毛泽东主持的红一方面军总前委会议。会议总结围攻长沙的经验教训，讨论红一方面军下一步的行动方向，决定离开敌人军事力量较强的湖南，回师敌人力量较弱的江西，攻取守敌较少、孤立无援的吉安。

当天下午 8 时，毛泽东、朱德向红一方面军发出进攻吉安的命令，率领部队分别向江西进发。可是，中共中央对毛泽东、朱德作出的回师江西、攻击吉安的决定并不同意，仍然命令他们率领红一方面军回攻长沙，或去攻打南昌、九江等大城市。此时，红一方面军内部也产生了分歧，一部分领导干部也不赞成攻打吉安的计划，要求按照中央指示回头再打长沙，或去攻打南昌、九江。在部队由湖南回师江西的途中，围绕着这个问题，一直进行着争论。朱德后来回忆说："长沙打不下，我们又实事求是，冷静地估计敌我力量，准备折回江西。但中央不准，有些干部也反对回江西，还要我们去打武汉，打九江。红三军团大部分同志亦不同意折回。我们七弯八弯，弯了很久，才把部队带到了萍乡。"③

———————————

① 艾格妮丝·史沫特莱：《伟大的道路——朱德的生平和时代》，第 320 页，三联书店 1979 年版。

② 《朱德选集》，第 130 页，人民出版社 1983 年版。

③ 《朱德选集》，第 130 页，人民出版社 1983 年版。

9月24日，毛泽东、朱德率领红一方面军总部及其直属部队和红四军，由萍乡来到安源。朱德参加了安源工人举行的欢迎红军的大会，并在会上讲了话。他号召工人跟共产党走，踊跃参加红军。他还深入到工人和战士中间，同他们亲切交谈，做宣传工作，说明主动撤围长沙和准备进攻吉安的重要意义。

异常紧迫的客观形势要求红一方面军必须尽快解决下一步的行动方向问题。9月28日，毛泽东、朱德指挥红一方面军进占袁州。第二天，朱德在袁州城里参加了红一方面军总前委会议，会议对究竟是打吉安还是打南昌、九江的问题进行讨论。会上争论得十分激烈。毛泽东和朱德坚持按原计划攻打吉安，不同意打南昌、九江。红三军团的一部分干部却不同意打吉安，主张按中央指示打南昌、九江，并质问毛泽东："你又不打长沙，又不打南昌，你执不执行中央路线？"①朱德完全同意毛泽东的意见，并和毛泽东一起做说服工作。最后大家统一了认识，决定按原计划攻取吉安。

这次会议的第二天，即9月29日下午6时，毛泽东、朱德命令红一军团于次日拂晓由袁州赶到阜田集中，红三军团按原计划经新余向临江一带开进，担任对南昌、九江方面的警戒任务。

然而，当部队整装待发的时候，中共中央长江局军事部负责人周以栗带着中央8月29日的指示信赶到了袁州，坚持要红一方面军回攻长沙。当天晚上，毛泽东同周以栗进行了长时间的交谈，终于说服了周以栗，同意改打吉安。

10月2日，毛泽东、朱德指挥部队由阜田出发向吉安推进，经过一天的急行军，几万红军神速地赶到吉安城下，把吉安严密围了起来。可是，红十二军经安福向吉安前进时，一件不幸的事情发生了，该军军长伍中豪中弹牺牲。朱德得到这一消息后，异常悲痛。后来，朱德在《自传》中谈到伍中豪时还沉痛地说：伍中豪同志是黄埔军校学生，英勇善战，忠实于

---

① 滕代远：《谈有关罗坊会议的有关情况》，《江西党史资料》第5期，第253页。

革命事业，他的牺牲是我们的一大损失①。

10月3日下午2时，毛泽东、朱德向红一方面军下达了总攻吉安的命令："本军团有攻取吉安消灭邓英部队，会合赣西南群众力量，直下南昌、九江，以建江西政权，封锁长江进攻南京，保障武汉暴动胜利之任务，决于四号拂晓总攻吉安城，限于五号拂晓前夺取吉安城。"命令还明确规定："进城后，各官长、士兵须严守纪律，不得乱拿东西。"②

10月4日拂晓，红一方面军攻打吉安的战斗打响了。经过一天的激战，敌邓英见红军势大，不敢死守，在当天晚上八九点钟率部从赣江乘船逃走了。午夜1时左右，红军攻入吉安城。朱德也很快进入城内。朱德在后来回忆这一战斗时说："当时，因吉安周围的苏区有很大的发展，所以，各地土豪都集中在吉安。到深夜一点多钟进城，土豪一个也未跑掉。红军一打就打到邓英的司令部，那是很漂亮的一个土豪家里。我们先把他们统统看起来，慢慢地，一个一个地捉光了。这次的确筹到了足够红军使用的军费，为以后第一次反'围剿'准备了经费。"③

10月7日，朱德参加了在吉安县城中山场召开的有20万军民参加的庆祝大会，朱德在大会上的讲话中，号召扩大苏区，扩大红军，准备迎接敌人新进攻。他说："我们工人农民，我们工农红军，要打他几十个州县，打天下嘛！"④

吉安地处赣江中游，是赣西南重要的政治、经济和文化中心。过去地方武装虽曾八次攻打过这座城市，但都没有打下。这一次打下吉安，使赣西南革命根据地连成了一片，对开展赣西南的革命斗争，发展中央革命根据地，具有十分重要的意义。30多年后的1962年3月，当朱德重返吉安视察工作时，旧地重游，触景生情，挥笔写下了《忆攻打吉安》诗一首：

---

① 《朱德自传》(1886~1937)，手抄稿本。

② 《朱德军事文选》，第22~23页，解放军出版社1997年版。

③ 《朱德自传》(1886~1937)，手抄稿本。

④ 《朱德传》，第216页，人民出版社、中央文献出版社1993年版。

八打吉安未收动，四面包围群众中。

红军速到声威震，一克名城赣水红。

1945 年，朱德在回忆抵制李立三"左"倾盲动错误的历程时说："由于立三路线历来对苏区和红军不重视，后来看到红军的发展，虽一再强迫命令，企图利用红军作为其城市暴动投机的工具，但在各苏区或遭着顽强抵抗，或在执行不通时，即迅速掉头。因此，立三路线对苏区和红军工作的影响并不大，而各苏区和红军是一贯站在六次大会（即中国共产党第六次代表大会）精神之下，正确地执行了和完成了其发展革命的任务。"[①]

第一次反"围剿"

红一方面军攻克吉安后，赣西南革命根据地连成了一片，整个江西的革命形势得到了迅速发展，从而震惊了国民党统治集团。1930 年 10 月间，蒋介石在中原大战中取得对阎锡山、冯玉祥的胜利后，便立即腾出手来，调集兵力，组织对红军和革命根据地的"围剿"，企图在三至六个月内消灭红军，扑灭燃烧起来的革命烈火。

红一方面军总部和红一军团在吉安停留了 10 天时间。在这个时期，朱德非常注意搜集并仔细阅读国民党方面的档案和当时的各种报刊，认真分析时局变化的动向。在此基础上，他作出正确判断：军阀混战结束后，蒋介石必定要调集军队向革命根据地大举进攻，一场大战已迫在眉睫。他认为，这种进攻一旦发生，红军如果久留吉安将十分不利，应该迅速撤出吉安，以便机动作战。

为了做好这场即将到来的反"围剿"战争准备，1930 年 10 月 13 日，毛泽东、朱德在吉安召开会议，讨论红一方面军今后的行动计划。会上仍

---

① 朱德：《建军报告初稿》，1945 年。

然发生了争论，有少数人还是主张应按照中共中央指示，去攻打南昌、九江。在双方争论不下的情况下，根据毛泽东的提议，会议最后通过了一个灵活的方案，决定先向吉安以北、南昌以南的袁水流域推进，在这里发动群众，筹措给养，并等待战机①。

会议结束后，毛泽东、朱德立即命令红一军团的三个军分别于10月14日至15日拂晓秘密撤出吉安，向北转移，到清江附近集中。17日，毛泽东、朱德率领红一方面军总部到达了峡江。当天晚上，朱德在峡江县城参加了由毛泽东主持召开的红一方面军总前委扩大会议，会议开了整整一夜。在讨论红一方面军的行动问题时，又发生了争论，争论的中心问题：一是是否继续攻打中心城市和交通要道；二是把即将开始的反"围剿"的战场摆在哪里？

在争论中，朱德完全同意毛泽东的意见，坚决反对打南昌、九江，主张东渡赣江到革命根据地内部去，诱敌深入，打破敌人"围剿"。但是，红三军团的少数领导干部没有接受毛泽东、朱德的意见，坚持要在赣江西岸作战，他们反驳说："井冈山就不要了？"为了维护红一方面军的团结，会议没有硬性作出东渡赣江的决定，而是把问题留待继续讨论。毛泽东、朱德也没有立刻命令部队东渡赣江，而是命令红一军团继续向袁水流域开进，同红三军团靠拢。

10月下旬，蒋介石加快了"围剿"江西革命根据地的步伐，从中原战场调集大量兵力南下，集结在南昌周围，开始部署对革命根据地的包围。

大敌当前，形势咄咄逼人。在这个严峻时刻，必须尽快结束红一方面军领导干部内部的争论，把下一步的行动方向和战略方针确定下来。否则，必将贻误战机，陷入被动。

毛泽东、朱德都很着急。10月25日，他们在江西罗坊召开了红一方面军总前委和江西省行动委员会联席会议，史称"罗坊会议"。会议仍然

---

① 参见《朱德传》第218～219页，人民出版社、中央文献出版社1993年版。

由毛泽东主持。37 年后，陈正人在回忆当时的情况时说，毛泽东提出：
"在强大的敌人进攻面前，红军决不能去冒险攻打南昌"，"必须采取'诱
敌深入'的作战方针，选择好战场，创造有利条件，充分依靠人民群众，
实行人民战争，把敌人放进来，才能集中力量消灭敌人"。朱德在讲话中
完全支持毛泽东的意见，指出在强大的敌军已经在南昌、九江周围集结的
情况下，决不能冒险去打南昌、九江。只能实行"诱敌深入"的作战方
针，东渡赣江，在革命根据地消灭敌人。在毛泽东、朱德的耐心说服下，
大家对打不打南昌、九江的问题统一了认识。第二天，会议通过了《关于
目前政治形势与一方面军及江西党的任务的指示》，决定不去攻打南昌、
九江①。

打不打南昌、九江的问题解决了，接着的问题就是在什么地方同
敌人作战？也就是反"围剿"的战场选择在赣江以东还是赣江以西？
激烈的争论又发生了。有人反对东渡赣江的方针，提出红一、红三军
团分开作战、进行"夹江击战"的主张，毛泽东、朱德坚决反对这种
主张。后来，会议正式通过了红军两个军团一起东渡赣江、"诱敌深
入"的作战方针。

这次会议一结束，红军在"诱敌深入"作战方针指导下，开始了第一
次反"围剿"作战的准备工作。

11 月 1 日，毛泽东、朱德发出东渡赣江的命令，指出："方面军以原
任务拟诱敌深入赤色区域，待其疲惫而歼灭之。决以主力移到赣江东岸，
相机取樟树、抚州，发展新干、吉水、永丰、乐安、宜黄、崇仁、南丰、
南城各县工作，筹措给养，训练部队。"② 并在命令中规定，各路红军在一
个月内完成反"围剿"作战的准备工作。

11 月 5 日，朱德同毛泽东暂时分手，朱德率领红一方面军总部，从峡
江县城东渡赣江；毛泽东由峡江前往吉安，参加江西省行动委员会和赣西

---

① 参见《朱德传》，第 220 页，人民出版社、中央文献出版社 1993 年版。
② 《朱德军事文选》，第 24 页，解放军出版社 1997 年版。

行动委员会的扩大会议，对赣江以西地区如何坚持斗争和撤离吉安作了部署。

正当红军主力东渡赣江的时候，敌人以先到的七个师和一个整编旅组成三个纵队，采取"并进长追"的战术，向红军发起进攻。11月7日，他们推进到红军原来所驻的袁水两岸，但因红军主力已经东渡赣江，扑了个空。

朱德率领红一方面军总部东渡赣江后，立即指挥部队向新淦、崇仁、宜黄、南丰、南城地区推进，威胁樟树、抚州，并抓紧敌人还没有东渡赣江的时机，在这一地区发动群众、筹措给养，整训部队。

11月中旬，毛泽东离开吉安，同朱德会合，一起指挥部队作战。

敌人发觉红军已东渡赣江后，立即改变部署，留下第三纵队在赣江西岸，而以主力第一、第二纵队尾随红军主力东渡赣江，企图在赣江东岸寻找红军主力作战。

敌变我亦变，朱德后来说："我们看（敌军）这样多不行，就往南伸。"[①] 毛泽东、朱德以少数兵力配合地方武装，迟滞和迷惑敌人，指挥红军主力隐蔽转移到革命根据地边沿的藤田、招携一带。

在转移途中，朱德视察了各地坚壁清野和其他反"围剿"准备工作。针对有些地方干部和人民群众害怕打烂坛坛罐罐的疑虑，朱德耐心地向他们做说服解释工作。

毛泽东、朱德率领红军主力刚刚离开，各路敌人就分别进到永丰、乐安、宜黄、南城等地，敌人又扑了一个空。

为了进一步"诱敌深入"，寻找战机，毛泽东、朱德决定率领红军主力进一步向中央革命根据地的中心地区退却。为了不使红军主力在退却中过于疲惫，毛泽东、朱德决定分两步走：第一步先将敌人诱到苏区中部的东固、南陇、龙冈地区；第二步再将他们诱到苏区腹地的黄陂、小布、洛口一线，在这里相机歼敌。

①《朱德自传》（1886～1937），手抄稿本。

这真是一个大胆的决策。红军主力按照毛泽东、朱德的这一部署，先后转移到黄陂、小布、洛口地区隐蔽集中。

11月28日，毛泽东、朱德率领红一方面军总部和总前委机关来到了黄陂，受到了当地党组织和苏维埃政府、人民群众的热烈欢迎，他们搭起了一座彩门，两边用"黄陂"二字题写了一副对联。

上联是：

黄虎出林啃白犬

下联是：

陂水入潭养赤龙

朱德来到黄陂、小布以后，不仅经常找地方干部和人民群众谈心，了解地方工作的情况和群众的疾苦，而且同红军战士打成一片。有一个刚参加红军不久的小通讯员一次在打草鞋时，因为没有掌握好打草鞋的方法，手里拿着黄麻和破布，怎么摆弄也编织不好。他又急又气，拿起棍子在不成形的草鞋上乱打乱敲，边敲打嘴里还边气呼呼地说："打草鞋！打草鞋！"这时，忽然听到背后有笑声，连忙扭头一看，原来是朱德站在那里。朱德走向前去，对这个小通讯员说："小同志，别着急，来，我来教你。"说着，朱德弯下了腰，教这位小通讯员打起了草鞋。经过朱德的耐心指教，一双又合适又好看的草鞋打成了，小通讯员拿着这双草鞋开心地笑了[①]。

12月上旬，蒋介石在南昌召开了军事会议，进一步部署对中央苏区中心区域的进攻，并任命国民党江西省政府主席鲁涤平兼任海陆空军总司令南昌行营主任，调集11个师又2个旅约10万以上的兵力，对中央苏区形成了一个半圆形的包围圈。

---

① 参见《朱德传》，第224页，人民出版社、中央文献出版社1993年版。

朱德到黄陂不久，在 12 月上旬参加了毛泽东主持召开的红一方面军总前委扩大会议，讨论反"围剿"的作战方案。

然而，就在这时，中央苏区发生了震惊一时的"富田事变"，其中有一件事直接关系到朱德。当时曾有人模仿毛泽东的笔迹，伪造了一封毛泽东给总前委秘书长古柏的信，信中说要古柏把朱德、彭德怀、黄公略打成"AB团"的主犯，并故意把这封伪造的信送给朱德、彭德怀、黄公略，并提出"打倒毛泽东，拥护朱（德）、彭（德怀）、黄（公略）"的口号。朱德认识到这是企图分裂红军的阴谋，他及时地把这封信送给毛泽东看。毛泽东笑着问朱德：你怎么还送给我呀？朱德坚决地回答：我不相信这封信是你写的。

为了维护红军的团结和毛泽东的领导地位，12 月 17 日，朱德、彭德怀、黄公略联名发表了《为富田事变宣言》，明确指出"打倒毛泽东，拥护朱、彭、黄"的错误口号是"分裂革命势力"。"毛泽东同志领导的总前委的工作路线，完全与中央最近三全扩大会议的路线相符合。"并明确表示拥护"诱敌深入"作战方针，指出："此次蒋介石、鲁涤平大举进攻革命，敌人利在速战，使红军深入白色区域，然后包围袭击。我们就要利用敌人弱点，看明敌人毒计，站在主动地位来定策略。我们所采取的大规模决战、诱敌深入赤色区域，配合群众，这是实际消灭敌人，实际进攻南昌、九江，争取革命胜利唯一的正确策略。"①

第二天，朱德、彭德怀、黄公略又联名发表给红二十军政治委员曾炳春等的一封公开信，再一次表示坚决拥护毛泽东的正确主张。

蒋介石以为红军和中央苏区出现了"富田事变"，正是乘机大举进攻的大好时机。于是，他颁发了围歼红军主力于东固的作战计划，并于 16 日开始向中央根据地中心地区进攻。

毛泽东、朱德则以少数兵力配合地方武装分散在富田、东固、龙冈一带迟滞、消耗、疲惫与迷惑敌人，主力部队则秘密转移到中央根据地中部的黄陂、小布、洛口地区隐蔽集中。

12 月底，深入中央根据地的敌人，在根据地内军民的不断阻击、袭扰

---

① 参见《朱德传》，第 226 页，人民出版社、中央文献出版社 1993 年版。

下，兵力分散，补给困难，部队疲劳，处处扑空，士气沮丧，已充分暴露出许多弱点。红军转入战略反攻的时机已经来到。

初战一定要取胜。那么，这第一仗又该怎样打？先打敌人哪一部分？毛泽东、朱德经过周密考虑，决定"中间突破"，集中优势兵力，先打敌左翼的张辉瓒部第十八师或离红军主力最近的谭道源部第五十师。正如毛泽东后来分析所说：因为"张、谭两师是'围剿'主力军，'围剿'军总司令江西主席鲁涤平的嫡系部队，张又是前线总指挥。消灭此两师，'围剿'就基本上打破了。""我军实行中间突破，将敌人的阵线打开一缺口后，敌之东西诸纵队便被分离为远距之两群。"① 然后进行各个击破，就可以打破这次敌大规模的"围剿"。

为了打好第一仗，12 月 25 日，毛泽东、朱德在小布河畔主持召开了"苏区军民歼敌誓师大会"。临时搭起的主席台两侧，挂着毛泽东为大会题写的大字对联：

上联是：

敌进我退，敌驻我扰，敌疲我打，敌退我追，游击战里操胜算

下联是：

大步进退，诱敌深入，集中兵力，各个击破，运动战中歼敌人②

大会开始后，毛泽东、朱德先后讲话，号召中央根据地全体军民努力杀敌，勇敢冲锋，粉碎敌人的"围剿"，保卫土地革命，保卫中央根据地，保卫家乡，保卫工农的天下。

这一天，毛泽东、朱德获悉敌谭道源师从源头向小布方向移动，立即发布了《伏击进犯小布之敌的命令》。

---

① 《毛泽东军事文集》，第 1 卷，第 738 页，军事科学出版社、中央文献出版社 1993 年版。

② 《毛泽东年谱》上卷，第 329 页，中央文献出版社 1993 年版。

命令发布以后，毛泽东、朱德指挥红一方面军主力由黄陂向小布以北轻装疾进，并在往源头的道路两旁埋伏下来，专等谭道源师的到来。这时，正是隆冬时节，北风阵阵，寒气逼人，红军指战员在冰冷的战壕里等待着。可是，从早晨一直等到黄昏，谭道源始终没有上当，仍坚守源头坚固阵地不出，红军只得撤回黄陂。

12月26日下午，谭道源派出一部分兵力进到距小布15里的树陂，前哨放到距小布只有7里的假坑。毛泽东、朱德得到这一消息后，在当天夜里10时又发出命令："方面军决于明日进至小布附近，待机由树陂来犯小布之敌围攻而歼灭之。"红一方面军指战员在第二天拂晓前，又一次进入原来的设伏阵地。但是，从拂晓一直等到黄昏，仍然没有看见谭道源部的到来，只好再一次撤回黄陂。

两次伏击谭道源师都没有成功，毛泽东、朱德决定调兵歼灭敌张辉瓒第十八师。

正在红一方面军主力准备向张辉瓒师发动攻击之时，张辉瓒却主动"送上门"来。原来，红一方面军向谭道源师运动的情况，使占领东固的张辉瓒师产生了一个错觉，以为红一方面军要从谭道源师阵地突围出去。于是只留一个旅守东固，自己率师主力向龙冈急进。

准备担负正面攻击张辉瓒师任务的是红三军。12月27日，朱德来到红三军，在全体指战员大会上宣布了作战任务。他说："谭道源溜了，张辉瓒来了。""总前委认为，敌人已被调动，运动中歼灭敌人的时机已经到来。""总前委决定，你们红三军担任正面攻击，希望同志们努力打！要初战必胜。"说到这里，他扫视了一下队列，问道：

"有没有信心？"

"有！"队列中顿时爆发出响亮的回答，"坚决打垮张辉瓒！"

当时正在红三军红九师担任参谋长的耿飚回忆说："总司令简短的动员结束了，但他的话久久地回响在指战员心中，我是第一次见到朱德同志。以前，从众多的关于他的传奇式传说中，我得出一个印象：他是一员威风而严肃的战将。现在，当他站在我的面前时，那一对浓浓的眉毛和总是微笑的嘴唇，使我感到了他的睿智和亲切。""现在，就是这颗被国民党悬赏二十万光洋的头颅，就是这个被多次宣布已被'击毙'的英雄人物，正指挥我们在反'围剿'战争中走向一个又一个胜利。"①

12月28日21时，毛泽东、朱德在宁都黄陂发出了《横扫左翼之敌张辉瓒等部的命令》，指出："张辉瓒部经善和、藤田到达潭头，现向上固、龙冈推进中。……方面军决改换目标，横扫在我左翼当前之敌（张辉瓒部以至许［克祥］、公［秉藩］、罗［霖］各师），次第歼灭之。拟分兵两路，左沿君埠、龙冈，右沿上固、潭头，向东固次第攻击前进。"②

第二天20时，毛泽东、朱德正式发布了《攻击龙冈敌张辉瓒部的命令》。这一天，毛泽东、朱德率领红军主力由黄陂、小布地区挥师向西，于当天到达龙冈以东30里的君埠隐蔽待机。这一天，张辉瓒师的先头部队戴岳旅的第一○四团于上午10时进到了龙冈。由于红军的行动秘密神速，群众严密封锁消息，所以，敌人进入龙冈后，根本不知道红军主力已在君埠地区隐蔽集结，错误地判断红军主力还在百里之外，毫无顾忌地准备由龙冈继续东进。

龙冈圩地形十分险要，后面是一座大山，前面是一条河，河的对岸是一座小山，东面不远处有个黄竹岭，是张辉瓒师东进的必经之地。朱德后来说："那山地的确险要，有些怪地方，山顶上的小路，一般军队都不能走，没有人领路，那就会迷失在树木草丛石壁之间了。"③

当天晚上8时，毛泽东、朱德命令红一方面军主力第二天由君埠向龙冈前进，利用有利地形，趁敌立足不稳之时，突然发起攻击，将敌人歼灭在龙冈山区。

12月30日凌晨，龙冈山区大雾弥漫，群山遍野云笼雾罩，如同黑沉沉的夜间。红军在浓雾掩护下悄悄地进入阵地。毛泽东、朱德带着总司令部的几个参谋人员，进入设在龙冈、君埠之间的黄竹岭临时指挥所。毛泽

---

① 《耿飚回忆录》，第111~112页，解放军出版社1991年版。
② 《朱德军事文选》，第27页，解放军出版社1997年版。
③ 《朱德自传》（1886~1937），手抄稿本。

东对朱德说："总司令，你看，真是'天助我也！'三国时，诸葛亮借东风大破操兵；今天，我们乘雾全歼顽敌啊！"[①] 朱德高兴地回答说："对头喽！"

上午9时左右，张辉瓒师的先头部队戴岳旅进入到龙冈以东的小别村附近时，早在这里隐蔽待机的红三军第七师突然发起猛烈攻击。这时，在龙冈的张辉瓒还不知道任何消息，一方面命令戴岳旅拼命抵抗，一方面派出一个团前去增援，结果，都被红军歼灭了。

下午3时左右，毛泽东、朱德指挥部队分别迂回到龙冈侧后，占领当地山头，截住张辉瓒部主力四个团的退路，切断了他们同东固、因富的联络，从背后向龙冈发起攻击。

转眼间，整个龙冈被红军围了起来，张辉瓒想跑也跑不掉了。

下午4时左右，毛泽东、朱德下令发起了总攻，各路红军从龙冈北面的高山上猛冲下来，张辉瓒指挥部队往西北方向突围，突不出去。激战到下午6时，张辉瓒师全部被歼灭，不漏一兵一卒，张辉瓒被俘。

战斗结束后，毛泽东从指挥所走下了山，沿着大路向龙冈走去，沿途不断听到有人奔走相告："捉到张辉瓒啦！"在村里一块空地上，毛泽东在俘虏群中见到了张辉瓒。

龙冈一战的胜利，使毛泽东十分高兴，他挥笔写下了《渔家傲·反第一次大"围剿"》的词：

> 万木霜天红烂漫，
>
> 天兵怒气冲霄汉。
>
> 雾满龙冈千嶂暗，
>
> 齐声唤，前头捉住了张辉瓒。

①《毛泽东传》，第245页，中央文献出版社1993年版。

二十万军重入赣，

风烟滚滚来半天。

唤起工农千百万，

同心干，不周山下红旗乱。

当张辉瓒被押到总司令部时，朱德同他谈了话。朱德故意问他："你看我们下一步应该去攻击敌人的哪个部队？"张辉瓒毫不迟疑地建议红军去攻打蒋光鼐的第十九路军，并且把第十九路军的情况说得一清二楚。朱德一听便知道他是在欺骗。

张辉瓒部歼灭后，鲁道源师急忙从源头向宁都县的东韶撤退，同洛口的许克祥第二十四师和头陂的毛炳文第八师靠拢，以免被红军各个击破。

毛泽东、朱德发现了谭道源师东逃的迹象后，为了在谭道源、许克祥、毛炳文三师会合之前歼灭谭道源部，立即于 1931 年 1 月 1 日发出了《进攻谭道源部的命令》，指出："此次战争关系全局，各官兵须不惜任何牺牲，达到最后胜利之目的。"并要求"胜利后须注意收缴敌之军旗及无线电机，无线电机不准破坏，并须收集整部机器及无线电机务员、报务员"。① 第二天晚 10 时，又下达了《追击谭道源部的命令》，指出："视此情形，敌军似有全线退走之模样"，"方面军决于明晨追击东韶之敌，然后次第扑灭朱逆绍良部之许（两团）、毛（两旅）两师，以收政治上之声威"。②

1931 年 1 月 3 日清晨，红一方面主力进抵东韶附近，立即向谭道源的第五十师发起攻击，经过激烈战斗，歼灭谭道源师 3000 多人，缴获了大量的武器装备。

在五天内，毛泽东、朱德率领红一方面军主力连续打了龙冈、东韶两个大胜仗，胜利地打破了国民党军对中央根据地的第一次"围剿"。

---

① 《毛泽东军事文集》，第 1 卷，第 197 页，军事科学出版、中央文献出版社 1993 年版。

② 《毛泽东军事文集》，第 1 卷，第 198 页，军事科学出版社、中央文献出版社 1993 年版。

1 月 10 日，红一方面军总司令在小布召开庆祝第一次反"围剿"胜利大会。朱德在会上讲话。他首先充分肯定龙冈、东韶战斗的巨大战绩，说：这次龙冈战斗打得很漂亮，敌人没有走掉一兵一卒，前线总指挥张辉瓒也被我们活捉了，这是红军史上破天荒的胜利。东韶战斗只消灭敌军两个团，是因为阻击战没有打好。但总的说，胜利还是伟大的。接着，他针对部队中一部分人因胜利而产生的骄傲情绪，号召全军指战员，要准备迎接更大的战斗。他说：敌人决不会甘心这次失败，今后还会有更多更大的仗打。全军指战员要万倍注意，不能骄傲松劲，更不能恃勇轻敌。现在的胜利，不过是一个开始，一定要取得革命战争的全部胜利。[①]

为了迎接新战斗，朱德十分重视抓部队的军事训练。他不仅号召战士们刻苦训练，而且还经常深入到战士中间，带领战士们一起训练。

第二次反"围剿"

第一次大规模"围剿"的失败，使蒋介石感到震惊。1931 年 2 月初，他派军政部长何应钦兼任南昌行营主任，统一指挥湖南、湖北、江西、福建四省"围剿"部队。

4 月初，何应钦调集了 18 个师另 3 个旅共 20 万人的兵力，采取"稳扎稳打，步步为营"的作战方针，从江西吉安到福建建宁构成东西 800 里的弧形战线，兵分四路向中央根据地发动了第二次"围剿"。

第一次反"围剿"取得胜利以后，中央革命根据地的领导机构有了变化。1 月 15 日，根据中共中央的决定，在宁都小布成立中共苏区中央局，项英任代理书记，毛泽东、朱德、曾山为委员；并成立以项英为主席的中央革命军事委员会，朱德、毛泽东为副主席；同时撤销中共红一方面军总前委，朱德兼任红一方面军总司令，毛泽东兼任总政治部主任和红一方面军总政治委员。由于项英刚从上海来不久，又不大懂军事指挥，缺乏对敌

① 参见《回忆中央苏区》，第 93~94 页，江西人民出版社 1981 年版。

作战经验，所以，中央革命根据地的军事工作这时实际上仍由毛泽东、朱德主持。

为了做好第二次反"围剿"的准备，3月17日，毛泽东、朱德发布了《为争取第二期作战胜利军事上应准备的工作》的训令，指出："我们在第一期龙冈、东韶两役取得了伟大的胜利之后，已经把进攻革命势力的白军打退了。现在敌人为了争取反革命的领导权，为了避免统治阶级的崩溃作最后的挣扎，为了要维持他们将死亡的生命，而更要向革命作更残酷的进攻。……第二期的战争就快要开始了。""为了要更确实取得这个更大的胜利起见，我们应将过去作战的缺点检阅一下，而对于这次作战做个更好的准备。"①

在这些日子里，朱德十分繁忙。他经常到部队和群众中了解情况，听取反映，或参加部队和群众的集会，利用一切时机勉励广大军民抓紧整训部队，积极发展生产。经过不到三个月的时间，发展了新的根据地，争取了几十万群众，拔掉了不少地主武装盘踞的土围子，筹集了相当多的给养，从而为再次打破敌人对中央根据地的"围剿"做好了准备。

在项英主持下，3月18日，中共苏区中央局召开第一次扩大会议，就第二次反"围剿"作战的战略方针进行讨论。会上，有人认为敌军有20万人，红军只有3万多人，双方兵力悬殊，主张红一方面军撤离根据地，另寻出路。毛泽东坚决反对这种主张，认为凭借根据地内的有利条件，一定能打破敌人的"围剿"。这次讨论没有取得结果，未能对第二次反"围剿"作战的战略方针作出决定。

3月23日，毛泽东、朱德命令部队由中央根据地北部边沿向南转移到广昌、石城、宁都、瑞金地区。

就在这时，中共中央六届四中全会以后中央派出的代表团来到了中央革命根据地，随后转到宁都青塘，参加中共苏区中央局的领导工作。

4月17日，中共苏区中央局在青塘继续召开第一次扩大会议，着重讨

————————

① 《朱德军事文选》，第43～44页，解放军出版社1997年版。

论第二次反"围剿"的战略方针问题。会上还是存在严重的意见分歧。有的人还是主张红军主力转移到根据地以外去；还有的人主张"分兵退敌"，认为这样做"一则可以使敌人包围落空，一则目标转移，可以退敌"。毛泽东反对这两种主张，继续坚持依托根据地的有利条件，就地"诱敌深入"，依靠根据地内的军民击破敌人的"围剿"，并力主集中兵力，指出分兵不但不能退敌，反而会给红军带来更大的困难。

朱德坚决支持毛泽东的意见，不赞成"分兵退敌"的策略，更不同意退出中央根据地的主张。他根据第一次反"围剿"作战的经验，认为虽然敌人的兵力比红军多好几倍，但是，只要实行"诱敌深入"的作战方针，依靠根据地内部的有利条件，集中优势兵力，各个击破，打破敌人的第二次"围剿"是完全可能的。

4 月 18 日，中共苏区中央局扩大会议继续召开。毛泽东在发言中分析了敌我形势，指出红军打破敌人这次"围剿"的条件比第一次反"反剿"还要好，胜利的可能性更大。毛泽东、朱德的意见终于被大多数人所接受。

第二次反"围剿"作战的战略方针确定以后，紧接着就是从哪里开始打的问题，会上又发生了争论。有的人主张先打在兴国的蒋光鼐、蔡廷锴的第十九路军，认为打垮敌第十九路军便于红军发展，可以伸开两手到湘南到赣南。但是，毛泽东认为敌第十九路军是强敌，没有打胜的把握，我们应该选择弱敌来打，打敌王金钰这一路，因为这一路敌人既弱而且所处地势又对我有利。因此，从富田地区的王金钰部打起，向东横扫，可以在福建、江西交界的建宁一带扩大根据地，征集资财，便于打破下一次敌人的"围剿"。如果由东向西打去，则限于赣江，战局结束后没有发展的余地。如果打完再东转，又劳师费时。朱德完全同意毛泽东的意见。最后，会议同意了毛泽东提出"先打弱敌"的作战方针，决定集中兵力先歼灭富田地区的王金钰指挥的第五路军。

朱德后来回忆起这次会议的情景时说：最后我们决定打。当时敌人的夹夹形的阵势，像螃蟹螯似的已经形成。我们先打敌人哪一股呢？大家相当有些争论。我们主要是先拣弱的打，一找就找到了北方军队王金钰部①。

中共苏区中央局第一次扩大会议一结束，4月19日下午5时，毛泽东、朱德向红一方面军发布了《战前部队集中的命令》，指出："目前中国红军应以最高限度的坚决集中力量，配合群众武装打破敌军围攻，争取第二次进攻的胜利，建立巩固的苏维埃政权，并向外发展。""目前敌军的行动似以宁都为目标，步步为营地向我军前进。""本方面军奉中央革命军事委员会命令，决心以极迅速行动首先消灭王金钰敌军，转向敌军围攻线后方与敌军作战，务期各个消灭敌军，完成本军任务。"②

为了便于抓住战机，毛泽东、朱德命令红一方面军再西移40里，到东固地区隐蔽集结。4月30日，朱德出席了中共苏区中央局在东固山区召开的军事会议，会议经过讨论，一致肯定了毛泽东、朱德提出的"诱敌深入"的作战方针，并通过了他们提出的整个战役各个歼灭敌人的连续作战计划。

一切都准备好了。但是，这一次敌人由于采取了"稳扎稳打，步步为营"的作战方针，行动极其缓慢，一时没有歼敌的良机。特别是红军隐蔽在山区20多天，吃粮出现了困难。在这种情况下，朱德仍然和广大指战员同甘共苦。他回忆说："我们在东固很苦，没有粮食，就拿笋子来充饥。"③当时在红三军任第二十七团团长的李聚奎曾回忆说："朱总司令组织一军团团以上干部前来我团参观。由于缺粮食，我们不知用什么来招待这个百余人的参观团，只好发动大家一边挖工事，一边拔竹笋摸田螺，把仅有的一升多米掺上竹笋、田螺煮来请大家吃。我盛了一碗给朱总司令，朱总司令还说蛮好吃，实际上那有什么好吃呢，百余人一升米，又没有油又没有盐。"④

为了帮助群众恢复和发展生产，克服经济困难，5月5日，毛泽东、

---

① 《朱德自传》（1886～1937），手抄稿本。
② 《朱德军事文选》，第49～50页，解放军出版社1997年版。
③ 《朱德自传》（1886～1937），手抄稿本。
④ 李聚奎：《回忆二、三次反"围剿"战役》，《回忆中央苏区》，第179页，江西人民出版社1981年版。

朱德发布了《动员部队帮助群众插秧耕田的训令》，指出："敌人长期进攻苏区及红军，大施抢粮食拔去秧苗使农友马上缺粮不能耕种及将来无秋收希望这种卑劣残毒手段，我们应立即动员打破它这一政策，使苏区所有田土按时耕种完毕，求得第二次大战胜利前的工作必要条件。"[①]

红一方面军在东固山区隐蔽了20多天，仍不见王金钰部有离富田东进的迹象。这时，不少红军指战员因求战心切而产生了急躁情绪，朱德经常深入部队，说服大家耐心等待，敌人是会东进的，战机很快就会到来。

情况不出朱德所料，等待已久的战机终于出现了。5月13日，得到情报说，王金钰部右翼部队公秉藩的第二十八师和第四十七师一个旅终于脱离富田阵地，分两路正由富田向东固地区进犯。

当晚10时15分，毛泽东、朱德果断下达了《消灭进攻东固之敌的命令》，指出："本方面军为各个破敌，巩固苏区，向外发展起见，决心先行消灭进攻东固之敌，乘胜掩击王金钰属全部，努力歼灭之，以转变彼我攻守形势，完成本军目前的任务。"[②] 为了准备应付可能意料不到的情况，命令还要求作出敌军14日向我进攻或者不向我进攻的两种作战计划。

5月14日清晨，红军各部队奉命出发，快速行进。毛泽东又赶到准备正面进击敌公秉藩师的红三军军部，同军长黄公略一起进行实地调查，发现在东固通向中洞的大路南侧，还有一条小路。毛泽东立刻改令红三军沿这条小路秘密前进。

5月16日拂晓前，毛泽东带着电台和警卫排登上白云山。因为时间紧迫，毛泽东只能在一个小镇上留下字条，将这一改变告诉朱德，并要朱德率领总司令部也上白云山。但是，朱德因为还不知道红三军已经改变西进路线，在这天拂晓前仍按原计划率领总部由东固出发，沿东固通往中洞的大道向西行进。当到达白云山下时，遇到了正在东进的公秉藩师先头部队，朱德立即命令作为总部警卫部队的特务连，在林木丛生的山坡上进行

---

① 《朱德军事文选》，第52页，解放军出版社1997年版。
② 《朱德军事文选》，第54页，解放军出版社1997年版。

阻击。公秉藩部先后以三个营的优势兵力猛扑过来。朱德指挥特务连且战且退，引着敌人向前走了 20 多里路。毛泽东在白云山上听到山下激烈的枪声后，立即指挥部队从山上扑下来，把追敌击退。朱德和毛泽东一起登上白云山，在白云山指挥所指挥战斗。

从 5 月 16 日至 5 月 21 日，毛泽东、朱德指挥红一方面军先后取得了第二次反"围剿"作战中的三个胜仗。这一天，毛泽东、朱德率红一方面军到达宁都县南团。为统一领导红一方面军作战和战区的地方工作，5 月 24 日在南团重新成立了中共红一方面军临时总前委，毛泽东任书记，朱德为委员。

先后取得第二次反"围剿"的三个胜仗以后，使已进入中央根据地的敌朱绍良第六路军的毛炳文、许克祥、胡祖玉的三个师惊慌了起来，他们连忙经广昌向南丰撤退。毛泽东、朱德于 5 月 24 日晚 11 时下达了《先敌占领南丰的命令》，要求"各部非万不得已，不得随意变更计划。如万不得已不能赶到预定地点时，须迅速报部并通知各友军"。①

5 月 25 日晚，大地一片宁静。在宁都和广昌交界处的洛口圩亚坊村的一间村舍里，朱德出席了由毛泽东主持召开的中共红一方面军临时总前委第一次会议，决定方面军主力在第二天开到广昌县城西北的苦竹集中，准备全力攻击朱绍良部的毛炳文、许克祥、胡祖玉三个师。

5 月 26 日，毛泽东、朱德率红一方面军总部进驻古竹，召开了临时总前委第二次会议，决定根据敌情改变原定的全力攻取南丰的部署，而先集中主力进攻广昌。

5 月 27 日清晨，细雨蒙蒙。毛泽东、朱德指挥红一方面军主力，冒雨直逼广昌城下，从北、西、南三面发起猛烈攻击。守敌凭借城外山头上的坚固工事，阻击红军的进攻，掩护主力向南丰撤退。战斗异常激烈，每一个山头都要经过反复的争夺，毛泽东、朱德登上城西面的乌石岗，在这里

———————————

① 《毛泽东军事文集》，第 1 卷，第 233 页，军事科学出版社、中央文献出版社 1993 年版。

指挥战斗。经过一天激战，红一方面军夺取了广昌县城，歼灭敌第五师一部，师长胡祖玉受重伤后死去。红军取得了第二次反"围剿"作战中的第四个胜仗。

5月28日上午10时，朱德在广昌城北的沙子岭出席了由毛泽东主持召开的红一方面军临时总前委第三次会议。鉴于敌朱绍良部的三个师向南丰撤退，桥梁又遭破坏，已追赶不上，同时从整个战略形势考虑，会议决定再次调整作战部署，不攻南丰城，改为向东打敌刘和鼎的第五十六师，夺取福建的建宁县城。

5月31日，红一方面军出其不意地突袭建宁县城，歼灭敌刘和鼎师三个团，取得了第二次反"围剿"的最后一次胜仗。

从5月16日起的半个月中，毛泽东、朱德指挥红一方面军从赣江东岸一直打到闽北山区，横扫700余里，连续打了富田、白砂、中村、广昌、建宁5个胜仗，歼敌3万余人，缴获各种武器2万余件和大量的军用物资，痛快淋漓地打破了敌人的第二次"围剿"。朱德后来回忆这一次反"围剿"作战时说："这一仗打下来是一个大的胜利，可以说是三次'围剿'中间最大的一仗，缴获非常之多，被打垮了也多，有些是自己根本就不情愿打，自己就垮台下去了。王金钰还是满清时编起来的陆军旧部队。在作战中间捉了无数的俘虏，但都大批地放出去了。""北面很长的线，由吉安到建宁，都打垮了。""这时打破了敌人的第二次'围剿'战争。"①

1944年，朱德在总结第二次反"围剿"作战能够取得胜利的原因时说："一九三一年五月又粉碎了敌人第二次'围剿'，这次反'围剿'也打得很好，但这时已经有些不同了，因为项英来了，发生了一些分歧。但错误意见未占上风，红一方面军仍由毛主席领导，所以很快取得了很大胜利。这个胜利，仍是诱敌深入，集中力量歼灭敌人，依靠群众，依靠根据地而取得的。"②

---

① 《朱德自传》（1886～1937），手抄稿本。
② 《朱德选集》，第130～131页，人民出版社1983年版。

第三次反"围剿"

对中央根据地的第二次"围剿"的失败，令蒋介石恼羞成怒。他迅速调集 30 万人马，亲任"剿匪"军总司令，并立下不消灭红军"当解甲归田"和"不成功便成仁"的誓言，对中央根据地发起了第三次"围剿"。

远在武夷山麓建宁县城里的毛泽东、朱德，开始并没有料到蒋介石的第三次"围剿"来得这么快。在第二次反"围剿"结束前后，毛泽东、朱德所考虑的，更多的是乘战役的胜利之机，抓紧时间发动群众，筹集军饷，以扩大根据地，做长期的战争准备。

1931 年 6 月 21 日和 22 日，蒋介石正在南昌行营制定第三次"围剿"的计划。22 日，朱德出席了由毛泽东在建宁以北闽赣边境的南丰县康都镇主持召开的红一方面军临时总前委会议，研究对付蒋介石"围剿"的计划。会议决定红一方面军停止向根据地以北的抚州进逼，而转向闽西北地区。朱德后来说："我们知道这一次比第一、第二两次更困难了，知道硬打是不行的。"①

这次会议后，红一方面军各部队广泛分散于北起顺昌、沙县、永安，南至清流、宁化、长汀的广大区域开展群众工作和筹集军饷，同时保留红三军的两个师在中央根据地以北的南丰，以为警戒。

7 月 1 日，蒋介石在南昌行营下达了第三次"围剿"的总攻令。敌人的左、右两翼集团向红军集结地区迅速推进。不到一个月，各路敌军深入中央根据地已达 70 公里至 130 公里，占领了中央根据地的几乎全部县城和大部地区。

在这样严峻的局势面前，毛泽东、朱德并没有慌张，而是十分沉着镇静，决定继续实行"诱敌深入"的方针，一边指挥留在赣南的部分红军，在地方武装和人民群众的配合下，开展游击战争，牵制敌人前进；一边指

---

① 《朱德自传》（1886～1937），手抄稿本。

挥正在闽西和闽西北地区的红军主力，迅速收拢部队，回师赣南，诱敌深入到兴国、雩都、宁都、瑞金预定的作战地区，相机转入反攻，以打破敌人的第三次"围剿"。

7月10日前后，毛泽东、朱德率领红军主力和总司令部，由闽西、闽西北驻地出发，从敌人的左侧，沿闽赣边界和武夷山脉向南急进。盛夏季节，气候闷热，再加上缺少粮食，吃饭极度困难，每天只能以稀饭充饥。但是，红军依然精神振奋地向中央根据地南部进发。

7月中旬的一天，朱德率领队伍由广昌的尖峰向石城、瑞金方向前进，路经北坑时见到当地的游击队员热情地前来相迎。他马上从马背上跳了下来，赶在大家的前面，用关切的口吻告诉他们：敌人许克祥师的部队已经从南丰出发，尾随我们。他们的前头部队已经到了尖峰的黎花山一带。我们的部队按照毛委员的决定，要甩开这里的敌人，转到后面去消灭他们。说到这里，朱德关切地叮嘱游击队员们：你们要提高警惕，坚持斗争！说完，又跨上马背，朝大家挥挥手，带领部队继续前进。

毛泽东、朱德率领红军主力，在连续十多天的急行军中，经安远、宁化、长汀、瑞金等地，绕道千里，于7月22日，到达了雩都北面的银坑地区，隐蔽在深山峡谷之中。

很快红三军主力、红三十五军和由广西转战到江西中央根据地的红七军也来到这里，红军又会合了。

毛泽东、朱德率领红军在银坑地区休整并观察了几天之后，于7月28日又率部向西北方向转移，来到了兴国北部的高兴圩，真正完成了绕道千里、回师赣南的艰苦任务。

很快，蒋介石、何应钦就发现红一方面军主力已集中在它的侧背的兴国地区，并错误地判断红军主力有西渡赣江的意图，于是，就立刻集中九个师的兵力，分几路向兴国猛扑过来，企图围歼红一方面军主力于赣江东岸。

一时间，敌对双方的主要兵力都集中在兴国附近。红军应该从什么地方突破敌人的围攻呢？毛泽东、朱德在率部到达高兴圩的当天就马上召开军事会议进行研究。毛泽东最早作出的判断是，敌各路进攻部队在占领中央根据地的北部、中部地区以后，将继续南进占领整个中央根据地。这样，敌人的后方将是相对薄弱之地。因此，毛泽东决定采取"避敌主力，打其虚弱"的作战方针，即由兴国经万安突破富田一点，然后由西而东，向敌人的后方联络线上横扫过去，让敌人主力深入赣南根据地置于无用之地。当敌回头北向时，乘隙打其可打者。朱德的想法同毛泽东是完全一致的。会议很快作出了这一决议。

按照这一作战方针，7月31日，毛泽东、朱德发出《夺取富田新安的命令》，指出："顷据十二军报告，东固侵入白石之敌，本日已入崇贤。又据纯化区委报告，富田、陂头、新安一带之敌共约三团，东固蒋（光鼐）、蔡（廷锴）部是否全向崇贤及龙冈，敌人现时行动尚不明了。""本方面军以绕入敌背捣其后路，使敌动摇震恐，然后消灭其大部队之企图，决先夺取富田、新安。"并命令红一、红三两军团，于8月2日夜间开始向富田、新安发起进攻。同时，要求"各军每日行军时间规定为下午六时半至上午五时，上午五时十分至下午六时为休息睡眠时间。不得违误。"①

但是，正当红一方面军主力部队按照命令刚刚向富田方向开进时，敌各路部队纷纷向高兴圩地区逼进，把红一方面军主力压缩在以高兴圩为中心的方圆数十里狭小范围内。红一方面军已处在北、东、南三面受敌和西临赣江的危险境地。

毛泽东、朱德遇到了历次反"围剿"以来最为严重的困难时刻。怎样才能跳出敌人的包围圈呢？分析敌情，毛泽东、朱德发现高兴圩以东莲塘附近的敌第三路进击军的第四十七师上官云相部和第五十四师郝梦麟部来自北方，不谙山地战，战斗力也不强。于是，决定将原定的迂回敌侧后的计划改为实行中间突破，向东面的莲塘、良村方向突进。

这真是一步险棋：南北都有强大的敌人，中间只有20公里的空隙可以穿过。为了造成敌人的错觉，红一方面军以少量部队伪装主力，向赣江

---

① 《朱德军事文选》，第65~66页，解放军出版社1997年版。

方向佯动；主力却在 8 月 5 日晚出其不意地连续急行军一夜又半天，翻越崇山峻岭悄悄东进，穿越敌人左翼集团军和右翼集团军之间 20 公里的空隙，于 8 月 6 日中午到达莲塘，跳出了敌人的包围圈。

敌人对于红一方面军主力的秘密东进毫无察觉。红一方面军主力一到莲塘，就发现敌第四十七师一个旅正开向莲塘，决定集中兵力迅速歼灭该敌。

朱德深知，这是红军第三次反"围剿"战争的第一仗，能否打好，对以后的战斗关系很大。为了有把握地打胜这一仗，他到莲塘后顾不得休息，就登上莲塘附近的大窝，打开军用地图，手举望远镜，对敌人前来必经的十万洲、半经方向的狭长深谷瞭望，仔细观察敌人的动向，并向当地群众详细了解这里的地形情况。

当部队进入阵地后，朱德也亲临第一线进行指挥。在阵地上，他对战士们说："敌人出了告示，谁先拿下莲塘，就奖给二十万元。你们怕不怕呀？"

"不怕！"战士们回答得十分坚定。

朱德听了战士们的回答，笑了起来，说道："对啰，别看他们叫得凶，明天早上四点钟就缴他们的枪啰！"

8 月 7 日拂晓，毛泽东、朱德指挥红一方面军主力突然发起猛攻，经过两个小时的战斗，取得了第三次反"围剿"的初战胜利。

莲塘战斗后，毛泽东、朱德挥师乘胜北进，直逼与莲塘相距不过 10 公里的良村。

朱德带领一个警卫排向良村插去。在途中同正由良村增援莲塘的敌第五十四师的一个旅遭遇。按预定计划，红四军应该抢先占领路旁的山头，但他们没有按时到达，所以被敌人抢先占领了。朱德到达山脚下时，才发现这个情况，已经来不及了。当时，朱德身边只有几个参谋人员和一个警卫排，便立刻投入了战斗，坚持到大部队赶到后，经过激战，歼敌一个团，击毙敌旅长张銮诏，残敌向良村溃退而去。上官云相和郝梦麟只得夺路向龙冈逃去。

紧接着，毛泽东、朱德指挥部队追到良村，把敌郝梦麟部第五十四师紧紧地包围起来后，发起猛烈进攻，又歼灭了这个师的大部分，残敌逃向龙冈。

在取得莲塘、良村两战胜利以后，毛泽东、朱德又在寻找新的进攻目标，继续打击孤立分散之敌。开始他们准备乘胜北进，再歼龙冈之敌。但是，龙冈之敌已有了准备。这时，毛泽东、朱德很快发现，敌第八师在上官云相和郝梦麟惨败之后，在毛炳文的率领下正退缩到了宁都以北的黄陂。这里地处中央根据地的中心，距红一方面主力集结地良村不过40公里，附近没有其他敌人的部队。于是，毛泽东、朱德决定出其不意地歼灭黄陂之敌。

为了打好这一仗，毛泽东、朱德在君埠召开了战前动员大会，并作了周密部署。随即，毛泽东、朱德率领红军主力向黄陂急进。

经过三天的急行军，8月11日清晨，毛泽东、朱德率红一方面军主力赶到黄陂附近，将总司令部指挥所设在城江山上的松树林里，命令红四军、红十二军担负主攻，从黄陂南侧攻击；红三军团、红七军向黄陂东侧进攻，断敌后路，阻击东面增援之敌。

各路红军进入阵地之后，很快同敌人接上了火。中午12时，天突然下起了倾盆大雨。红军冒着大雨向黄陂之敌发起攻击。战斗不过进行了三个小时，毛炳文部的四个团被歼灭。

从8月7日到11日，毛泽东、朱德率红一方面军在突破敌人的包围圈，摆脱了被动挨打的局面后，五天内三战三捷，共歼敌万余人。但是，蒋介石并不甘心这样的失败，他不得不再次亲赴南昌，部署新的"剿匪"计划，并通令全军，以10万元的赏金，悬赏生擒毛泽东、朱德等红军最高首脑人物。于是，蒋介石、何应钦下令各进击部队立刻改变进攻方向，调头转向黄陂一带，以图迅速包围和歼灭红军主力于这一地区。

黄陂战斗胜利后，毛泽东、朱德随即把部队撤到了黄陂以西约40公里的君埠地区稍作休整。但是，敌人很快以8个师的兵力从各方奔向这一地区，在红一方面军周围组成了一道严密的包围圈。

红一方面军又一次陷入了重围。8月13日，在君埠一座古庙里，毛泽东、朱德召开军事会议，讨论如何跳出敌人的包围圈。他们决定采取"声东击西"的战术，用一部分兵力继续向东引开敌人，红一方面军主力则利用夜幕的掩护，在敌人包围圈的一条宽约10公里的缝隙中秘密西进，安全转移到了兴国东北部的白石、枫边地区，在深山密林里休整。

8月15日夜间，在红十二军佯动的掩护下，毛泽东、朱德率领红军主力悄悄地由君埠地区向西急进，迎着正由西向东开进的敌军，从敌蒋光鼐部的第一军团和陈诚的第二路进击军两部之间仅10公里的夹缝中穿插过去，突破重围。

朱德一直走在部队的前头，手拿指南针，指挥着部队行进。红军指战员借着星光，翻山越岭，攀藤附葛，沿着崎岖的山间小道，艰难地走着。经过一夜的急行军，终于跳出了敌人的包围圈，到达了兴国东北部的白石、枫边地区，隐蔽在深山密林之中，一边休整，一边静观敌人的动向。后来，朱德谈起这一次突围的情景时说："我们在敌人两路夹攻、不到二十里宽的区域中转移出去，进退自如，打得相当巧妙。这都是由于群众条件优越，将敌人'肥的拖瘦，瘦的拖死'，弄得敌人疲惫不堪。"①

红一方面军主力在白石、枫边休整期间，朱德出席了中央苏区中央局和总前委会议。为了提高部队的政治素质和军事技能，朱德特别强调思想上、政治上和军事上的训练。为了密切军民关系，他亲自带领红军指战员帮助驻地群众割禾、挑水、劈柴……驻地群众见到这种情景深受感动，自发地组织起慰劳队、洗衣队，用最好的食品慰劳红军，帮助红军洗缝衣服，站岗放哨，盘查行人，封锁消息，使军民真正建立了鱼水关系②。

到8月底，蒋介石这才发现红一方面军主力已向西转移，急忙命令"进剿"军主力掉头向西，再到兴国北部地区寻找红军主力决战。

这时，毛泽东、朱德和红一方面军主力已在白石、枫边地区从容休整了半个月。9月初，毛泽东、朱德率领红一方面军主力继续西移，转到兴

---

① 《朱德选集》，第131页，人民出版社1983年版。
② 参见《朱德传》（修订本），第330～331页，中央文献出版社2000年版。

国、万安、泰和、赣县之间的山区，隐蔽集结。

敌人又一次扑空，何应钦只好下令左、右翼两集团军实行退却。毛泽东、朱德决定乘敌人退却之时，进行反击。9月7日，红军一部在泰和县老盘营歼灭北撤的敌第九师一个旅。红一方面军主力在兴国县高兴圩向蔡廷锴指挥的两个师发起攻击。但这一仗打得很艰苦，经过两天激战，双方死伤都近3000人，打成一个对峙的局面，红军的伤亡同敌人几乎相等。最后，毛泽东、朱德指挥部队主动撤出了战斗。朱德在总结这次战斗的经验教训时，曾这样说过："这一仗打得不好，确是骄傲一点。当时，大家都很高兴打。其实那计划是错了的。因为他们并不是蒋介石的嫡系部队。同时，又不可能完全消灭他。""如果不打蒋、蔡，专打蒋鼎文的部队，可能缴得更多的枪。"他又说："凡是高兴的，着急中决定的事情，总是有问题。"①

9月15日凌晨，红一方面军主力转移到东固以南的方石岭一带，抢先占领有利地形，歼敌一部。至此，打破了敌人的第三次"围剿"。但是，就在这次战斗结束后，红三军军长黄公略在指挥部队转移时不幸遇敌机轰炸牺牲。朱德痛惜地说："我们有名的一个军长黄公略，被飞机击死。黄同志是智勇双全的人才，是我们顶大的损失。"②

9月23日，毛泽东、朱德命令红军主力向福建的长汀转移，命令中说："方面军决开到福建去工作筹款，并定于二十五日由现在地（莲塘、龙冈头、长信、水头庄之线）分七天行程（第五天休息一天）开到汀州城集中。"③ 10月2日，朱德率红一方面军总司令部抵达长汀。

红军取得三次反"围剿"作战胜利后，赣南和闽西两块革命根据地真正连成了一片，形成中央革命根据地。其范围扩展到了30个县境，面积达5万平方公里，人口约250万，中央革命根据地的发展达到了全盛时期。朱德在总结红军取得三次反"围剿"作战胜利的原因说："一、二、三次

---

① 《朱德自传》（1886～1937），手抄稿本。
② 《朱德自传》（1886～1937），手抄稿本。
③ 《朱德传》，第268页，人民出版社、中央文献出版社1993年版。

反'围剿',是中国很好的革命战争经验,主要一点是在于依靠群众。三次反'围剿',我们都是为了群众,又很好地依靠了群众。当时我们只有五万人,三万支枪,粉碎了几十万敌人的三次'围剿'。"①

创造铁的红军

朱德自从参加南昌起义以后,就不断探索创建人民军队的经验,并从理论上加以总结。如果说,在南昌起义后,在南下的征途中,他和陈毅一道进行的"赣南三整",是对创建人民军队的初步探索的话,那么,在三次反"围剿"作战中,他的这种探索又有了新的发展。

在三次反"围剿"作战的实践中,朱德深深认识到,要取得反"围剿"作战的胜利,除了要制定正确的作战方针之外,还必须加强红军自身的建设,不断提高红军的战斗力,使红军真正成为铁的红军。只有这样,才能为取得反"围剿"作战的胜利提供保障。

1931年7月,在指挥红军第三次反"围剿"作战的紧张的日子,朱德仍然重视红军建设的问题,并抓紧时间撰写了《怎样创造铁的红军》一文,分别在7月7日和7月14日的中共苏区中央局机关报《战斗》第二期和第三期上连载,从理论上对怎样创造铁的红军进行了探索。

朱德在文章的开头就鲜明地写道:在当前这种严峻的形势下,"创造铁的红军是目前党的最迫切最重要的任务之一"。那么,怎样创造铁的红军呢?朱德认为:"铁的红军必须具备以下六个基本条件。"

第一,"确定红军的阶级性"。红军的阶级性是什么呢?朱德指出:"红军是工农的军队,也可以说是一切劳苦群众的军队。"这就明确了红军的阶级属性。接着,朱德又明确了红军的根本任务:"红军的历史任务是夺取政权,建立和巩固工农自己的苏维埃政权,使无产阶级及一切劳苦群众在政治上经济上完全得到解放。"为从组织上保证红军的这种阶级性,

---

① 《朱德选集》,第131页,人民出版社1983年版。

朱德认为，红军的组织成分就是要求工农劳苦群众来当红军。因为，中国红军是在土地革命发展和深入的过程中生长和壮大起来的。它的主要的组织成分是得到土地革命利益的雇农、贫农及中农。它的军事干部特别是政治领导干部，应该把先进的城市无产阶级出身放在第一列。乡村中的雇农工会、贫农团，尤其是城市总工会，应该按期调动自己政治上坚定的分子来充实和扩大红军的队伍。把游击队、赤卫队中有斗争历史的积极分子抽调来当红军，更有必要①。

第二，"无条件地在共产党领导之下"。朱德结合中国革命的实际情况和中国工农红军成长的过程来论述："共产党是无产阶级的先锋队，工农红军只有在共产党正确领导之下才能够完成它的历史的伟大任务。"为了进一步说明这个问题，朱德在文章中回顾了中国红军的历史发展过程。他说："中国红军产生的前一时期的游击战争，即是共产党在领导。共产党正确地决定实行土地革命、争取群众的策略，逐渐把游击队转成为红军，逐渐扩大加强红军的力量，开始组织大规模的革命战争，去消灭军阀混战，扩大苏维埃运动，建立巩固的革命根据地，建立中央政府。这些伟大的繁难的任务，只有在共产党领导之下，才能正确地配合全国的革命力量，了解全世界革命运动进展的程度与中国革命的关系，定出完全有利于革命的策略，坚决地去执行和完成。"②

朱德还指出："无产阶级先锋队（共产党）经过红军中的政治委员与政治机关（政治部及政治处）实行它的领导作用。在政治委员直接指导下的政治机关，是苏维埃政权的一部分，是党在红军中政治路线及纪律的执行者，红军中的党部应在政治委员及政治机关指导之下进行工作。""同时党必须十分注意政治委员的选择，各级政治委员，要由最忠实、最勇敢、最坚决、最有阶级觉悟的共产党员来充当，要尽量提拔和培养最好的工人干部做政治委员。只有这样，才能巩固红军中无产阶级的正确领导，红军

---

① 参见《朱德军事文选》，第 67 页，解放军出版社 1997 年版。
② 《朱德军事文选》，第 68、69 页，解放军出版社 1997 年版。

才能成为铁的红军。"

第三，"政治训练的重要"。朱德区分了红军政治训练与资产阶级政治训练的根本不同。他指出："红军的政治训练与资产阶级的军队的政治训练根本不同之点，就是红军完全反对资产阶级把政治训练变成为蒙蔽阶级意识的欺骗工具，变成超阶级的、完全不兑现的花言巧语。红军的政治训练是启发和提高指战员战斗员的无产阶级的觉悟，使他们认清本阶级的利益，努力于本阶级的政治任务，与敌人作决死的斗争，去达到消灭敌人、解放本阶级的目的。"他认为，要造成铁的红军，必须使红军全体指战员首先完全信仰共产党的领导。"在政治上有了这样坚定的信念，就是把握着不可抵抗的无形的武器，在精神上建立了铁的红军的基础，自然可以战胜革命过程中的任何困难，经得住任何剧烈的斗争，愈斗愈奋去取得最后的胜利。"①

第四，"军事技术的提高"。朱德一向重视不断提高红军的军事技术。他说："技术日益进步的现代，不仅在战争中特别加强了技术的作用，使用技术的知识训练也复杂了，并且由于技术的进步变更了战术的原则。"由于中国技术的落后，"中国的新式武器来自各国，类型也日益复杂化。因此，红军在战术方面必须超过敌人，在技术方面必须努力学习使用新式武器的知识，以便我们从敌人中间得到新式武器时，一到手就知道如何使用。"

朱德指出："中国红军的战术从长时间的游击战争中得到不少新的经验，特别是在南方的山地战中有许多新的收获，并且养成了红军旺盛的攻击精神。但现在革命战争的规模日益扩大，单凭红军的英勇冲锋固然不够，单凭红军已有的战争的经验也不能满足客观的需要，必须特别加速战术方面的进步。"

第五，"自觉地遵守铁的纪律"。纪律对创造铁的红军十分重要。朱德强调了红军的纪律和白军的纪律的根本不同性。他说："红军的纪律是根

---

① 《朱德军事文选》，第69、70页，解放军出版社1997年版。

据整个的阶级利益、革命利益和革命斗争的必需而制定的。红军的纪律，指挥员与战斗员都是一样地遵守，与白军的纪律专为压迫士兵而设，绝不相同。红军的纪律绝不依靠打骂来维持，而是建筑在无产阶级的团结上面，用自我批评的精神、教育的精神，互相督促和勉励，达到自觉遵守纪律。红军在与敌人战斗中，不仅有一致的行动，并且有一致的意志；不仅不妨害阶级的和革命的利益，并且要能为阶级的革命的利益而奋斗以至于牺牲。"因此，红军的纪律是建筑在自觉这一基础之上的："自觉地遵守纪律的精神的养成和提高，就是使各个指挥员战斗员的忠实勇敢，服从纪律，汇合成为全军的忠实勇敢，服从纪律。有了这样自觉地遵守纪律的红军，就是铁的红军。"①

第六，"要有集中的指挥和统一的训练"。朱德认为，红军是苏维埃政权中的特殊组织，它不仅要完成中国工农民主革命的任务，而且要成为创造并保卫社会主义的柱石。红军不仅要与国内军阀的军队作战，它还要与武器进步、组织更完备的帝国主义的军队作战。"因此红军本身的编制，必须力求进步，以适应于新的作战环境。要有统一的训练，集中的指挥。要使红军的行动，在任何情况之下，有最大限度的集中性，去消灭它的阶级敌人的武装。"他还特别强调："红军的战斗力，不仅是靠军事技术的条件来决定，最主要的是靠红军的阶级政治觉悟、政治影响，发动广大工农群众，瓦解敌人的军队。"②

在文章的最后，朱德指出："最后我要说的是，铁的红军的创造，要在斗争的过程中进行。我们现在比任何时期更加需要来搜集并整理过去红军斗争的经验，切实依照上述的条件，创造并扩大铁的红军，来完成红军的伟大历史任务。"③

从上述可以看出，同两年前相比，应该说，在这一时期，朱德的人民军队建设思想基本上已经形成。

---

① 《朱德军事文选》，第70~71页，解放军出版社1997年版。
② 《朱德军事文选》，第71页，解放军出版社1997年版。
③ 《朱德军事文选》，第41页，解放军出版社1997年版。

朱德还十分重视红军无线电台的建立。在第一次反"围剿"前，由于红军既没有电台器材，也没有电讯技术人员，打起仗来，只能靠通讯兵传递命令。第一次反"围剿"胜利后，朱德立即指示把俘虏过来的无线电技术人员组织起来，利用缴获的一部收报机和一部 15 瓦的无线电台，创立起一个无线电通讯大队，任命王诤为大队长，冯文彬为政治委员。为了办好这个通讯大队，1 月 28 日，朱德和毛泽东联名发布了《选调学生学无线电的命令》，指出："我们成立无线电队有半个月了，在这半个月的考察当中，无线电收音机所收的敌人的电报，对于我们侦探到敌人的位置和行动确有不少帮助，我们现在正积极地准备扩充无线电队，这对各军团各军有以下必要：（一）使我们中央区与其他各特区，一、三军团与红军其他各军团的通讯灵便。（二）使我们容易得到外面的以至国外的政治消息。（三）使我们各军间的通讯更加密切。（四）使我们更能封锁敌军电台，侦察其行动。因此，我们要求各部照下列人数选调可造就的青年到总部无线电队来学习。"① 朱德还同被俘虏过来的机务、报务人员进行谈话，对他们说：你们先把工作搞起来，不要看红军现在没有电台，将来敌人会给我们"送来"。没有人，我们可以训练，也还会有人陆续从白军中来。革命事业就是从无到有、从小到大发展起来的②。他还送给他们"麻雀牌"香烟，表示鼓励。这些刚刚解放过来不久的机务、报务人员，被感动得热泪直流。不久，朱德亲自主持了红一方面军第一期无线电通讯训练班的开学典礼。他在会上说，在红军的字典里是没有"困难"二字的，勉励学员们要克服困难，努力学习，在建设红军通讯事业上发挥尖兵的作用。

---

① 《朱德军事文选》，第 41 页，解放军出版社 1997 年版。
② 《关山阵阵苍——中央革命根据地的斗争》中，第 24、29 页，江西人民出版社 1978 年版。

九、指挥第四次反"围剿"

攻打赣州前后

第三次反"围剿"胜利后，在毛泽东、朱德的指挥下，红一方面军主力在赣西南、闽西继续扩大战果。但是，就在这时，中共中央已在共产国际的干预下，接受了王明为代表的"左"倾教条主义的错误领导。

1931年11月1日，中共中央派到中央苏区的中央代表团在瑞金的叶坪村主持召开了中共中央苏区第一次代表大会，史称"赣南会议"，毛泽东、朱德出席了会议。会议一开始就把斗争的矛头指向毛泽东、朱德，贬斥他们在根据地和红军中创造出来的一整套方针策略为"狭隘经验论"、"农民的落后意识"和"右倾机会主义"等；认为毛泽东、朱德创造出来的红军队伍，也不过是一支不懂得正规战争条令和"游击习气"浓厚的队伍，必须加以彻底的改造；并错误地批评毛泽东、朱德提出并被战争实践证明是正确的"诱敌深入"的作战方针是"保守主义"、"单纯防御路线"。

中央苏区党的代表大会后，11月7日，朱德来到了瑞金以东的叶坪，在这里出席了中华工农兵苏维埃第一次代表大会。

中华苏维埃第一次全国代表大会开幕的那天上午，在叶坪广场举行了阅兵典礼。受检阅的红军队伍，身穿整齐的灰布军装，手持上了刺刀的步枪，一排排站在广场上。朱德、毛泽东等登上主席台。随后，他们在总参谋长叶剑英的陪同下，骑马检阅了部队。下午，代表大会举行开幕式。晚上，在会场附近举行提灯晚会。朱德被代表大会推选为主席团成员。11 月 9 日，在大会主席团举行的第一次会议上，朱德又被推选为大会主席团常务主席。

11 月 15 日，朱德在中华苏维埃第一次全国代表大会上作了关于红军问题的报告。当他走向主席台时，全体代表响起了热烈的掌声，久久不息。朱德首先概述了中国工农红军产生和发展的过程。他说："中国工农红军产生于中国的土地革命，这在世界上要算是一个特点。中国工农红军是经过三四年的斗争，在中国共产党的领导下，坚决实行土地革命，反对帝国主义，从游击战争中日渐生长和发展起来的。他接着说，中国红军是工农的武装，是有阶级性的。它的任务是要打倒帝国主义，推翻封建阶级的统治，建立全国的苏维埃政权。为了使它能够担负起这一伟大使命，必须努力扩大红军的数量，提高红军的质量，加强无产阶级的领导和政治、军事的教育，创造铁的红军。"① 这一报告可以说是他在这一年 7 月间撰写的《怎样创造铁的红军》一文的发展。

11 月 19 日，朱德被选为中央执行委员。会上还举行了隆重的授旗授章典礼，以表彰红军指战员在革命战争中的功绩，朱德获得大会授予的奖章。

11 月 25 日，由 15 人组成的中央革命军事委员会成立，朱德为主席，王稼祥、彭德怀为副主席，王稼祥兼政治部主任。中央革命军事委员会成立后，取消红一方面军番号，所有红军统一由中央革命军事委员会指挥。

就在中华苏维埃第一次全国代表大会闭幕后不久，驻在江西宁都的国民党第二十六路军，在参谋长赵博生（共产党员）、第七十三旅旅长董振堂、第七十四旅旅长季振同、第七十四旅一团团长黄中岳等人和中共地下党组织的领导下，准备举行武装起义。

当赵博生等和中共地下党组织派袁血卒（又名袁汉澄）到瑞金向临时

---

① 《朱德传》，第 272～273 页，人民出版社、中央文献出版社 1993 年版。

中央政府主席毛泽东和中央革命军事委员会主席等汇报起义准备情况时，朱德接见了袁血卒。袁血卒曾回忆说："到了总司令部，朱总司令很快在他的宿舍接见了我。朱总司令以和蔼的态度、亲切的语调问我：'你是地下党员吗？'我说：'是。我是朱瑞叫来的。'他亲切地给我倒满了一碗水，继续问：'你们二十六路军有多少人？'我说：'浦口点名时有两万人，实际上没那么多，后来病死了不少。'朱总司令说：'这么干好得很。当红军好，红军是人民的军队，是为全民办事求解放的军队。十月革命列宁、斯大林创造了第一个红军，现在我们创造了第二个红军，你们能暴动过来加入红军，我们欢迎。欢迎你们同我们站在一个阵线，去打倒日本帝国主义，挽救民族危亡。我们军委要开个会，听听你们是怎样准备暴动的。这是大事情，还要报告毛泽东同志。"①

第二天，朱德召开了军委会议，听取袁血卒的汇报，并讨论了起义的具体部署。

12月14日，宁都起义成功，起义部队参加了红军，被改编为红军第五军团。朱德十分关心这支获得新生的部队。12月16日，当起义部队开到中央根据地石城地区时，他就从瑞金赶到那里，去看望起义军的伤病员，使这些伤病员们十分感动，他们流着眼泪说："在宁都时，因痢疾病死了几个兄弟，宁都城的郊区埋满了弟兄们的尸体，都无人过问一下，今天到了红区，不但为我们治病，朱总司令还来看我们，这真是白区红区两重天呀！"②

12月22日，朱德出席在石城的秋溪举行的庆祝整编胜利大会，并在会上发表了讲话，勉励红五军团全体指战员巩固整编成果，不断加强政治和军事训练。两天后，他又出席了中华苏维埃临时中央政府和中央革命军事委员会在瑞金叶坪召开的庆祝红五军成立和欢迎红五军团全体指战员大

---

① 袁血卒：《宁都暴动纪实》，《回忆中央苏区》，第226页，江西人民出版社1981年版。
② 《关山阵阵苍——中央革命根据地的斗争》中，第226页，江西人民出版社1978年版。

会。他在会上又发表了讲话，他说，宁都暴动有很大意义，希望红五军团全体指战员能和我们站在一条革命战线上，实行土地革命，打倒国民党及帝国主义。

12 月 30 日，朱德和王稼祥以红军总司令和总政治部主任的名义，发布《为孙连仲部二十六路军兵士投入红军告全国兵士书》，指出："苏维埃政府是帝国主义的死敌"，要"驱逐一切帝国主义滚出中国去"，而国民党却"把东三省送给了日本"，还"不准兵士抵抗"。号召："全国被压迫的兵士们，我们不能再忍受下去"，"哗变到红军中去！打倒国民党！驱逐帝国主义！""与革命的工农群众一起努力！"[①]

12 月底，周恩来从上海来到瑞金，就任中共苏区中央局书记。

转眼已是 1932 年元旦了。元旦过后，赣南已是严冬季节。

1 月 9 日，中共临时中央通过了《关于争取革命在一省与数省首先胜利的决议》，决定要"利用目前顺利的政治与军事的条件，占取一二个重要的中心城市，以开始革命在一省数省的首先胜利"。根据这种完全脱离实际的错误思想，他们要求红军立即行动，"占取南昌、抚州、吉安等中心城市"。

1 月上旬，周恩来在瑞金主持召开了中共苏区中央局和中革军委会议，着重讨论红军的行动方针。当时，最迫切需要确定的问题，是要不要攻打赣州。对此，会上发生了激烈的争论。参加过这次会议的聂荣臻回忆说："开始在瑞金开会研究打不打赣州时，我参加了这个会议。会上毛泽东同志提出赣州是敌人必守的坚城，红军技术装备差，很可能久攻不克，于我不利，反对打这一仗。……朱德同志也是不赞成打赣州的。中央区中央局和中央军委的一些同志却坚决主张打赣州。"[②] 最后，会议作出了打赣州的决定。

这一决定作出后不久，毛泽东带着十来个警卫人员来到瑞金以东二十

---

① 《朱德传》，第 277 页，人民出版社、中央文献出版社 1993 年版。
② 《聂荣臻回忆录》上，第 137 页，战士出版社 1983 年版。

多里的东华山，在山上的一个古寺庙里住了下来，进行休养。

在这种情况下，朱德只得执行中共中央和中共苏区中央局的决定。1月10日，中央革命军事委员会发布了《攻取赣州的军事训令》，提出中央红军的目前的任务应该"趁着目前有利革命发展的时机，坚决地取得苏区临近较大城市——赣州。""进而威胁吉安，向北发展，使革命发展更迫近争取一省和数省首先胜利的前途。"① 同时，训令还规定红三军团、红四军为主作战军，江西、闽西的六个独立师为支作战军，红三军、红五军也参加攻打赣州的战斗。

赣州位于赣江上游，地处贡水和章水两条河流的汇合点上，是赣西南的政治、经济、军事中心，是赣、闽、湘、粤四省的交通咽喉。东、西、北三面环水，唯有南面是陆地，是一座易守难攻的城市。国民党军为了控制这个战略要地，在又高又厚的城墙周围又修筑了密集的堡垒群，防御工事十分紧固，素有"铁赣州"之称。城内驻有金汉鼎部第十二师第三十四旅，旅长是马昆，约3000余人。此外，还有集结在这里的各地地主武装约1万余人，驻军共达1.3万人。离赣州北面不远的峡江、吉安、万安等地，均驻有蒋介石的嫡系陈诚部第十八军，随时都可以增援赣州；在赣州的南面粤、赣边境的大余、南雄、韶关一带，还驻有粤军陈济棠的部队。地形和敌我军事力量的对比，对红军都是十分不利的。

1月18日，朱德、王稼祥、彭德怀命令部队向赣州开进。2月24日，进攻赣州的战斗打响了。首先扫清了赣州城外围的敌人工事。2月23日，开始攻城。由于地形不利，大雨使挖坑道无法进行，守敌又进行顽强抵抗，所以，经数日围攻和多次坑道爆破都没有能攻进赣州城，红军伤亡很重。2月28日，朱德、王稼祥赶到赣州城附近的红三军团总指挥部驻地，同彭德怀一起指挥攻城作战。

2月29日，陈诚奉蒋介石的命令，派罗卓英指挥约2万人的兵力，前来增援赣州，很快进到了赣州城西北郊。攻城红军只有1.4万余人，敌我

---

① 《中央革命军事委员会关于攻取赣州的训令》，1932年1月10日。

双方兵力悬殊。罗卓英以一部潜入赣州城内，会合城内守敌向红军攻城部队发起了攻击；以另一部包抄红军侧后，使红军处于内外夹击的危险境地。

进攻赣州的战斗已经打了近一个星期。3月1日，朱德、王稼祥、彭德怀根据中共苏区中央局的意见，又发布训令："我军围攻赣城直到现在，经过二十四天，中间一度爆炸，以技术不精，攻城未克，而敌援军已至。可是坚决夺取赣州，乘胜消灭来援敌人，开展中国苏维埃革命在一省数省首先胜利，是红军目前的中心任务，每一个红军战士，应该克服一切困难，迅速地完成这个巨大的使命。"① 尽管如此，由于敌我双方力量对比相差太大，守敌又占据有利地形，红军经过几天激战，仍不能攻进城去。3月7日，中革军委不得不下令撤围赣州。

这次攻打赣州的战役持续了一个多月，红军伤亡很大，仅红三军团就损失3000多人，还丧失了发展根据地和扩大红军的有利时机。对于这一沉痛的教训，朱德在若干年后还是深深地记在心中，并经常用来教育后人。1944年他曾经这样说道："这一胜利（第一、第二、第三次反'围剿'的胜利）以后，党中央就冲昏了头脑，……作出了《由于工农红军冲破第三次'围剿'及革命危机逐渐成熟而产生的党的紧急任务》的决议，提出要'争取革命在一省或数省首先胜利的前途'，取消游击战争的方针，要打大城市。一九三二年一月十日，中央命令红军打赣州，结果打不开，这又是不应打大城市的一个证明。在这以前，毛主席主张向东北发展，分散以争取群众，一直把网撒到浙江去，打到蒋介石的老家。如若实行，我看红军发展可能上十万人，同时也会更扩大苏区。但可惜这一主张当时被否定了。不久，军事上由教条主义出来负责，方向从此又搞错了。红军三大任务，改作只剩下了一个打仗，不做群众工作，不筹款，因此就脱离了群众，又保障不了供给。"②

---

① 《中革军委关于坚决夺取赣州乘胜消灭来援敌人的训令》，1932年3月1日。

② 《朱德选集》，第131～132页，人民出版社1983年版。

曾在朱德身边工作的沈毓珂回忆说："一九六一年二月，朱德同志经江西铅山县到达闽西视察。途经武夷山时，汽车沿着公路盘旋而上，到达岭头时，他特意走下车来，爬到一个山包上瞭望了好久。当他看到那一带层峦叠嶂、连峰矗天的地势，曾感慨万分地说：'一九三二年春，王明'左'倾机会主义路线极力推行进攻中心城市的错误方针，当时以红军一部分去打赣州，结果没有攻下来。毛主席针对这种错误方针，提出向闽、浙、赣地区挺进，从这一带一直向浙江方面发展，但这正确主张未被采纳。结果力量分散，使我军更加被动，直到毛主席率部攻下漳州后，才扭转了当时的形势。"①

那天晚上，往事仍然萦绕在朱德心头，使他久久不能入眠，提笔写下了《经闽西感怀》诗一首：

> 不听仙人指，寻求武夷巅。
>
> 越过仙霞岭，早登天台山。
>
> 赣闽成一片，直到杭州湾。
>
> 出击未巩固，灭敌在此间。

撤围赣州后，朱德等指挥红军主力转移到了赣州以东和以南地区休整。3 月 12 日，朱德、王稼祥、彭德怀发出整编部队的训令：红四军、红十五军编为红一军团，林彪任总指挥，聂荣臻任政治委员；红五军、红七军、红十四军编为红三军团，彭德怀任总指挥，滕代远任政治委员；红三军、红十三军编为红五军团，季振同任总指挥，董振堂任副总指挥，萧劲光任政治委员。

就在红军攻打赣州失利，已处在腹背受敌的境地时。周恩来派项英赶赴东华山，请毛泽东迅速下山，一起前往赣州前线讨论下一步的行动。毛泽东闻讯，立刻带着警卫人员下山，冒着风雨赶往瑞金，致电赣州前线指

---

① 沈毓珂：《踏遍青山人未老——回忆敬爱的朱委员长体育生活片断》，《湖北文艺》1977 年第 4 期。

挥部，提议大胆起用起义才两个月、原来被作为预备队的红五军团，以解红三军团之围。当晚，他又从瑞金出发，日夜兼程，赶到位于赣州城外江口镇的前线指挥部。

赶到前线指挥部后，毛泽东提议中共苏区中央局立即在前线召开会议，讨论打赣州的经验教训和红军下一步的行动方针。3月中旬，苏区中央局扩大会议在江口镇召开，朱德参加了这次会议。毛泽东在会上明确指出攻打赣州是错误的，他主张红军主力应向敌人力量比较薄弱、党和群众基础较好、地势有利的赣东北发展。但是，有人还是坚持认为打赣州是正确的，主张红军主力开到湖南去。会议没有接受毛泽东的意见，但也没有把部队开到湖南去，而决定红军主力"夹赣江而下"，向北发展，相机夺取赣江流域的中心城市或较大城市。

根据江口会议决定，3月18日，朱德、王稼祥、彭德怀发布训令，指出：我工农红军应乘着目前有利于革命发展的时机，积极地向苏区邻近几个中心城市威胁，广泛地争取群众，推广苏区，以包围几个中心城市，以影响时局，以变动形势，造成许多夺取中心城市的优越条件，而相机夺取之，以开展和迫近革命在湘鄂赣首先胜利的前途。训令中还规定：红一军团、红五军团组成中路军，以林彪为总指挥，聂荣臻为政治委员；红三军团组成西路军，以彭德怀为总指挥，滕代远为政治委员。训令中对两路红军的任务作了部署：西路军应赤化河西，贯通湘赣及湘鄂赣苏，与中央苏区打成一片，并相机夺取河西内外城市，以为革命向湘赣发展的根据。中路军须迅速集中宁都，以宜章、乐安、崇仁为目标，努力争取三县苏区，以威胁吉安、樟树、临川、南丰、南城之敌，俟敌情变动，即相机夺取一个或几个中心或较大城市①。

训令发布后的第二天，朱德率领中革军委转移到了雩都。3月27日，周恩来在瑞金主持召开中共苏区中央会议，决定将中路军改称东路军，同意毛泽东以中央政府主席身份率领东路军打闽西的龙岩，并向东南方向

① 《中央军委关于今后行动方向和部队部署的训令》，1932年3月18日。

发展。

在这以后，毛泽东率领东路军开赴闽西；彭德怀、滕代远率西路军西渡赣江，进到上犹、崇义地区；朱德、王稼祥率中革军委从雩都移驻到长汀。

坚持正确的作战方针

从 1932 年春开始，蒋介石就准备对中央革命根据地发动第四次"围剿"。5 月下旬，蒋介石亲自担任鄂皖"剿匪"总司令，随即调集 90 个师共 50 万兵力，向鄂豫皖和鄂西革命根据地发动大规模进攻。6 月间，蒋介石在庐山召开豫、鄂、皖、湘、赣五省"剿匪"军事会议，具体部署对各革命根据地的第四次"围剿"。这次大规模"围剿"分两个阶段进行：第一阶段，先把重点放在鄂豫皖和湘鄂西这两个革命根据地；第二阶段再集中兵力"围剿"中央革命根据地。

针对敌人的进攻态势，中共临时中央在 6 月 5 日发出致各根据地的军事训令，要求"中央苏区一、五军团主力，应先与河西三军团相呼应，解决入赣粤敌，在可能条件下，占领梅岭关，再沿江北上，占领赣州、吉安、樟树，以争取南昌为目的。赣州如一时不能攻下，可先争取吉安。"①

根据中共临时中央的这个指示，6 月 8 日，朱德、王稼祥在福建上杭县的官庄召开军事会议，讨论对入赣粤军的作战计划。会议决定东路军迅速回师赣南，同西路军会合。第二天，朱德、毛泽东、王稼祥率领东路军由闽西出发，冒着酷暑，日夜兼程，向赣南急进。

但在回师赣南的途中，中共临时中央和中共苏区中央局决定，恢复红一方面军建制，仍辖第一、第三、第五三个军团，朱德兼任红一方面军总指挥，王稼祥兼任红一方面军政治部主任，毛泽东没有恢复红一方面军政

MILITARY STRATEGIST——
ZHU DE ——

---

① 《中央致各苏区的军事训令》，1932 年 6 月 5 日。

治委员的职务，仍以中央政府主席身份随红一方面军行动。同时，取消了东路军和西路军的番号。

6月21日，原东路军到达赣南安远县的天心圩时，朱德、毛泽东、王稼祥决定，首先向进入江西境内的广东之敌发起进攻，并于当天命令全军"首先要迅速地、坚决地消灭入赣粤敌"。

命令下达后，朱德、毛泽东、王稼祥立即指挥红一军团、红五军团向南雄推进。彭德怀、滕代远也率领红三军团，从湘南回到赣西南的大余东北地区，以钳制由赣南后撤的广东之敌。

侵入赣南的广东之敌，得知红军主力由闽西回到了赣南，并有夺取它的后方南雄的意图后，急忙命令李振球、叶肇两个师共八个团向大余集中，企图在东、西两路红军会合之前实行各个击破。7月1日，当敌人这两个师向南雄推进到南康、大余间的池江附近时，遭到红三军团的截击。三天后，红三军团开始向大余之敌发起多次围攻，但因敌据险顽抗，双方打成相峙。①

7月7日，广东之敌第四师由赣南的信丰到达南雄附近的乌径，独立第三师、第五师由韶关增援南雄，企图南北夹击由闽西回师的红军部队。7月8日至10日，朱德、毛泽东、王稼祥指挥红一军团、红五军团等部在南雄、乌径之间的水口圩，同这两股广东之敌展开了一场激战。战斗极为惨烈，当年参加指挥这次战斗的聂荣臻曾回忆说："水口战役是著名的恶仗。双方伤亡之大，战场景象之惨烈，为第二次国内革命战争时期所罕见。尸横遍野，对于这次战斗来说，并不是过甚其词。有的部队白天打仗，夜间还要在该地露营，许多同志疲劳过甚，倒头便睡，第二天拂晓才发现是和尸体露营在一起了。有的同志夜间口渴，摸到河沟去喝水，有一股血腥味，第二天拂晓一看，河沟里的水泛着红色。"②

经过大余、水口之战，红军共击溃敌人15个团，使广东之敌全部

① 参见《朱德传》（修订本），第358页，中央文献出版社2000年版。
② 《聂荣臻回忆录》上，第156页，战士出版社1983年版。

退出了赣南根据地，并在此后较长一段时间内不敢再向赣南根据地进犯。

但是，由于红军的前方误报敌情，兵力又不集中，这两战只是击溃了敌人，没有大量歼灭敌人，红军也遭到了重大的伤亡。对于这样的教训，朱德进行了认真的总结，并要求红军指战员必须认真吸取，迅速改正。7月20日，他以中央革命军事委员会主席兼红军第一方面军总司令的名义发布一道训令，指出："在战斗间高级指挥员对于战场的指挥因战争环境的迁移而有许多灵机应变的处置，前线各级指挥员应不断地将敌情据实报告，以帮助高级指挥员之决心和处置。但报告如不确实，则处置亦因之错误。这是我各级指挥员应特别注意的。此次作战中如三军团误报大余之敌已经退却，致我军改变作战目标；又五军团报告水口之敌已退去，我军追踪不及，致高级指挥员对增援计划中途改变，不能迅速歼灭该敌，延长战局至三天之久。以上严重错误，是由于对反革命向革命进攻的坚决和顽强估计不足，亦由于忽视阵地侦察工作所致，倘不严格纠正这些现象，将必影响战局，致革命战争于不利。特此通令。希各级指挥员以后报告敌情务要精确，遇有可疑之处亦须说明，俾上级容易判断而处置。"①

中共临时中央和中共苏区中央局原来要求，红一方面军应乘胜立刻从赣江上游西渡赣江，沿江北上，夺取赣州、吉安，以打通湘赣根据地的联系。

怎样执行临时中央和苏区中央局的指示？要不要再打赣州？这时，红一方面军各军团正在信丰一带休整。7月21日，周恩来作为中共苏区中央局代表赶到了前线，来到了红一方面军总司令部，同朱德、毛泽东、王稼祥一起认真地进行了研究，一致认为，在敌人已经集结40个团以上的兵力，准备阻止红军西渡赣江的情况下，临时中央和苏区中央提出的计划是不可能实现的。于是，7月25日，在前线的周恩来、毛泽东、朱德、王稼

---

① 《朱德军事文选》，第86页，解放军出版社1997年版。

祥联名致电在后方的中共苏区中央局,指出:"我们再三考虑,认为赣州上游敌军密接,在任何一点渡河出击赣敌,都有被敌人绝断危险,如攻新城、南康,将引起宁、赣敌人分进合击,或隔江对峙,造成更不利条件。""因此,决往赣江下游先取万安,求得渡河,解决陈(诚)罗(卓英)等四个师主力,以取吉安等城市。如敌人渡河东决战更好。但此行动须极迅速秘密,我们决后方开始集中行动。"①

根据作战的需要,也就在这一天,周恩来、毛泽东、朱德、王稼祥又联名致电在后方的中共苏区中央局,提议由毛泽东任红一方面军总政治委员。电报说:"我们认为,为前方作战指挥便利起见,以取消政府主席一级,改设总政治委员为妥,即以毛任总政委。作战指挥权属总司令、总政委,作战计划与决定权属中革军委,关于行动方针中央局代表有决定权,会议只限于军委会议。"② 8 月 8 日,苏区中央局同意了这一提议。当天,朱德、王稼祥、彭德怀以中央革命军事委员会主席、副主席的名义发布通令:"奉中央政府令,特任毛泽东同志为红军第一方面军总政治委员,现毛同志已到军工作。"

按照这一决定,朱德命令部队由赣粤边境北上,于 8 月上旬先后到达兴国、雩都地区。

随着红军的北上,敌人的两个师也沿赣江西岸向北行进,并于 8 月上旬到了遂川地区。敌人的另外一个师向万安集结,准备阻止红军西渡赣江。针对这种情况下,8 月初,周恩来、毛泽东、朱德、王稼祥在兴国县的竹坝召开军事会议,商讨对策。

不久,中共苏区中央局也在兴国召开会议,重新讨论了红一方面军的行动方向问题。会议经过讨论,同意毛泽东提出的外线作战要在有胜利把握的情况下进行的建议,决定红一方面军主力在赣江以东的地区北上作战,先消灭乐安、宜黄之敌,再打由赣江以西或由南城、南丰等地前来的

① 周恩来、毛泽东、朱德、王稼祥:《关于当前作战方向问题给中央局电》,1932 年 7 月 25 日。

② 《朱德军事文选》,第 88 页,解放军出版社 1997 年版。

援敌，进而威逼和夺取吉安、抚州，以配合鄂豫皖、湘鄂西根据地红军反"围剿"作战。会议还决定，在前方组成由周恩来任主席，毛泽东、朱德、王稼祥为成员的最高军事会议，负责决定前方的行动方针和作战计划；毛泽东任红一方面军总政治委员。

8月8日，朱德、王稼祥、彭德怀以中央革命军事委员会的名义下达发动乐安、宜黄战役的军事训令，指出："从目下敌军配备上与行动上看来，判断敌军是以扼制我军渡过河西贯通湘、赣之目的，将主力摆在河西，赣东敌军数量较少，其中以乐安、宜黄方面为最薄弱"；"应该针对着北路的'围剿'敌军布置较弱与我军运动较利一面，集结本方面军的全力，以坚决、迅速、秘密的行动，首先消灭乐安、宜黄方面之高树勋所部。"①

8月16日拂晓，进攻乐安城的战斗打响。第二天下午2时，乐安城攻克。这是红一方面军北进取得的第一个胜仗。

接着，周恩来、毛泽东、朱德、王稼祥指挥红军乘胜前进，又先后击溃敌人的两个团，直抵宜黄城下。8月20日拂晓，红军对宜黄城发起猛烈攻击，经过一天一夜的激战，占领了宜黄县城。

乐安、宜黄战役胜利以后，下一步如何行动？中共苏区中央局在前方和后方的领导人之间又发生了严重分歧。在前方指挥作战的周恩来、毛泽东、朱德、王稼祥从实际情况出发，没有按照苏区中央局原定计划向敌重兵集结的地区推进——西取吉安或北攻抚州，而是挥师东进，攻打南城，准备打开赣东局面。但是，当红一方面军主力进抵南城附近时，发现敌已在这里集中三个师的兵力准备固守，并有援军赶来，周恩来、毛泽东、朱德、王稼祥立刻决定改变攻打南城的计划，将红一方面军主力退却到根据地内的东韶、洛口，随后又撤至宁都以北的青塘一带休整，寻求战机。

可是，在后方的中共苏区中央局领导人却认为前方的做法是"不正确

---

① 朱德、王稼祥、彭德怀：《中央军委关于发起乐安宜黄战役的军事训令》，1932年8月8日。

的决定"，"给群众以十二分不好的影响"。他们一再催促红一方面军主力继续北上，威胁南昌，以减轻敌人对鄂豫皖、湘鄂西等根据地的压力。

9月23日，在前方的周恩来、毛泽东、朱德、王稼祥在给中共苏区中央局并转中共中央的电报中，对红一方面军下一步的行动问题提出了明确的意见，指出："目前红军的行动最好能立即出击敌人，开展闽北，发展局势，振兴士气，并给鄂豫皖、湘鄂西以直接援助。但出击必须有把握的胜利与消灭敌人一部，以便各个击破敌人，才是正确策略，否则急于求战而遭不利，将造成更严重错误。""我们认为在现在不利于马上作战的条件下，应以夺取南丰，赤化南丰河两岸尤其南丰至乐安一片地区，促起敌情变化，准备在运动战中打击与消灭目前主要敌人为目前行动方针。"①

9月25日，中共苏区中央局复电，不同意周恩来、毛泽东、朱德、王稼祥提出的正确意见，指出："我们不同意你们分散兵力，先赤化南丰、乐安，逼近几个城市来变换敌情，求得有利群众条件来消灭敌军"，"这在实际上将要延缓作战时间一个月以上。将于鄂赣皖、湘鄂西与更直接的河西十六军、八军积极而艰苦的行动，不是呼应配合的。而且更给敌军以时间来布置。分散亦有被敌袭击危险，于我们不利，可以演成严重错误。""我们认为，红军主力配合现联系力量积极出击敌军，先去袭击乐安之九十师给以打击，并求得消灭此敌。如因有敌三面增援之困难，十分不易得手，则可主力由南丰、黎川之间，突击或佯攻南城，引出南丰之敌而消灭之。"②

当天，周恩来、毛泽东、朱德、王稼祥立即给中共苏区中央局的复电，仍坚持原定作战计划，并强调指出：

"现在如能马上求得战争，的确对于鄂豫皖、湘鄂西是直接援助，并开展向北发展的局面，我们对此已考虑再三。但在目前敌情与方面军现有

①　《毛泽东军事文集》，第1卷，第290～291页，军事科学出版社、中央文献出版社1993年版。

②　中共苏区中央局：《关于分散兵力先赤化城市再歼敌之布置之意见》，1932年9月25日。

力量条件下，攻城打增援部队是无把握的，若因求战心切，鲁莽从事，结果反会费时无功，徒劳兵力，欲速反慢，而造成更不利局面。""如攻乐安，以过去经验，急切不易得手，必引起西路强大增援，内外夹击，将陷于不利。由黎川佯攻南城，有大河相隔，佯攻无作用，无法打增援部队。现在只有一个机会，即宜黄仅驻孙连仲部，五师有开贵溪说，如属实当可以牵制东西两面敌人。强攻宜黄，消灭孙连仲部为第一步计划，但必须俟敌证实才能开动，如此将延长在苏区待机日期，不确则必虚耗时日。""我们认为打开目前困难局面，特别要认识敌人正在布置更大规模的进攻中区，残酷的战争很快就要到来，必须勿失时机地采取赤化北面地区，逼近宜（黄）、乐（安）、南丰，变动敌情，争取有利于决战以消灭敌人的条件。具体布置，我们更主张第一期以赤化南丰之西、宜（黄）、乐（安）之南一片地区，并作战争的准备，随时打击东西进攻，或宜、乐、丰的袭击部队。这样才能胜利地配合全国红军的进攻，这自然是积极进攻的。"①

周恩来、毛泽东、朱德、王稼祥考虑到前方同后方的意见分歧很大，一时难以得到统一，因此，在这一电报中还提议"即刻在前方开一中局全体会，并且要全体都到，这不仅可以解决目前行动问题，并要讨论接受中央指示，红军行动总方针与发展方向，地方群众动员与白区工作，特别是扩大红军苏区与争取中心城市之具体进行等。日期以三十日开为好，三天赶到宁北的小塘。"②

9月26日，中共苏区中央局再次来电，指示红一方面军要北攻乐安的敌吴奇伟部第九十师，还提出："项英、邓发已去闽西参加会议，而且你们亦须随军前进，中央局全体会议不可能开。"③

接到中共苏区中央局的复电后，周恩来、毛泽东、朱德、王稼祥立即

① 《毛泽东军事文集》，第1卷，第293~294页，军事科学出版社、中央文献出版社1993年版。

② 《毛泽东军事文集》，第1卷，第294页，军事科学出版社、中央文献出版社1993年版。

③ 《中央局关于部队应向北移动靠近边区问题给周毛朱王电》，1932年9月26日。

于当天发出复电，明确表示不同意中央局北攻乐安的意见，说："乐安敌吴奇伟师，非高树勋一旅可比。前次攻乐犹费时两日，如攻乐三日不下，西来援敌必至，内外夹击转增不利。"最后，他们提出："中央局全体会以项（英）、邓（发）两同志回后，仍以到前方开为妥，因有许多问题如前电所指，必须讨论解决，日期以在十月十号以前为妥。"①

同一天，朱德、毛泽东以总指挥和总政治委员的名义向红一方面军发出为积极打破敌人第四次"围剿"，红一方面军向北工作一个时期的训令，指出："在目前敌人坚守据点、向中央苏区游击进扰，与迅速布置大举进攻的情况下，我们中区工农红军为要造成胜利的进攻，以粉碎反革命的大举进攻的优越条件，决定战备地在这一湘北地区做一期（十天为一期）争取群众推广苏区以及本身的教育训练工作。这一行动的任务，是要消灭敌人的零星的游击力量，肃清这一地区的反动武装，争取和赤化北面敌人这些据点附近的地区和群众，整顿扩大和建立这些地区的游击队，并且用战斗的准备，随时可以打击和消灭敌人的出击部队，以至造成更有利于与北面敌人决战和消灭敌人主力的条件，来夺取中心城市，来实现江西革命的首先胜利。"②

中共苏区中央局接到这个训令后十分生气，9月29日立即给周恩来、毛泽东、朱德、王稼祥发出一份电报，一开头就指责说："我们认为，这完全是离开了原则、极危险的布置，中央局决定暂时停止行动，立即在前方开中央局全体会议。"并说："如军队已出动，则应集结兵力于适当位置。"

中共苏区中央局发出这一电报后，觉得还不解气，第二天，他们又单独给周恩来发出一份电报，质问道："方面军是不向北行动？"严厉地说，一切离开原则完成目前任务的分散赤化的观点，应给以无情地打击。

就在中共苏区中央局与在前方的周恩来、毛泽东、朱德、王稼祥在作

---

① 《朱德军事文选》，第96页，解放军出版社1997年版。

② 《毛泽东军事文集》，第1卷，第298页，军事科学出版社、中央文献出版社1993年版。

战问题上意见不统一之时，蒋介石已经命令他的军队准备向中央革命根据地发动大规模的进攻了。9月30日，周恩来、毛泽东、朱德、王稼祥再一次给中共苏区中央局发去一份电报，指出："我们估计到敌人即将倾全力大举进攻中区并已首先向赣东北、湘鄂赣摧残进攻。""提议在前方开中央局全体会，四天后可开成，军事行动计划亦将在这一会中决定。"①

10月3日至8日，中共苏区中央局的后方领导人任弼时、项英、顾作霖、邓发，与前方的周恩来、毛泽东、朱德、王稼祥一起在宁都北部的小源村举行了中共苏区中央局全体会议，这就是著名的"宁都会议"。

会上展开了激烈的争论。毛泽东坚持9月26日训令的观点，不同意红军无条件地离开中央革命根据地出击强敌。会议指责毛泽东、朱德等对"夺取中心城市"方针的"消极怠工"，是"上山主义"，把他们提出的"诱敌深入"方针，指责为"守株待兔"、"专去等待敌人进攻的右倾主要危险"等等。对于红一方面军下一步的行动方针，会议决定："接受中央行动方针的指示电，认为需立即紧急充分动员，要以最积极迅速的行动，在敌合围未成之前，选择敌弱点各个击破敌人，以粉碎敌人大举进攻，夺取中心城市，争取江西首先胜利。"②

当有人在会上提出把毛泽东召回后方，专负中央政府工作责任，由周恩来负战争领导的总责时，周恩来不同意毛泽东回后方，认为"泽东积年的经验多偏于作战，他的兴趣亦在主持战争"，"如在前方则可吸引他贡献不少意见，对战争有帮助"。他提出了可供选择的两种方案："一种是由我负主持战争全责，泽东仍留前方助理；另一种是泽东负责指挥战争全责，我负监督行动方针的执行。"由于大多数人认为毛泽东"承认和了解错误不够，如他主持战争，在政治与行动方针上容易发生错误"。会议通过了周恩来提出的第一种意见，"泽东仍留前方助理"。但是，毛泽东认为，既

---

① 周恩来、毛泽东、朱德、王稼祥：《敌人进攻苏区的情况与在前方召开中央局全会的报告》，1932年9月30日。

② 《任弼时、项英、顾作霖、邓发对宁都会议经过与争论之说明》，1932年11月12日。

然他不能得到苏区中央局的全权信任，而他又坚持不肯承认自己的方针是错误的，那么留在前方还有什么意义呢？因此，他本人并不同意这种安排，要求暂请病假回到后方去。会议最后同意了毛泽东的要求，让毛泽东回后方，"必要时到前方"。

10月12日，朱德、彭德怀、王稼祥根据宁都会议决定，以中央革命军事委员会的名义发布通令："红一方面军总政治委员毛泽东，为了苏维埃工作的需要，暂回中央政府主持一切工作，所遗总政治委员一职，由周恩来代理。"就这样，毛泽东再一次被撤销了红一方面军总政治委员的职务。

宁都会议之后，毛泽东离开了红一方面军，朱德、周恩来继续赴前线指挥红军作战。临行时到毛泽东住地话别。事隔多年，朱德还经常谈起宁都会议这件事。他曾多次说过："宁都会议后，毛泽东同志离开军职，我是举手不赞成的。"①

"5万"对"50万"的较量

宁都会议期间，湘鄂西和鄂豫皖革命根据地的反"围剿"已相继失败。蒋介石便把他的主力调往江西，把"围剿"的重点转到了中央革命根据地。

情况极为危急。1932年10月14日，这时，毛泽东已经离开红一方面军，但朱德、周恩来还是以红一方面军总司令朱德、总政治委员毛泽东、代总政治委员周恩来的名义，在广昌发布作战计划，决定趁敌人对中央革命根据地大举进攻的部署还没有完成之机，出其不意地、迅速地向敌人军事力量薄弱的建宁、泰宁、黎川发起进攻，以策应其他革命根据地红军的作战，并同赣东北革命根据地取得联系。

朱德、周恩来指挥部队由广昌出发向东急进，在10月18日至11月19日的30余天内，连续攻克建宁、泰宁、黎川、邵武、光泽、资溪、金溪七座县城，这使敌人十分惊慌，陈诚急忙命令原驻南城的许克祥部第二

---

① 《朱德在中共八届八中全会上的发言》，1959年8月。

十四师和原驻临川的孙连仲部第二十七师，从南、北两个方向夹击金溪。11 月 20 日，当敌第二十四师进到南城东北时，朱德、周恩来乘敌正在运动之中，指挥红三军团和红三军主力于 21 日迅速消灭了该师的一个团，打破了敌人的这次南北夹击的企图。

为了迎接即将到来的对中央革命根据地的大规模"围剿"，11 月 24 日，朱德、周恩来、王稼祥联名向红一方面军发出了《为粉碎敌人四次"围剿"的紧急训令》，明确指出："我们要认定敌人大举进攻的战火就在眼前。""我方面军在击破敌人向金溪夹击的计划后，现正集结主力，逐渐转移作战目的，到其他地带，准备配合全苏区各作战部队的全线出击，在适当地域消灭敌人大举进攻的基干部队，以利于各个击破敌人，完全粉碎敌人的第四次'围剿'。""全方面军及各作战地域的指挥员、战斗员，都应认识目前任务的严重，目前的战斗将关系到苏维埃中国的胜负，要为拥护工农劳苦群众的利益，兴奋起布尔什维克的勇气与热忱，要提高战斗情绪，下拼死的决心，要集中一切力量，准备一切牺牲，抛弃一切动摇，来争取战争胜利到底。"为达到上述目的，训令要求红一方面军必须做到：绝对服从上级命令，不容丝毫动摇、犹豫与迟缓。要以坚决、迅速、秘密与有配合的行动，来实现每一战役的全般意图，即使遇到敌人一营一连，也须以坚决勇猛的行动去消灭他，这才能消灭敌人直到敌人的全部，提高起红军无上的战斗热情。要与全苏区各作战部队团结得像一个人一样，加强政治上的动员，从加紧阶级的政治教育上巩固全体红色战士的阶级的自觉与团结，加强胜利的信念，发展其革命精神与牺牲的决心。要严肃红军的纪律，以集中一切精神于歼灭敌人的当前的伟大任务上。要努力解决一切困难，从各方面巩固和提高红军的战斗力。要最大努力地提高对军事技术与战术的注意与学习，加紧作战地域的群众工作，为粉碎敌人的大举进攻创造条件。

训令发出以后，为了加紧红军的军事训练，12 月 2 日，朱德、周恩来又发布了加紧军事训练的训令，提出，现在"特别是军事技能更有落后的现象"，"这在敌人大举进攻中，是不可容有的现象。因此，我们在这战斗间断的瞬间，拟予以迫切的训练。"

12 月 26 日，朱德和王稼祥、彭德怀又以中央革命军事委员会的名义发布了《给各作战地域指挥部的密令》，指出："为着粉碎帝国主义国民党的四次'围剿'和对中央区的大举进攻，我们一定要在国内阶级力量对比之变化愈有利于革命的条件下，运用去年一、二、三次战役的宝贵经验，改正过去许多战役中的错误和缺点，来准备和进行全战线上的运动的战斗，以反对国民党的军队。同时必须估计到敌人与我红军作战，兵力增加多了，且接受过去许多惨败的教训，尤其是得到帝国主义更多的帮助和指示，在战略与战术上，都有相当的变更和进步。因此，我们应较三次战役时期更有进步、更加紧张和努力地来部署一切政治上、军事上的动员。""我们必须以集中的力量给敌人弱点以最重大之打击，来各个击破敌人。"①

在这期间，朱德还命令红一方面军抓紧时间，进行战前改编整顿，精简机关人员，充实连队，以加强前线的作战能力。

在朱德、周恩来等的领导下，红一方面军反"围剿"作战的准备工作在紧张地进行着。12 月 30 日，以何应钦为总司令的国民党赣闽粤边区"剿匪"总司令部，下达了对中央革命根据地第四次"围剿"的命令。敌人以 29 个师又 2 个旅，约 50 万人的兵力，分左、中、右三路向中央革命根据地"分进合击"。

"黑云压城城欲摧"。面对 50 万之敌的"围剿"，红军只有 5 万余人，双方兵力对比是 10∶1。

新的一年又到来了。1933 年元旦，红一方面军在黎川城举行北上誓师大会。当天，朱德、周恩来、王稼祥发布训令，强调："这次行动是粉碎敌人大举进攻的主要关键，争取这次行动的全部胜利，消灭当前的敌人，特别是陈（诚）、罗（卓英）、吴（奇伟）、周（浑元）各部，冲破抚州（河）流域的敌人围攻线，破坏敌人大举进攻的前线布置"。"这是开始一

---

① 《朱德军事文选》，第 106、107 页，解放军出版社 1997 年版。

九三三年四次战役伟大胜利的中心任务。"①

随即，朱德、周恩来指挥部队向北隐蔽急进。1933 年 1 月 5 日，歼灭黄狮渡守敌一个旅，取得了北上的第一个胜仗。接着，又挥帅向金溪秘密运动，很快占领了该县城。这时，驻守在临川的敌三个师经浒湾分两路向金溪、黄狮渡增援而来，敌在南城的一个师也从南面进行策应，企图南北夹击红军，同红军主力决战于浒湾东南地区。

根据敌情，朱德、周恩来乘敌人还未会合之际，于 1 月 7 日下达了攻击浒湾的命令。第二天上午 9 时半，攻击浒湾的战斗打响了。经过一天一夜的激战，由临川增援的敌三个师全部被击溃，红军占领了浒湾。由南城前来增援的敌人，得知浒湾被攻克的消息后，也撤回到了南城。

黄狮湾、浒湾战役胜利后，朱德写了《谈黄狮渡到逼近抚州的一个战役》，及时总结了这次战役的经验教训，指出："红军战术主要原则是：秘密、迅速、坚决，大规模协同作战，务须服从命令与机断专行。……我们红色军人因负有革命的使命、政治的任务，故能本着阶级觉悟，发扬攻击精神，常与敌人作殊死战，且在作战中，都能运用上述原则，争取每个战斗的胜利。"朱德特别强调对这些作战原则要灵活运用，"活用以上五项原则，红军已有相当成绩。红军能攻亦能守，更能迅速追击，不但在苏区能战胜敌人，即在白区亦同样地能大规模作战，获得伟大的胜利。同志们！原则是不欺哄我们的，只要能灵活运用，必能顺利消灭一切敌人。"②

黄狮湾、浒湾战役后，红一方面军下一步的行动方针是什么？战场应摆在哪里？前方的周恩来、朱德、王稼祥同后方的中共苏区中央局成员之间，又产生了意见分歧。

在前方的周恩来、朱德、王稼祥主张红一方面军主力继续北上贵溪地区，打通同赣东北红十军的联系，在抚州和信江之间开辟新根据地，待北线的敌人发动进攻时，将它消灭在运动中。1 月 12 日，周恩来把这个意见

---

① 朱德、周恩来、王稼祥：《关于向北行动工作的训令》，1933 年 1 月 1 日。
② 《朱德军事文选》，第 140～142 页，解放军出版社 1997 年版。

报告给了苏区中央局、中央政府并中共临时中央。为了实现这一行动计划，同一天，周恩来、朱德、王稼祥又致电中共闽浙赣省委，指示他们"应将作战中心转到信河南岸"，协同红一方面军将闽浙赣根据地同中央根据地打成一片。

1月16日，中共苏区中央局复电周恩来、朱德，不同意前方的意见，提出要"首先打击南城城外敌人，调动敌人，求得战机"。21日和23日，周恩来、朱德两次致电苏区中央局、中央政府急转中共临时中央，提出不同意见。

1月24日，中共苏区中央局给周恩来、朱德、王稼祥发出了复电，在这份电报中，他们毫不客气地说，"我们绝对地要你们在将来关于策略上的问题立即告诉我们，不要拖延过迟，我们要你们站在一致的路线上执行以下的指示"："集中我们所有主力取得南城并巩固和保持它。""然后再进攻和取得南丰，并巩固和保持它。"最后要求"立刻将你们和前方的决定，清楚直接电告我们"，"并电告我们执行之结果"。

周恩来、朱德、王稼祥依然不同意中共苏区中央局的这些指示，周恩来多次致电苏区中央局和中共临时中央陈述他们的意见，明确提出强攻坚城南城和南丰的不利条件有五点：一是暴露我军企图；二是容易受敌人夹击；三是损伤太大；四是不能筹款；五是耗费时日。提出应在敌人部署未完毕前，在抚河东岸连续求得在运动中解决敌人，并特别说明："上述意见，朱（德）、王（稼祥）等同志大都同意。"

敌人对中央革命根据地发动的第四次"围剿"的部署越来越加快了。1月31日，蒋介石在南昌主持召开军事会议。不久，蒋介石亲自兼任江西省"剿匪"总司令，并设置南昌行营，统一指挥"围剿"中央革命根据地的军事行动，并采取"固守城防"的新策略。在这种情况下，周恩来、朱德原来设想的先发制人，在抚河以东调动并消灭敌人的计划已不可能实现。他们便在2月2日率领部队转移到了黎川附近待机。

敌人的大规模进攻的时间就要到来了。周恩来、朱德、王稼祥心中十分着急。他们感到远处后方的苏区中央局不应该处处干涉前方的军事行动的"具体部署"，而应该让前方有一定的自主权。2月3日，他们给苏区中央局发了一份电报，指出："连续的、残酷的战斗立刻就到，战争与军事布置更应确定统一指挥。提议中央局经常给我们前方以原则上与方针上的指示，具体部署似宜属之前方。"

话已经说到这个份上了，但是，后方的苏区中央局不仅没有听进前方的正确意见，反而以"中央指示"和苏区"中央局全体通过"的帽子来施压。他们在第二天给周恩来、朱德、王稼祥的复电中说道："在目前敌人据点而守的形势下，无法避免攻击坚城。"并称根据中央指示电，"在总政治任务之下，应以抚州（临川）为战略区。目前行动，先攻南丰为适宜。""并乘胜威胁南城、抚州，是我们目前的方针。""此新计划经中央局全体通过，请立即讨论，并电告执行的具体部署。"

看来，中共苏区中央局对攻打坚城南丰的计划已容不得再讨论了。但是，周恩来、朱德、王稼祥还是在力争改变这一计划。2月7日，他们在给苏区中央局并转临时中央的电报中，再次陈述意见：

"中央、中央局指示我们以破坏敌人围攻线、夺取抚州为战略中心，完全是正确的。几月来我们本此旨，力求消灭敌人主力，可乘胜直下坚城。惟关于行动部署，尤其是许多关联到战术上问题的部署，请求中央、中央局须给前方以活动、以机断余地和应有的职权。否则，命令我们攻击某城，而非以训令指示方针，则我们处在情况变化或不利的条件下，使负责者非常困难处置。因在组织上，尤其在军事上须绝对服从上级命令，不容丝毫延搁，但在责任上，在环境上，我们又不得不向你们陈述意见。关于行动部署，共在前方一地开会，宁都会我犹指示其不对，如前后方以电报讨论起来将误大事。因此，我们恳切请求你们解决这一困难问题，并请中央局派邦宪、闻天两同志代表来前方一行，一方面传达中央指示精神，一方面更可明了前方作战与红军状况。"①

从这一电报可以看出，在前方的周恩来、朱德、王稼祥对后方的苏区

① 《朱德军事文选》，第120页，解放军出版社1997年版。

中央局是不满意的。在没有办法的情况下，他们请求派秦邦宪和张闻天两人到前方来。

虽然，在前方的周恩来、朱德、王稼祥一方面在努力地陈述他们的意见，力争改变苏区中央局强攻南丰的计划，但是，另一方面他们又不得不执行苏区中央局的指示。2月9日，周恩来、朱德率领红一方面军由黎川附近向南丰地区开进。12日黄昏后，命令红三军团和红五军团各一部在夜间向南丰城西北的外围阵地发起进攻。但因守敌的工事险要坚固，经过一夜猛攻，未能突破，歼敌不足1个营，而红军却损失400余人。

敌人为守住南丰城，又不断派兵前来增援。在这种情况下，周恩来、朱德认识到，如果还是按照苏区中央局的意见强攻南丰的话，红军必将遭受敌人的包围，使红军陷于极端危险困境之中。于是，他们果断地决定把强攻南丰改为佯攻，留下一部分兵力继续进攻南丰城以迷惑敌人，命令红一方面军主力迅速撤离南丰，秘密转移。

根据敌人的行动，朱德、周恩来毅然决定，派红十一军伪装红军主力由新丰东渡抚河，向黎川地区急进，引诱敌主力向东，而红军主力再向南秘密向宁都北部的东韶、洛口一带转移，一边休整，一边隐蔽待机，准备将敌消灭在运动之中。

朱德、周恩来的这一决策果然调动了敌人。敌人的主力分三路开始向黎川急进，以寻找红军主力进行决战。

朱德、周恩来立即在东韶召开军事会议，认为向黄陂的敌第五十二师和第五十九师已处于孤立地位，暴露在红军面前，正是将他们消灭在运动中的大好时机。于是，会议决定，在黄陂地区预先设下埋伏，打一个大兵团伏击战，以歼灭敌第五十二和第五十九两师。

东韶军事会议后，朱德、周恩来发出向黄陂地区进军的命令，指出："乐安敌人两个师，有于本（二十六）日向东、黄陂前进，宜黄敌人一个师自神岗、党口前进模样。""我方面军拟于二十七日，以遭遇战在河口、东陂、黄陂以西，东坑岭、固岗、登仙桥以东地带，侧击并消灭乐安来敌。"

根据这一命令，朱德、周恩来把红一方面军分为左、右两路，平行北上，包抄敌人。

一切部署都完成后，朱德、周恩来立刻率领红一方面军主力，迅速向黄陂地区进发。

黄陂一带山高林密，层峦叠嶂，道路崎岖，地形险要，是打伏击战的良好地势。2月26日，红一方面军各部队先于敌人一天秘密到达预定的黄陂、蛟湖地区，隐蔽在深山老林中。

部队到达以后，朱德、周恩来亲临前线了解情况并给以指示。当他们来到设在登仙桥右侧山头上的左路队指挥部时，朱德向聂荣臻询问道："情况怎么样啊？"聂荣臻介绍情况后，朱德强调指出：我们的目的是关门打狗。这就要先让狗进来，再关起门来打。因此，北面的部队要特别注意隐蔽，不能暴露过早。周恩来接着说：这是这次战斗的成败的关键，告诉战士们，敌人进来时，要沉得住气，放手让他们往前走。东面还有我们的部队，放过去的敌人是跑不了的①。

2月27日上午，细雨绵绵，群山还在沉睡，四周静悄悄的。敌第五十二师和第五十九师沿着山道，大摇大摆地走了过来。朱德、周恩来在总指挥部里密切地注视着敌人的行动。下午1时许，当敌第五十二师进入红军左路队的伏击阵地时，敌人的前卫部队第一五五旅刚通过，朱德、周恩来就立刻命令红军突然发起全线攻击。敌第五十二师毫无戒备，一时不知所措，顿时丧失抵抗能力。只经过三个小时的激战，敌第五十二师师部和第一五四旅的一个团就被歼灭了，师长李明受重伤被俘后死去。第二天，红三军团又将敌第五十二师前卫部队第一五五旅歼灭于桥头。接着，又在红一军团的协同下，将敌第一五四旅主力歼灭于蛟湖。就这样，敌第五十二师全部被歼灭了②。

就在敌第五十二师被歼灭的同时，敌第五十九师也进入了红一方面军右路队在霍源两边山坡上的伏击圈。在朱德、周恩来指挥下，红五军团、

---

① 刘立明整理：《反第四次大"围剿"》，《关山阵阵苍——中央革命根据地的斗争》中，第385页，江西人民出版社1979年版。

② 参见《朱德传》（修订本），第379页，中央文献出版社2000年版。

红二十二军、红十二军迅速冲下山来，将敌第五十九师截成数段，压到谷底展开激战。经过两天鏖战，将敌第五十九师大部歼灭在黄陂、霍源地区，敌师长陈时骥带领残部向乐安方向逃跑时，被红军左路队所歼灭，陈时骥被俘。

在朱德、周恩来指挥下，红一方面军黄陂一战，共歼敌两个师，俘虏敌师长两人，官兵万余人，缴获枪万余支。朱德后来在《自传》里说："那都是最精锐的兵，有最新式的捷克轻机关枪几百挺，还都是一枪未发过的。因为敌人不晓得，来袭击我们，却不料突然遭到我们的袭击。这次的袭击算是最大部队与最大的成功。"①

这一作战的胜利，也得到了中共临时中央的赞扬。3月1日，中共临时中央给朱德、周恩来发来了贺电，指出："这次方面军的空前伟大胜利，是给了国民党的四次'围剿'以致命的打击，给了帝国主义完全瓜分中国、镇压中国革命的企图以工农红军的铁掌拳的回答。"②

歼灭敌第五十二师和第五十九师后，朱德、周恩来迅速率领红一方面军向南转移，来到了小布、南团、东韶、洛口地区待机。

黄陂战斗的失利，使陈诚十分恼火，但他并不死心，还想寻找红军主力再战。为了吸取黄陂失败的教训，他改变了作战方式，将原来三路"分进合击"改变为一路"中间突破"。将中路军原来的三个纵队缩编为前后两个纵队，以第二纵队为前纵队；第一纵队余部和第三纵队第五、第九两个师为后纵队，共六个师的兵力，梯次轮番地向东南方向的广昌搜索前进，目的是直取广昌，寻找红军主力决战。朱德在谈到陈诚的这一新计划时，说："前后两纵队重叠，以六个师的纵深配备行军，长径遂达三日行程以上。敌人完全未顾及到这点，只是企图中间突破我红军阵线，占领广昌，求得政治上之影响，欲使粤、闽左右两路军前进，收得合围的效果。"③

---

① 《朱德自传》（1886～1937），手抄稿本。
② 《中央电贺红一方面军之伟大胜利》，1933年3月1日。
③ 《朱德选集》，第9页，人民出版社1983年版。

九　指挥第四次反『围剿』

ZHU DE
MILITARY STRATEGIST

261

朱德、周恩来针对敌人的这一弱点，决定将计就计，分散敌人，寻找敌人的薄弱环节，予以各个击破。一方面命令红十一军到广昌西北地区积极活动，配合独立团和地方武装，佯攻敌吴奇伟指挥的前纵队的先头部队，使他们误认为是红军主力就在广昌地区，吸引敌前纵队向广昌方向急进，扩大同后纵队的距离，为红军主力相机消灭敌后纵队造成有利战机；一方面命令红军主力隐蔽地向北急进，集结于东陂、草台岗一带，准备伏击敌人的后纵队①。

3月20日，当敌人的前纵队进至洽村、甘竹一线，后纵队第十一师正向草台岗、徐庄地区前进，第五十九师残部尾随跟进，第九师在东陂、五里排，敌两个纵队的相隔很远，形成一条长达100里的长蛇阵时，朱德、周恩来立即抓住这一有利战机，在当天向红一方面军发出命令："本（二十）日，敌十一师有进到草台岗、徐庄可能，九师当在东陂不动。""方面军拟二十一日首先消灭草台岗附近之敌，继续消灭东陂之敌，并击破其增援队。"

当天下午，敌第十一师进到了草台岗、徐庄时，朱德、周恩来再次发出命令："我军拟于二十一日拂晓，采取迅雷手段，干脆消灭草台岗、徐庄附近之一师，再突击东陂、五里排之敌。"

3月21日天刚蒙蒙亮，红一方面军以一部兵力钳制东陂地区之敌第九师，切断该师同第十一师的联系；以主力向草台岗之敌第十一师突然发起猛烈进攻，首先争夺草台岗南侧的黄柏岭制高点。经过几次冲锋和肉搏，终于将占据黄柏岭制高点的敌第十一师和敌第五十九师残部消灭。接着，又向徐庄的敌第十一师师部发起进攻，很快将该师师部和一个团歼灭，敌师长肖乾被击伤。战至下午3时左右，敌第十一师基本上被全部消灭了。

随后，朱德、周恩来指挥部队向东陂追击敌第九师，迅速歼其一部。这时，敌前纵队眼看着后纵队被歼灭，却因相隔太远，增援已不可能，只得经南丰向临川仓皇撤退。

---

① 《朱德传》（修订本），第381页，中央文献出版社2000年版。

在朱德、周恩来指挥下，红一方面军在草台岗、东陂两次战斗中，一举歼灭蒋介石的嫡系部队近三个师，并缴获了大量枪械、子弹、电台等军用物资。这一次失败给蒋介石以沉重的打击。蒋介石在给陈诚的"手谕"中不得不承认："此次挫败，凄惨异常，实有生以来唯一之隐痛。"① 朱德后来也回忆说："陈诚几年间所依靠的部队整个打垮了。四次'围剿'也算告结束了。"②

对第四次反"围剿"的理论总结

红一方面军第四次反"围剿"作战，是在毛泽东离开红一方面军后，由朱德、周恩来等指挥的一场战役。在这次反"围剿"作战中，朱德、周恩来等既坚持了第一、第二、第三次反"围剿"作战的经验，又从敌人进攻时采取新的战略战术的实际情况出发，发展了原有的经验。为了总结第四次反"围剿"作战中创造的新经验，朱德在1933年3月至7月间撰写了《怎样指挥和掌握队伍》、《黄陂东陂两次战役伟大胜利的经过与教训》、《灵活运用红军战术原则》、《努力提高红军的军事学术》、《谈几个战术的基本原则》等文章，从理论上对第四次反"围剿"作战的经验教训进行了总结。

朱德在《怎样指挥和掌握队伍》③ 这篇文章中，首先分析了有些工农出身的中级和初级指挥员，在作战过程中指挥和掌握队伍时出现的一些问题。例如，当展开战斗队形时，指挥员就失去掌握队伍的能力，就像手中的豆子撒到难拾的地方去了，于是听任部属自己去活动，成为没头没脑的混战。正是由于这种现象，这就使指挥员本身变成了一个"孤人"，即或随手抓到几个战士，也没有好多。就拿打胜仗来说，统率几个战士去追击

---

① 转引自《聂荣臻回忆录》上，第176页，战士出版社1983年版。
② 《朱德自传》（1886～1937），手抄稿本。
③ 最早发表在中国工农红军学校政治部编印的刊物《革命与战争》1933年第6期上。

敌人，不能与自己的队伍会合，而且又经常没有后续部队，这样就会被敌人所吃掉；如果遇到敌人实行反冲锋和反突击时，而指挥员手里又无队伍，或有也没有几个人，这就会使刚用"血肉换来的胜利，势将化为乌有"。

朱德认为："现代军事技术发达，特别是火器进步，战斗队形已形成疏开的形式。我们可以说，自战斗开始的展开时起，经过冲锋前各分队略为集结，以至战斗结束的整顿部队时止，是很重要、很难指挥和掌握队伍的阶段。所以通信联络在这一阶段上占有特别重要地位。"①

朱德指出："在现代疏开战斗中，指挥和掌握队伍实在不是一件容易事，每一指挥员不但要使部属明白通信联络的方法，而且要在教练部队特别是教练小分队时，遂锻炼其成为习惯。"他以步兵连进攻防御之敌为例来说："连长到了进攻出发地，而其部队还未展开之前，应先在行军警戒部队或战斗警戒部队掩护之下，尽可能地集合诸排长等就实地指示敌情、地形，并说明我们如何攻击并分出主要方向及次要方向，定出攻击目标以及如何与各部队协同动作。这样亲自交谈，发出号令才易使排长等正确了解任务，各部队一致动作。"

在朱德看来，指挥部队作战如同乐队指挥音乐一样。他说："莫斯科大戏院的乐队指挥，在指挥其所属持各种乐器的一百余人时，他的指挥棍婉转自如地旋舞空中。各种乐器随其抑扬顿挫而辅翼翕和起来，一丝不乱，如同一人玩弄一样。我们的指挥员若能如此指挥掌握军队，那真算名将了。"

在《黄陂东陂两次战役伟大胜利的经过与教训》一文中，朱德总结了黄陂、东陂两次战役所以取得如此巨大胜利的原因，主要是因为实行了战略转变。他说："我们的战略以各个击破为原则。""内线作战的原则，是在敌人分进而来合击时，集中主力击破其一路，以少数兵力钳制其另几路或迷惑之，次第各个击破敌人。"红一方面军灵活地运用这一原则，这一

---

① 《朱德军事文选》，第 122～124、132 页，解放军出版社 1997 年版。

次不是诱敌深入到根据地内部，"待敌人集齐，使其疲惫，择其弱点，集中主力以袭之。""此次战略的不同点，是在择其主力，不得其合击，亦不许其深入苏区，而亦得到伟大胜利。"① 在谈到战术原则时，朱德指出："红军战术的主要原则迅速、秘密、坚决，这次都执行得不错。""游击队、独立师、独立团和地方工作配合红军作战，有相当的成绩。"② 朱德还对这两次战役的一些教训进行了认真的总结。这主要表现在：首先，"机断专行的自动性仍缺乏"。他认为"服从命令与机断专行这两件事是不冲突的。决不能把机断专行误认是违抗命令，也不能机械地执行命令，而抛弃机断专行。……红军要绝对执行命令，同时要养成有机断专行的自动性。"其次，"通信联络不确实"。其三，"打扫战场、办理战后事宜之疏忽"。

《努力提高红军的军事学术》一文最早刊载于中国工农红军学校政治部 1933 年 6 月出版的《革命与战争》上。在这篇文章中，朱德首先论述了红军军事技术发展的历史，指出："红军军事技术的演进，远在大革命期间，这些红军的基干组织曾坚决地参加过和经历过大革命的北伐战争，在战争中相当地学习了新军队的组织形式和较高的军事学术。因为北伐军的组织相当采取了苏联军制和战术的原则，在技术上也受过新式的训练。这些军事学术，现在看来也是红军军事学术演进的初步。"他要求"要从长远的眼光来提高我们的军事学术，要准备使用最新式的技术来武装我们铁的红军。"③ 怎样才能提高红军的军事学术呢？朱德提出要"利用每次战斗的间隙，争取很短的时间来加紧进行红军教育工作，以提高红军军事学术，是红军各级指挥员的战斗任务"。还说："提高红军军事学术不仅要很好地使用红军现有的兵器，而且要更进一步地准备使用将来可能有的新兵器。"④

《谈几个战术的基本原则》一文最早刊载于中国工农红军学校 1933 年

① 《朱德传》，第 307 页，人民出版社、中央文献出版社 1993 年版。

② 《朱德军事文选》，第 132、134 页，解放军出版社 1997 年版。

③ 《朱德军事文选》，第 144~145 页，解放军出版社 1997 年版。

④ 《朱德军事文选》，第 146 页，解放军出版社 1997 年版。

6月出版的《红色战场汇刊》上。在这篇文章中，朱德强调："一、红军军人要以唯物的辩证法来研究和运用战术。首先要知道事物是变动的，情况是迁移的，决不容有一成不变的老章法来指挥军队。我们的作战决心必须根据任务、敌情和地形来定下。任务、敌情、地形既然是时常变换，因而我们决心就不同，而运用战术的原则也就更不同了。……二、无论大兵团、小部队，在进攻中每一动作，都要选定主要突击方向而集中其最大兵力在这一方向来决战。其他次等方向只留出可以钳制敌人的兵力，但须积极动作吸引敌人的注意力向着本身，借此保障主要突击方向容易进攻。如有人想处处顾全，平分兵力，结果到处没有力量，将演出东不成西不就甚或失败的结果。三、一般说来，战略要寻找敌人的主力，战术要寻找敌人的弱点。如有人运用战术专寻找敌人硬处打，则敌人软处也必成为硬处了。倘因此而不能争取战术的胜利，则战略的目的也就不容易达到。要知道，战斗的完全胜利，是由许多小的胜利总合起来的。如有人不去争取小的胜利，则大的胜利又将由何处积累起来？四、要求得大兵团协同动作，一定要每个兵团、每个部队在受领本身任务时，明了首长决心的要旨，以及本身的任务在首长决心中占何等地位。……五、侦察的主要任务，是弄清敌情、地形，供指挥员定下适当决心。所以，各级指挥员都应在自身任务范围内进行侦察。但侦察情况只能得到相当的了解，特别在遭遇战斗中更欠明了的了解。指挥员不能因侦察而迟疑徘徊，放弃良机。……六、在山地用几个平行纵队作战，因道路少而小，没有适当的平行路，行军长径拖长，展开迟缓，彼此策应不易，特别是变换正面困难。劣势军在山地对优势军作战，如能掌握上述特点，采取秘密、迅速、各个击破的手段，在决战的时机集结优势兵力于决战地点，坚决而干脆地消灭敌人某一纵队再及其他纵队，则必使敌军运转不灵，应援失效。"①

从上述几篇文章可以看出，在红军第四次反"围剿"作战后，朱德的军事思想已经形成，并对毛泽东军事思想的形成提供了丰富的内容。

---

① 《朱德军事文选》，第150～152页，解放军出版社1997年版。

十、面对第五次反"围剿"的失败

艰难的抗争

朱德、周恩来指挥红军取得第四次反"围剿"作战的胜利,使中央革命根据地有了新的发展,地跨江西、福建、湖南、广东四省,并同闽浙赣革命根据地连成一片;中央红军和地方红军发展到了 10 余万人,加上闽浙赣、湘赣、鄂豫皖、川陕、陕甘等各个革命根据地的红军,共约 30 余万人。

但是,蒋介石并没有甘心他的失败,又开始准备发动第五次"围剿"。1933 年 4 月上旬,他从南京乘军舰来到江西,在南昌临川等地召集将领召开会议,总结几次"围剿"失败的教训。5 月,在南昌成立了全权处理江西、广东、福建、湖南、湖北五省军政事宜的"军事委员会委员长南昌行营",由他自己亲自指挥,并提出第五次"围剿"的"方略"是"三分军事,七分政治","使政治与军事相辅而行"。在军事上,改变了原来"长驱直入,分进合击"的作战方针,采取堡垒主义、步步为营的新战法,即"在集中间形成包围圈态势,依碉堡之建立构成包围,尔后逐次推进碉堡线,压缩包围圈,包围匪军主力于瑞金附近地区而击灭之"。①

为了这一次"围剿",蒋介石下了很大的本钱。他不仅在国内大量发行公债,而且还向英、美、意、日等国借款,购买飞机、大炮和军火,并

---

① 《反共戡乱》,第 1 卷,第 135 页,台湾黎明文化事业公司 1982 年版。

邀请担任过德国陆军总参谋长和德国国防军总司令的赛克特为军事顾问，参与制订作战计划。

这一年的盛夏季节，蒋介石来到了避暑胜地庐山，从 7 月 18 日开始，他在这里亲自主持先后举办"庐山军官训练团"三期，培养各级军官 7500 余人。他还专门邀请德国军事顾问和美国、意大利的军事教官进行讲课，教授堡垒战、山地战和搜索战等新战法。蒋介石还对上前线的军官赐赠短剑，勉励他们"不成功，则成仁"，大有不获胜利决不罢休之势。

经过三个多月的准备，蒋介石对中央革命根据地进行"围剿"的部署已经完成。下一步的行动，将是发动大规模的军事进攻。

9 月下旬，蒋介石以 100 万大军、200 架飞机，开始向中央革命根据地发起了第五次"围剿"。其中，以 50 万兵力分北、南、东、西四路，进攻中央革命根据地。并以顾祝同为总司令，蒋鼎文为前敌总指挥的北路军担任主攻，向广昌方向推进，寻求同红军主力决战。

10 月 2 日，蒋介石在南昌召集师团以上军官会议，发表了题为《剿匪成败与国家存亡》的演说，再次重申他的"剿共"的决心。他说："现在，已经是我们个人，我们革命军和我们国家的成败生死到了最后关头，也就是我们挽救危亡、复兴民族的最后时机，而目前一切的一切其最重大的关键就在于剿共。

"我们这一次剿共的准备，无论是哪一方面都是异常充足。消灭赤匪可以说毫无问题，但是最紧要的，我们计划的三年剿共工作，一定要能于半年以内打破其主力，捣毁其巢穴，使初步计划能告一段落。因为国际环境之险恶，整个大局之危急，已经不容我们再有三年五年来剿共了。"

看来，蒋介石对于第五次"围剿"是志在必胜，刻不容缓了。

尽管蒋介石对第五次"围剿"准备充分，规模空前，但是，如果中央红军能够继续运用毛泽东、朱德等人提出的正确的战略战术，仍然能够打破蒋介石的这次"围剿"。因为从兵力对比上看，第一至第四次反"围剿"作战中，敌我兵力对比分别是 2.5：1、6：1、10：1 和 8：1，而这时，正规红军和地方武装力量已经达到 10 万人，使得第五次反"围剿"的敌我兵力对比，实际上是5:1，红军完全有打破敌人第五次"围剿"的可能。

然而，就在这时，"左"倾冒险主义已经在中共中央占据了统治地位。这一年的年初，以博古为首的中共临时中央由上海迁移到了中央革命根据地的首府瑞金，开始在中央革命根据地内进一步推行"左"倾冒险错误。在临时中央的提议下，5月8日，中央人民委员会第四十一次常委会决定：将中央革命军事委员会由前方移至瑞金，在前方另行组织中国工农红军总司令部兼第一方面军司令部，朱德任中国工农红军总司令兼第一方面军总司令，周恩来任中国工农红军总政治委员兼第一方面军总政治委员，增加博古、项英为中央革命军事委员会委员，并规定：中央革命军事委员会主席朱德在前方指挥作战时，由项英代理主席。这样，中央革命军事委员会实际就由博古和项英主持了，并由他们在瑞金指挥红军作战①。

6月，博古、项英等不顾蒋介石正在准备发动新的对中央革命根据地"围剿"的实际，依照远在上海的共产国际驻中共军事总顾问弗雷德的意见，提出"红军分离作战"的错误方针，企图在两个战略方向上同时取胜，以实现"革命在一省或数省的首先胜利"。对此，身在前方的朱德、周恩来提出不同意见，表示："方面军主力一、三军团目前绝对不应分开。"② 但是，博古、项英根本不听这样的意见，而以中共中央局和中央革命军事委员会的名义再三重申，要实行"两个拳头打人"。结果，在8月中旬，把红一方面军分成东方军和中央军两路：以红三军团为基干的东方军冒着盛夏酷暑，远征闽西北，连续作战；以红一军团为基干的中央军在中央革命根据地北线抚河与赣江之间地域活动。

红军分兵作战三个月，虽然取得了一系列局部作战的胜利，但红军主力自身的战斗力受到了严重的削弱，也未能阻止敌人碉堡封锁线的完成，徒然丧失了进行反"围剿"准备的宝贵时间。

---

① 参见《朱德传》（修订本），第388～389页，中央文献出版社2000年版。
② 《周恩来、朱德致苏区中央局电》，1933年6月18日。

9 月 25 日，敌人的北路军集中四个师的兵力，向黎川进逼，拉开了第五次"围剿"作战的序幕。

黎川是中央革命根据地北部的门户，新成立的中共闽赣省委和闽赣省苏维埃政府就设在这里。但在"分离作战"、"两个拳头打人"的"左"倾作战方针指导下，闽赣省的红军主力已被调到福建去参加东方军的行动，留在黎川的只剩下省军区司令员兼政治委员萧劲光带领的 70 个人的教导队和一些地方游击队。显而易见，黎川实际上已成了一座不堪一击的空城。可是，博古等却坚持"御敌于国门之外"，拒绝了萧劲光提出的暂时放弃黎川，诱敌深入到建宁、泰宁一带，集中红军主力在运动中消灭敌人的正确意见，强令固守。

面对强敌，萧劲光和他率领的教导队以及一些地方游击队，虽浴血奋战，但终因敌我力量太悬殊，而不得不弃城引退。三天以后，9 月 28 日，敌人一举夺占黎川，

黎城失守，博古等感到十分吃惊。本来这是"左"倾冒险错误酿成的必然结果，然而他们却反过来指斥萧劲光为"右倾逃跑主义"，把萧劲光送上军事法庭，判处五年徒刑，差一点送了命，制造了第五次反"围剿"作战开始以后的一起重大冤案。

恰在这时，中共临时中央在瑞金郊外沙洲坝的总部迎来了一位外国人。他就是由共产国际派来中国工作的李德。

李德是德国人，原名奥托·布劳恩，当时 34 岁。这位出身于慕尼黑附近一个小镇的职业军人，16 岁的时候只是奥匈帝国的一名士兵，曾在第一次世界大战时当兵上过战场，成了俄国人的俘虏，十月革命以后加入了苏联红军，参加过 1919 年创建苏维埃巴伐利亚共和国的街垒战，在苏联红军中的最高职位不过是个团长，1928 年在苏联伏龙芝军事学院学习，1932 年春毕业后被派来中国。但是，他对中国的情况可以说是一无所知。

按说，共产国际同意派李德来到中央革命根据地，是来协助军事工作的，并没有授予他任何权力。用李德自己的话来说："我作为没有权力的顾问，受支配于中国共产党中央委员会。"特别是当李德离开上海出发之

前，共产国际驻中国的首席代表尤尔特再次向李德作了交代：到达中央苏区以后，"一切决议最后还是应由中国共产党中央委员会政治局和瑞金革命军事委员会作出"①。

但是，由于执掌中共临时中央大权的博古自己并不懂军事，又要抓住最高军事指挥权不放，需要人来帮助他；加之，博古同李德早就相识，他们之间不必通过翻译就可以用俄语交谈，李德对于博古的"左"的一套也很赞同和支持。所以，李德一到瑞金，博古就把他捧为"至宝"，给了他非同寻常的待遇，不仅配备了两个专职翻译，腾出了一座独立的房子作为他生活和工作的专用场所，甚至还为他物色了一位中国姑娘做新娘。更为重要的是，在军事上，博古就处处依靠李德，并授予他最高军事指挥权。李德回忆说：在他到达瑞金的当天晚上，博古和张闻天去看望他，"我们还规划了一下我的工作范围，我们一致同意，由我主管军事战略、战役战术领导、训练以及部队和后勤的组织等问题"。②

这种安排，甚至使得李德本人在开始的时候也感到诧异。他自己说："虽然我再三提醒大家注意，我的职务只是一个顾问，并无下达指示的权力，但随着时间的推移，还是产生了这种错误的印象，似乎我是具有极大全权的。博古也许还有意识地容忍这种误解，因为他以为，这样可以加强他自己的威望。"

事实上，不仅仅是博古有意如此，李德本人也乐意拥有对中国红军的一切指挥权。后来事态的发展表明，李德不仅掌管了中央革命根据地的军事，而且实际上掌管了一切，成为中央革命根据地的"太上皇"。

李德一到中央革命根据地后，就连忙提出了第五次反"围剿"的作战方针，这就是"分兵把守"、"短促突击"、"把敌人消灭在阵地前"等等。

在这种错误的作战方针指导下，博古和李德坚持"不放弃一寸土地"

---

① 奥托·布劳恩：《中国纪事》，第35、41页，现代史料编刊社1980年版。
② 奥托·布劳恩：《中国纪事》，第46、48页，现代史料编刊社1980年版。

的冒险主义，命令红军不惜一切代价，夺回失去的黎川城。

为了急于收复黎川，李德制定了硝石、资溪桥作战计划，以中央革命军事委员会的名义致电朱德、周恩来，命令东方军兼程北上，消灭硝石、资溪桥及黎川附近之敌，并强调"对于命令的执行，不容任何迟疑或更改，请注意"。

朱德、周恩来接到电报后，考虑到硝石有敌人的重兵把守，并且处在敌人各有三四个师驻守的南城、南丰和黎川之间，不可贸然攻打，10月4日5时，就以周恩来的名义给项英并转中央局发出了一份电报，指出："目前敌既抢先，我东方、中央两军主力必须首先靠拢，并派有力支队加紧向赣敌两翼活动，迷惑分散敌人，以便主力决战。"① 但是，博古、李德等却断然拒绝了这个合理的意见，于第二天回电说："无论任何情况，中央军不得过抚河"，"以后你们决须根据军委企图"。

正是在李德的错误指挥下，红一方面军作战连连失败，遭到了前所未有的损失，从而使红军第五次反"围剿"作战陷入被动的境地。

但是，博古、项英、李德却把责任完全推到对他们提出过不同意见的红一方面军领导人——朱德和周恩来身上。11月20日，项英以中央革命军事委员会名义发出《关于十月中战役问题致师以上首长及司令部的一封信》，信中指责"方面军首长"对军委的"意旨没有了解"，贯彻是"动摇的"，甚至说"若想在自己的决心上与上级的决心之间去寻求一中间的调合的决心，那只是对决心意旨的曲解和动摇，并延误时间而已"。并硬性规定："必须服从"他们的"一切命令"，"协调一致"。

朱德、周恩来的处境真是太难了。一方面，他们还是要不断地向中央和军委汇报前方的情况，提出建议；另一方面，又不得不执行上级的决策，只能在实际运用时尽量考虑得周到细致一些，以尽量减少错误决策而造成的损失。对这种处境，朱德曾对身边的参谋人员说过："李德顾问来了以后，住在瑞金，不下去调查，靠着地图、电报指挥前方的战斗，而我

---

① 《周恩来致项英并转中共中央局电》，1933年10月4日5时。

们在前方是了解情况的人，反而不能指挥，这就有问题嘛。可是，他是受党中央的委托，还得照办啊！否则，就成了各行其是。""有些事情，只有碰了钉子，才能吸取教训。在这次反'围剿'的斗争中，情况就极为复杂，没有现成的条条，没有成熟的经验，只有在斗争中学，在斗争中增长才智。俗语说'失败乃成功之母'，无论遭到多大的挫折，胜利终将属于我们的。"①

在这种处境里，朱德总是主动利用一切机会给红军指战员上课，讲述红军正确的战略战术原则，希望通过这种方法提高红军部队战斗力，以求减少因指挥错误而带来的损失。当时在朱德身边工作的参谋吕黎平回忆说：朱德"利用这段时间深入红军部队，做调查研究，并且经常到瑞金的红军大学和几所红军专科学校讲课，主要是讲红军粉碎敌人前四次'围剿'的成功经验，因为头三次反'围剿'的战斗是他和毛泽东一起指挥的，第四次反'围剿'是他和周恩来一起指挥的，都正确运用战略战术取得了胜利。他讲得生动具体，活灵活现，听课的同志全神贯注，无不深受鼓舞。"② 朱德还亲自给红军大学拟定"论敌人的堡垒战斗"和"积极防御实质是什么"两道题目，交给学员们作一次讲演比赛，亲自观看比赛并给予讲评。他特别告诫学员们说：敌人的战术也是在不断变化的，应该根据敌人的战术发展变化的情况，探索他们的战略思想，然后考虑新的战胜敌人的对策。学员们很喜欢听朱德的讲话，因为他的"讲话通俗易懂，深入浅出，比喻形象生动，观点明确，分析透彻，精辟地讲清了一切战术原则都应该根据实际情况灵活运用，绝不能死搬教条，死搬教条必然碰壁的道理。"③

11月中旬，李德和博古一起来到前方在建宁的红军总司令部。他们这次来的目的，据李德自己说："我的意见是前敌指挥部应受革命军事委员

---

① 吕黎平：《青春的步履》，第113页，解放军出版社1984年版。
② 吕黎平：《青春的步履》，第113页，解放军出版社1984年版。
③ 《朱德与中共党史重大事件》，第204页，中央文献出版社2001年版。

会的领导，执行革命军事委员会的决议和命令。"① 不难看出，他们就是要进一步来控制朱德和周恩来在前方的军事指挥。李德还提出："建宁和广昌是战略要地，必须坚决守住。因此应该在广昌地区构筑工事，以便阻止敌人……向我苏区的心脏地区进攻。"②

对于李德的到来，朱德本来是抱着尊重和向他学习一些东西的态度，尽力想用以往红军取得胜利的成功经验来影响他。因为，李德毕竟是由中共临时中央请来的。但是，后来朱德发现这一切都是徒劳的，李德对朱德讲的这些东西，也只是听听而已，并不接受，有时甚至连听也不听。这样一来，时间长了，朱德就慢慢地同他来往较少了。正如伍修权回忆所说："朱德同志开始还是很尊重李德的，比较经常地到李德那里，同他讲第四次反'围剿'取得胜利的经验、红军作战的传统，还对他说第五次反'围剿'不能打阵地战死守，不能处处设防，但李德根本不接受。以后，朱德也很少去李德那里了"。③ 李德也承认：朱德"常常来看我，我们还一起到前线去了二三次。他在谈话中主要的愿望是争取对方理解毛（泽东）的观点。他经常讲述红军的发展和几次战役，显然是想用过去的经验启发人们在今天第五次反'围剿'的条件下找到切实可行的解决办法。"④

在红军建设方面，朱德对李德的做法也表示不同的意见。他后来回忆说："在这中间，我们整顿队伍的缺点，是没有好好把新兵补充到老兵里面去。一、三、五军团都很强，但是没有给很好的补充——在这些问题上，李德是一个很大的缺点。一般部队本来都从游击战中间产生出来的，带有游击队习气，但是他们都有基础，有组织，打也打不乱。新的军队则没有经过很好训练，就拿去打，都打垮了，老军队也没有得到补充，……李德与一部分同志抱有一种意见，说老的军队习气不好，不用。我们认为这太不顾实际了，固然国际指示叫我们扩大军队，但扩大军队决不是赤手

---

① 奥托·布劳恩：《中国纪事》，第46页，现代史料编刊社1980年版。
② 奥托·布劳恩：《中国纪事》，第60页，现代史料编刊社1980年版。
③ 《朱德传》（修订本），第394页，中央文献出版社2000年版。
④ 奥托·布劳恩：《中国纪事》，第63页，现代史料编刊社1980年版。

空拳扩大得起来的。实际说，红军还不都是新的军队，都是在苏区中才产生出来的？他们没有注意到这个质量，都注意到搞新军队那方面去。搞起几个新的师来，但是吃穿都非常困难，这些新军队都很勇敢，敢打仗，但是每次都是牺牲很大，又不把他们编进老军队去，譬如一个军团一个师只剩下一两千人都不管。其实扩军应该从老的军队里带出来才可能，否则，想重新建立新军就不是那么简单的事情。"①

就在红军由于李德的错误指挥而陷入困境的时刻，出现了一个对红军打破敌人"围剿"很有利的机会：国民党军第十九路军将领蔡廷锴、陈铭枢、蒋光鼐和国民党内反蒋势力李济深等，发动了"福建事变"，11 月在福建成立了中华共和国人民革命政府，蒋介石不得不从"围剿"中央革命根据地的前线抽调九个师的兵力转入福建，讨伐第十九路军，企图一举扑灭这支异己的力量。

毛泽东立即向中共中央建议：利用这有利时机，以红军主力冲破国民党军队的围攻线，"突进到以浙江为中心的苏浙皖赣地区去，纵横驰骋于杭州、苏州、南京、芜湖、南昌、福州之间，将战略防御转变为战略进攻，威胁敌之根本重地，向广大无堡垒地带寻求作战。用这种方法，就能迫使进攻江西南部福建西部地区之敌回援其根本重地，粉碎其向江西根据地的进攻，并援助福建人民政府"。朱德、周恩来也十分赞同毛泽东的这一正确主张，要求红军配合第十九路军的行动。11 月 24 日，他们致电闽浙赣军区司令员兼第十九路军军长刘畴西、红七军团军团长寻淮洲等，指出"福建十九路军宣布反蒋独立，蒋介石已抽兵向浙赣闽边境集中"，要求他们"应抓紧这一机会"在赣东北、闽北地区开展游击战争，"截击敌人的联络运输，扰乱其后方"，红七军团主力应准备随时截击或钳制敌行动部队。同一天，朱德、周恩来又以红一方面军名义致电博古、项英、李德，报告福建事变后蒋介石推迟对中央革命根据地的进攻、调集兵力进入福建，要求红三、红五军团侧击敌人的入闽部队，望中央早作决定。

---

① 《朱德自传》（1886～1937），手抄稿本。

蒋介石这时最怕的就是红军和第十九路军的联合。他深深知道如果第十九路军的七万官兵和红军联合起来，将会给他造成极大的危害。因此，在福建人民革命政府宣告成立的最初一些日子里，蒋介石极其紧张和惶恐。关于这一点，当时随侍蒋介石左右负责作战事务的南昌行营一厅副厅长晏道刚有过这样的描述："当时蒋介石进到抚州指挥，深恐红军与十九路军联合，神色异常紧张。好几次我与他同坐汽车时，见他忽而自言自语，忽而挥拳舞掌。他坐在房子里就不时拿出自己所著的《剿匪手本》中的军歌高声放唱，……每天晚餐后，蒋就找我和林蔚去问是否有红军与十九路军联系的情报，嘱我们密切注意，并每日派飞机轰炸红军，侦察其行动方向。"①

晏道刚的这段回忆表明，蒋介石最担心的，就是第十九路军与红军的联合作战。因此，毛泽东、朱德、周恩来在当时提出的红军的行动方针如果能够实行，红军本身不仅能够转败为胜，第十九路军也能得到及时的援助，这样，必然使蒋介石陷入被动。

但是，博古和李德等则死抱着"左"倾错误观点不放，既把福建人民革命政府这些中间派力量看成"最危险的敌人"，又害怕红军主力向苏浙皖赣地区突进会造成中央革命根据地的丢失，坚决拒绝了毛泽东的正确建议和朱德、周恩来提出的红军配合第十九路军的正确意见。11月25日，博古、项英等以中央革命军事委员会的名义发出关于红一方面军行动的训令，规定："我们不应费去大的损失来与东北敌人新的第一路军作战，而让第十九路军替我们去打该敌"；"我们要看新的第一路军与十九路军作战的结果以及敌人新的部署如何，可能在十二月中旬突然将我们的主力转移到西方对付敌人的第二路军"。并声称"福建所组织的'人民政府'也是反动统治的一种新的欺骗"，"它不会同任何国民党的反革命政府有区别"。

在这种"左"倾错误的指导下，博古、项英、李德主持下的中央革命

---

① 晏道刚：《蒋介石追堵长征红军的部署及其失败》，载《文史资料选辑》第62辑，第45页。

军事委员会不仅不采取任何积极行动来配合第十九路军，相反，决定将红军主力由东线调到西线永丰地域，让第十九路军单独同蒋介石的"讨伐"军作战。结果，孤立无援的福建人民革命政府在蒋介石的军事进攻和政治分化下很快失败，红军也因错失时机而无法打破敌人的"围剿"。

朱德后来说："当蔡廷锴暴动的时候，应该用全力去打击闽浙赣边。敌如果一来，就会陷死在里面，有进无出，饿也会饿死。当时在闽浙赣边的中央军相当空虚，他们又焦急，如果打去，可以消灭他几个师，而且牵制了敌人，可以使福建至少能支持半年。结果只以一个七军团去打，力量少小，当然没有牵掣得着。李德当了军委会顾问，一切我们都没法反对他。我们当那时，却想休息（解除）疲乏，就没有进行。就同十九路军接近些打也好些。就是失败了，也不会让十九路军被缴了枪。在五次反'围剿'中最大的关键就在这里，实在太可惜了。"①

12月中旬，国民党军队为了保障他们进攻第十九路军的翼侧安全，以一部从黎川南出，向团村、东山、得胜关进犯。12日，敌有两个师开到团村地区向红五军团阵地发起进攻。朱德立刻命令已奉命西调而尚在团村附近的红三军团等部，从东、西两个方向进行反击，但因红一方面军主力的"分离作战"，兵力不足，只打成了一个击溃战，敌大部分逃跑了，朱德深感惋惜。他实在感到，红军不能再分兵作战了，只有集中优势兵力才能战胜敌人。12月13日，朱德和周恩来给项英发出一份电报，指出："我东方军昨日战斗相当激烈，杀伤敌虽近千，恐缴获不多，非再集中全力给敌以更大杀伤，不易使东北暂归平静，而使我战略转移"；"提议立刻调一军团及十四师（留守备部队）至康都西城桥准备会同三、五、九军团主力，甚至七军团主力一部，于东山、得胜关间与陈敌主力决战"；并指出，如不这样集中优势兵力而分兵作战，实行干部战士都不了解、不熟悉的所谓"新战术"，不仅不能赢得大的胜利，"且常付过大代价，此点在目前特别重要"。他们在电报的最后还特别强调："昨日团村战斗，如一、三军团会

① 《朱德自传》（1886～1937），手抄稿本。

合作战，战果必然不至如此。"因此，他们建议应立即集中红一、三、五、七、九军团主力在东山、得胜关同敌人决战。①

可是，朱德、周恩来的这个正确建议又被博古、项英、李德拒绝了。12 月 13、14 日，博古、项英、李德又以中央革命军事委员会的名义给朱德、周恩来连续发了两份电报，表示不同意前方的提议，仍坚持将红军主力西调去攻打永丰一带的堡垒线，并在 24 小时内 4 次变更作战命令。这使在前方的朱德、周恩来很愤懑。12 月 16 日，周恩来不得不致电博古、项英、李德，指出："连日电令屡更"，"使部队运转增加很大困难"，并再一次明确要求："在相当范围内给我们部署与命令全权，免致误事失机"，"否则亦请以相机处理之电给我们。事关战局责任，使我们不能不重申前请。"

在后方的博古、李德等接到周恩来的这份电报后，更不干了。李德便以统一前后方指挥为名，建议并经中共中央局决定，取消中国工农红军总司令部和红一方面司令部的名义和组织，将"前方总部"撤回瑞金，并入中央革命军事委员会，由中央革命军事委员会直接指挥中央革命根据地的各军团和其他独立师、团。虽然，朱德在名义上仍担任中央革命军事委员会主席，周恩来、王稼祥为副主席，但他们的实际指挥权力已被剥夺，红军改由博古、李德直接指挥了。

1934 年 1 月初，朱德、周恩来不得不率红军前方总部返回到了瑞金。

形势迫使"左"倾中央的领导人召集一次会议来讨论时局和任务，同时还要研究如何对付党内和红军内日益增强的对于"左"倾冒险主义的抵制和不信任感。于是，中共临时中央委员会在第十九路军的溃败声中，在蒋介石把进攻的炮口重又指向中央革命根据地的严重局势下，于 1934 年 1 月中旬在瑞金召开了中共六届五中全会。

回到瑞金后，朱德也十分繁忙。在中共六届五中全会，他当选为中共中央政治局委员。同月下旬，他又出席在瑞金召开的中华苏维埃共和国第

① 参见《朱德传》(修订本)，第 398～399 页，中央文献出版社 2000 年版。

二次全国苏维埃代表大会。在大会开幕那天，他代表红军致辞，并在 1 月 28 日作了《红军建设的报告》。这个报告总结了第一次全国苏维埃代表大会后两年来红军在各个战场取得的战绩，提出红军建设中的各项任务，强调要扩大和巩固红军；要加强红军的政治和军事教育，加强后方工作；红军的战斗要和群众斗争相结合。在起草这个报告的手稿中，朱德特别强调了游击战争的重要性，他写道："谁都知道，我们各苏区壮大的红军，许多都是从小的游击队繁殖生长出来的，宽大的巩固的苏区，许多都是从流动的游击区转变过来的。""开展游击战争是国内战争取得胜利的条件之一。"① 在会后召开的中央执行委员会第一次会议上，朱德继续当选为军事人民委员会和中央革命军事委员会主席。

2 月 7 日，朱德在瑞金召开中国工农红军第一次政治工作会议。他在开幕式上致词并在会议期间作了讲话。

在开幕式的致词中，朱德首先讲了召开这次会议的重要意义，指出："这次会议在我们今后红军的统一指挥上，在扩大百万铁的红军上，在粉碎敌人第五次'围剿'，战胜国民党反动统治上，都有决定的意义。"② 接着，他讲了政治工作在红军发展中所起的重要作用。他说："我们红军从游击队到现在大规模的正规军，这是从政治工作领导得来的，也就是在中国共产党和无产阶级领导下发展起来的。如果没有政治工作，没有党和无产阶级的领导，是不会有红军的。红军因有政治工作才保证能为本阶级利益而牺牲，才是英勇无敌的百战百胜的红军。这是过去政治工作的伟大成果。……我们红色战士敢于同敌人肉搏；有时饭吃不饱，有时衣穿不暖，但没有什么怨言，一样英勇作战，这足以证明红军政治工作的进步。"③

朱德还认为："在国内战争时期，一切工作要服从战争，要集中一切力量来配合红军作战。因此，我们做政治工作的同志不仅在前方红军中进行工作，而且在后方机关也要很好地工作，使前后方很好地配合起来。"

---

① 朱德：《第二次全苏大会上的军事报告》（手稿），1934 年 1 月。
② 《朱德军事文选》，第 153 页，解放军出版社 1997 年版。
③ 《朱德军事文选》，第 153 ～ 155 页，解放军出版社 1997 年版。

并提出："今后，我们还要从政治工作的角度来领导提高红军的军事技术与战术。政治委员和政治工作人员不仅是政治领导，自己也要努力学习战术，提高指挥艺术，造成铁的红军，百战百胜的红军，以少胜多的红军。"

在这次会议期间的讲话中，朱德提出："提高军事技术与学习现代战术，这是一个很重要的工作，要依靠全体政治工作人员极大的努力，来推动指战员实行。我们要巩固思想上的一致、行动上的一致去消灭阶级敌人，但这是不够的。我们还要使红色战士学会使用新式武器，了解现代战术。要知道，敌人有帝国主义供给它武器，教它战术。我们要针对敌人的战略战术来订出我们的战略战术，实现我们的胜利。"

他还认为："政治工作要保证新的战术在平时学习好，战时能够运用，要保证命令百分之百地执行。"

最后，朱德强调："政治工作是红军的生命线。我们不仅要加强前方兵团的政治工作，同样要加强预备队、游击队的政治工作。"①

朱德的这些讲话，对进一步加强红军的政治工作起了重要的指导作用。体现了朱德军队政治工作思想的进一步丰富和发展。

失败中的胜利

同样在这个时候，蒋介石在扑灭了孤立无援的第十九路军以后，立即将进入福建的军队改组成以蒋鼎文为总司令的东路军，完成了对中央革命根据地四面合围的部署，从东、北、西三面向中央革命根据地的中心区域进逼，南面则由陈济棠所部负责防堵。中央革命根据地面临着极其严峻的局面。朱德后来在《自传》里这样说道："一九三四年春天，苏区周围还是在打着，分做了几条战线，东、南、西、北三四处都在打，成为一种消耗战的状态了。苏区渐渐被缩小着，什么都遭受了封锁，盐贵到一块七角

_____

① 《朱德军事文选》，第156页，解放军出版社1997年版。

钱一斤。"①

在这种情况下，由于博古、李德完全控制了红军指挥权，他们继续推行错误的作战指导。他们在进攻中的冒险主义遭到碰壁以后，又转而实行防御中的保守主义，处处设防，节节抵御，"以堡垒对堡垒"，进行所谓的"短促突击"，企图以此达到粉碎"围剿"的目的。

在这种消极防御方针指导下，从1934年1月下旬至3月底，几个红军主力兵团被分兵数路，都担负起修筑碉堡的任务，依托碉堡实施"短促突击"，但是，这一系列的作战，不仅没有打破或阻滞敌人的进攻，反而使红军付出很大的代价，陷入了越来越被动的境地。

4月10日，敌北线部队集中11个师的兵力，分左右两路，沿抚河两岸向南推进，企图攻占广昌，打开中央革命根据地的北大门，直取瑞金。面对敌人的进攻，以博古为首的中共临时中央仍然决定全力保卫广昌，调集红一、三、五、九军团的九个师兵力，准备在广昌以北地区同敌人"决战"。为了指挥这次战役，中央革命军事委员会在前方成立了野战司令部，以朱德为司令，博古为政治委员，实际的决定权握在李德、博古手中。这样，朱德只得随他们一起离开瑞金来到了广昌前线，周恩来被留在了后方瑞金。

广昌保卫战是红军第五次反"围剿"作战中最残酷激烈的一场战斗。从4月10日至27日，整整打了18天。三万红军被指定在抚河两岸同数倍于自己的敌人对峙，筑堡挖壕，以堡垒对堡垒，展开阵地战。由于敌人有飞机、大炮、轻重机枪和自动步枪等新式武器，尽管红军浴血奋战，仍无法阻挡住敌人的进攻。

一道道防线被敌人突破了，一块块革命根据地被丢失了，一批批红军指战员倒下了，……看到这一切，朱德心情异常沉重。回想起前四次反"围剿"作战，他和毛泽东、周恩来在一起指挥，从来没有出现过这种状况啊？可现在为什么一败再败？为什么啊！他只能对着军用地图不断地摇

———————————

① 《朱德自传》（1886～1937），手抄稿本。

头叹气，不断地责问自己，不断地自言自语：不能再这样搞啊，这样下去是不行的啊！然而又怎么办呢？①

4月27日，敌四个纵队又从抚河东西两岸同时发起进攻，广昌城已被笼罩在一片炮火硝烟之中。红军虽给敌人以重大杀伤，但自身伤亡也达5500余人，占参战总兵力的五分之一。眼看红军就要坚持不下去了，这一天的晚上，博古、李德、朱德给留在瑞金的周恩来发出了一份急电，说："广昌西北之战未能获得胜利，现只有直接在广昌支点地区作战之可能，但这不是有利的，提议放弃广昌而将我们的力量暂时撤至广昌之南。战斗经过另报。请立即以万万火急复。"周恩来立即复电表示同意②。

4月28日凌晨，朱德下达了放弃广昌的命令。红一方面军以伤亡5500余人的重大代价结束了这场战斗。

广昌失守之后，紧接着建宁又失守了。敌人开始向中央革命根据地腹地推进，红军坚持在中央革命根据地内进行运动作战的机会已经丧失了。失败的阴云，已密集地笼罩在中央革命根据地的上空。

对于广昌保卫战失败和博古、李德的轻率，毛泽东不止一次地提出批评。李德后来这样回忆毛泽东对他们的批评：毛泽东"以他称之为'灾难'的毫无战绩的广昌战役为把柄，给博古、周恩来和我——即他所谓的'军事上的三套马车'，加上了种种罪名：什么消极防御、分散兵力、采取堡垒战术、没有胜利把握就轻率作出作战决定等等。他利用一切机会，不断重复数落着这些罪名，……说中国革命有它的特点，中国红军的斗争也有其特殊性，而这些是一个外国人永远不能理解的"。③

5月，中共中央决定将红军主力撤离中央革命根据地。为此，中共中央决定成立由博古、李德、周恩来组成"三人团"从事转移的筹划。

敌人占领了广昌、建宁后，气焰更盛。自7月上旬起以31个师的兵力，从6个方向向中央革命根据地中心区域发起了全面的进攻。在敌人的

---

① 参见《朱德传》（修订本），第401页，中央文献出版社2000年版。
② 《朱德传》（修订本），第403页，中央文献出版社2000年版。
③ 奥托·布劳恩：《中国纪事》，第95页，现代史料编刊社1980年版。

全面进攻面前，博古、李德却继续采取"六路分兵"、"全线抵御"的作战方针，要求红军同节节推进的敌人展开阵地战，继续拼消耗。结果，哪一路都无法阻挡住敌人的进攻。

时间又过去了一个月。8月31日，敌人又占领了广昌以南的重要阵地——驿前。红军的北部防线和东部防线相继都被敌人突破，西线和南线的形势也更加危急。

在四面告急的情况下，李德也感到没有什么办法可想了，于是，他以身体有病为借口，不再那么"积极"了。

怎么办？在这紧要关头，朱德担负起转移前支撑战争局面的指挥责任。由于李德不再过多地干涉前方战事，使朱德有可能部分地改变消极防御的错误战法，发挥红军打运动战的特长。

9月初，朱德指挥红军在东线的温坊取得了作战胜利。

温坊，位于闽西长汀县东南。9月1日至3日，在朱德指挥下，红一军团、红九军团和独立第二十四师相配合，在这里连打了两仗，给敌东路军蒋鼎文部的李延年纵队以沉重的打击，歼敌4000多人，缴获大批武器弹药，使红军得到第五次反"围剿"苦战一年以来最大的一次补充，也是红军在第五次反"围剿"作战中打得最好的一仗①。

事实上，从8月初，朱德就对敌李延年纵队密切注视了。8月3日、5日、11日和16日，朱德曾多次给红一军团、红九军团发出电报，要求他们向李延年纵队推进的方向运动集中，伺机给以打击。

李延年纵队很快发现红军主力的动向后，又采取筑垒推进战术，使红军一时难以寻找到有利战机。8月23日，朱德又命令红一军团向西转移到长汀以北的曹坊、朋口地区待命。

红一军团的这一转移，让敌人又放心大胆地集中四个师兵力向连城、朋口一线大踏步推进。朱德看准这个机会，在8月26日电令红一军团秘密迅速东返，会合红九军团和独立第二十四师，在朋口西侧的童坊及河田地

---

① 参见《朱德传》（修订本），第404～405页，中央文献出版社2000年版。

区隐蔽集结；同时，指示红一军团以一部伪装整个军团从宁化继续西撤，以迷惑敌人；又指示红九军团及独立第二十四师伪装成地方部队"休息整理"或"修补工事"，诱使敌人大胆地向长汀前进。正是在朱德的调动下，造成了敌人的错觉，以为红军主力已远离闽西地区向西撤退了，立即向长汀急进①。

朱德断定敌人从朋口向长汀急进途中必将经过温坊，而朋口至温坊沿途 20 里间地势险峻，两侧高山绵亘，可以埋伏大部队，是有利于在运动中歼灭敌人的极好地形。于是，8 月 31 日 4 时，朱德向林彪、聂荣臻发出急电，指出："敌李（延年）纵队于明一号起向温坊中屋村筑碉前进"，"一、九军团及二十四师主力应在温坊中屋村间实行突击李纵队的任务"②。

9 月 1 日中午时分，敌人的第三师第八旅的三个团果然进入红军的伏击圈，又没有后续部队。傍晚，红军向尚未完成构筑工事的敌人突然发起猛烈攻击，先截断了敌人的退路，再由两翼发动猛烈攻击，一直战至第二天早晨，全歼进入该地区的敌两个团。

9 月 2 日凌晨，朱德接到红一军团林彪、聂荣臻发来的温坊初战结果的报告，心里感到很高兴。但是，他又发现红军现在所处的地理位置存在着危险，立即回电指出："我一、九军团及二十四师现在地域过于突出，目标亦大。"③ 要求各部队应分别转移隐蔽。

温坊初战告捷以后，朱德预料到敌人决不会甘心失败，还会再派部队向温坊反扑，于是，在 9 月 2 日早晨 8 时再次致电红一、红九军团，指示他们"准备遭遇和消灭朋口李三师来援部队"。④

事情正如朱德所预料的那样。敌人的先头部队被歼后，他们仍没有弄清红军兵力的虚实，继续派出第九师和第三师三个团，再次向温坊推进以求报复。朱德得知这一消息后，立即于 9 月 3 日凌晨 2 时向前方发出急电，

① 参见《朱德传》（修订本），第 405 页，中央文献出版社 2000 年版。
② 《朱德致林彪、聂荣臻电》，1934 年 8 月 31 日 4 时。
③ 《朱德致林彪、聂荣臻电》，1934 年 9 月 2 日 2 时。
④ 《朱德致林彪、聂荣臻、罗炳辉、蔡树藩电》，1934 年 9 月 2 日 8 时。

指示红一、红九军团及第二十四师"应在温坊阵地前，给敌以短促突击，以消灭其先头部队。"当天上午9时至下午4时，红军在温坊打了第二个胜仗，再次给进犯的敌人以沉重打击①。

温坊战斗胜利后，朱德写了《在堡垒主义下的遭遇战斗》一文，通过对这次战斗经验教训的总结，阐述了几个重要的军事原则。第一，这次战斗具有经过"长期并精细准备的特点"，充分地了解敌人，掌握敌情，指挥上有"计划性"，是"胜利的主要的和第一的因素"。第二，这是运动战的胜利。红军高度机动灵活，"能迅速地隐蔽地转移"，迷惑并引诱敌人，使他们"不知我军位置"，"不知我虚实"，"敢于跃进"，我军则能"正确地估计敌人的进攻方向"，"预先占领了待机位置"，以逸待劳，给运动中的敌人以突然袭击。第三，在"敌我兵力比较敌占优势"的情况下，在战役和战斗上"我们取得了集中较优势兵力，迅速地干脆地各个击破了敌人"。肯定了发起进攻时"坚决果断"、速战速决、打歼灭战的战例；批评有的部队强攻设有坚固阵地的敌人，"盲目地再三重复不利的进攻"，有的部队"没有迅速地勇敢地截断敌人的退路"，使可能被歼之敌逃跑。第四，肯定红军"夜间战术相当熟悉"，在优势装备的敌人面前，夜战能发挥红军的长处，达到好的效果。第五，肯定红军"在火线上瓦解白军工作有成绩，政治宣传起了作用"，敌军"有六个部队派代表来缴械"。朱德在总结中阐述的这些军事指导原则，坚持并丰富了红军在前几次反"围剿"战争中的成功经验，是同第五次反"围剿"开始以来"左"倾军事教条主义指导下一系列错误军事方针相对立的②。

但是，温坊战斗这样的个别胜利毕竟不能改变第五次反"围剿"中整个战略指导错误所造成的大局。9月4日，朱德以中央革命军事委员会主席的名义和副主席周恩来、王稼祥发布了《中革军委为扩大红军的紧急动员的号令》，指出：国民党军"八十多万开来苏区周围，加紧东线和西线

---

① 《朱德传》（修订本），第407页，中央文献出版社2000年版。
② 《朱德年谱》上，第402、392页，中央文献出版社2006年版。

的封锁，从各方面伸入到苏区大门内来，求我决战，实行其占领兴国、石城、汀州、会昌与总攻瑞金的计划"。"在血战的九月，中革军委决定扩大三万个新战士，补充到前方，各个作战线上的独立团要充实起来；要成立各县的独立营"，并号召中央苏区的革命青年踊跃参加红军，拿起武器，英勇杀敌，坚决打退国民党反动派的军事进攻。

到了9月中下旬，形势越来越危急了。中央革命根据地已经缩小到只有瑞金、会昌、于都、兴国、宁都、石城、宁化、长汀几个县。

在这种情况下，朱德又提出一系列不同于李德的消极防御的指导思想：强调要保存红军的有生力量，反对拼命主义，要避免那种付出重大牺牲的堡垒对堡垒的阵地战，尽量采取"运动防御"。9月15日，他以中央革命军事委员会的名义颁发了《关于战斗问题的训令》（训字第一号），指出："无论如何应该以保存自己有生力量和物质基础为我们作战的第一等基本原则。保持地域，不轻遗寸土予敌人，这应该放在前一原则之下来遂行。"9月24日，他又致电林彪、聂荣臻，说："预先没有充分的准备及侦察，并以密集队形冲锋，这是不适当的。""以后抗击周纵队行动中，第一等的原则是爱护兵力，因此主要的行动方式，是防御和局部的反突击。"① 第二天，他又发出《关于目前战斗问题给各军团电》，指出："二十六日晨，蒋敌向我行总的攻击"，"诸兵团应再高度估计情况，并检查自己的决心，一方面你们应给敌人相当的损失和抵抗，另一方面应很爱惜地使用自己的兵力，并且坚决避免重大的损失，特别是干部"，"在飞机轰炸、炮兵集中所威胁不利的条件下，及我们工事不十分巩固时，指挥员应适时放弃先头阵地，以便于我们阵地的纵深内实行突击"，"在失利时，应有组织地退出战斗的计划"。

朱德的这些指示，完全不同于博古、李德那种要红军"毫不动摇地在敌人炮火与空中轰炸之下支持"的拼命主义。根据这些指示，红军不再同进犯的优势之敌死打硬仗，能守则守，不能守则退，避免在飞机、大炮的

---

① 《朱德年谱》上，第399~400页，中央文献出版社2006年版。

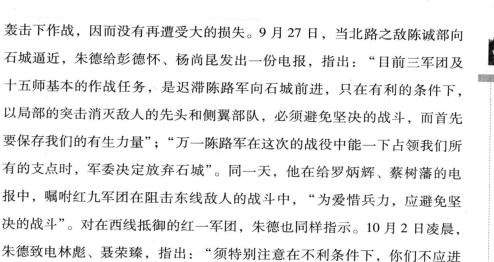

轰击下作战，因而没有再遭受大的损失。9 月 27 日，当北路之敌陈诚部向石城逼近，朱德给彭德怀、杨尚昆发出一份电报，指出："目前三军团及十五师基本的作战任务，是迟滞陈路军向石城前进，只在有利的条件下，以局部的突击消灭敌人的先头和侧翼部队，必须避免坚决的战斗，而首先要保存我们的有生力量"；"万一陈路军在这次的战役中能一下占领我们所有的支点时，军委决定放弃石城"。同一天，他在给罗炳辉、蔡树藩的电报中，嘱咐红九军团在阻击东线敌人的战斗中，"为爱惜兵力，应避免坚决的战斗"。对在西线抵御的红一军团，朱德也同样指示。10 月 2 日凌晨，朱德致电林彪、聂荣臻，指出："须特别注意在不利条件下，你们不应进行坚决的突击而应为运动防御迟滞敌人进兴国"；"特别要注意在开阔地作战须极端隐蔽，不要堆集一起并应利用地形，避免不应有的损失与最高度的保持有生力量"。[①]

但是，朱德的这一切努力都未能起到作用，打破敌人的第五次"围剿"的希望已经没有了，仅剩下战略转移——长征一条路了。

---

① 参见《朱德传》（修订本），第 409～410 页，中央文献出版社 2000 年版。

十一、踏上长征路

突破一、二道封锁线

事实上，早在 1934 年 4 月，以博古、李德为代表的军事教条主义指挥者就已经陷入了困境，准备"撤离"了。4 月底，广昌失守，国民党军进入中央革命根据地腹地，博古、李德就曾讨论中央红军主力撤离中央革命根据地的问题，并把这一设想报告共产国际。6 月 25 日，共产国际复电指出："红军各部队的抵抗力及后方环境等，亦未足使我们惊慌失措。"博古、李德等人研究了共产国际的意见，决定通过主力红军的顽强抵抗，和"发展游击战争，加强辅助方向的活动，来求得战略上情况的变更"①。因此，在《八、九、十三个月战略计划》中则开始了退出中央革命根据地的直接准备，同时要求各主力红军"用一切力量继续捍卫中区"②。9 月上旬，中央革命根据地进一步缩小，人力、物力匮乏，在中央革命根据地内打破敌人的进攻完全没有希望了，博古、李德被迫放弃在中央革命根据地内部抵御敌人的计划，决定于 10 月底或 11 月初，沿红六军团前进的路线，实行战略转移，"准备到湘鄂西去"同红二和红六军团会合。

根据这一决定，中央革命军事委员会从 9 月 8 日起，开始部署战略转

---

① 《中共中央关于反对敌人五次"围剿"的总结决议》，《遵义会议文献》，第 17 ~ 18 页，人民出版社 1985 年版。

② 《中共中央关于反对敌人五次"围剿"的总结决议》，《遵义会议文献》，第 17 页，人民出版社 1985 年版。

移。要求红军以"最高度的节用有生兵力及物质资材"为基本原则，在战斗的间隙"集结补充，整理训练"；命令各军团在10月1日前组织好后方机关，加强运输队的建设；并计划：一旦敌人突入，便把敌人占领县区的军事部，改为县区游击队司令部和政治部，县区军事部长为游击队司令员、队长，县区委书记兼游击队政治委员。在此期间，地方党、政各级机关按照中共中央的决定，亦加紧进行突围准备。9月19日，中华苏维埃共和国人民执行委员会主席张闻天发出《关于边区战区工作给各省各县苏维埃的指示信》，对机构、人员、文件都作了善后处理。

9月26日，国民党"围剿"军主力发起总攻。这时，中央革命根据地还有兴国、宁都、石城、宁化、长汀、瑞金、会昌、雩都等县之间地区，敌人暂时不敢长驱直入，还可以实行休整和从容战略转移。但是，博古、李德却已成惊弓之鸟，决定立即率领党、政、军领导机关和中央红军主力退出中央革命根据地，向湘西实行战略转移。

但是，实行战略转移的"基本的任务与方向问题，始终秘而不宣"①，许多党、政、军高级干部都不知道。由于战略转移没有思想准备，部队未进行必要的动员和休整，新征集的三万名新战士尚未完全集中和进行必要的训练，有些新兵在开始转移后，才陆续补入部队，影响了作战能力。

10月7日，中共中央和中央革命军事委员会（简称中革军委）命令红二十四师和地方武装接替中央红军主力的防御任务，主力集中瑞金、雩都地区，准备执行新的任务。9日，红军总政治部发布《关于准备长途行军与战斗的政治指令》，要求"加强部队的政治、军事训练，发扬部队的攻击精神，准备突破敌人的封锁线，进行长途行军与战斗"。

时间越来越紧迫了。10月10日，朱德以中革军委主席名义和副主席周恩来、项英联名发出《关于第一野战纵队组成及集中计划的命令》：

---

① 《中共中央关于反对敌人五次"围剿"的总结决议》，《遵义会议文献》，第18页，人民出版社1985年版。

中央革命军事委员会命令

1934 年 10 月 10 日

一、兹将军委总司令部及其直属队组织第一野战纵队，与主力红军组成之野战军同行动，即以叶剑英同志任纵队司令员。

二、第一纵队的组成及集中计划如附表。

三、为使纵队顺利的遂行任务，必须将下述事项深入地使全体人员彻底了解和执行。

1. 保持军事秘密。应加强警戒，封锁消息，各部队机关一律用代字，极力隐蔽原来番号名称。关于行动方向须绝对保守秘密。每日出发前，须检查驻地，不得遗留关于军事秘密的文字。

2. 为隐蔽行动，避免飞机侦察应用夜行军。黄昏前集合，黄昏后移动，拂晓时停止。

3. 每伙食单位应派设营员一人，由各梯队派员率领设营（第一、第二两梯队派员负责分配）。

4. 各梯队在平行道路前进时，应在出发前两小时派出道路侦察队，侦察和修理道路。但第一梯则于九日晚派工兵连一连先行，为道路侦察队。

5. 应严格遵守集合和出发时间及行军次序不得迟缓和紊乱。

6. 部队及行李的集合场应分开，选在路旁空地，不得遮断道路，妨碍通过。

7. 各梯队应妥觅响（向）导，但须绝对隐蔽自己的企图。

8. 行进时要确实保持距离，不得任意伸缩。

9. 在苏区内行军，可以按规定数目点火把行军（每一伙食单位点三把，夫子六担一把）。

10. 道路侦察队应在道路分歧处设石灰方向路标。

11. 休息或通路发生故障时，应通知后方部队，免致久停，增加疲劳。

12. 各梯队应派收容队，收容落伍病员。最后梯队负责消灭路标，并派拦阻队防止逃亡。

13. 应带四日份米粮。

14. 所有重病员一月难治好的，概送第四后方医院（九堡之下宋），务于十日午前十时前送完。

15. 各梯队首长应严格检查行李、文件担数，非经批准不得超过规定数目。

16. 到达集中地后，即用有线电话连络。在万田与万田麻地间接长途电话线，架设电话，并置总机。

右令

彭〔诸〕梯队长

主席：朱德

副主席：周恩来

项英

命令发出的当天傍晚，秋风阵阵。中共中央、中革军委率领红一、红三、红五、红八、红九军团及中共中央、中革军委机关和直属队共8.6万人，开始了悲壮的战略大转移，踏上了艰难的两万五千里漫漫长征路。

朱德身穿一件褪了色的灰布军装，脚上是一双新打的草鞋，随中革军委第一纵队出发，被迫离开了与人民朝夕相处了六年多的中央革命根据地。

凝望着苍茫暮色笼罩着的赤都瑞金，朱德和其他指战员一样，念念不舍，不断地回头，不断挥手，向在河边送别的战友和乡亲们告别，并为他们的命运感到担忧：主力红军离开了，中央革命根据地人民和留下来的同志，一定会遭受敌人的残酷镇压和蹂躏……想到这里，朱德心里真有说不出的怅然之感。

还有让朱德最不放心的就是毛泽东。原来，博古、李德等人曾不想让毛泽东一起走，只是在周恩来、朱德等人的一再争取下，才允许他一起随部队转移，并和朱德一道被编入中革军委第一纵队。但是，这时毛泽东已离开瑞金前往于都了，而且还在生病。李聚奎后来回忆说："完全可以看出，他们（指朱德和周恩来）对毛泽东同志的意见是很尊重的。后来我才听说，中央决定红军转移时，开始有的人甚至不同意毛泽东同志随军行动，后来是周恩来和朱德等同志一再坚持，说毛泽东同志既是中华苏维埃主席，又是中央红军的主要创建者，应该随军出发。在这种情况下，他才被允许一起长征。应该说是周恩来和朱德为我党立下的一大功勋。"

中央红军这次战略大转移的最初计划是，突破国民党军的围攻，到湘鄂西去同红二、红六军团会合，创建新的革命根据地。蒋介石立即调集重兵从东西南北四个方向进行堵截，企图一下子消灭中央红军。为此，他决定首先由北向南、由西向东推进。中央红军要实现最初的战略计划，只能由广东绕道湖南。

中央红军要由广东绕道湖南，必须通过国民党军陈济棠部在赣州以东，沿桃江（信丰河）向南，经大埠、王母渡、新田等地构成的第一道封锁线。

陈济棠，广东防城（今属广西壮族自治区）人，17岁时入广东陆军小学，后在粤军担任团长、旅长等职。1925年任国民革命军第四军第十一师师长。1931年参与反蒋活动，把所属部队扩编为第一集团军，自己担任总司令，并接管了驻广东的海、空军，兵力达15万以上，成为独霸广东的"南天王"。由于他同蒋介石之间一直存在着矛盾，在第五次反"围剿"中，蒋介石虽然封他为南路军总司令，但他深知蒋介石其人是绝不会信任、也绝不会放过他的。出于自身利害的考虑，陈济棠既想防堵红军进入广东、广西，又不愿被蒋介石用作借刀杀人的工具，更害怕蒋介石乘机由江西进入广东，抢夺他的地盘，达到一箭双雕的目的。他非常清楚，是因为闽赣地区的红军拖住了蒋介石的主力，才隔断了蒋介石的军队从江南进取广东之路，他自己也才能偏安一时。如果自己与红军作战，那是风险太大，凶多吉少，一棋不慎，就会伤了元气，丢掉地盘。但要是按兵不动维持现在这种各方对峙的态势，红军留在闽赣地区，他和蒋介石之间就有个缓冲地带。谋划得当，既可保住实力，又可在广东偏安无事。当然，他又怕蒋介石翻脸无情。所以，对"围剿"红军之事还得应付。这样，陈济棠一度举棋不定，"围剿"红军的行动迟缓。

1934年4月间，敌人攻占了中央革命根据地的门户广昌。5月间，陈济棠在蒋介石的威逼利诱之下，攻占了江西会昌县筠门岭后，便对红军采取"外打内通"、"明打暗和"的策略。他一面虚张声势，谎报要进攻会昌，摆出一副要打的架势；另一面却派出他的高级参谋杨幼敏到筠门岭，向红军作试探性的"不再互犯"的谈判。蒋介石已觉察到陈济棠怀有二心，虽怒斥他是"借寇自重"，但忙于对红军的"围剿"，对他也奈何不得。

在此一个月前，中国共产党已公开发表了《告民众书》，号召一切真心愿意反对日本帝国主义而不甘心做亡国奴的人们，不分政治倾向，不分职业、性别，联合在反帝统一战线内，一致抗日。这一倡议，赢得了全国各界人士的广泛支持。6月，朱德、毛泽东联合发出《告白军官兵书》，号召白军的广大官兵："不要打红军"，"实行中国人不打中国人！""两边互派代表，订立停战抗日联盟，联合一起去抵抗日本。"7月，中华苏维埃共和国中央政府主席毛泽东，副主席项英、张国焘和中革军委主席朱德，副主席周恩来、王稼祥签署发表了《为中国工农红军北上抗日宣言》，表示在三个条件下，愿意同全国任何武装部队订立停止内部作战、一致打击日本的协定。

在这种形势之下，陈济棠急于同红军取得联系，派人到处找关系，千方百计地找到了正在广州做生意的罗炳辉的内弟，要他担当同红军联系的中间人。9月间，又秘密派李君到瑞金，提出要同红军联络谈判停战和共同反蒋事宜。朱德和周恩来敏锐地意识到处理好与陈济棠部的关系极为重要，认为如果保持与陈部的良好关系，将来定然会对红军作战有利。在李君来访时，双方开诚布公地交换了意见，讨论了当时的形势和共同反蒋的办法。

9月27日，陈济棠授意驻防江西会昌县筠门岭的第二纵队第七师师长给朱德发电:"为适应环境应付时局,先行商定军事,以免延误时机,希派军事负责代表前来会商,以利进行,并盼赐复。"

对于同陈济棠的谈判,虽然博古和李德等表示怀疑,也不十分热心,但朱德和周恩来始终都很重视。周恩来还亲自主持谈判会议,事前进行认真准备,挑选适合的代表,研究谈判方案,并交换双方通讯专用密码、联络地点和办法。陈济棠派出的代表是他的心腹杨幼敏、李宗盛和黄延桢。黄延桢是陈部第二纵队第七师师长,就驻在筠门岭,他同陈济棠的关系极深,很受信任。所以,黄延桢就成了与红军联络的代表,也是谈判的代表之一。

为了能迅速打开谈判的局面,9月底,朱德亲自起草了一封给陈济棠的复信,交送信的人带回去,信的全文是:

伯南先生大鉴:

贵使李君来,借聆尊旨。年来日本帝国主义之侵略,愈趋愈烈,蒋(介石)汪(精卫)等卖国贼之卖国,亦日益露骨与无耻。华北大好河山、已沦亡于日本,东南半壁亦岌岌可危。中国人民凡有血气者,莫不以抗日救国为当务之急。抗日救国舍民族革命战争外,实无他途,而铲除汉奸卖国贼尤为民族革命战争胜利之前提。年来,德与数十万红军战士苦战频年者,莫非为求得中国民族之彻底解放、领土完整及工农群众之解放耳。德等深知为达此目的,应与国内诸武装部队作作战之联合。二年前苏维埃政府即宣告,任何部队,如能停止进攻苏区,给民众以民主权利及武装民众者,红军均愿与之订立初步协定。惜两载以还,除去冬蒋(光鼐)、蔡(廷锴)诸君曾一度与红军订立初步协定外,红军乃成为抗日反蒋而孤军奋战之惟一力量。且伺陈而图我侧后者,亦颇不乏人。比者,先生与贵部已申合作反蒋抗日之意,德等当无不欢迎。惟情势日急,日寇已跃跃欲试于华南,蒋贼则屈膝日本之前,广播法西斯组织,借款购机,增兵赣闽,若不急起图之，则非特两广苟安之山川难保，抑且亡国之日可待。故红军粉碎五期进攻之决战，已决于十月间行之。届时我抗日先遣队已迫杭垣，四川我部将越川边东下，威胁武汉，贺龙同志所部及在湘江各部均将向湘江敌协同动作，而我主力则乘其慌乱之际，找其嫡系主力决战而歼灭之。若贵部能于此时由杭、水出击，捣漳州、龙岩，击蒋鼎文之腹背，而直下福州；另以一部由湘江南而直捣衡阳、长沙、则蒋贼将难免于覆亡也。事不容缓，迟则莫及，福建之役可为殷鉴。

为求事之速成，德本两年前政府宣言之宗旨，敢向足下为如下之提议：

一、双方停止作战行动，而以赣州沿江至信丰而龙南、安远、寻乌、武平为分界线。上列诸城市及其附部十里之处统归贵方管辖，线外贵军，尚祈令其移师反蒋。

二、立即恢复双方贸易之自由。

三、贵军目前及将来所辖境内，实现出版、言论、集会、结社之自由，释放反日及一切革命政治犯，切实实行武装民众。

四、即刻开始反蒋贼卖国及法西斯阴谋之政治运动，并切实作反日反蒋之各项军事准备。

五、请代购军火，并经门岭迅速运输。

如蒙同意，尚希一面着手实行，一面派负责代表来瑞共同协商作战计划。日内德当派员至门岭黄师长处就近商谈。为顺畅通讯联络起见，务望约定专门密码、无线电呼号波长，且可接通会昌、门岭之电话。匆促陈辞，不尽一一。尚祈裁夺，伫候回示。

顺颂

戎安

朱德手启

收到朱德的信件后，陈济棠为朱德的诚意所打动，深思熟虑之后，于10月1日13时，通过筠门岭的第七师给红军发出一份电报，建议先行会商军事问题，并催促我方"迅速派出军事负责代表去广州面商"。朱德、周恩来经过多次慎重考虑和协商之后，决定选派1933年夏天从上海进入中央革命根据地、当时任中共中央局宣传部部长的潘健行（潘汉年）和粤赣军区司令员何长工二人为代表前往。并约定了电台的通讯代号，对方代号为KSD。为确保通讯联络无误，还调来了钱壮飞、伍云甫等老无线电工作者为译电员。当天，周恩来起草了复电，催促对方迅速对朱德的去信给予明确答复，并建议我方派代表至筠门岭经第七师转商一切。对方收到这一电报之后，答复同意在寻乌进行会谈。

此后，周恩来立即召集潘汉年、何长工到瑞金交代任务："这是中央给你们的任务，望你们勇敢沉着，见机而作。"

10月5日，朱德给驻筠门岭地区的陈济棠部第七师师长黄延桢写了一封信，告以：我方应陈济棠总司令电约，特派潘健行、何长工两人为代表，前来与贵方代表杨幼敏、韩宗盛协商一切，请予接洽。

当天，朱德又和周恩来联名给红军第二十二师师长周子昆、政治委员黄开湘发出一份电报，指出："粤方已约我代表在寻乌相会，我方派潘健行、何长工于明日动身，七日午过站塘，拟当晚即到门岭。望于明早派原侦察班长持你们致黄师长信，告以我方接粤电约在寻乌协商，现潘、何两代表于七日可抵门岭，约其派员到白铺以北相接。"①

10月6日，红军派出送信的侦察班长到了筠门岭，正好黄延桢和他的参谋长都在那里，当面答复第二天派人到白铺以北去接红军代表。

经过谈判，红军和陈济棠部达成了就地停战、解除封锁、互通情报、互相借道、各从现在战线后退20里等5项协议。

10月11日12时30分，朱德给红一、红三、红五、红八、红九军团及中革军委纵队首长发出一份电报，指出：由于敌人用空中侦察、间谍侦

---

① 《朱德年谱》上，第403页，中央文献出版社2006年版。

察等各种手段来侦察我军主力的位置，"坚决命令采取严格办法以防止暴露我军主力，日间不得有任何部队移动"，并"注意伪装"；移动时，须"防止逃亡和敌探的侵入"。

第二天，朱德随中革军委第一纵队从宽田出发，经段屋到达岭背，接着又从岭背出发到达于都城北的古田。

在古田村，中革军委召开了扩大会议，向已集中于都的各兵团首长部署西征行动，并发布《关于军委及各军团代名的规定》。朱德给红一、红三、红五、红八、红九军团等部队首长发出了一份电报，指出：为保守军事秘密起见，特重新规定军委及各兵团代名字如下：（一）军委红星，军委直属各部之总字一概代以红星二字。（二）军委第一纵队红安，第二纵队红章。（三）一军团南昌，一师广昌，二师建昌，十五师昌都。（四）三军团福州，四师赣州，五师苏州，六师汀州。（五）五军团长安，十三师永安，三十四师吉安。（六）八军团济南，二十一师定南，二十三师龙南。（七）九军团汉口，三师洛口，二十二师巴口。以上代名自十月十五日施行，师以下代名由各军团自定。

中央红军长征开始时，其主要领导权仍掌握在博古、李德手中，许多重要事情，博古、李德并不同作为中革军委主席的朱德商量。因此，朱德都不知道。朱德后来回忆说："长征是一种搬家式的长征，而一切准备工作都未通知我。"[1]

但是，长征中有关红军的行动部署和作战命令则大部分由朱德以中革军委主席、红军总司令的名义下达，有些命令由他和中革军委副主席、红军总政治委员周恩来联名下达。在这种情况下，除努力做好自己的工作外，朱德也只能把一腔热血洒在即将共赴患难的士兵们身上了。他虽是红军的总司令，行军途中却替战士扛枪、挑担子。看到哪个战士走不动了，他便上前打个招呼，帮战士扛起枪就走。甚至有一次，他扛上战士的枪走了一段路坐下来同战士谈话，后面走上来几个战士，把他当成炊事员，叫

---

① 《在中共中央政治局会议上的发言记录》，1941年9月11日。

他烧开水喝。他也马上起身找锅烧水。身边的工作人员对那几个战士说："他是我们的朱德总司令啊！"

出发前，组织上给少数几个中共中央领导人配备了担架、马匹和文件挑子。虽然此时朱德已年近48岁，但为节省出几名兵员去充实作战部队，他既不要担架也不要文件挑子，只要了两匹马，一匹供骑乘用，一匹用来驮行李和文件。一路行军作战，十分疲劳，有些轻伤病员走不动，朱德总要把自己的马让给他们骑。谁要是不肯骑，他就耐心说服，直到伤病员骑上马为止。他的行动，带动了有马骑的干部争先恐后地让马给伤病员骑。每次行军到了宿营地，朱德又总是不顾自己的疲劳，东走走，西瞧瞧，检查部队全部住下了没有，指战员们的脚洗了没有……直到一切安排就绪，他才回到临时办公处，又开始紧张地工作。朱德还非常注意和士兵的沟通交流，以分解行军途中的各种辛苦。和朱德一起行军的总司令部作战科参谋回忆说："行军途中，朱德同志经常不骑马，腰插一支小手枪，同司令部的同志一道徒步行军。他沿路谈笑风生，摆四川'龙门阵'，以分散干部战士们的精力，减轻大家的疲劳。我真佩服朱老总，他肚子里的故事可真多，而且慢悠悠地讲得那样风趣幽默，大伙听了都乐呵呵的，走起路来也觉得轻松多了。"①

10月16日，中央红军主力部队五个军团和中革军委二个纵队集结完毕，开始分别渡过于都河。

10月17日，中央红军根据中革军委制定的南渡贡水计划，开始分别从10个渡口渡过贡水，向突围集结地开进。第二天，朱德下达了10月21日突围战役的命令，指出："我野战军目前的总任务是：（一）确实占领固陂（指信丰县古陂）、新田地域；（二）前出至坪石、安息、石背圩之线，以便继续于信丰、龙南之间渡过信丰河。"并明确了各军团各自攻击路线和目标，要求各军团于10月19日晚开抵"各进攻出发地"，完成进攻前的准备，分别于20日夜半后发起攻击。

---

① 吕黎平：《青春的步履》，第115页，解放军出版社1984年版。

下达命令后，当天晚上，朱德和周恩来等率中革军委两个纵队从于都城东门浮桥渡过贡水。第二天早晨，到达了图岭、小溪、畚岭地域。

蒋介石获悉中央红军突围的企图之后，多次下令陈济棠阻截红军，说红军突围绝不是战术动作，而是战略转移；也不是南侵广东，而是突围西进。要求陈济棠大胆堵截红军。这时，陈济棠既不敢公开反对蒋介石，又怕红军真的进入广东，占了他的地盘。所以，就在第一道封锁线上，以其第二纵队李扬敬部驻守在会昌一带，派其第七师师长黄延桢坐镇筠门岭，以阻止中央红军南下广东；以其第一纵队余汉谋部驻守赣州、信丰和安远之间，声言这是一道"钢铁封锁线"。

朱德决定率中央红军突破敌人的第一道封锁线。但是，红三军团却未能赶到20日的指定地点。根据这种情况，10月20日10时，朱德给红一、红三、红五、红八、红九军团首长发出一份电报，重申了突围命令，指出：鉴于三军团未能赶到二十日的指定地点，"为保证各军团行动之协调及同时动作，总攻击改在二十一日夜至二十二日晨举行"。当日14时，朱德又在给中央红军各军团、军委纵队首长的电报中指出：粤敌现已部分地知道我军南移，并派出飞机侦察，"各兵团今后只应于夜间移动部队，并且不要利用火光，而要利用月光"。

10月21日夜，中央红军按照中革军委的部署，开始突破敌人的第一道封锁线。

当陈济棠得知中央红军突围时，按照预先谈判的协议，即令第二纵队李扬敬部撤回广东边境，第一纵队余汉谋部稍加抵抗，即从版石、新田、古坡、韩坊全线总撤退，没有过多地堵截红军，却让出一条40里的通道。

就这样，中央红军未经大的激烈战斗，就从赣县王母渡至信丰县新田之间突破了国民党军的第一道封锁线，再过信丰河，向湖南、广东边境转进。

中央红军各部队八万多人，携带大批辎重，在五岭山区崎岖的山路上向西行进着，行动十分迟缓，有时一天才走二三十里，甚至十几里，使所有红军主力都变成了掩护队。这种大搬家式的转移，严重地削弱了部队机动作战的能力。朱德几次向博古和李德建议要轻装上阵，但都被驳斥回来，一个简单的理由——"这都是红军用生命换来的家底"。

这时,蒋介石对中央红军战略转移的真实意图和方向还不十分清楚。一时,他举棋不定,一面命令"围剿"中央革命根据地的北路军主力集结待命,一面电令南路军总司令陈济棠和西路军总司令何键火速出兵,在汝城、仁化和乐昌、宜章、彬县构成第二道封锁线,阻止中央红军西进。

陈济棠基本遵守着与中央红军谈判的协议,将其主力撤至大庾(今大余)、南雄、安远和新田等地,采取守势;敌西路军何键部正处在分散"清剿"状态,湘中、湘南仅有其一个多师的兵力防守;敌北路军则远在赣江以东的兴国、古龙冈、石城一带。

10月26日晨,朱德到达小河圩。在这里他以中革军委的名义给红一、红三、红五、红八、红九军团首长发出一份电报,指出:"现我方正与广东谈判,让出我军西进道路,敌方已有某种允诺。故当粤军自愿的撤退时,我军应勿追击及俘其官兵。""但这仅限于当其自愿撤退时,并绝不能因此而削弱警觉性及经常的战斗准备。"

根据敌情分析,朱德决定中央红军继续向湖南的汝城和广东的边境城口方向前进。第一步西进到大庾、南雄地区,主力从大庾、南雄间通过。第二步到沙田、汝城、城口地区,并相机占领汝城。

10月30日朱德向中央红军各军团发布命令,指出:我军将进入湘南地区。敌拟在我军未进入湘南时,对我军进行夹击。我军应取得先机,于次日起在湖南桂东县沙田、汝城县、广东仁化县城口、江西崇义县上堡、文英、长江圩地域,突破敌人的第二道封锁线。这一天,当朱德在大余县密溪地区看到红三军团部队绵延数里的状况,和周恩来、王稼祥联名给彭德怀、杨尚昆发出一份电报,指出:减少不必要的担子,不得超过编制规定的范围。

11月1日10时30分,朱德给中央红军各军团和中革军委第二纵队首长发出一份电报,部署进攻汝城、城口,以迅速通过敌人的第二道封锁线。第二天,红一军团在汝城以南天马山至城口之间发起进攻,占领广东仁化县城口,11月3日,红三军团包围汝城。

11月5日,朱德给中央红军各军团及中革军委两个纵队首长发出了突破敌人第二道封锁线的命令：

（一）五号晚，野战军开始通过汝城到恩村间的封锁线。

（二）规定三条基本的前进道路：

A、右边的道路，由大来圩经店圩、百丈岭向文明司、山田铺方向前进，另经店圩南之延寿圩向三界圩，为辅助的道路。

B、中央道路，由新桥经界头、盖子排、九峰山向九峰圩方向前进。

C、左边的道路，由城口经麻坑向岭子头方向前进，但是确定这条道路的路线，要看粤敌的行动，由林（彪）、聂（荣臻）确定之。

（三）为掩护通过封锁线，规定以下的部队担任之：

A、汝城地域由三军团派出一个师任之。

B、大坪地域由三军团派出一个团任之。

C、为钳制长江及厚坑圩之敌，由一军团派出一个师任之。

诸掩护部队应于其他部队全部通过后为后卫跟进。

（四）通过封锁线的秩序如下：

A、六日早三军团主力走右边的道路，一军团一个师及军委第一纵队走中央道路，一军团一个师走左边的道路，通过封锁线。三军团司令部直属队及后方部，应随在六日早通过封锁线部队的后面跟进。

B、七号早通过的部队如下：八军团走右边的路，军委第二纵队及十三师之一个团走中央的路，九军团走左边的路，通过封锁线。

C、八号早通过如下部队：三军团一个师加一个团的掩护队走右边的路，五军团（欠十三师之一个团及三十四师）走中央的路，一军团掩护的一个师及三十四师走左边的路，通过封锁线。

（五）掩护部队依据各该军团首长的命令，于本五号晚即占领阵地。

（六）为求得各部队有配合地移动及规定各兵团的作战任务，军委对于各兵团有单个的命令规定之。

朱德

十一月五日十三时半①

在朱德的指挥下，中央红军于 11 月 8 日，在汝城和城口之间分三路突破了国民党军的第二道封锁线。

突破三、四道封锁线

在朱德指挥中央红军突破敌人第二道封锁线的前一天，1934 年 11 月 7 日 16 时，朱德就在给红一军团长林彪、政治委员聂荣臻和红三军团长彭德怀、政治委员杨尚昆的一份电报中，下达了从宜昌南北通过敌人第三道封锁线的命令。电报全文：

林、聂、彭、杨：

甲、九峰似有粤敌独三师一个团，该处并有堡垒，而乐昌似有独三师二个团，在汝城、宜章间没有正式的部队，宜章及其以北为湘敌十五师之一个团，在仁化、大坪、汝城之敌无大变动。上述情况均未充分证实。

乙、野战军于宜章北之良田及宜章东南之坪石（均含）之间通过。A，三、八军团的右翼队，经过宜章以北通过。B，一、九军团的左翼队，则经宜章以南通过。C，军委第一、第二纵队及五军团，由当时情况而定，主力在内翼侧道路移动。

丙、估计通过乐昌、坪石间河道的困难，应占领九峰并确实钳制乐昌之敌，以保证野战军通过封锁线。在万不得已时，则钳制九峰之敌而绕过之。

丁、八日晨，其他兵团前出到如下地域：A，八军团仍留东山桥地域，并向汝城严密警戒，让四师通过该地。B，九军团前出到麻坑圩地域，并向乐昌方向严密警戒。C，军委第一纵队进到大山地域。D，第二纵队及十三师之一个团进到大山都、木江地域，并向大坪、汝城自己派出警戒。E，五军团（缺十三师之一团）进到鹿洞、厚溪地域，并向汝城、大坪、城口、仁化方向警戒。

戊、三军团于八日早进至里田、界牌岭地域，第四师即于明八日晚赶到该地域归回建制，三军团应派一个先头团进占赤石司，并向平和、良田东派出侦察队，查明由良田到宜章间的敌情和堡垒，及其前进路上的堡垒，向九峰派出战斗侦察，如必要时应派出一师以上的兵力，协同一军团进攻九峰之敌。

己、一军团有消灭九峰及钳制乐昌之敌的任务。一师应接近到九峰及茶料，进行补充的侦察，并作进攻的准备。二师则有切断九峰、乐昌敌人交通的任务，准备从南面进攻九峰，交派出一部钳制乐昌之敌，但须等待十五师部队来接替。十五师在二师后跟随进，到达麻坑圩后，直接受领军团首长的命令。一军团应派出道路侦察，察看高桥、横廊附近的渡河点，直至坪石街为止。如不能占领九峰时，则应派一师以下兵力钳制乐昌及九峰之敌，以保障诸野战军从九峰以南以北通过。

庚、详细报告应于八日午前电达军委。

朱

七号十六时①

---

① 《朱德军事文选》，第168～169页，解放军出版社1997年版。

从这一命令中可以看出，朱德要求林彪率领红一军团迅速抢占粤汉铁路东北约 10 公里处的制高点九峰山，以掩护中央红军各军团和中革军委两个纵队从九峰山以北安全通过。后来，朱德又多次给林彪发电报，强调这一点。但是，正值连日阴雨，道路泥泞且崎岖险峻，林彪企图率部拣平原地走，一下子冲过乐昌。11 月 8 日 19 时 30 分，他在给朱德的电报中说："我军左纵队已不能经九峰、乐昌间西进而应改自九峰以北西进。"接到这一电报后，朱德立即给红一军团发去电报："依你们来电看，一军团主力的部署仅在九峰东南及以南地域，这使军委一、二纵队受着九峰之敌的危险"，"一军团有防止九峰之敌向砖头坳前进之任务，因此，一师应派出一部控制九峰通砖头坳的大路"。

接到朱德的这一电报后，聂荣臻坚持要执行上级的命令，最终说服了林彪，同意派出有力部队抢占九峰山制高点，以保证中央红军左翼的安全。

由于林彪对执行命令的迟缓，11 月 9 日 1 时，朱德又给彭德怀、杨尚昆发出一份电报，指出："一、九军团不能于九峰、乐昌之间通过，并将转移到九峰之东北，而砖头坳已到粤敌之一部。""三军团应利用湘敌正式军队未赶到前的时机，同时占领宜章及两路司。为达此目的，应使用第五师及第六师之主力。"同日 2 时，朱德在给林彪、聂荣臻的电报中，对红一、红九军团的任务作了更动："一军团（缺十五师）以强行军前出到九峰的东北，有如下任务：（一）无论如何不得让敌人进到九峰以东及以北地域，为得如此，必须确实占领砖头坳山地。如不得占领砖头坳时，则至少以一个师掩护砖头坳、延寿圩间的道路。（二）至迟十日，一军团应前出至延寿圩、三界圩至田里之小道，并到达三界圩、中塘地域，以便能从十号经赤石、塘村前进到宜章以南之坪石地域，执行基本的任务。"

11 月 10 日 10 时，朱德在给林彪、聂荣臻等人的一份电报中批评了红一、红九军团，指出红一、红九军团行动的无计划和执行命令的迟缓，"使迅速通过敌人封锁线成问题"。同日 21 时，在给彭德怀、杨尚昆的电报中，朱德指出："因一、九军团不得已情况下转经延寿圩西进，以致使通过封锁线的时间延长数日。""三军团的任务是保证野战军全部通过封锁线。"为此，"三军团主要的力量应用在宜章方向，必要则将炮兵及四师之一部使用在宜章方向"。

第二天，红三军团占领了宜章城，从而使中央红军突破了敌人第三道封锁线。这一天晚上，朱德随中革军委第一纵队到达了赤石地区。23 时，他以中革军委的名义向各军团发出一份电报，对红三军团进行了表扬：

各兵团首长：

（一）军委赞扬三军团首长彭（德怀）、杨（尚昆）同志及三军团全体指战员在突破汝城及宜（章）、郴（县）两封锁线时之英勇与模范的战斗动作。

（二）本命令传达至团为止，在三军团应经政治部使每个战士通晓。

军委

十一号二十三时

朱德对湘南的郴州、宜章真是太熟悉了。他熟悉这里的一山一水，熟悉这里的人民群众。因为，这里是朱德当年领导湘南起义的地方。重返旧地，朱德的心情是十分复杂的。

中央红军通过敌人第三道封锁线后，蒋介石这才如梦方醒，他看清了中央红军主力西征的战略企图，全力加强第四道封锁线，并调集各路重兵对中央红军进行包围、追堵。

面对敌人的重兵包围、追堵，博古、李德等一筹莫展，毫无办法，仍把希望寄托在与红二、红六军团会合上。当时，毛泽东曾建议，乘各路敌人正在调动，薛岳、周浑元两部尚未靠拢之际，集中兵力，在湘南地区寻歼敌一路或一部，以扭转战局。但博古、李德等人拒绝了毛泽东的建议，以致丧失了在湘南歼敌的战机，使中央红军继续陷于十分被动的地位。

为了调动敌人，11 月 18 日 16 时 30 分，朱德向中央红军各军团和中革军委两个纵队，下达了以一部兵力向西转移到道县、江华、永明地区的命令，指出"军委决定为取得有利的作战及前进的条件，立即由现地转移到道县、江华、永明地域。为转移地域，分两翼队西进：甲，一、三、八军团、十三师及一纵队为右翼队，经嘉禾、蓝田间向宁远及其以南地区前进，以后则续向道县及其以南地区前进。乙，九军团、五军团（欠十三师）及二纵队为左翼队，经蓝山城向江华城前进。"11月22日，中央红军占领了道县。第二天3时30分，朱德又下达了命令："本日结束后，我野战军全部应即准备迅速渡过潇水，与湘、桂之敌进行新的战斗。"第二天，中央红军占领江华。接着，在道县、江华间全部渡过了潇水河，主力进至郴州、耒阳、衡阳地区。

这时，蒋介石认为红军已经"流徙千里，四面受制，下山猛虎，不难就擒"，立即任命国民党湖南省政府主席何键为"追剿军总司令"，指挥原西路军和北路军的薛岳、周浑元两部共16个师77个团的兵力加紧"追剿"；同时，命令原南路军总司令陈济棠部4个师北进粤湘桂边进行截击；命令桂军正副总司令李宗仁、白崇禧以5个师控制灌阳、兴安、全州至黄沙河一线；命令贵州省"剿匪"总指挥王家烈派有力部队到湘黔边堵截，企图围歼中央红军主力于湘江以东地区，局势异常严峻。

在这种情况下，迅速西渡湘江，突破敌人的重围，成为决定中央红军生死存亡的关键。11月25日，中共中央和红军总政治部发布了《野战军突破敌人第四道封锁线、抢渡湘江的政治命令》。紧接着17时，朱德向各军团和纵队下达了抢渡湘江，向全州、兴安西北之黄山地域进军的作战命令，指出：

> 甲、根据敌人最后部署，其企图是在湘江阻止我们，并从两翼突击我们。北面为敌第一、第二路军，南面为广西的主力，而敌之第三、第四及第五路军则直接尾追我们。
>
> 乙、我野战军为达到前出至全州、兴安西北之黄山地域（湘赣边境）的目的，应该：

A、我进攻部队（一军团主力及三、八军团）应连续地、迅速地占领营山山脉之各关口隘路，并于全州、兴安之间渡过湘江。在此种决心下，应迅速、坚决消灭敌之第一、第二路军及与我接触之桂军部队。

B、掩护部队（一军团一个师及五、九军团）应连续于潇水及营山诸隘口，阻止敌第三、第四、第五路军前进，当其急进时，则应坚决消灭其先头部队。

丙、作战的第一步是前出到湘江地域。在这个阶段中，野战军分四个纵队前进：

A、一军团主力为第一纵队，沿道州、蒋家岭、文市向全州以南前进。

B、一军团一个师、军委第一纵队及五军团（缺一个师）为第二纵队，经雷口关或永安关以南前进，以后则依侦察结果决定前进路线。

C、三军团、军委二纵队及五军团一个师为第三纵队，经小坪、邓家源向灌阳山道前进，相机占领该城，以后则向兴安前进。

D、八、九军团为第四纵队，经永明（如不能占领永明，则从北绕过之）、三峰山向灌阳、兴安县道前进。

丁、二十六日诸兵团的行动如下：

A、一军团主力于文市地域停止，向全州派出得力的侦察队，并侦察向全州、兴安间的前进道路、渡河点及沿岸的工事情形，特别要注意麻子渡、咸水圩等水田地域。第六团则进至永安关地域。

B、第四师占领邓家源以后，则向灌阳方向侦察前进。三军团主力于二十六日晨应进到小坪地域，以后则随四师后跟进。

C、八军团应协同九军团之第九团占领永明城。如不能占领永明城时，则从北绕道进至武村、程义家地域，其先头部队应进占三峰山隘口。第九团则仍留永明附近，以保证九军团主力继续通过永明地域。

D、第一师、五军团及九军团的主力则照今二十五日十时半的电令行动。

E、军委一纵队于二十六日晨进到高明桥地域，军委二纵队今日仍在原地休息，并准备从二十六日午刻随三军团后进到小坪地域。

戊、各军团执行情形电告军委，此电不得下达。①

这时，兴安、全州一线正是敌湘江封锁线的薄弱环节。因为桂军白崇禧为了防止红军深入广西中部，刚将这一线的部分桂军撤防自保，而湘军还没有来得及接防，正如朱德在 11 月 25 日 23 时 30 分给林彪、聂荣臻的电报中所说："全州、灌阳暂无大部敌军。"这对中央红军抢渡湘江是一个极好的时机。如果中央红军能轻装急进，完全有可能抓住这个间隙迅速抢渡湘江。但是，由于部队携带的物资太多，部队行动迟缓，并没有做到这一点。

11 月 27 日，中央红军主力进至广西全州、灌阳地区，红一军团先头红二师渡过湘江，并控制了界首到脚山铺的渡河点。17 时，朱德给彭德怀、杨尚昆发出一份电报，指出：湘敌之一路军向全州前进，薛岳军亦向黄沙河跟进中，桂军约四个师拟经灌阳前出到苏江、新圩、石塘圩之线，阻止我军西渡湘江。三军团五师主力应进到新圩地域，其一个团则进到苏江地域，应确实进占马渡桥。如灌阳尚未到有桂军在一个团以上时，并应进占灌阳。在苏江之一个团应驱逐渡江之敌，然后则占领三县交叉处之孔家，并派小部队与八军团联络和带路。四师为先头师，应派队到界首、兴安地带侦察渡河点及公路两旁的工事与敌情，并派出有力警戒部队以抗击之②。但是，后续部队却没能及时赶到渡江地点。特别是中革军委两个纵

① 《朱德军事文选》，第 171～172 页，解放军出版社 1997 年版。
② 《朱德年谱》上，第 429 页，中央文献出版社 2006 年版。

队共 1.4 万余人，转移时雇了几千名挑夫，绑了三千多副挑子，兵工厂拆迁一空，工厂都卸走机器，凡是能够搬走的值钱的东西都装在骡子和驴子的背上带走，组成了庞大的运输队。需要七八个人抬的石印机、需要十几个人抬的大炮底盘也舍不得丢下。庞大的队伍被各战斗部队夹护在约100多里长的狭窄甬道里，缓缓地向湘江岸边前进，一天才行几公里，行军的速度实在太缓慢了。

在一农家小屋里，朱德再次对这种行军方式表示了极度的忧虑："我一、三军团经过几昼夜激战，现已渡过湘江并控制了界首至脚山之间约六十里地的渡河点，而军委、中央纵队尚在灌阳北的文市、桂岩一带。一万四千多人，一千多副担子，被各战斗部队夹护在一百多里的狭窄甬道里，像个小脚女人赶场，咋个走得动嘛？"

"为今之计，只有甩掉坛坛罐罐，快速赶赴渡河点，强渡湘江。"

朱德把这一想法告诉了周恩来，得到了周恩来的认同，但却再一次遭到博古的反对。看上去文质彬彬的博古，却十分武断地接过了朱德的话，说："不行，不能更改中央的决定！那些兵工、印刷、造币、医疗设备物资是我们付出极大代价从敌人手中夺过来的，万不可因为暂时的困难，扔掉革命的本钱！"

早有一肚子意见的朱德针锋相对："革命的本钱是人不是物！"

争论因此不欢而散。

由于中央红军先头部队已突破了湘江，湘、桂两省之敌纷纷向红军渡江地段扑了过来，在飞机的配合下，向正在渡江的红军发起了凶猛进攻，红军被拦腰截为两段。湘江两岸的红军指战员，为掩护中共中央机关安全过江，与敌人展开了殊死决战。

在这种险恶的处境下，朱德同周恩来一起，沉着冷静地指挥各战斗部队顽强抗击敌军，掩护中央红军渡江。11 月 28 日 15 时，朱德给各军团和纵队首长发出了一份急电，指出："我军应自二十八日起至三十日止全部渡过湘水，并坚决击溃敌人各方的进攻。"为此，他对第二天的行动作了具体部署，并要求"各兵团应以最大的坚决性完成放在自己面前的战斗任务"。①

战斗进行到 11 月 30 日，虽然中革军委两个纵队渡过了湘江，但是，中央红军主力还没有完全渡过湘江。战斗越来越激烈，12 月 1 日 1 时 30 分，朱德给林彪、聂荣臻、彭德怀、杨尚昆发出一份急电，指出："三十日的战斗，全州之敌已进到朱塘铺，兴安之敌已进到光华铺，灌阳之敌已进占新圩，并续向古岭头方向前进。周（浑元）敌之先头部队有已渡过文市河之可能。"朱德判断："一日，敌人将从各方面向界首行坚决的进攻，目的是在驱逐我先头部队到山中去，并切断我之后续部队。"因此，他要求："野战军应以自己的主力消灭由光安、全州向界首进攻之敌，钳制桂军及周敌由东尾追的部队。这样可以保证我军之后续部队于二日晨在掩护之下通过湘水，以后即前出到西延地域。"②

12 月 1 日的战斗是关键的一仗，为保证朱德在 12 月 1 日 1 时 30 分发出的作战命令全部实现，当日 3 时 30 分，中共中央局、中革军委和红军总政治部又联合给红一、红三军团发出了电报，指出："一日战斗，关系我野战军全部西进，胜利可开辟今后的发展前途，退则我野战军将被敌层层切断，我一、三军团首长及其政治部，应连夜派遣政工人员分入到各连队去进行战斗鼓动，要动员全体指战员认识今日作战的意义。我们不为胜利者，即为战败者，胜负关系全局。人人要奋起作战的最高勇气，不顾一切牺牲，克服疲惫现象，以坚决的突击执行进攻与消灭敌人的任务，保证军委一号一时半作战命令全部实现。打退敌人占领的地方，消灭敌人进攻的部队，开辟西进的道路，保证我野战军全部突过封锁线，应是今日作战的基本口号，望高举着胜利的旗帜向着火线上去！"

这是生死存亡的一战。经过激战，12 月 1 日 17 时，中央机关和中央红军大部队终于拼死渡过了湘江，突破了国民党军的第四道封锁线。

---

① 《朱德年谱》上，第 430、432 页，中央文献出版社 2006 年版。
② 《朱德年谱》上，第 432 页，中央文献出版社 2006 年版。

中央红军虽然突破了敌湘江第四道封锁线，但也付出了巨大的代价。渡过湘江后，中央红军和中革军委两纵队，已由出发时的 8.6 万人锐减到 3 万余人。

湘江两岸，滔滔江水泛起殷红的血光，累累的英烈尸骨横列两岸。硝烟未尽，悲壮惨烈，朱德脱下军帽，向英烈们默哀。

惨痛的损失，引起了中央红军广大指战员的深思。朱德曾沉重地总结这一阶段的教训说："对于突围是没有丝毫经验的。长征就像搬家一样，什么都搬起来走，结果太累赘，很吃亏。补充来的新兵没有来得及搞到团里、营里去——没有带过兵的人，就会搞空头计划，他们不知道没有训练过的新兵，不跟着老兵怎么走，结果，就让新兵去搬运东西——整个司令部、党政军机关、干部都很重要，连印刷机、兵工机器都搬出去。结果，一个直属队就有一万多，所以需要的掩护部队也就多了。因此，部队动起来很慢。"[①]

12 月 1 日 17 时，朱德给各军团和纵队发出关于红军主力已渡过湘江的电报，并对 12 月 2 日进到西延地域进行休整作了部署。

血染湘江两岸。血的教训使朱德更加认识到，红军部队轻装行动才行。12 月 4 日，朱德、周恩来、王稼祥联名发布了《后方机关进行缩编的命令》，要求检查携带的物资，把不必要的立刻抛弃或毁坏，使部队能够轻装前进。

---

① 《朱德传》（修订本），第 417 页，中央文献出版社 2000 年版。

十二、在历史转折关头

在黎平会议前后

中央红军主力渡过湘江后，1934 年 12 月 4 日 16 时 30 分，朱德给中央红军各军团和中革军委两个纵队首长发出一份急电，指出："估计湘敌主力将出城步、通道向我截击和堵击，其一部随我右纵队后尾追。而桂敌则将由大溶江口、龙胜有袭击我军左侧之可能。""我野战军以继续西进至通道以南及播扬所、长安堡地域之目的"①。

这一电报发出以后，朱德还一直牵挂着仍被敌阻隔在湘江以东的红三十四师的安全。第二天 5 时，他给红三十四师首长发出一份电报："你们不应东进而应留在兴安、灌阳间，依据兴安东南之山地并确实取得当地同情我们的瑶民的关系，积极在该地区发展游击战争，以钳制桂敌，借以积极地协助野战军之行动，以后依情况应企图在兴安以南或以北渡河西进，以便与野战军取得经常的协同动作。"

这时，蒋介石判断中央红军将经绥宁、洪江、黔阳北出湘西，同红二、红六军团会合，于是急忙向黔阳、洪江地区转移兵力。他命令以原"追剿"军第一、第四、第五路军等部编为第一兵团，由刘建绪任总指挥；第二、第三路军编为第二兵团，薛岳任总指挥。两兵团分别由黄沙河、全州一带向新宁、城步、绥宁、靖县、会同、芷江地区开进。同时，令黔军

---

① 《朱德年谱》上，第 435、435~436 页，中央文献出版社 2006 年版。

王家烈部在锦屏、黎平一线堵击红军，令桂军以一部兵力对红军实行尾追，企图围歼红军于北进湘西的途中。

在这种情况下，博古、李德仍然坚持北出湘西与红二、红六军团会合。

中央红军继续西进，主力分左右两路，沿湘桂边界继续行进，进入了西延山区。这里地势险峻，道路崎岖，山地绵延数百里，行军更加困难，前面就要翻越老山界了。

老山界，耸立在湘江西岸，是湘、粤、桂边有名的五岭之一，最高峰海拔 2100 多米，上下 80 余里路，所谓路，也仅仅是悬崖绝壁间的羊肠小径，远远望去，像一条细长的带子，伸向山巅，坠入峡谷。这里地势险要，真是"一夫当关，万夫莫开"。由于山高路陡，红军的行动非常缓慢。在险峻的雷公岩下，摔死了不少骡马。晚上，红军指战员只得就地栖息在山壁弯曲的小径上。

翻过老山界，中央红军进入龙胜县境。这里依然山高地陡，部队行动不便，进程极其缓慢。在攀登龙胜境内大苗山时，当时任红八军团无线电队政治委员袁光后来回忆说：中午，我们开始向顶峰攀登。面前是高耸入云的峭壁，抬头看去，帽子险些掉下，再向上只能在嶙峋的怪石间择路而攀。同志们早已饥肠辘辘，全凭着顽强的意志，一寸寸地向上攀登。大家把勒紧裤带节省下来的最后一点应急干粮，这时都集中起来，让挑器材的同志添一点力量，有的同志甚至把脚上穿的草鞋脱下来送给打赤脚的运输员。为了保证器材的安全，每个运输员的身后都有一两个同志当"保险"。山路崎岖，大家就把器材捆在背上，有的则紧紧搂抱在怀里，犹如母亲照料襁褓一样。有一个同志实在走不动了，就背着器材一点一点往上爬，直到昏过去，仍咬紧牙关一声不吭①。

在艰苦的行军中，朱德常常身先士卒，和战士们同吃同住，同他们保

_____

① 《回顾长征》，第 102～103 页，人民出版社 1985 年版。

持着最亲密的接触。中革军委纵队的工作人员回忆说："朱将军经常到各部队视察，鼓励每一个人。话虽如此，我们的士气一直是高昂的。朱将军虽然是个心肠软的人，看上去很瘦，但十分顽强。他年龄很大了，脸上皱纹极深。他从来不生病，也永远不悲观。"①

意外的困难又发生了。龙胜属广西，境内居住着苗族、瑶族和侗族等少数民族。由于地方偏僻，这里的经济、文化都比较落后。中央红军来到这里时，受长期民族隔阂和国民党特务的大肆造谣的影响，不少群众逃到山上，给红军补给增加了困难。加之红军在龙坪、广南城、平溪和流源等地宿营时，潜伏的特务又纵火烧毁房屋，并嫁祸于红军。朱德对这一情况十分重视。红军总司令部12月7日这一天的行军日志中记载："朱总司令命令：连日桂敌派出大批密探，在我各兵团驻地纵火焚烧民房，企图疲劳及嫁祸于我军，破坏红军在群众中的威信。各兵团首长及其政治部，应于到达宿营地后及离开宿营地以前，严密巡查。并规定各连值班。一遇火警，凡我红色军人，务必设法扑灭，及救济被难群众。纵火奸细，一经捕获，应即经群众公审后枪决。"②

12月11日，中央红军先头部队第一军团第二师占领通道县城。当日18时30分，朱德给林彪、聂荣臻发出电报，要求红一、红九军团应集结通道及其附近地域并派队侦察进入贵州的道路。电报全文：

林、聂：

A、湘敌情况无新得。桂敌廖部昨十号占独境以南山地，与我六师对峙中。三军团主力今日由陇、麻、包田间向西移动，并准备侧击北进之敌，明十二号，三军团主力进至长安堡、黄土塘、辰口地域，其先头师则进至团头所、头（所）地域；军委

---

① 艾格妮丝·史沫特莱：《伟大的道路——朱德的生平和时代》，第355页，三联书店1979年版。

② 《红军总司令部行军日志》，1934年12月7日。

一、二纵队及五、八军团，则由流源、辰口、麻隆塘之线继续西移。

B、我一军团主力及九军团，明十二日应集结在通道及其附近地域，向靖县、绥宁方向派出侦察，向城步方向警戒。其十五师，应于军委一纵队明十二时全部通过下乡后，移动至瓜坪地域，在移动前应加强对木路口、临口的侦察、警戒，并扼阻该两方可能来敌的前进。一军团应另派不大于一团兵力的侦察部队并带电台，前出至崖鹰坡，向新厂、马路口侦察入黔的道路。

C、执行情形，电告。

朱

十一号十八时半

12月12日，第一军团主力和第九军团集结通道及其附近地域；第三军团主力进到长安堡地域；第五、第八军团由流源、辰口、麻隆塘之线西移；中革军委纵队到达芙蓉镇。

敌人并没有放松对中央红军的追击，其"追剿"军主力已分别进到城步、绥宁、靖县、洪江、武冈等地，构筑工事，张网以待。其中，"追剿"军第一兵团之陶广部主力"向临口、通道方向寻觅红军主力截剿"，李云杰、李抱冰师进驻绥宁策应；第二兵团薛岳部先头已抵至洪江，周浑元部也在向洪江前进；桂军到达马蹄街、石村、独境山一带；黔军已到锦屏、黎平一线。如果中央红军继续北出湘西，同红二、红六军团会合，就会陷入敌人的重重包围，后果不堪设想。

在这个严重关头，中共中央在通道县县溪镇恭书院召开了紧急会议，讨论中央红军行动方向问题，朱德参加了这次会议。在会上，毛泽东从敌人重兵阻拦红军主力北上去湘西这一情况出发，建议放弃原定同红二、红六军团会合的计划，改向敌人兵力比较薄弱的贵州前进。朱德首先表示同意毛泽东的这一意见，接着周恩来、王稼祥、张闻天等多人也表示了赞成。朱德还在会上提出刘伯承从红五军团调回中革军委恢复军委总参谋长职务，得到了与会者的同意。但是，博古、李德等人还是坚持北上湘西与红二、红六军团会合的原定计划。经过一番争论，会议没有达成实行战略转兵的一致意见，而决定在行军路线上作出调整，即西进贵州，尔后沿黎平、锦屏北上，再去会合红二、红六军团。很显然，这是一个折中的办法。

通道会议的第二天 20 时 30 分，朱德给红一、红三、红五、红九军团和中革军委纵队首长发出电报，指出："我军迅速脱离桂敌，西入贵州，寻求机动，以便转入北上的目的。"

为了贯彻执行通道会议的精神，12 月 14 日 16 时 30 分，朱德给红二、红六军团负责人贺龙、任弼时、萧克、王震发出一份电报：

> 贺、任、萧、王：
>
> 甲、我西方军现已西入黔境，在继续西进中寻求机动，以便转入北上。湘江敌现分五路，其主力正向芷江、黔阳、洪江、靖县集中，企图先从湘边阻我北上，然后追我入黔。桂敌在我左侧跟追，尚未脱离。黔敌情况不明。
>
> 乙、我二、六军团以发展湘西北苏区并配合西方军行动之目的，主力仍应继续向沅江上游行动，以便相当调动或钳制黔阳、芷江、洪江的敌人。如辰州附近不便渡河，可改于保靖附近南渡至泸城、乾都、凤凰地域活动，对桃源方面只须派一支队去行动，以钳制与迷惑湘中之敌。
>
> 丙、你们依此方针，决心如何，望电告。
>
> 朱
>
> 十四号十六时半

当天 17 时 30 分，朱德又给红一、红三、红五、红九军团和中革军委纵队首长发出一份急电，提出"我军以夺取黎平、锦屏开辟前进道路之目的"，要求红一军团于 15 日以第一师攻占黎平，红九军团继续向锦屏前进，并相机占领锦屏；红三军团主力应由播扬所前进至中温、平铺、地青地域，并准备在红一军团未攻取黎平时进攻黎平；军委纵队在洪州司、小寨地域休息①。

按照朱德的这一命令，中央红军由通道地区出发继续西进。

中央红军突然折入贵州，一下子把几十万敌人甩在湘西，赢得了主动。12 月 15 日，中央红军主力突破黔军防线，攻占黎平和老锦屏。其后，红一军团前出至柳霁地域，准备渡过清水江，沿湘黔边界北上，同红二、红六军团会合。

12 月 17 日，朱德随中革军委纵队进驻黎平。22 时，朱德和周恩来联名给各军团首长发出急电，对第二天的行动作了部署：红一军团由婆洞、八飘、鳌鱼嘴地域移至柳霁、南家堡地域，并准备占领剑河；红九军团应前进至蜡洞附近；红三军团应由黎平地域改向西北之五胡、罗里、抱洞地域；军委纵队在黎平不动；红五军团进至黎平城。

攻占黎平后，朱德和中央红军得到了两个月连续行军作战以来的第一次休整机会。但是，转变战略方向的问题虽在一个星期前占领通道时就提了出来，却始终没有得到很好解决。

12 月 18 日，中共中央政治局在黎平县城二郎坡胡荣顺店铺召开了会议，继续讨论中央红军主力的战略方向问题，朱德参加了会议。在会上，博古、李德仍然不顾国民党军重兵仍在湘西围堵的实际情况，继续坚持从黎平向北行军去湘西同红二、红六军团会合，去那里创造新的根据地。毛泽东则根据敌人已在湘西布下重兵，并正向黔东北集结的严重情况，坚决主张放弃同红二、红六军团会合的原定计划，建议中央红军继续向贵州西

---

① 《朱德年谱》上，第 439～440 页，中央文献出版社 2006 年版。

北进军，在川黔边建立根据地。双方坚持己见，互不相让，争论十分激烈。朱德极为支持毛泽东的意见，明确地反对了博古和李德继续北上与红二、红六军团会合的计划。伍修权回忆说：周恩来和朱德同志，历来就尊重毛泽东同志，在临时中央打击排斥毛泽东同志时，他们也未改变对他的态度。

经过激烈争论，会议决定采纳毛泽东的意见，西渡乌江北上，向贵州西北发展。会议通过了《中央政治局关于战略方针之决定》，指出："鉴于目前所形成之情况，政治局认为过去在湘西创立新的苏维埃根据地的决定在目前已经是不可能的，并且是不适宜的。""政治局认为新的根据地区，应该是川黔边地区，在最初应以遵义为中心之地区，在不利的条件下应该转移至遵义西北地区，但政治局认为深入黔西、黔西南及云南地区，对我们是不利的。我们必须用全力争取实现自己的战略决定。"决议还指出："在向遵义方向前进时，野战军之动作应坚决消灭阻拦我之黔敌部队。对蒋、湘、桂诸敌，应力争避免大的战斗，但在前进路线上与上述诸敌部队遭遇时，则应打击之，以保证我向指定地区前进。"决议最后说："为着保证这个战略决定之执行，必须反对对于自己力量估计不足之悲观失望的失败情绪，及增长着的游击主义的危险。"

当日，中革军委决定，军委第一、第二纵队合编为一个军委纵队，刘伯承任司令员，叶剑英任副司令员，陈云任政治委员，钟伟剑任参谋长。

会后，为保证黎平会议决议的执行，朱德要求立即转发中央政治局的这一新的决定，并指示各军团首长将中央的决定传达到师及梯队首长。12月19日18时，朱德和周恩来联名发出《关于军委执行中央政治局十二月十八日决议的决议》的电报：

为执行党中央政治局十二月十八日的决议，军委对红军部队于最近时期的行动，有如下的决议：

（一）野战军大致于二十三日可前出到剑河、台拱、革东地域，其区分为：

甲、一、九军团为右纵队，有占领剑河的任务，以后则沿清水江南岸上游前进。

乙、三军团、军委纵队及五军团为左纵队，应经岭松、革东到台拱及其以西的地域。在前进中如遇黔敌应消灭之，如遇尾追之敌应击退之，在不利条件下则应迟滞之。

（二）野战军到达上述指定地域后，于十二月底右纵队有占领施秉地域、左纵队有占领黄平地域的任务。为此，应坚决进攻和消灭在上述地域的黔军部队，并钳制黄平以南之黔军，及由东面可能来追之湘敌及其中央军。

（三）在前出到施秉、黄平地域以前，可用常行前进，最后则应迅速地占领施秉、黄平两城。

（四）二、六军团目前应在常德地域积极活动，以便调动湘敌。当湘敌所抽调之部队已北援时，二、六军团应重向水顺西进，以后则向黔境行动，以便钳制在铜仁之薛敌部队及在印江、思南之黔敌部队。

（五）四方面军应重新准备进攻，以便当野战军继续向西北前进时，四方面军能钳制四川全部的军队。

（六）未参加决定此问题的军委委员，应于二十日晚以前，将自己的意见及其是否同意，电告军委。

朱、周

十九号十八时

根据朱德、周恩来的部署，中央红军分左、中、右三路纵队，开始向以遵义为中心的黔北前进。

在遵义会议上

1934 年 12 月 31 日，中央红军到达乌江南岸瓮安县猴场一带。15 时，朱德随中革军委司令部也到达这一地区。22 时，朱德对强渡乌江进行部署，指出："我野战军明一月一号动作应如次：（一）一军团之第二师应进至江界河渡河点，并侦察对岸敌情，如无敌，应即派兵一团过北岸占领阵地，向候场侦察、警戒掩护并令工兵实行架桥，以便二师主力及军委纵队、五军团由此渡河。如有敌扼守对岸，则应先以一团兵力绕道渡河，驱逐该敌。万一无法绕渡，则应监视对岸之敌，待一军团主力赶到后协同消灭该敌。我一师应进到袁家湾及其附近地域，以一个团占领河北岸阵地，向湄潭警戒，指挥一军团两个工兵连实行架桥，以便二号一军团主力由此渡河。一军团部及十五师进至龙溪，九军团至余庆，均向石阡方向侦察、警戒。（二）三军团之第四师应经前川西进（中）坪、龙场坝、又州地域，并侦察经中坪到清水口的渡河点。三军主力则进驻瓮安，向平越、重安江方向警戒。（三）五军团进至甘塘、老坟咀、蔡家湾之线，向老黄平严密侦察、警戒。（四）军委纵队主力仍留猴场。"

1935 年 1 月 1 日来到了。朱德为全军庆祝新年发布命令：每人发元旦菜金两角，以资慰劳。

这时，摆在朱德面前的最主要工作就是如何迅速渡过乌江。1 月 1 日 11 时，朱德给林彪、聂荣臻发出一份急电，指出：因"黔敌现以其第四师、教导师各一部，扼守乌江北岸渡河点，阻我渡河"，"一军团主力有协同第二师包围及迂回猪（珠）场敌人左侧，消灭或驱逐该敌，以保证中央纵队经江界河渡河的任务"。"一军团主力至迟应于二日渡河，在回龙场或在袁家渡渡河则由实况决定，并立即向猪（珠）场、江界河之敌进攻。而二师则从正面钳制猪（珠）场、江界河之敌。"九军团应在回龙场、袁家渡及其以北地区掩护一军团侧后，并受一军团指挥①。

强渡乌江的部署一切都安排好了。但是，博古和李德却坚决反对中央红军渡过乌江，仍然主张回头东进同红二、红六军团会合。

中央红军的下一步方向究竟朝哪儿？为解决这一问题，1935年新年这一天，中共中央政治局在贵州瓮安县猴场下司宋家湾召开了会议，史称"猴场会议"，朱德参加了会议。在会上，对博古、李德坚持不过乌江而要回头和红二、红六军团会合的主张进行了批评。通过激烈的争论，会议否定了博古、李德等人的错误主张，重申黎平会议决定，作出《关于渡江后新的行动方针的决定》，指出，渡过乌江以后，"主要的是和蒋介石主力部队（如薛岳的第二兵团或其他部队）作战，首先消灭他的一部，来彻底粉碎五次'围剿'，建立川黔边新苏区根据地，首先以遵义为中心的黔北地区，然后向川南发展是目前最中心的任务"。决定还指出："利用我们所争取得的时间，使部队得到短期的休息，并进行整顿补充的工作。特别加强在连队中的政治工作，在充实战斗连的原则之下，应缩编我们的部队，军委纵队必须继续缩小，以适合新的作战环境。"

未等会议结束，朱德就往乌江前线赶去。

敌情又有了新的变化。尾追中央红军之敌薛岳部吴奇伟纵队四个师已进占施秉，周浑元纵队四个师已进占施洞口，正向新、老黄平逼近。朱德决心在薛岳部尚未到达之际，指挥中央红军迅速抢渡乌江，向遵义地区前进。

乌江是贵州境内最大的一条河流，江面宽200多米，水深流急，两岸悬崖绝壁，难以攀登，素有"乌江天险"之称。乌江对岸有黔军教导师一部凭险防守。从回龙场到茶山关对岸有敌三个团，企图阻止中央红军北渡乌江，并配合"追剿"军薛岳部围歼中央红军于乌江南岸。

① 《朱德年谱》上，第445页，中央文献出版社2006年版。

时间十分紧迫。1月2日，中央红军分别从瓮安县江界河、余庆县回龙场、开阳县茶山关三个渡口开始强渡乌江。

强渡乌江作战发起后，红一、红九、红五军团的进展还较顺利。但是，红三军团还落在后面。1月3日17时，朱德在给彭德怀、杨尚昆的一份急电中指出："今日我野战军右、中两路已击退守渡口之敌并已开始渡乌江。"红一军团主力及九军团明日可渡河完毕，军委纵队及五军团五号可大部渡河。"三军团应克服左路落后现象，超过敌人并行北追的部队，迅速渡过乌江，以便控制茶山关、镇南关在我手，阻敌北进，并掩护或协助我中央纵队取得遵义。因此，四、五两日三军团应以急行军开进渡河点，并迅速架桥，以便最迟六号能全部渡乌江完毕。"①

经过几天的激战，1月6日，中央红军全部渡过了乌江天险，敌人围歼红军于乌江南岸的企图再度化为泡影。当日下午，军委参谋长刘伯承亲自率领红一军团第二师第六团，冒雨攻占了离遵义15公里的外围据点深溪水，全歼守敌一个营，并从俘虏中得悉遵义城有敌军三个团，对红军主力的神速行动尚未察觉。为减少部队的伤亡，刘伯承批准红六团团长朱水秋、政治委员王集成的建议，采取过去朱德在湘南起义中智取宜章的办法，派侦察部队化装成敌人败军，让俘虏叫开遵义城门智取遵义。当晚，先头营第三连和团部侦察排的同志，化装成敌人溃兵，带着十多个经过教育愿为红军带路的俘虏，冒着滂沱大雨，经过两个小时的急行军，进抵遵义城下。

当日22时，朱德给各军团和军委纵队首长发出电报，对第二天的作战行动进行了部署，指出："一军团之第一师应继续向遵义前进，并向遵义逼进，以便必要时协同二师攻占遵义，消灭黔敌"；"第二师应于明晨拂晓攻占遵义，消灭黔敌。当敌溃退时应实行追击，必要时得使干部团主力参加。只有在黔敌顽强固守遵义条件下，方得待一师赶到后再行攻城。军

---

① 《朱德年谱》上，第446页，中央文献出版社2006年版。

委纵队明日全部集结团溪休息。"①

1月7日凌晨，刘伯承指挥红二师攻占了遵义城。得知这一消息后，21时，朱德给各军团及红二师、军委纵队首长发出一份电报，指出："我二师今二时已袭占遵义，敌由北门溃退，我正乘胜追击中。"同时，对中央红军1月8日的行动作了部署，要求"一军团第二师的追击部队，应继续侦察敌情及其退窜方向，并准备占领桐梓。二师主力应在遵义休息一天，准备九日移至遵义通桐梓道上之高坪子、排居场地域。""军委纵队决移至遵义，明日开至龙坪。干部团即留遵义。"

1月9日，朱德率红军总部和军委纵队进驻遵义，住在遵义老城枇杷桥的一座小楼上。这是原黔军第二师师长柏辉章的官邸，是遵义城中最好的一座房子。曲尺形砖木结构的楼房，面向街道，楼上四周都有回廊相通，楼下正门口还矗立着一座高大的牌坊。

为保证遵义地区的安全，朱德对中央红军的行动进行了认真的部署。1月10日5时40分，他在给各军团和军委纵队首长的一份电报中指出：薛岳兵团及黔敌主力，似仍出乌江上游，逐步向我"进剿"。遵义溃退之敌一部，现退至娄山关、桐梓地域。已令第二师今日以全力消灭和驱逐娄山关之敌，并相机占领桐梓；第一师集结在遵义东北之新街，第十五师在老蒲场。令三军团之四师移至鸭溪口地域，向紫江、仁怀三方向警戒；第五、六师在老君关、尚嵇场沿河警戒，并消灭敌之偷渡和强渡部队之任务；红九军团在遵义东北的湄潭；红五军团在遵义东南的珠场；干部团驻在遵义城担任警卫工作②。

中央红军进驻遵义城，受到了当地人民群众的热烈欢迎。1935年1月12日下午，有万人参加的群众大会在遵义省立第三中学操场上召开了。朱德怀着兴奋的心情参加了这次大会，并和毛泽东、李富春在大会上先后讲了话。朱德在讲话中，宣传了红军是工人农民自己的队伍，红军有严格的

① 《朱德年谱》上，第447～448、448页，中央文献出版社2006年版。

② 《朱德年谱》上，第448～449、449页，中央文献出版社2006年版。

纪律，自觉执行三大纪律八项注意，并宣传红军的主张，揭露国民党反动派的罪恶，号召人民群众起来，打土豪，分田地，建立革命政权，红军愿意联合国内各界、各党派、各军队和一切力量共同抗日。最后，大会宣布成立遵义县革命委员会。

会后，朱德还高兴地参加了红军篮球队和遵义三中篮球队进行的友谊比赛。

天渐渐黑了下来，20 时 30 分，朱德提笔起草了给各军团和军委纵队的一份电报，电文写道："我野战军为求得机动，便于今后向川南发展与打击阻我发展之敌，特重新规定各兵团集中与行动地域"，"第二师仍留桐梓，向赤水方向侦察、警戒；一军团（缺第二师）十三日起以两天行程移至桐梓及其附近地域，并进行缩编；九军团派出一个团进驻绥阳，而主力仍留永兴、湄潭、牛场；五军团明日移驻团溪地域进行工作；三军团仍留原地执行原任务，并进行缩编；军委纵队仍留遵义"。

1 月 15 日，中共中央政治局在朱德住的那座小楼的二层一间大房子里召开了扩大会，这就是著名的遵义会议。当时参加这次会议的伍修权回忆说：会场设在朱德住的同一层楼上一个较大的房间里，房间中央仅有一张长条桌子，四周围着一些木椅和长条凳子。

出席会议的有中央政治局委员博古、周恩来、毛泽东、朱德、张闻天、陈云。政治局候补委员王稼祥、邓发、刘少奇、何克全（凯丰）。参加会议的有：红军总部和各军团负责人刘伯承、李富春、林彪、聂荣臻、彭德怀、杨尚昆、李卓然、邓小平以及李德、翻译伍修权。

由于中央政治局和中革军委白天要处理日常事务，所以会议一般都是在晚饭后进行，每次都要开到深夜。

会议由中共临时中央总书记博古主持。他首先作了总结第五次反"围剿"作战的主报告，并对军事错误作了一些检讨，但也强调了许多客观原因，为临时中央和自己的错误作了辩护和解释。接着由周恩来作了关于第五次反"围剿"军事问题的副报告，他在报告中就军事指挥的错误进行自我批评，主动承担了责任。稍后，毛泽东发言。他发言的主要内容是当前首先要解决军事问题，批判了"左"倾冒险主义"消极防御"方针，并指出，正是在军事上执行了"左"倾冒险主义的错误主张，才导致了第五次反"围剿"的失败，造成了红军在长征中的重大损失。毛泽东的发言得到了绝大多数与会者的热烈拥护，王稼祥、张闻天、朱德、李富春、聂荣臻、彭德怀等都支持毛泽东的意见。

会上被直接批评的是博古，批评博古实际上就是否定了李德的那一套做法。因此，会议一开始，李德的处境就很狼狈。伍修权回忆当时的情景说："会议一开始，李德的处境就很狼狈。别的与会者都是围着长桌子坐的，他却坐在会议室门口，是被审判的地位。我坐在他旁边，给他翻译别人的发言。他一边听一边不断抽烟，一支接一支，火柴都不用，神情灰溜溜的，十分沮丧。李德也为自己作了辩护，把责任推到临时中央及别人身上，说自己本来只是作为顾问提提建议，是中国同志自己搞坏了。他这样说毕竟站不住脚，显得理不直、气不壮，和我过去经常见到的那种盛气凌人的样子，真是对比鲜明。"

朱德在王稼祥、张闻天之后发言，态度鲜明地支持毛泽东的正确意见。他对博古、李德军事上的瞎指挥有着直接的、充分的了解，因此讲话时很激动。他拍案而起，声色俱厉地说："排斥了毛泽东同志对红军的领导，依靠一个不了解中国情况的外国人来瞎指挥，丢掉了全部根据地，牺牲了多少好同志，给革命造成了多大的困难，真叫人痛心！如果再这样领导下去，我们就不能再跟着走了！"① 伍修权回忆说："朱德同志历来谦逊稳重，这次发言时却声色俱厉地追究临时中央的错误，谴责他们排斥了毛泽东同志，依靠外国人李德弄得丢掉根据地，牺牲了多少人命！他说：'如果继续这样的领导，我们就不能再跟着走下去！'"②

① 《朱德军事活动纪事》，第239页，解放军出版社1996年版。
② 伍修权：《生死攸关的历史转折——回忆遵义会议的前前后后》，《星火燎原》季刊，1982年第1期。

会议根据毛泽东和张闻天、王稼祥、朱德、周恩来、李富春、聂荣臻等多数人发言中提出的意见，委托张闻天起草了《中央关于反对敌人五次"围剿"的总结决议》，史称《遵义会议决议》。决议指出，博古、李德等人"在反对五次'围剿'战争中，却以单纯防御路线（或专守防御）代替了决战防御，以阵地战堡垒战代替了运动战，并以所谓'短促突击'的战术原则来支持这种单纯防御的战略路线。这就使敌人持久战与堡垒主义的战略战术，达到了他的目的，使我们的主力红军受到一部分的损失，并离开了中央苏区根据地。应该指出，这一路线，同我们红军取得胜利的战略战术的基本原则，是完全相反的。"决议还就博古、李德等的组织路线、领导作风及利用敌人内部冲突等问题，一一作了结论。决议解决了五次反"围剿"中红军的战略战术的是非问题，肯定了朱德、毛泽东、周恩来等在前几次反"围剿"中取得胜利的基本战略战术，指出博古、李德在军事上的单纯防御路线是使第五次反"围剿"失败的主要原因。

会议在讨论中央红军今后行动方向的问题时，刘伯承和聂荣臻根据四川的物质条件和交通条件等都比贵州好的事实，提出到川西北去建立根据地的建议。经过讨论，这一建议为大家所认同，放弃了黎平会议确定的以黔北为中心创建根据地的计划，决定中央红军北渡长江，同红四方面军会合，在川西或川西北创建新的根据地。这是一个重大的战略转变。

为使遵义会议的决议得以顺利执行，会议还决定改组中央领导机构。根据陈云的记录：

一是取消原来由博古、李德、周恩来组成的实际上是主持政治和军事全盘工作的"三人团"；

二是决定今后的军事指挥，仍由最高军事首长朱德和周恩来负责。周恩来为"党内委托的对于军事上下最后决心的负责者"。

三是增选毛泽东为政治局常委。

遵义会议一直到 1 月 17 日才结束，前后开了三次会议。会后，在中央政治局常委分工中，"以泽东同志为恩来同志的军事指挥上的帮助者"，"决定以洛甫同志代替博古同志负总的责任"。这就恢复了中革军委主席、红军总司令朱德和中革军委副主席、红军总政治委员周恩来指挥军事的权力，李德控制的最高军事指挥权自然也就没有了。

朱德为毛泽东能够重新回到党和红军的主要领导地位上来而高兴。他开完遵义会议后一回到家里，便按捺不住内心的喜悦，禁不住对康克清说："这次会议开得好，你等着传达吧！"26 年后，为颂扬在关键时刻挽救了党和红军的遵义会议的历史功绩，朱德还赋写了这样的诗句：

群龙得首自腾翔，

路线精通走一行。

左右高低能纠正，

天空无限任飞扬。

十三、艰难转战

亲临土城第一线

中央红军占领遵义后，蒋介石为阻止中央红军北渡长江与红四方面军会师，或东出湘西与红二、红六军团会师，除以湘军、鄂军各一部围攻红二、红六军团，以川军、陕军各一部对付红四方面军外，集中薛岳兵团周浑元、吴奇伟2个纵队共8个师，黔军王家烈2个师，潘文华10多个旅组成"四川南岸剿匪军"，湘军刘建绪4个师，鄂军1个师另1个旅，滇军孙渡3个旅和1个团，桂军廖磊2个师，共40万兵力向遵义地区进逼，企图围歼中央红军于乌江西北、川黔边境地区。

中央红军只有3.7万余人。在此严重情况下，中央红军为摆脱敌军的围攻，朱德按照遵义会议通过的决议，决定指挥红军迅速北渡长江，向川西或川西北挺进。

在遵义会议期间，朱德白天忙着军事上的部署，晚上忙着开会，十分紧张。1935年1月16日，他在给红三军团和红五军团负责人的一份电报中指出："我野战军以向赤水地域转移进行新的布置之目的，定明十七日行动"。"一军团集中至松坎地域进行缩编，并向綦江、赤水两方向侦察、警戒；九军团（缺第九团）由湄潭向绥阳、桐梓前进；五军团主力应移至深溪水及其附近地域，准备十八号经遵义向桐梓前进；三军团集结到滥板凳；军委纵队仍暂留遵义不动①。"

遵义会议结束后，1月18日，朱德给各军团首长发出一份电报，指

---

① 《朱德年谱》上，第451页，中央文献出版社2006年版。

出："我野战军为继续向先市、赤水、土城地域集中，决以战备姿势定明十九日行动。"

1月19日凌晨，朱德率红军总部离开遵义。16时，在遵义城北泗渡，朱德以红军总司令的名义发布命令："军委纵队改为中央纵队，以总部参谋长刘伯承兼总司令员，第一局长叶剑英兼任副总司员。"

同一天，中央红军分三路从松坎、桐梓、遵义地区，向赤水、土城地区开进，准备北渡长江。左路纵队是红三军团，由彭德怀、杨尚昆率领，从滥板凳、遵义出发；中路为军委纵队，由毛泽东、朱德、周恩来直接率领，从遵义城出发；右路纵队为红一、红九军团，由林彪、聂荣臻、罗炳辉、蔡树藩率领，从松坎出发；红五军团由董振堂、李卓然率领，从娄山关地区出发。三路大军分头向西北方向开发。

当蒋介石判断中央红军可能北渡长江的企图后，急忙命令川军刘湘集中兵力在赤水、古蔺、叙水地区进行堵击，同时命令薛岳部和黔敌王家烈部渡乌江尾追。薛岳兵团8个师进到乌江南岸，黔军3个师向遵义、湄潭进袭，川军10多个旅40多个团向川南集中，其中2个旅已到达松坎以北，对中央红军形成了新的包围。

1月20日，朱德以中革军委的名义下达了《关于渡江的作战计划》，指出："湘敌主力及粤、桂、黔、川、滇之敌配合薛岳兵团向我野战军实行进逼包围，企图束缚我野战军在乌江西北地区"，"蒋介石的嫡系部队，将逐渐沿长江进入四川，实行其新的围攻部署"。"我野战军目前基本方针，由黔北地域经过川南渡江后转入新的地域，协同四方面军由四川西北方面实行总的反攻。而以二、六军团在川、黔、湘、鄂之交活动，来钳制四川东南'会剿'之敌，配合此反攻，以粉碎敌人新的围攻，并争取四川赤化。"[①] 为实现上述方针，计划规定红军当前的任务是："一、由松坎、桐梓、遵义地域迅速转移到赤水、土城及其附近地域，渡过赤水，夺取蓝田坝、大渡、江安之线的各渡河点，以便迅速渡江；二、消灭和驱逐阻我前进之黔敌与川敌，尽力迟滞和脱离尾追与侧击之敌；三、在尾追之敌紧

---

① 《朱德年谱》上，第452页，中央文献出版社2006年版。

迫我后，而我渡赤水与渡长江发生极大困难，不能迅速渡河时，则应集结兵力突击尾追之敌，消灭其一部或多部；四、在沿长江为川敌所阻不得渡江时，我野战军应暂留于川南地域进行战斗，并准备渡过金沙江，从叙州上游渡河。"当日 23 时，朱德又给中央红军各军团和中央纵队首长发出一份电报，指出："我野战军应迅速向赤水及其附近地域集中，以便争取渡过赤水的先机，在必要时并便于在赤水以东地域与追击和截击的敌人在一路进行决战。"

电报发出以后，朱德率中央纵队由泗渡经板桥，翻越娄山关到达桐梓，接着到达九坝，再由九坝继续西行。

1 月 24 日，中央红军右纵队红一军团进占土城。

土城，是赤水河畔的一个大镇子。几十户人家沿河而居，清一色的木板房错落有致地依山临水建造，一条石板路直通到河边，整个小镇宛如一条游龙从山顶蜿蜒而下，一头扎入赤水河。这里是川黔边境商贾的集散之地，川盐用木船从四川自贡一带运到这里上岸，然后再从陆路转销在黔北山区。土城算得上是赤水河上的一个码头。

1 月 26 日，朱德和毛泽东、周恩来率领中央纵队进入土城。当时，后面正有一股敌人也跟踪而至，并未引起朱德的足够重视，认为只不过是几团黔军的"双枪将"（每人一支步枪、一支鸦片枪）而已。进入土城后，朱德和毛泽东一起察看了地形，决定利用土城以东青岗坡地区山谷夹峙的有利地形，歼灭这股尾追而来的敌人。

第二天清晨 5 时 30 分，朱德给各军团首长发出一份电报，对土城战斗进行部署："我野战军主力拟于二十八日晨消灭由木兰坝来追之敌约四（个）团于枫村坝、石羔嘴地带，对于习水、赤水方向之敌则制之。"

1 月 28 日清晨 5 时，红三、红五军团向在土城东青岗坡之敌发起猛烈攻击，激战多时却未取得进展，红五军团阵地反而被敌攻破，这时才发现敌军并不是原估计的约四个团六七千人的黔军，而是六个团一万余人的川军刘湘部的"模范师"，该师长就是外号叫"熊猫"的郭勋祺。此人打起仗来，习惯拼到底，骄傲蛮横。而且，川军的增援部队还在不断涌来，使红军处于极为不利的境地。

在这千钧一发的关键时刻，朱德决定亲自上前线去指挥战斗。

朱德要上前线，立刻震动了大家。

毛泽东不仅深深知道目前土城之战这副担子的分量，更懂得让红军总司令亲临第一线指挥的压力，万一有个好歹如何向全军将士交代？因而，他迟迟下不了决心。

朱德有点等不及了，把帽子一甩，豪爽地说："得啰，老伙计，不要光考虑我个人的安危。只要能挽救红军，区区一个朱德又有何惜？"

"你是总司令，安全问题还得考虑。再说那子弹又不长眼睛……"

毛泽东的话还没说完，朱德就答上话了："莫啥子关系，敌人的子弹不会打中我朱德的。敌人怕我，子弹也怕我。你没听说吗？子弹会拐弯，碰见我就躲着走了！"朱德这一说，逗得大家哈哈大笑。

的确，朱德一生身经百战，是从血与火中冲杀出来的。他的衣服、帽子上弹痕累累，而身上却无片伤，真是一种奇迹。所以，在红军战士中流传着"子弹见了总司令会拐弯"的神话。朱德自己说："我只是熟悉敌情、地形，会利用地形地物，以达到保存自己、消灭敌人的目的罢了"。

毛泽东看朱德像战士请战一样地坦率、真诚和坚决，被深深地感动了。他无可奈何地说："总司令，那我就只好同意了。不过……"

"不过啥子哟？就这样敲定了！"朱德的目的达到了，神采飞扬地站起来就要走。

"总司令，等一会儿，我们大家为你送行。"

久雨初晴，蓝天白云，空气清新。中央纵队的同志，每人手上都拿着一面用小竹竿做旗杆的三角小彩旗，兴高采烈地站在大路两旁。不一会儿，朱德在毛泽东、周恩来、洛甫、王稼祥、林伯渠、徐特立等陪同下，精神抖擞地走过来。他身上穿着那身旧棉衣，头戴红军的八角帽，腰里束着一条宽宽的皮带，腿上打着绑腿，脚蹬一双草鞋，肩上依旧挎着那支从南昌起义以来随身携带的驳壳枪。同他并肩走来的毛泽东，手里也拿着一面小彩旗，边走边领着大家高呼着：

"欢送总司令上前线！"

"消灭川军，北上抗日！"

"多打胜仗，创建新苏区！"

"打倒蒋介石！"

朱德微笑着，边走边向大家扬手示意。他扭转头来带着非常激动的感情对毛泽东说：

"何必兴师动众。礼重了！礼重了！我朱德担当不起呀！"

"怎么是礼重了？总司令上前线，理应如此嘛！大将出征，三军欢呼嘛！桃花潭水深千尺，不及你我手足情深！祝总司令旗开得胜，多打胜仗，多捉俘虏！"毛泽东十分动情地回答着。

欢送的同志们也齐声高呼："祝总司令旗开得胜！"

走到队伍的尽头，朱德站了下来，回转身同周恩来、洛甫、王稼祥等一一亲切握手，非常感激地说："有劳各位了，我朱德深感不安。谢谢大家！谢谢大家！"

最后，朱德来到毛泽东身边，两位亲如手足的战友长时间地握着手，用力摇晃着，无限的深情都融合在这握手之中。

"你走了，把我的心也带走了一半！请多加保重啊！凯旋之日再为你洗尘！"毛泽东一再叮咛着。

"请放心吧！有红军战士在，就有朱德在！你也要多保重！"说完，朱德猛然抽回手，后退了两步，向送行的战友们庄重地行了一个军礼，转身朝前走了。

顺着一条宽敞的大路，朱德大步流星地朝炮火连天的远方走去。毛泽东以及所有欢送的人们，一直望着他高大的身影消失在山谷的密林里。

朱德赶到前线青岗坡时，红三军团和红五军团的指战员们正在浴血奋战。当朱德出现在红三军团第四师的阵地上，对红军指战员是一个极大的鼓舞。朱德冒着敌人的炮火，既当指挥员又当战斗员，紧紧随着部队前进。许长庚回忆说：

> 战斗越来越激烈，敌我双方犬牙交错，红军和白军扭杀成一团，已经没有固定的、明显的作战阵线了。射击声、爆炸声连成一片，山鸣谷应，朱总司令的指挥所，也变成了独当一面的战斗单位

了。当朱总司令领着几个人，攀上一架小山梁的时候，突然，不知是从哪里冒出了二三十个敌人，一边嚎叫，一边打枪，冲了过来。朱总司令立即命令大家占领有利地形，嘱咐说：别慌，等敌人靠近一点才开火。说完，顺手从警卫员身上抽出一支二十响匣子枪。不知死到临头的敌人，窜进了小山梁。朱总司令喊："打！"他的匣子枪一抢，"哒哒哒"一梭子弹打出去，当头的两个敌人栽倒在地上了。红军战士们的机关枪也吼叫起来了。正在紧急关头，干部团的十几个同志，从敌人的侧后拦腰杀了过去，对着敌人就是一顿猛烈而又凶狠的射击，这伙敌人终于招架不住，只剩下几个活着的逃跑了。朱总司令高兴地对来"救驾"的同志们大声喊："好样的，多谢啰！这里没事啦，继续往前打！"[①]

敌人的后续部队还在不断地增援，态势对红军越来越不利。在这紧急关头，毛泽东决定，正在奔袭赤水县的红一军团急速返回增援，并命令陈赓、宋任穷率中央纵队的干部团奔赴前线，发起反冲锋。朱德立即指挥干部团抢占有利地形打退了川军的进攻，巩固了阵地。

战斗进行着，敌人的兵力还在迅速增加，同红军反复争夺着每一个山头，战斗异常激烈，有的战士子弹用尽就冲上山头与川军展开肉搏，手举大刀向敌人的头上砍去。红军的阵地曾几度丢失，又几度夺回。不仅战士伤亡很多，就是团以下的干部也有不少牺牲。就在这种处境极为危险的时刻，朱德仍坚持在前沿沉着地指挥战斗。

朱德又来到红一军团第二师第四团的防守阵地。天下着雨，川敌仗着人多枪多，气焰十分嚣张，增援的部队还在不断增加，战斗一直胶着，伤亡在不断增多。朱德手提着驳壳枪来到前沿阵地，仔细观察敌我战斗情况后，当机立断，下令后撤。

红二师四团从前沿撤下来后，突然发现朱德还未撤出战斗。为了掩护朱德后撤，团长王开湘和政治委员杨成武又带了二十多个战士冲上山坡堵

---

① 《朱德与中共党史大事件》，第212页，中央文献出版社2001年版。

住敌人。他们顺着枪声搜寻了好久，才远远看见朱德背靠着赤水河，手举着望远镜在观察什么。阵地上的红军越集越多，六团团长朱水秋也来了，大家听说朱总司令还没有撤下来，都为他的安全担心，个个急得手掌都沁出了汗。而朱德还是镇静若定，稳稳地站在那儿指挥着最后撤出战斗的一营掩护部队。大约过了一个小时，他才收起望远镜、地图，不慌不忙地走下阵地。杨成武向朱德敬了个礼，说："总司令，我们在掩护你，你怎么走得这么慢呀！"

"我不知道你们又来接我，为我着急呀！"朱德非常和蔼而又抱歉地说。

王开湘也说："我们急得心都快要从嘴里跳出来了！"

朱德亲切地笑着，非常风趣地说："急什么，你们都忘了诸葛亮还摆过空城计哩！我不会有危险的。"

土城战斗使善于化险为夷的朱德在他戎马生涯的征途上，又重重地写下了一笔，创造了世界军事史上总司令上战斗一线的先例。

指挥四渡赤水河

当土城战斗还在激烈进行之时，毛泽东和中共中央政治局的几位领导人正在开会，他们根据敌人云集川南、黔北一带，围堵中央红军的严重情况，决定改变原拟由赤水北上，从泸州、宜宾之间北渡长江的计划，迅速撤出土城战斗，渡赤水河西进，以打乱敌人尾追的计划，变被动为主动。1935年1月29日凌晨3时，朱德下达了红军西渡赤水河的命令：

（一）昨二十八日与我军对战之敌为川敌郭勋祺旅三个团、潘左旅三个团，廖（泽）旅则已至习水，穆（肃中）旅尚未到，有向郭、潘两旅靠近可能。赤水方向之章（安平）旅昨日进到离葫芦脑五里处。达（凤岗）旅则进迫丙滩，范子英旅有由叙永开古蔺讯，刘（兆藜）旅则由泸州开大石母。

（二）我野战军拟于今二十九日拂晓前脱离接触之敌，西渡赤水河向古蔺南部西进。

（三）诸兵团部队区分及今二十九日行动如次：

1. 一军团、九军团、军委二、三梯队，干部团上干队统归林（彪）指挥，为右纵队，由猿猴渡河，渡河后可取道黄泥硬转向古蔺以南前进，并自定警戒之设置。但九军团在川风坳向赤水方向的警戒，须二十九日晚始行撤收。

2. 军委直属队（第一梯队）、干部团及五师为中央纵队，五师仍归彭（德怀）、杨（尚昆）指挥，由土城下游浮桥过河，取道角子头、三角塘、头场坝前进，从撤动时由四、五两师共派出相当兵力为掩护队，以掩护中央纵队、左纵队的行进，并须至迟今日十二时渡过赤水河。

3. 五军团、三军团直属队及第四师为左纵队，统归彭（德怀）、杨（尚昆）指挥，由土城上游浮桥渡河，取道头场坝向太平渡前进，从撤动时即由第四师派出一营为掩护队。

（四）诸纵队在由西进路线折向古蔺之东南行进时，其转折处以距赤水河边较近为要。

（五）各纵队渡河后，浮桥之破坏由一、三军团后卫任之。

（六）诸纵队须在行进中调查通古蔺南部的路线，具报。

朱德

二十九日三时总司令部[①]

赤水河，是川黔滇交界地区的一条重要水道，是长江的一条支流，源出云贵高原乌蒙山区的镇雄县，经贵州赤水县，到四川合江县汇入长江，全长420公里，穿行在滇黔川三省交界的崇山峻岭之间，水流奔腾湍急。土城就位于赤水河东岸，这一带河面最窄处有一二百米，最宽处有三四百米，水深十余米。

---

① 《朱德军事文选》，第181～182页，解放军出版社1997年版。

1月29日拂晓，中央红军各路纵队开始西渡赤水河，晌午前，三万余红军分三路由赤水县猿猴、土城地区全部渡过赤水河，史称一渡赤水。朱德在担任掩护任务的红四团阵地一直指挥作战，直到全军过河后才撤离战斗，随红四团指战员一道渡过赤水河。

中央红军渡过赤水河后，随后进入四川南部的古蔺、叙永地区，寻机从宜宾、泸州之间北渡长江。

中央红军进入川南地区后，不断遭到川敌的截击。1月30日，朱德率中央纵队经古蔺县镇龙山向回龙场前进。第二天22时，朱德命令红一、红九军团"向叙永、古蔺之两河镇前进，以便与我左纵队会合"，"今夜应各于原驻地提前出发，统限明一号拂晓前通过香楠坝，并须走八十里以上的路，到达古蔺西北地域再行宿营，以便脱离北面敌人的侧击和尾击"。①

2月1日，朱德随中央纵队到达麻线铺、白沙地区。2月3日，朱德率中央纵队进抵叙永县石厢子。鉴于红一军团部队连日在岔河、永宁遭到川敌截击，22时，朱德给各军团首长发出一份电报，指出：敌人有向两河口、后山铺、站底继续截击我军的可能，因此，"我野战军为迅速脱离当前之敌并集结全力行动，特改定分水岭、水潦、水田寨、扎西为总的行动目标"。

2月5日，朱德率中央纵队由石厢子到达云南威信县水田寨花房子。这是一个地处四川、云南、贵州三省交界处的一个小村庄，素称"鸡鸣三省村"。在这里，中共中央政治局召开了会议。会议根据毛泽东在会前同周恩来提议变换中共中央领导问题，讨论了中央常委内部分工，决定由张闻天接替博古在党内负总的责任，博古改任红军总政治部代理主任。

2月6日1时，朱德给红一、红三军团发出命令，要求他们向扎西靠近，指出：

（一）根据目前敌情及渡金沙江、大渡河的困难，军委正在考虑渡江可能问题，如不可能，我野战军即应决心留川、滇边境

---

① 《朱德年谱》上，第456～457页，中央文献出版社2006年版。

进行战斗与创造新苏区。

（二）因此我一、三军团今六号前进地点应向扎西靠近，最适当位置应在长宁通扎西道上及扎西西北（即长宁西南），以便迅速集中、便于行动。

（三）望将你们意见及今日预定到达地点与距扎西和长宁里程，迅速电告军委①。

当天，朱德率中央纵队到达云南威信县石坎子。第二天，在石坎子与大河滩之间的庄子上一个三合院里，张闻天主持召开了中共中央政治局会议，通过总结土城战斗，讨论了今后的行动方向，决定改变原定渡江计划，迅速脱离四川追敌，向滇境镇雄集中，"以川滇黔边为发展地区"，"并争取由黔西向东的有利发展"。当日 19 时，朱德以中革军委名义给各军团首长发电报，指出："根据目前情况，我野战军原定渡河计划已不可能实现。现党中央及军委决定，我野战军应以川、滇、黔边境为发展地区，以战斗的胜利来开展局面，并夺取由黔西向东的有利发展。"依据这一方针，中央红军的作战任务是："迅速并立即脱离四川追敌，向滇境镇雄集中"，"进行与滇敌作战的一切准备，并争取在该集中地域的休息和缩编"。②

2 月 8 日，中央红军各部主力先后到达滇东北威信县扎西地区集结。一天后，朱德率中央纵队进驻扎西县城。

中央红军突然改变方向进入扎西地区，大出敌人意料之外。蒋介石和川敌顿时失去目标，一时不明中央红军去向，不敢贸然动作。川敌潘文华在中央红军主力到达扎西时，惶恐地电告所属各部："刻下匪踪不甚明了。"并严令各部"多派侦探侦察匪踪"，"并坚守严阵，勿稍勿延"。这样，使中央红军又赢得了一些休整时间。

2 月 9 日，朱德出席了在扎西老街江西会馆召开的中共中央政治局会议。会议讨论了中央红军的进军方向及部队缩编问题并作出决定。毛泽东

---

① 《朱德军事文选》，第 182 页，解放军出版社 1997 年版。
② 《朱德年谱》上，第 459 页，中央文献出版社 2006 年版。

在会上作了重要发言。他总结了土城战斗的主要教训，分析了当前敌情，指出要用敌变我变的原则指导红军的行动，提出了中央红军当前应取的战略方针。他说："我军的作战线是服从于红军的作战方向的；这个方向受了限制，就应转移到另一个方向去"，"回师东进、再渡赤水，重占遵义"，应是当前的战略方针。会议赞同毛泽东的主张，作出了中央红军在川黔滇边实行机动作战，回师东进、重返黔北的决策。

第二天，朱德以中革军委主席名义和副主席周恩来、王稼祥在扎西发布《关于各军团缩编的命令》。根据命令，各部队进行了缩编，除红一军团外，各军团均取消了师一级编制。红一军团编为两个师六个团；红三军团由三个师缩编成四个团，红五军团和红九军团各缩编成三个团，由军团部直接指挥。

得到中央红军进入扎西地区的消息后，蒋介石再次妄图把中央红军消灭于扎西地区，亲自作了分进合击的作战部署。以第一、第二纵队从扎西东面和东南方向向红军攻击；以第三纵队从西南方向的镇雄向红军进攻；以川敌各旅从东北和西北方向向红军逼进；以第四纵队为预备队，在一、二纵队后面跟进。

鉴于川军 12 个旅沿长江布防并进入滇追击、滇军 3 个旅由镇雄向扎西急进，朱德决定中央红军向东二渡赤水河。2 月 10 日 19 时 30 分，他在给各军团首长的一份电报中指出："军委认为，我野战军目前在扎西地域伏击滇敌安（恩溥）旅一部已不可能，亦不适宜，而应迅速脱离川敌与滇敌之侧击，立即于明十一日起转移到雪山关及其以西地域，争取渡河先机，并准备与薛岳兵团及黔敌为主要作战目标。在转移中应力求避免川、滇敌之侧击，但在其逼紧与阻我前进的条件下应击退之。"①

由于长期在山区行军作战，给养困难，中央红军中不断出现一些技术人员脱离队伍的现象。为了防止这种现象的再次发生，2 月 10 日这一天，朱德又和周恩来、王稼祥、李富春联名发出《关于优待技术人员的指示》，指出，在目前因为经济困难，暂时减少津贴和发零用费，要向技术人员

---

① 《朱德年谱》上，第 461~462 页，中央文献出版社 2006 年版。

"重新来一次解释工作，使他们在自愿的原则下，来拥护军委这一决定"。"对于技术特别好的人员，可给予用苏维埃纸票兑换现洋的便利，同时打土豪得来的食物、用具，应多多地分配给他们，使他们不感到缺乏。""已规定了的马匹、特务员、练习生与行李担子的技术人员，应不使他们感到缺乏。""对于有病的更要很好地照顾，不使他们掉队。"①

2月11日20时，朱德发出命令，要求中央红军各军团挥师东进，向赤水河东发展，指出："我野战军为准备与黔敌王家烈及周浑元部队作战，并争取向赤水河东发展，决改向古蔺及其以南地域前进，并争取渡河先机，在前进中应准备与薛（岳）敌'追剿'支队遭遇，并相机占领古蔺城。"依此部署三军团应立即侦察由分水岭直经站底向古蔺前进之道路、里程、人家及永宁方向敌情；一军团应准备于明十二日前进至分水岭及其以东地域后，侦察向营盘山、回龙场的前进道路；五、九军团应准备经石厢子、摩尼向养马嘶前进；军委纵队拟在一军团及五、九军团之间前进。

命令下达后，朱德在石坎子对经过这里的红一军团一部指战员作了报告。他操着浓重的四川乡音说：

> 我们现在到了黔、川、滇三省交界的扎西山区，这里人少山多路窄，属少数民族地区，交通不便，还是封建社会、奴隶社会，山寨王修建的土围子多，在墙上挖枪眼，瞄准红军必过的山路小道打冷枪，造成我军不少伤亡和减员。到了这里真有点像宋朝陆游诗中说的"山重水复疑无路"的样子。因此，中央决定我们不能在这里建立革命根据地。但我们是共产党领导的红军，没有克服不了的困难。一军团还有好几百从井冈山下来的同志，大家都记得我们六年前毛泽东同志和我带领三千多人下山，经过三年多的艰苦战争，粉碎了蒋介石的四次"围剿"，扩大了十几万红军，建立了二百多万人口的根据地。现在全军还有三万多人，比井冈山时多十倍，还怕什么？我这个人从来是乐观的，因为我

---

① 《朱德年谱》上，第162、162～163页，中央文献出版社2006年版。

相信，代表剥削阶级利益的蒋介石的军队，一定会被代表劳苦大众利益的工农红军所消灭。我们最近在这里进行整编充实了连队，还留下一部分人和枪，在这三省交界的山区打游击，牵制敌人。大军则东进，同蒋介石打运动战，打他个冷不防，他就无可奈何了。今天是二月十一日，过了大年又立春，正是"柳暗花明又一春（村)"的好时光，我把"村"字改为"春"字，表示红军有新的生机，因为遵义会议后，毛泽东同志又到红军指挥战斗了，我们打回遵义去，这一仗一定能打赢的，要树立坚定的信心。①

2月15日，中央红军就利用运动作战的优势，从敌人合围的缝隙中越出了"雷池"，抵达古蔺、营盘山、摩尼、黑尼哨等地。当日20时，朱德给各军团首长林彪、聂荣臻、彭德怀、杨尚昆、董振堂、李卓然、罗炳辉、蔡树藩发出一份电报，发布了《二渡赤水河的行动计划》：

林、聂、彭、杨、董、李、罗、蔡：

（一）我野战军以东渡赤水河消灭黔敌王家烈军为主要的作战目标，决先由林滩经太平渡至顺江场地段渡过赤水，然后分向桐梓地域前进，准备消灭由桐梓来土城的黔敌，或直达桐梓进攻而消灭之。

（二）基于上述作战目标，决区分三个纵队向桐梓地域前进：其一，第三军团为右纵队，由回龙场经亚铁厂到太平渡上游的顺江场地段过河，准备取道回龙场、江场（赤水右岸的）直往桐梓。其二，军委第五、第九军团为中央纵队，由白沙经丫叉、鱼岔到太平渡，渡河以后，东岸的取道看情况决定。其三，第一军团为左纵队，由松林经白沙、锅厂坝、镇龙山、石夹口到悦来场、林滩地段渡河，并相机占领土城以后，则取道东皇殿、温

MILITARY STRATEGIST
ZHU DE

---

① 参见《朱德年谱》上，第463～464页，中央文献出版社2006年版。

水、新站迂回往桐梓。

（三）明十六日各兵团行动：

1. 第三军团集结于回龙场附近休息向古蔺警戒。

2. 第一军团应取道白沙、回龙场进到锅厂坝、新寨地带，向古蔺警戒。

3. 第五、第九两军团当各由现地进到白沙地域，分向古蔺、永宁及来路警戒。

（四）我们率军委直属队明日在白沙休息。

（五）各军团执行情形电告。

以后并由军委逐日命令指导上述计划的实施。

朱德①

2月16日，朱德率中革军委直属队到达古蔺县白沙。当天，朱德与周恩来、王稼祥联名给红四方面军领导人张国焘、徐向前、陈昌浩等人发出一份电报，指出："我野战军原定渡过长江直接与红四方面军配合作战，赤化四川，及我野战军进入川、黔边区继向西北前进时，川敌以十二个旅向我追击并沿江布防曾于一月二十八日在土城附近与川敌郭（勋祺）、潘（佐）两旅作战未得手，滇敌集中主力亦在川、滇边境防堵，使我野战军渡长江计划不能实现。因此，军委决定我野战军改在川滇黔边区广大地区活动，争取在这一广大地区创造新的苏区根据地，以与二、六军团及四方面军呼应作战。"②

2月18日至21日，中央红军由四川古蔺县太平渡、二郎滩等渡口渡过赤水河，向敌兵力薄弱的黔北地区桐梓、遵义杀了一个"回马枪"，史称二渡赤水河。

---

① 二十时中央档案馆编：《红军长征档案史料选编》，第94～95页，学习出版社1996年版。

② 《朱德年谱》上，第466页，中央文献出版社2006年版。

朱德率中央红军主力二渡赤水，回师黔北，国民党军驻川、黔各部急忙调兵阻止，并企图围歼中央红军于娄山关或遵义以北地区。2月24日22时，红一军团一部占领桐梓城；25日，中央红军经过激战，再次攻克取得了川、黔交通要隘娄山关。

为乘胜再次夺取遵义，2月26日20时，朱德在桐梓给林彪、聂荣臻、彭德怀、杨尚昆发出一份电报，指出："今二十六日被我击溃的黔军约六个团，估计遵义城较空虚。""我一、三军团仍由彭、杨指挥，应乘溃敌喘息未定跟追直下遵义"，"现三军团一部追击，一部停在四都站，而一军团又徘徊途中，将使敌人整顿抗我，是不对的"。因此，朱德命令红一、红三军团于当天夜及27日全力追击①。

接到朱德的这一电报后，林彪、彭德怀、杨尚昆立即命令红一军团和红三军团主力，向遵义城追击前进。

2月28日晨，红一、红三军团又占领了遵义。

在这短短的5天之内，朱德和毛泽东、周恩来一道，指挥中央红军连克桐梓、娄山关、遵义城，乘胜追击直抵乌江北岸，击溃和歼灭国民党军2个师又8个团，俘敌约3000人，缴枪2000支，取得了长征以来最伟大的胜利。

3月1日，朱德率中革军委总部第二次走进了遵义城。朱德的心情十分高兴，12时30分，他在给罗炳辉、蔡树藩的一份电报中指出："我野战军主力五日内连下遵义、桐梓，击溃王家烈八个团，消灭吴奇伟部两个师，缴获枪两千以上，俘虏约三千人，开展了黔北新的局面，造成了云、贵、川新苏区的更有利的条件，使围攻我军之敌不敢轻进。"同时，"望在桐梓城及其附近多贴此项捷报，并要桐梓革委会召集群众开庆祝大会，以扩大红军影响，提高群众斗争勇气与决心，更可增加援敌恐慌"。②

蒋介石并不甘心失败，3月2日，他飞往重庆"督师"，准备亲自上阵与中央红军一决高低，"彻底"歼灭中央红军。第二天，他发布手令："本委员长已进驻重庆，凡我驻川黔各军，概由本委员长统一指挥，如无本委

---

① 《朱德年谱》上，第469页，中央文献出版社2006年版。
② 《朱德年谱》上，第471～472页，中央文献出版社2006年版。

员长命令，不得擅自进退，务期共同一致完成使命。"于是，他策划对中央红军新的围攻，命令川军、黔军、滇军、中央军各部采用堡垒推进与重点进攻相结合的战法，并在乌江设防，企图围歼中央红军于遵义、鸭溪之间地域。

为了应对蒋介石发动的新围攻，加强对红军作战的统一指挥，3月4日，朱德和周恩来、王稼祥联名给各军团首长发出一份急电，指出："为加强和统一作战起见，兹于此次战役特设前敌司令部，委托朱德同志为前敌司令员，毛泽东同志为前敌政治委员。"

第二天晨6时30分，朱德和毛泽东率前敌司令部从遵义前往鸭溪。23时30分，他与毛泽东发出关于首先消灭萧致平、谢溥福两师的部署。

按照朱德和毛泽东的部署，中央红军各部开始行动，除红九军团在桐梓、遵义间钳制敌人外，红一、红三、红五军团及干部团集中到鸭溪附近地域，准备与敌周浑元部作战。但是，被打怕了的蒋介石却电令周浑元"明日决在长岗山附近集中，并构筑强固工事，暂取守势防御"，同时，命令吴奇伟同样暂取守势防御。

3月9日6时30分，朱德率前敌司令部由鸭溪出发，先赴白腊坎，继续向枫香坝前进。这时，林彪、聂荣臻致电中革军委，要求攻打打鼓新场（今金沙县城）。这一建议得到了中共中央书记张闻天的支持。3月10日，中共中央政治局在苟坝召开会议，讨论攻打打鼓新场计划。但是，会议在要不要攻打打鼓新场的问题上发生激烈的争论，多数同志赞成攻打打鼓新场，毛泽东则坚决不同意攻打，并以"去就前敌总指挥的职务力争"。有的人说"少数应该服从多数，不干就不干"。会议根据多数人的意见，决定了攻打打鼓新场的计划，并作出取消毛泽东的前敌司令部政治委员职务的决定。会后，毛泽东来到周恩来的住处，建议缓发攻打打鼓新场的作战命令。于是，再次举行了中共中央负责人会议，以说服与会者放弃攻打打鼓新场的计划。21时，朱德给红一、红三、红五军团首长发出一份电报，下令放弃进攻打鼓新场，而向平安寨、枫香坎、花苗田地域集中，寻找新的机动。

通过这次激烈的争论，毛泽东看到由于作战情况瞬息万变，指挥需要集中，因此，他提议成立三人团指挥军事。中共中央同意了毛泽东的这一提议，决定由毛泽东、周恩来、王稼祥组成"三人团"（即三人指挥小组），以周恩来为团长，全权负责军事指挥。

围攻中央红军的敌人越来越狡猾了。黔敌王家烈为保存实力，退避不战。周浑元退至鲁班场，构筑工事，坚守不出。敌我双方相持在遵义西南的大山之中，虎视眈眈，大有一种大战前沉寂而又紧张的气氛。敌人的包围圈在逐步缩小，中央红军面临着严峻的形势。3月13日20时，朱德在给各军团首长的一份电报中指出："依据目前情况，党中央政治局决定：我野战军战略方针仍应以黔北为主要活动地区，并应控制赤水河上游，以作转移枢纽，以消灭薛岳兵团及王家烈部队为主要作战目标。对川、滇敌人须在有利而急需的条件下，才应与之作战，求得消灭其一部。""军委依此方针决定我野战军应向西南转移，求得在转移中与在消灭王家烈部队的战斗中，调动周（浑元）、吴（奇伟）纵队，实行机动，并迅速略取与控制赤水河上游的渡河点，以利作战。"①

到了3月14日，敌情又有了新的变化。敌周浑元的三个师到达鲁班场、三元洞地带，其主力在鲁班场，第十三师之一部在观音场；敌吴奇伟的两个师有可能在枫香坝。在这种情况下，朱德和毛泽东决定改变部署，果断决定对鲁班场周浑元部进行迅速而有力打击，以调动敌人，创造有利战机。22时，朱德给各军团首长发出电报，指出："我野战军决于明十五号以全力进攻鲁班场、三元洞地带之周（浑元）敌，期于当天坚决干脆消灭该敌，而以小部在枫香坝监视吴（奇伟）敌。"据此，朱德对各部队进行了部署。

鲁班场，是仁怀县一个有100多户人家的小镇。东、西、北三面环山，东为海拔1400多米的摩天岭，西有突兀的马鞍山，北部是参差起伏的山峦，南面则是十多里长的山间开阔地，地形险要，易守难攻。从鲁班场到茅台渡口约20公里，中央红军三渡赤水的大路，需经过鲁班场附近。在鲁班场，驻有敌周浑元部8个团的兵力，他们比中央红军早4天到达这里，占据了有利地势，并强迫老百姓伐木砍树，修碉堡，挖战壕，以藤条、荆棘缠绕成一道屏障，守备森严。

---

① 《朱德年谱》上，第476页，中央文献出版社2006年版。

3 月 15 日，朱德和毛泽东率前敌司令部到达坛厂附近指挥作战。中央红军主力对鲁班场进行了围攻，但是没有成功，只好撤出战斗，向茅台地区机动，袭取了仁怀。当日 22 时，朱德急电红一、红三、红五军团首长及第十三团团长彭雪枫、政治委员李干辉："我野战军主力应立即乘夜转移到小河口、坛厂、仁怀、茅台地域，限明十六日午前到达。"又在给罗炳辉、蔡树藩的电报中说：九军团（缺两个连）明十六日应在倒流水、长岗山、桑树湾地段有力地节节迟阻吴（奇伟）敌前进，以掩护我主力转移，并准备明晚到桑树湾待命转移①。

中央红军在鸭溪地区的机动和鲁班场战斗，诱使蒋介石犯了一个错误：把主要兵力调集到黔西北地区来了。这时朱德和毛泽东从敌我双方的实际情况出发，逐步形成了一个重要战略思想：从茅台三渡赤水河，进行全军佯动，把敌人引向川南，再以迅雷不及掩耳的手段秘密四渡赤水河，折返贵州，南渡乌江，这样就可调出滇军，然后再直插云南，跳出敌人包围圈，中央红军就可求得比较大的主动了。

按这一战略计划，朱德指挥中央红军主动撤出了鲁班场，准备三渡赤水河。3 月 16 日，中央红军进占茅台。当日傍晚 18 时，朱德给各军团首长下达了《三渡赤水河的行动部署》：

（一）敌情另报。

（二）我野战军决于今十六晚和明十七日十二时以前，由茅台附近全部渡过赤水河西岸，寻求新的机动。

（三）为此，各兵团于今明两天渡河，动作应如次：

1. 干部团应于今十七时在茅台渡河地段布好阵地，掩护渡河。但须以一个营先渡河西，候军委到时掩护其行动。陈（赓）、宋（任穷）为全军渡河的司令员及政委。该团并应于五军团到时将渡河指挥及掩护任务交五军团，并于明四时至五时渡完，渡后即向西走二十里，在军委以西隐蔽休息，向西警戒。

---

① 《朱德年谱》上，第 477 页，中央文献出版社 2006 年版。

2. 一军团应从今十八时起至二十二时止渡完，渡后即向西北通核桃坝方向走三十里隐蔽休息，向西北及二郎滩警戒。

3. 军委应从今二十二时起至二十四时止渡完，渡后即向西走十五里隐蔽休息，即以干部团之一营向西警戒。

4. 三军团应从二十四时起至明四时止渡完，渡后即向西南走三十里隐蔽休息，向西南警戒。

5. 第五军团应从明五时至七时止渡完，当开往茅台渡河时须留一个营及侦察连在两路口、盐津河附近，对观音场方向警戒，候九军团通过两路口后跟进归还建制，该军团并于明四时前接任干部团掩护渡河任务，候九军团全部渡完后即破坏诸渡河点渡河器材，扼守西岸。

6. 第九军团应从明九时至十一时止渡完，渡后即向西走十里隐蔽休息。

（四）诸兵团都应依据上定渡河时间计算其现地行程出发，于渡河前半小时开到茅台附近，并派参谋长到渡河司令员处接受渡河指示。

（五）各兵团应将渡河后到达地点电告军委。

（六）我率军委于今二十一时半到茅台（九军团洪团长所率之两个连已随我们行动）①。

这一电报发出三个小时后，当日 21 时，朱德进入了茅台。中央红军各部队的工兵连已迅速地架好了浮桥，各部队开始有秩序地三渡赤水河。朱德、毛泽东等人来到了浮桥上。他们边走边谈，毛泽东赞扬说："工兵连真有办法啊。"又说："好，我们三渡赤水，把滇军调出来就是胜利。"

朱德紧接着说："成立工兵连时我就讲了，工兵很重要，一千年以前就有了。工兵逢山开路，遇水架桥，这个任务很光荣，也很艰巨。"

当天晚上至第二天中午，中央红军大摇大摆地、从从容容地在茅台及

---

① 《朱德军事文选》，第 185～186 页，解放军出版社 1997 年版。

其附近地区渡过赤水河，这就是中央红军三渡赤水河。

中央红军第三次渡过赤水河后，再一次进入川南古蔺、叙永地区，摆出北渡长江的姿态，将国民党军主力引向了赤水河以西地区。

就在这时，朱德和毛泽东决定指挥中央红军四渡赤水河，再度杀向黔北。3月20日下午17时，朱德在给各军团首长的一份电报中，对四渡赤水河进行了精心的部署，指出：

（一）估计尾追我军之郭（勋祺）敌，将配合叙（永）、（古）蔺之川敌及毕节、赤水镇之滇敌等截击，这使我西进不利。

（二）我野战军决秘密、迅速、坚决出敌不备折而东向，限二十一日夜由二郎滩至林滩地段渡过赤水东岸，寻求机动。

（三）为此各军团今（二十号）明两天行动应如下：

1. 第五军团应以迟滞并吸引郭（勋祺）敌向古蔺前进争取渡河时间为目的，以两河口、大村、鱼洞沟、太平渡为后方交通线，明二十一日拒敌于大村以东至二十一晚，即速往鱼洞沟转移到太平渡，于二十二日上午继续渡河。以下各军团采取道路及渡河点如次：

2. 九军团经核桃坝大路渡二郎滩。

3. 军委纵队经鱼洞沟渡九溪口。

4. 三军团经鱼岔、石夹口、走马坝渡太平渡。

5. 一军团经石夹口、走马坝渡林滩，在三军团未到前则以一部渡太平渡。

（四）2项以下各军团于得令时即各派先遣部队带全部工兵、电台各赶到渡河点，各以其主力过河东岸向可能来敌方向警戒，并限于明二十一日十二时至十六时架好桥，各军团主力则限于明晚全部渡过东岸，但一军团主力运动时须加快速度，勿阻三军团，其在太平渡之先遣团，俟三军团先遣团到后即协同动作。

（五）为迷惑川、滇敌人起见，一军团主力在镇龙山应留一个团，并派队逼近古蔺方向之敌游击，伪装我主力西进，该团遂行此任务后于明日午前跟主力进路，限于明晚渡过太平渡。

（六）各军团渡完后各负责破毁桥梁，但太平渡桥梁须候交五军团使用和破毁。

（七）我率军委于今晚移鱼洞沟，明午抵九溪口①。

为保证中央红军第四次顺利渡过赤水河，上述命令发出后，朱德又给林彪、聂荣臻发出一份电报，命令红一军团"得电后立刻派出两个先头团，每人沿途砍带可架桥竹子一根，并带全部工兵连夜兼程赶到，并急袭太平渡（今夜袭占）、林滩（明日上午）两点，抢船各架桥两座，由师长、政委分往亲自指挥。太平渡之桥限明二十一日十二时架成，林滩限十五时架成，其先头两个团主力应过河控制太平渡、林滩渡河点，向二郎滩、土城严密警戒"②。

3月21日晚，中央红军从古蔺县二郎滩、太平渡九溪口再次东渡赤水河，史称四渡赤水河。至第二天上午，中央红军全部渡过了赤水河，又神不知鬼不觉地再次返回贵州北部地区，与奔向川南的敌军相对而行，最近处只相隔几里路。

中央红军成功四渡赤水河，蒋介石的"围堵"计划又一次破产，他大为恼火，决定要就近指挥围歼中央红军。3月24日，蒋介石又从重庆飞到贵阳"督战"，企图集中兵力寻求中央红军主力决战。为表示决心，他还带来了夫人宋美龄和他的澳大利亚籍顾问端纳，以及陈诚、何成浚等多位高级将领。

朱德和毛泽东决定，指挥中央红军向南移动。为引诱敌人向北集中，以掩护中央红军主力向南急进。3月27日，朱德给红九军团军团长罗炳辉、政治委员何长工发出一份电报，指出："我野战军主力决南移寻求机动，而以九军团暂留现在活动地域，钳制周（浑元）吴（奇伟）纵队，以配合我主力作战。"③

---

① 《朱德军事文选》，第186～187页，解放军出版社1997年版。
② 《朱德年谱》上，第478页，中央文献出版社2006年版。
③ 《朱德年谱》上，第480页，中央文献出版社2006年版。

3月28日，朱德再次给罗炳辉、何长工发出一份电报，指出："我一、三军团明二十九日继续南下，争取控制乌江，执行新的机动。五军团在明十二时前在兴龙场钳制枫香坝敌人，以掩护南下。""九军团明二十九日任务，仍照二十七日二十四时电令不变。但须在马鬃岭西北路上摆露天红标语，路侧放烟火扮炊烟，散消息，伪装我军主力将在此地区诱敌向北出击而消灭之的模样，以便我主力借此秘密迅速向南转移。"① 当日，朱德率中央纵队从花苗田南移，从白腊坎附近通过敌人封锁线，准备南渡乌江。

3月29日晚，红一军团先遣团第一师三团夺取了乌江渡口，消灭守敌一个连，在行进中又消灭援敌一个营的大部。两天后，中央红军主力除红九军团外，分别从大塘、江口、梯子岩南渡乌江。

南渡乌江时，发生了这样一件事：由陈赓和宋任穷率领的红军干部团奉命担任守护乌江浮桥的任务，等候殿后的红五军团过江。后来，他们得知红五军团已从另一渡口过江，就把浮桥拆了。朱德、周恩来、刘伯承听说拆了浮桥，都十分焦急，对此进行了严厉的批评。朱德很恼火地说："岂有此理，为什么下这样的命令！五军团过江了，可罗炳辉同志率领的九军团还在后面，还没有过江呀！怎么能拆桥呢？"他立即命令干部团马上返回乌江边，重新架桥。浮桥架好后，交给九军团，如果等到明天早晨7时，九军团还不来再拆桥。宋任穷立即带领三营和工兵连冒雨急行军40里返回乌江边，连夜突击把浮桥重又架起，等候九军团的到来。但奉命在乌江北岸伪装主力诱敌北进的红九军团，一度失去了同中革军委的联系，未能赶来渡江。事后，宋任穷感慨地回忆说："我从来没有见过总司令发脾气，这次发怒是我见到的唯一的一次。在当时的情况下，一支负有特殊任务的部队离开大部队单独行动，突然中断了联系，在没有得到这支部队已经过江的确切消息时，听说我们拆了过江的浮桥，爱兵如子的总司令忧心如焚，指示我们重新架桥后务必坚持到形势允许的最后时刻。此时此地，此事此举，可见胸怀全局的总司令虑事之精细，爱护官兵之心切。"②

---

① 《朱德年谱》上，第480页，中央文献出版社2006年版。
② 《朱德传》（修订本），第428页，中央文献出版社2000年版。

中央红军南渡乌江后，进到了息烽西北的黄冈、牛场、蔡家寨地域。这样，中央红军又一次跳出了蒋介石精心布置的围堵圈，一下子把围堵红军的敌各路大军大部甩在乌江以北地区，彻底赢得了行军作战的主动权。

巧渡金沙江

中央红军南渡乌江后，开辟了进军云南、从金沙江北渡入川的前景。

为顺利实现这一战略目标，就必须将战斗力较强的滇敌主力调出云南境内。朱德和毛泽东决定，指挥中央红军声东击西：以一部向黔东方向佯动，做出要东进湖南，同红二、红六军团会合的姿态，主力却直趋贵阳。这时，贵阳城内兵力空虚，在此"督战"的蒋介石慌忙向滇敌发出"万万火急"的电报，下令调滇敌三个旅兼程赶往贵阳"护驾"。

滇敌主力一被调出，后方顿显空虚，进军云南的门户在中央红军主力面前洞开。1935 年 4 月 7 日 18 时，朱德致电林彪、聂荣臻：

（一）滇敌有到贵定并向羊场"进剿"讯。

（二）我野战军决从贵阳、龙里之间南进，望立即侦察由老巴乡、刘家庄转至洗马河、喇磅、隔水、高堡、龙里、麻若场及经观音山小路向王关、出孟场、鸡鸣堡的两条道路与其平行路和里程，准备一军团及军委纵队八号向此路前进。

（三）你们派往水尾、独水河、红岩河的警戒部队今七号晚可作准备架桥东渡姿势，并即作侧卫及后卫警戒，随一军团后卫前进。

（四）三军团先头师应准备明日三时出发，并有佯攻龙里之任务①。

当日 21 时 30 分，朱德又急电各军团首长，指出：明八日，"我野战军决以遭遇敌人，佯攻贵阳、龙里姿势，从贵阳、龙里中间向南急进，以

---

① 《朱德军事文选》，第 188 页，解放军出版社 1997 年版。

便迅速占领定番。"①

第二天，中央红军以一部在清水江架桥，伪装主力东渡进向湖南；主力则分左右纵队，以日行60公里的速度，于9日从贵阳、龙里间通过湘黔公路，迅速西进。

蒋介石立即命令进入贵州的滇军孙渡：务必阻止红军西进，"而压迫其向安顺、镇宁北窜故道"，企图围歼中央红军于平坝、安顺、普定、镇宁一带地区。

4月11日，朱德率军委前梯队经定番、十里冲到达沙坑场、白水井地区。

4月18日，中央红军主力乘胜在白层、者坪地区渡过北盘江；随后占领贞丰、安龙、兴仁、兴义等城镇，又兵分三路西进：红三军团为右路纵队向平彝（今富源）、沾益前进；红一军团为左路纵队向曲靖前进；红五军团和中央纵队为中路纵队，向羊肠营方向前进。

4月24日，中央红军进入云南境内，随即占领平彝、罗平。第二天，朱德以中革军委的名义给各军团首长发出一份电报，指出："我一、三、五军团必须乘蒋主力正趋云南东北，而滇敌大部距我较远的眼前数日时机，首先在白水、曲靖、沾益地域消灭滇敌的先头部（其较强的四个团），以暂时顿挫滇敌的猛进，然后迅速进入另一机动地位，消灭周（浑元）、吴（奇伟）前进的一部。只有如此作战的胜利，才能解决开展局面的问题。"各军团首长必须在军委这一意图之下，掌握与推动自己的部队，"发扬作战勇气，克服疲劳现象，坚决而机动地执行命令，纠正部队中的错误倾向，团结一致向着战胜敌人的目标前进。"②

两天后，中央红军先后占领曲靖以西的沾益、马龙，接着攻占寻甸、嵩明，一部进至杨林，前锋直逼昆明。

中央红军直逼昆明，调动了云南之敌，从而进一步削弱了滇北各地和金沙江南岸的敌防御力量，为红军强渡金沙江、北上川西创造了有利条件。

---

① 《朱德年谱》上，第484页，中央文献出版社2006年版。
② 《朱德年谱》上，第487～488页，中央文献出版社2006年版。

4月28日，朱德与毛泽东、周恩来等率中革军委总部到达鲁口哨、水坪子一带，参加了在这里召开的中共中央和中革军委负责人会议，研究北渡金沙江的行动部署。

金沙江，位于长江的上游，穿行在川滇边界的深山狭谷间，江面宽阔，水急浪大。如果红军过不去江，就有被敌人压进深山狭谷，遭致全军覆灭的危险。当敌人调兵固守昆明时，中央红军却以一天走120里的急行军，向北直奔金沙江而来。

当中央红军大队人马向金沙江挺进时，蒋介石如梦初醒，认定中央红军的目的既不在贵阳，也不在昆明，而是"必渡金沙江无疑"。他急忙下达命令，控制渡口，毁船封江。

4月29日，朱德在寻甸县鲁土，以中革军委的名义向各军团下达了《关于野战军速渡金沙江转入川西建立苏区的指示》："由于两个月来的机动，我野战军已取得西上的有利条件，一般追敌已在我侧后，但敌已集中七十个团以上兵力向我追击，在现在地区我已不便进行较大的作战机动；另方面金沙江两岸空虚，中央过去决定野战军转入川西创立苏维埃根据地的根本方针，现在已有实现的可能了。""因此政治局决定，我野战军应利用目前有利的时机迅速渡过金沙江，转入川西消灭敌人，建立起苏维埃根据地。"①

第二天，朱德与毛泽东、周恩来率中革军委总部进驻寻甸县的柯渡丹桂村，具体部署抢渡金沙江的计划，决定刘伯承率干部团直奔禄劝县金沙江南岸的皎平渡，中央红军主力则向西北金沙江边挺进。

5月2日，朱德率中央纵队由小仓街到达龙海塘。在这里，朱德给彭德怀、杨尚昆、董振堂、李卓然发出一份电报，下达了中央红军拟分别于龙街、洪门口、皎平渡渡金沙江的命令：

> 彭、杨、董、李：
>
> 　甲、据调查，会理只刘文挥部三百余人。昆明通会理道路除

---

① 《朱德年谱》上，第490页，中央文献出版社2006年版。

走元谋、龙街大道渡江外，另有两条经商路：一经腮坝、猴街、卡子塘、马鹿塘、大松树到洪门口渡江（腮坝到洪门口约二百九十里）；一条经小仓、龙海塘、石板河、皎西到皎平波渡江。洪门口、皎平渡有渡船各二，每船可容二十余人或马六七匹。河窄处十余丈，流急。宽处二十余丈，流缓，有架桥可能。西岸山陡无竹，但南岸有木头可作木排。万一架桥不成，可漕渡。洪门口下游之白滩、小倮及左上游纳平、鲁车均有渡船。

乙、我第一军团决经武定、元谋由龙街渡江，并引敌向西，军委纵队以刘参谋长率干部团一个营及工兵，带二十九分队赶于四号上午到皎平渡架桥，并侦察其上游各渡河点。

丙、我十三团应经老务营、江边渡普渡河（派工兵先行架桥），转入通马鹿塘道上，亦限四号上午赶到洪门口架桥，侦察其下游各渡河点，并与刘参谋长密切取联络，每日至少两次电告架桥情形。

丁、第三军团主力随十三团后前进，其后卫团在可郎之敌向五军团尾追时，加紧左侧后警戒。

戊、三军团全部应于离大松树以前带足三天米粮。

朱

二号

干部团在刘伯承的率领下，翻山越岭，日夜兼程180里，5月3日夜晚占领皎平渡，并抢渡成功控制了渡口两岸，在当地群众的帮助下找到了6只小船，动员了36名艄公。

5月4日，朱德与毛泽东、周恩来、刘伯承率中央纵队在皎平渡渡过了金沙江，在江北岸石壁上一排山洞里组成渡江指挥部，统一指挥中央红军各军团抢渡金沙江。

中央红军各军团抢渡金沙江开始后，进展并不顺利。红一军团在龙街渡口，因江面太宽，又有敌机低飞骚扰，架桥、漕渡都没有成功；红三军团在洪门渡口架设的浮桥又被激流冲垮，所得渡船又少……朱德得知这些情况后，立即决定除红十三团从洪门渡口渡江外，红一、红三军团主力全部改由皎平渡过江。

经过七昼夜的艰苦努力，至 5 月 9 日，中央红军主力渡过了水深流急的金沙江。

中央红军渡过了金沙江之后，朱德立即命令红九军团焚毁金沙江各渡口的船只，使敌人不能过江。朱德后来谈到中央红军的这一段经历时回忆说：那时，"云南的五个旅也还在贵州，昆明城内只有一个教导团。但我们的目的，并不在占领昆明，而是引诱敌军来援，同时更故意向西去占元谋、禄劝，佯向龙街企图过金沙江。这样，引得大部敌军趋向元谋，而我们折回头，在皎平渡渡过了金沙江。"①

中央红军渡过金沙江后，蒋介石这才从贵阳飞抵昆明，急令薛岳、周浑元部及滇军向金沙江边追击，又令川军杨森、刘文辉部扼守大渡河沿岸等地，企图南追北堵，围歼中央红军于金沙江以北、大渡河以南、雅砻江以东地区。但是，当薛岳的"追剿军"从余庆、石阡赶到金沙江边时，已经是中央红军渡过金沙江整整一个星期之后的事了，他只能望江兴叹！

强渡大渡河

中央红军渡过金沙江后，把紧紧尾追的几十万国民党军远远地甩在金沙江南，赢得了战略转移中的主动权，也获得了一个休整的机会。

1935 年 5 月 10 日夜，红三军团进攻会理城没有成功。第二天，朱德率中央纵队到达朱家坝。5 月 12 日 6 时，他在给各军团首长的一份电报中指出："决在会理及其附近停留五天（十五日止），争取在长期行军后的必要休息与补充。""我各兵团应以备战姿势进行部队中尤其新战士的战术教育、队列整理，开干部及连队会议传达战斗任务，检阅工作，加紧扩红、

---

① 《朱德自传》（1886～1937），手抄稿本。

筹款及地方工作等。"①

中央红军终于有了一个短暂的休整时间。自踏上长征征途以来，中央红军一直处于敌人的重兵追堵和围歼之中，部队连续作战，非常疲劳，加上有些战斗也没有打好，这就引起了一些人的某些怨言。随后，这种情绪在中共中央和红军领导层中也有所反映，有些人提出了"撤换军事指挥者"的要求，林彪便是较为突出的一个。他一直埋怨说，我们尽走"弓背路"，要求走"弓弦"，走捷径。甚至说："这样会把部队拖垮的，像这样领导指挥还行!?"

在这种情况下，为了统一思想认识，明确下一步的行动方向，5 月 12 日，中共中央政治局在会理城郊的铁厂召开了扩大会议，史称会理会议。朱德参加了此次会议。会议对林彪反对机动作战、埋怨尽走"弓背路"、要求改变中央军事领导的错误意见进行了严肃批评。毛泽东批评林彪说："你是个娃娃，你懂得什么? 在这个时候，直接跟敌人硬顶不行，绕点圈子，多走点路，这是必要的。"朱德在发言中支持毛泽东的意见，赞成毛泽东的军事指挥，指出在危急情况下，由于采取兜大圈子、机动作战的方针，才能摆脱敌人的重兵包围。会议对中央红军渡过金沙江后的行动方向进行了认真的讨论，决定继续西进，越过大渡河，同红四方面军会合，在川西或川西北创建根据地。

5 月 15 日，朱德命令中央红军撤离对会理城的包围，继续北进，并率中央纵队从铁厂到达白果湾。

5 月 17 日 15 时 30 分，朱德给林彪、聂荣臻、董振堂、李卓然发出电报，对向西昌前进作出部署，指出："我三军团昨十六日离会理，明十八日晨将到新马坎、永定营之线。""第一、五两军团由林（彪）、聂（荣臻）部署，于今十七晚应向西昌路上追敌至适当地点，准备十九日相机袭取西昌，并侦察迂回西昌至礼州北上道路。如德昌可收（集）资材并处理俘虏时，则留必要部队及政治（工作）人员、先遣工作团一部在德昌工作一日。"接着，又给何长工、红九军团政治部主任黄火青发出一份电报，

① 《朱德年谱》上，第 494 页，中央文献出版社 2006 年版。

对渡过金沙江后的政治工作提出了新要求，指出：

> 野战军渡金沙江后，政治工作有着新的更繁重的任务。基本是要保障野战军以坚固的团结、最高的战斗情绪，猛烈地扩大，为消灭敌人，争取广大群众，建立游击区，创建新苏区而艰苦奋斗。因此目前工作中心是：
>
> （一）深入解释党与军委创造川西北苏区的战略方针，具体地反对任何动摇悲观的右倾机会主义斗争，使每个红色战士了解目前苏维埃运动发展形势，四川省政治的、经济的、群众的有利于我们的条件，并说明九军团最近行动的成绩，团结全体指战员，在党与军委的领导下，提高其信心与战斗情绪，为完成军委给予九军团的每一战斗任务，为创造新苏区而战。
>
> （二）健强连队与支部工作，加强老战士与新战士经常的阶级教育，迅速解决部队中一切实际问题，巩固阶级纪律，动员每个连队竞赛，猛烈扩大红军，巩固新战士。
>
> （三）地方工作中心除最重要的扩红外，应利用一切机会发动群众，广泛武装群众、繁殖小的游击队，特别要用各种方法，进行彝民中工作，武装他们组织单独的游击队，发动他们反四川军阀斗争。
>
> （四）根据军委与本部电令，你们应特别注意破坏国民党中央军工作，要向沿途居民说明，中央军压迫剥削群众的罪恶，鼓励与组织群众反抗中央军的行动。同时提出对尾追敌人的具体口号，进行中央军士兵中的工作。望将以上工作的具体布置及渡金沙江以前工作总结告诉我们。①

第二天，朱德参加了中共中央和中革军委负责人会议，对中央红军的行军路线作了进一步的讨论，决定放弃对西昌的围攻，为迅速摆脱敌人的追击，完成北上任务，取道冕宁过彝民区，到安顺场抢渡大渡河，进入川

---

① 《朱德军事文选》，第193～194页，解放军出版社1997年版。

西北，取得与红四方面军的会合。

5 月 19 日，朱德到达西昌县锅盖梁地区。4 时 30 分，他给各军团和中央纵队首长林彪、聂荣臻、彭德怀、杨尚昆、董振堂、李卓然、罗炳辉、何长工、邓发、蔡树藩发出一份电报，对进一步北上作了部署：

林、聂、彭、杨、董、李、罗、何、邓、蔡：

（甲）西昌有敌约四团及彝兵二三千人，刘元璋在城内有固守模样。

（乙）我野战军以迅速北进在野战中消灭刘（文辉）敌各个部队之目的，对固守西昌之敌，在不利的条件下应监视之，掩护野战军主力通过。现规定今十九号至二十号下午行动如下：

一、第一军团主力应向泸沽方向前进五六十里，其先头团应由二师派出，并带工兵及电台，限二十号赶到泸沽。军委并派刘（伯承）参谋长赶往为先遣司令，罗瑞卿为政委，指挥该团，进行战略侦察，并为渡河先遣队。

二、五军团应留在西昌以西，监视该城敌人，以掩护军委纵队及三军团北进，并防敌出击。

三、军委纵队应进至锅盖梁地域，干部团先开至小庙掩护。

四、第三军团主力应进至黄连坡、黄水塘之线，其后卫团则进至马柳寨。

五、九军团任务不变，续向阿泥、昭觉前进六七十里，并侦察经昭觉通清远及通泸沽的两条道路、里程，电告。

朱[①]

5 月 20 日上午，朱德又电告中央红军各军团："我野战军以迅速北进

---

① 十九号中央档案馆编：《红军长征档案史料选编》，第 139～140 页，学习出版社 1996 年版。

取得大渡河渡河点，以便早日渡江消灭敌人，创立川西北苏区之任务"，并对中央红军近两天的行动作了部署："一军团之第一团随刘（伯承）、聂（荣臻）（罗病聂代）明日向登相营、越西前进，无敌情要走二十里左右。第五军团由左（权）、刘（亚楼）指挥，为第二先遣团，亦带电台暂随第一团后跟进。""军委纵队及干部团今晚前进至松林地域。"

5月21日18时，朱德给红军各军团和军委纵队下达了中央红军由冕宁县泸沽向大渡河前进的部署：

> 林、聂、彭、杨、董、李、罗、何、邓、蔡：
>
> 一、我先遣第一团今由泸沽经冕宁开大桥两站路，尚有四站即到江边之纳耳坝。我第五团今到登相营，侦察越西、小相岭、登相营一带仅敌一营，刘（文辉）敌第五旅到越西讯似不确［刘（伯承）、聂（荣臻）侦察报告另抄发］。
>
> 二、我野战军以执行昨二十日九时半电令所规定的任务，决以主力依一、五军团、军委纵队、三军团次序，改经冕宁、大桥、拖乌、筲箕湾、岔罗向纳耳坝、安顺场北进。而以我第五团继续经越西北进，吸引、迷惑并钳制大道上正面之敌，遇小敌则消灭之。以九军团担任迟阻追敌，其前进路按日规定。各兵团今二十一日晚至明二十二日晚行动部署如下：
>
> 1. 刘、聂率我先遣第一团续向拖乌、筲箕湾前进，日行一百二十里，准备至迟二十四号午前赶到渡口。左（权）、刘（亚楼）率我第五团，如查明越西无敌或少敌应迅速占越西，并侦察前至大树坪、富林及由越西至海棠之线中间向西去的道路、里程；如小相岭或越西有敌扼守，则五团应伪装主力先头在登相营或小相岭扼止该敌。一军团主力今晚二十一时起开往冕宁，以便随一团前进并策应其战斗。
>
> 2. 军委纵队今夜进至石龙桥。
>
> 3. 五军团今晚二十一时起经泸沽开至石阻地域，准备二十三日超过军委纵队，仍归林（彪）、聂（荣臻）指挥。

4. 三军团除留必要部队带电台监视西昌之敌，以掩护和接引九军团今夜或明日通过西昌外，其主力今夜应进至起龙、礼州地域。

5. 九军团通过西昌城外进至锅盖梁及其西北地域后，应即布置掩护阵地，筑野战工事，以便扼阻西昌及由南来之追敌。

三、为绝对保持改道秘密，必须：

1. 泸沽至冕宁道上严禁被敌机发现目标，不准挂露天标语，上午七时半至十时半，下午三时半至五时半，严禁部队运动。

2. 一军团部队对去路，三、九军团对来路，要断绝行人出去。

3. 严密搜捕敌探。

四、冕宁至渡口有两站路缺粮，各兵团应在礼州、冕宁之线补充粮食，离冕宁时带足三天。

五、关于搜集架桥材料，经冕宁起应严格执行昨日电令。

朱德①

从冕宁至大渡河，这是一条崎岖的小路，加之要过彝民区，困难很多。第二天，在中共冕宁地下党组织的配合下，刘伯承和聂荣臻率领中央红军先遣部队占领了冕宁，解放了被国民党反动派强制关押在监狱中的不少彝族头人和许多穷苦群众。红军的行动不仅赢得了彝族部分头人的认同，从而找到了往北进入彝区的向导，也深深地教育了冕宁群众，使他们感受到红军与国民党军队本质的区别。后来，冕宁城的群众自发地张灯结彩，在安宁河畔的"红军桥"迎接红军主力，留下了"家家点红灯，点灯迎红军"的拥军史话。朱德在有彝、汉人参加的群众大会上发表讲话。他说彝、汉是一家，穷人要团结起来，打倒蒋介石和四川军阀，才能翻身过好日子。接着，朱德以红军总司令的名义发布了他亲笔书写的《中国工农红军布告》：

---

① 二十一号十八时中央档案馆编：《红军长征档案史料选编》，第143～145页，学习出版社1996年版。

中国工农红军布告

一九三五年五月

中国工农红军，解放弱小民族；

一切彝汉平民，都是兄弟骨肉。

可恨四川军阀，压迫彝人太毒；

苛捐杂税重重，又复妄加杀戮。

红军万里长征，所向势如破竹；

今已来到川西，尊重彝人风俗。

军纪十分严明，不动一丝一粟；

粮食公平购买，价钱交付十足。

凡我彝人群众，切莫怀疑畏缩；

赶快团结起来，共把军阀驱逐。

建立彝人政府，彝族管理彝族；

真正平等自由，再不受人欺辱。

希望努力宣传，将此广播西蜀。

红军总司令朱德①

这个布告到处张贴，鲜明生动地宣传了中国共产党的民族政策，在彝族群众中产生了广泛的影响。

在这里，中央红军协助和指导中共冕宁地下党组建了长征入川后的第一个地方革命政权——冕宁县革命委员会。朱德亲自召集群众大会，组织建立了长征入川后的第一支地方革命武装——冕宁县抗捐军。冕宁抗捐军除了给红军带路、护送伤病员、站岗放哨外，还收缴敌伪粮食、调查土豪

① 《朱德年谱》上，第 497～498 页，中央文献出版社 2006 年版。

恶霸、没收财产、发放浮财等，大大助长了穷人的志气、杀灭了地方官僚威风，形成了一股参加红军打击国民党和地主官僚的热潮。

在广大彝族同胞的帮助下，中央红军顺利地通过了彝族区，并吸收了一批彝族青年参加红军，使蒋介石企图利用彝族同胞阻止红军前进的阴谋破产。

当朱德率中央红军穿过彝族地区的深山密林，向大渡河奔去的时候，蒋介石飞到了四川成都，连忙命令川西军阀加紧对大渡河的防御，企图把中央红军一举消灭在大渡河边，"重演在大渡河一举消灭石达开太平军的历史"。

大渡河是岷江的一大支流，河宽 300 米，水深流急，两岸是险峻的群山，地势险要，大部队通过极其困难。在安顺场渡口，河幅有 100 多米宽，流速每秒 4 米多，水深达 30 米。河底乱石嵯峨，形成无数漩涡，俗称竹筒河，鹅毛能沉底，水性再好的人也不能泅渡。由于水深流急，不能架桥。船横渡时，要先拉纤到上游两里许，放船后，要有经验的船工掌舵，十余名船工篙橹齐施，精神和体力都紧张到极点，与流速形成一种合力，使小船沿一条斜线才能冲到对岸。河对岸有石级，但如对不正渡口，碰到两侧石壁上，则船毁人亡。

太平天国的翼王石达开，曾率领两万多人来到大渡河边的安顺场，没有渡过这条河去，在清兵的追击下，全军覆没了。蒋介石派飞机撒下传单说："前有大渡河，后有金沙江，我有几十万大军围追堵截，你朱毛红军插翅难逃，让你们变成第二个石达开。"[1] 看到蒋介石撒下的传单，朱德说道："我们体现了马克思的名言：世界历史上的重要事件，可以说都出现两次，'第一次是作为悲剧出现，第二次是作为喜剧出现'。蒋介石在成都等待了好几个月，可是历史并未重演。"[2]

5 月 24 日，为部署在大渡河北岸开展游击活动，朱德与周恩来、李富

---

① 《回顾长征》，第 102～103 页，人民出版社 1985 年版。

② 艾格妮丝·史沫特莱：《伟大的道路——朱德的生平和时代》，第 359 页，三联书店 1979 年版。

春、王稼祥致电冕宁县革命委员会主席兼游击总队政治委员李井泉，指出："你及王首道与三军团所拨来之一个连和电台，应准备随九军团（二十六日开冕宁）开至大渡河北岸发展游击战争，并吸引游击队、抗捐军中一部分本地彝、汉人随你们行动，并进一步扩大。"当天晚，中央红军先遣队第一团在团长杨得志、政治委员黎林率领下，攻占了大渡河南岸石棉县的安顺场，夺取渡船1只，控制了安顺场渡口①。第二天，红一团一营二连挑选了17个人，组成突击队，乘一条小船冒着敌人的枪林弹雨强渡大渡河成功，击溃北岸守敌1个营，巩固了渡河点，谱写了17勇士强渡大渡河的英雄故事。

5月26日上午，红一团全部渡过大渡河，因河水深流急，一时难以架桥。中午时分，朱德与毛泽东、周恩来等到达安顺场，刘伯承亲自出来迎接，陪同他们一起来到先遣队司令部。

午饭时，先遣队用缴获的米酒招待朱德、毛泽东、周恩来等。朱德说："先遣队逢山开路，遇水搭桥，功劳不小。"

听到这里，刘伯承答话："总司令先别论功行赏，我正为这大渡河架不起桥来发愁呢。"接着，他详细地向朱德、毛泽东、周恩来汇报了渡船和架桥的情况：大渡河水深流急，无法架桥，附近又找不到其他渡船，数万大军如果只靠现有的一只小船，即使昼夜不停，也需要一个多月才能全部通过，而追敌正气势汹汹地向大渡河扑来，时间决不允许那样做。

听了汇报后，朱德和毛泽东、周恩来经过研究，决定兵分两路夹河而上，红一师和干部团就在安顺场渡河，为右路纵队，由刘伯承、聂荣臻指挥，循大渡河左岸前进。林彪率红一军团二师和红五军团为左路纵队，循大渡河右岸前进；两岸部队互相策应，溯河而上，抢占泸定桥。中央纵队和其余部队从泸定桥过河。

5月26日，朱德向各军团首长林彪、刘伯承、聂荣臻、彭德怀、杨尚昆、董振堂、李卓然等发出《夺取并控制泸定桥渡河点以取得战略胜利的

---

① 《朱德年谱》上，第499页，中央文献出版社2006年版。

部署》：

林、刘、聂、彭、杨、董、李［抄送邓（发）、蔡（树藩）］、左
（权）、刘（亚楼）：

　　一、安顺场及其下游之小水、龙场三处共有渡船四只，因水
流急，每天只能渡团余，架桥不可能。同时，由安顺场至泸定桥
之铁索桥仅三站路，由泸定桥可直趋天全、雅安或芦山。我第一
团现在龙场对岸之老铺子，扼阻并监视其东北山地之刘（文辉）
敌第七团。一师明午可全部渡完。

　　二、我野战军为迂回雅安，首先取得天全、芦山乃至懋功，
以树立依托，并配合红四方面军向茂县行动，决改向西北，争取
并控制泸定桥渡河点，以取得战略胜利。其部署：我第一师及干
部团为右纵队，归聂（荣臻）、刘（伯承）指挥，循大渡河左
岸；林（彪）率一军团军团部、二师主力及五军团为左纵队，循
大渡河右岸，均向泸定桥急进，协同袭取该桥。军委纵队及三军
团、第五团、九军团随一军团部及二师主力行进路线跟进。

　　三、一军团之第一师应于二十七日、二十八日两日由安靖坝
先后经瓦狗坝、龙八布，以两天半行程达到泸定桥急进。经瓦狗
坝、龙八布时，应向清溪方向各派出警戒部队，待干部团赶到后
撤收。干部团主力明二十七日开安顺场渡河，接替老铺子第一团
任务，以一部留龙场、小水警戒并监护渡船。

　　四、一军团部及二师主力，于明拂晓起亦以两天半行程由安
顺场经田湾、楂维到建沙坝、泸定桥急进。五军团明晨由现地经
新场、安顺场进至海罗瓦、草罗沟之线。

　　五、三军团明晨应由海棠或海棠以南西转至洗马姑、岔罗之
线，并须到岔罗补足五天粮米。

　　六、第五团仍留大树堡及万公堰、大冲南岸续行佯渡，惑敌
一天，并准备二十八号向海棠、洗马姑转移。

七、各兵团均须在岔罗、安顺场补足五天粮食。

八、军委纵队明日集中安顺场。

朱

五月二十六日①

5月27日，中央红军右、左两路纵队沿大渡河东、西两岸北上，开始向泸定桥急进。

从安顺场到泸定桥有160余公里路程，两岸是悬崖陡壁挂着羊肠小路，又有数十条山涧溪流将小路切断，加上大雨不停，行路更为艰难。朱德虽年近50岁，但同战士们一样，在大雨中跋涉，还要随时掌握整个部队的进军情况，发出新的命令。当时任朱德警卫员的姚国民回忆说：

> 朱总司令和周恩来同志带领军委纵队也不分昼夜，冒着连日来的大雨，向泸定桥前进。一路上，大雨瓢泼般地下。因为后面还有敌人尾追，部队的行军速度是很快的。这条小路有许多地方是凿在峭壁上，曲曲弯弯，非常难走。我们走在朱总司令身旁，雨水从他的脸上不断流下，长途跋涉，他的眼窝已经深深地陷下去了。但从他那浓眉下两道奕奕有神的眼光中可以看出，他的内心是非常高兴的。一路上，他骑马的时间非常少。每当雨下得小了或道路稍微宽阔的时候，他便和周恩来同志或者彭雪枫参谋长、伍修权副参谋长闲谈，有时，还鼓励我们几个警卫员不要掉队②。

5月28日凌晨1时半，朱德又给林彪、刘伯承、聂荣臻发出一份电报，指示左路纵队先头部队红四团"今二十八日应乘胜直追被击溃之敌一

---

① 《朱德军事文选》，第198～199页，解放军出版社1997年版。
② 姚国民：《泸定桥畔》，《我们的总司令》，第189页，湖南人民出版社1980年版。

营，并迎击增援之敌约一营，以便直下泸定桥。二师部队迅速跟进，万一途程过远，今日不及赶到泸定桥，应明二十九日赶到"，同时指示右路纵队"刘、聂率第一团亦应迅速追击北岸之敌一营，以便配合四团夹江行动"①。同日，他又给红一、红五军团首长发出一份电报，指出："我左、右两纵队之先头部队，明二十九日均应赶至泸定桥及其西岸，并力求于正午前迅速袭占铁索桥，消灭该处守敌，以控制该桥两岸，并准备与援敌作战。两纵队如途遇单个敌人迟阻我进，应坚决消灭之；如其坚守工事不易攻下，应留兵监视，而以主力迅速绕过向泸定桥急进，以便明日能确实占领该桥。"②

泸定桥，扼川康要道，全长 100 余米，宽 2.8 米，由 13 根铁索组成，横跨在汹涌奔腾的大渡河上，两岸是峭壁，东桥头与泸定城相连。守城川敌第四旅第三十八团（欠一个营）在红军抵达前，已将桥上的木板拆除，只剩下悬空的铁索，而且在河岸筑好了防御工事，派有重兵扼守，另有两个团的兵力，正向泸定桥疾进增援。

经过两昼夜的强行军，5 月 29 日晨，中央红军右路纵队先头部队红一军团二师四团，在团长王开湘、政治委员杨成武的率领下，赶到泸定桥附近，于 17 时攻占泸定桥，守敌向天全溃逃。第二天，红二师（缺五团）及军团直属队击溃川军的阻击，胜利到达泸定桥东岸县城。

5 月 30 日，中央红军主力全部从泸定桥越过大渡河。这一天 22 时，朱德给各军团首长发出一份电报，对红军渡过大渡河后向天全地域前进作出部署：

一、我一军团先头部队昨已攻占泸定桥，敌向天全退。刘（文辉）敌约一旅昨向岩子上我干部团阵地攻击，并迂回我右侧高山，我干部团退守铺沙岗。

① 《朱德年谱》上，第 500 页，中央文献出版社 2006 年版。
② 《朱德年谱》上，第 500～501 页，中央文献出版社 2006 年版。

二、我野战军以迅速过河集中天全地域，寻求作战机动之目的，定明三十一日开始行动如下：

1. 一军团（缺两个团）应向天全（泸定桥至天全二百四十五里）前进，行程可走七十至八十里，在门坎上、昌河坝、两路口之线，并侦察天全方向敌情及其附近地形、人家、给养条件，电告军委。二师应留一个团并带电台在化林坪、龙八布之线继续警戒，以掩护干部团北进。刘（伯承）参谋长则应留泸定桥待归总部。

2. 五军团仍归林（彪）、聂（荣臻）指挥，其主力应经泸定桥跟一军团后跟进，宿营地点由林、聂规定。五军团应另留一个营，以主力在泸定桥西岸前出至二里坝向康定警戒，以一个连监护铁索桥。

3. 军委纵队前进至泸定桥、沙坝之线。

4. 三军团进至芝泥坝、楂维、科五之线。

5. 九军团、游击队及干部团第三营均归罗（炳辉）、何（长工）指挥，进至湾东、施药坪之线。

6. 干部团（缺第三营）沿河北岸进至德拖地域，向来路严密警戒，并扼阻追敌。

三、各部须沿途补充粮米。①

5月31日，朱德率中革军委总部通过了泸定桥。当时任朱德警卫员的姚国民回忆说：朱总司令走上桥头，仔细地观察了一会儿过桥的情况，便把负责指挥军委纵队过桥的一个参谋叫到跟前，询问前面部队过桥的情况。参谋告诉他：有些马不敢上桥，部队过得太慢，前面部队有一匹马掉下去了。朱总司令立刻追问："怎样掉下去的？伤了人没有？"参谋说："原先只掉下一只腿，它急得乱蹬，蹬翻了别的木板，翻到河里去了，并没有伤人。"

---

① 《朱德军事文选》，第201～202页，解放军出版社1997年版。

朱总司令听完，嘱咐他说："告诉部队过桥时，干部要切实掌握渡河的秩序，务必使部队尽快通过，把马匹拉开，有些马不敢过桥，就把马眼睛蒙上拉过去，以免影响别人过桥。每隔 10 分钟派人检查桥板，踩开的桥板要及时更换，一个人在前面走，后面的人在后面就要及时把桥板弄好，哪个部队过完桥，就要负责把踩开的桥板重新摆好。"

姚国民实在不敢走了，便站住闭上眼睛定定神，又睁开眼，看到走在他前面的朱总司令，他是那样从容，那样稳重，一边走，还一边鼓励前面的警卫员："沉住气，不要怕，别看水，看桥板。"

正走着，朱总司令突然停下来，仔细地观察一处桥板。那块桥板和另一块桥板已脱离开，露出一个大缝。朱总司令弯下身去，把这两块桥板合并起来。总司令这种行动，给姚国民增加了勇气，他的心情也开始镇静下来，并深深为总司令给我们铺桥板而感到惭愧不安①。

当天晚上，朱德在群众大会上作了非常精彩的讲话：

一九三五年五月三十日是有历史意义的日子。十七名英雄为了给大军开赴懋功铺平道路献出了自己的生命。这一天也是上海学生和工人被屠杀的五卅惨案十周年纪念日。而且，在七十二年前，石达开在五月间曾试图渡过大渡河。

英雄主义是个旧观念，过去，个人英雄凌驾在群众之上，轻视群众，甚至奴役群众。红军体现了英雄主义的新观念。我们培养出革命的群众英雄，他们不自私自利，不为任何诱惑所动，决心为革命牺牲，一直战斗到我们的人民和国家获得解放为止。

我们前面的路比我们已经走过的路要困难得多。我们必须翻越好几座世界上少有的大山，常年结冰的大雪山，我们必须时时为自己开辟道路。我们必须跨过奔腾的大河，自己修桥。在汉藏交界的广袤地区里，有很多好战的部族专杀汉人。几百年来汉族

---

① 姚国民：《泸定桥畔》，《我们的总司令》，第 191 页，湖南人民出版社 1980 年版。

统治阶级企图灭绝这些部族，而且杀人不少。可是我们必须跟这些被压迫的部族交朋友，如同跟汉族工人农民合作一样，也跟他们合作。在前面的广阔地区里，还有敌人的无数山寨堡垒和奉令围攻我们的十万名敌军。国民党飞机从不袭击长驱直入的日军，但我们即使在大雪山里，它也要来轰炸。我们必须尽量夜间行军，躲避他们。我们的困难还有很多，我们的敌人也很多，可是世界上没有任何我们过不了的高山大川，也没有任何我们克服不了的困难。

朱德率中央红军成功抢渡大渡河，彻底粉碎了蒋介石妄想使红军在安顺场重演太平天国将领石达开全军覆灭的迷梦，开创了继续北上的全新局面。

十四、与张国焘斗争

会师达维

朱德率中革军委总部通过泸定桥到达泸定县，来到了泸定县城。1935年5月31日，朱德与毛泽东、周恩来、张闻天、王稼祥、陈云等中共中央负责人在泸定城隍庙召开会议，研究继续北上行军路线。会议通过分析中央红军渡过大渡河以后的形势，决定避实就虚，避开人口稠密、敌人防守严密的地区，向北走雪山草地一带去同红四方面军会合。

这一年的整个5月，朱德是在紧张的战斗中度过的。在这个月，中央红军在毛泽东的领导和朱德的亲自指挥下，逐步摆脱了被动，掌握了主动，因而出现了许多关于朱德的报道。朱德在美国记者史沫特莱采访时回忆说："蒋介石悬赏二十五万元，要我的头，要毛泽东的头和其他人的头。他甚至于公布了一个首级价目表，从班长开始，按照等级定价。他派飞机到我们阵地上散传单。要是有哪一个人的名字没有列在名单里，或者给他开列的赏额太少，自己反而觉得是耻辱。"看到史沫特莱给他的关于"朱德已死"的剪报时，朱德轻蔑地笑着："这已经是第十次传说他死了。"①

6月5日2时30分，朱德给中央红军各军团和中央纵队首长林彪、聂荣臻、彭德怀、杨尚昆、董振堂、李卓然、罗炳辉、何长工、彭雪枫、邓

---

① 艾格妮丝·史沫特莱：《伟大的道路——朱德的生平和时代》，第360页，三联书店1979年版。

发、蔡树藩发出了一份电报，对中央红军突破国民党军雅州、芦山、天全防线，实现北上与红四方面军会合作出部署：

林、聂、彭、杨、董、李、罗、何、彭雪枫、邓、蔡：

甲、石坪、小河子为杨森十三团，昨四号与我第二团接触，即向荣经退去。荣经有其第五旅一部讯。五军团离开放羊坪，敌未尾追，估计杨（森）敌在雅州、芦山、天全可能有其三个旅。

乙、我野战军须以坚决迅速的行动，抢得天全河上下游的铁索桥，以突破杨敌在雅州、芦山、天全的防线，以便我与红四方面军配合，寻求作战机动。

丙、我野战军今五号行动：

1. 一军团有夺取伏龙桥、罗羊坝及始阳三个铁索桥，并消灭该处守兵的任务。一军团之教导营应先开花滩向荣经佯动，并掩护一军团主力由小河子北进。第五军团由宝兴厂开小河子以东策应教导营。林（彪）率第二团经陈家坝开三角庄，夺取始阳铁索桥；聂（荣臻）率二师主力及军团直属队，经伏龙桥夺取罗羊坝铁索桥；一师主力则经小河子跟进，夺桥不成，则应在始阳上游进行架桥。一切具体部署责成林、聂依实况自定。

2. 五军团应开至新庙子、石坪之线。

3. 三军团有夺取天全之龙衣、沙坝头两铁索桥，并相机袭占天全的任务。（彭）雪枫率先头两个团由现驻地经思金坝，一部夺取沙坝头，主力夺取龙衣。成功则相机袭占天全，不成则进行下游架桥。三军团主力应跟进至思金坝。

4. 军委纵队留水子地。

5. 九军团任务仍旧。罗（炳辉）率所部应向紫石关吸引杨敌夏（炯）旅向西。何（长工）率所部应在泸定桥西岸两方严密警戒康定之敌。

丁、为迅速夺取铁索桥，一、三军团先头部队如白天不及赶到，当晚应赶路抢到。

朱

六月五日二时半①

根据朱德的部署，中央红军于6月七八两日先后突破国民党军雅州、芦山、天全防线，并占领天全、芦山。6月8日，中共中央、中革军委发出《关于一、四方面军会合以开展新局面的战略任务给各军团的指示》，指出："今后我军战略任务，是以主力乘虚迅取懋功、理番，以支队掠邛崃山脉以东迷惑敌人，然后归入主力，达到与四方面军会合，开展新局面。"②

同日7时，朱德给中央红各军团和中央纵队首长发出一份电报，对中央红军北上懋功与红四方面军会合作出了部署，电报说：

林、聂、彭、杨、董、李、罗、何（罗转何）、邓、蔡：

一、估计杨（森）、刘（文辉）两敌在我渡河后，有以其兵力集中雅州，一部出芦山，并图断我北进道路可能。

二、我野战军应迅速渡河，经宝兴北占懋功（新街子），以便能取道理番与四方面军求得会合。

三、我军今八日行动：

1. 一军团（缺第五团）有迅速进占宝兴，并控制芦山或双河场的任务。一军团之先头不论已占灵关与否，今日必须以主力跟进攻占灵关、宝兴，侦察北进懋功道路。一军团另一团如已攻占芦山，应即控制该县，并前出一部到双河场。如芦山有强敌，除留小部控制铜头场铁桥外，应速以一部由灵关进占并控制双河场，向芦山佯动。

① 《朱德军事文选》，第204～205页，解放军出版社1997年版。
② 《朱德年谱》上，第504页，中央文献出版社2006年版。

十四　与张国焘斗争

ZHU DE
MILITARY STRATEGIST

2. 九军团应即由天全开向飞仙关，接替一军团一个团向飞仙关、雅州佯动的任务，并切实警戒雅州之敌。一军团之一团即由林（彪）、聂（荣臻）规定其归还主力路线。

3. 三军团为北进第二梯队，归林、聂指挥。三军团应以两个团先跟一军团北进，策应战斗。三军团主力今日集结天全、始阳之线，暂任策应九军团的任务，并与其密切连络［罗（炳辉）、何（长工）如会合，应将二十三分队连材料归还三军团］。

4. 五军团今日由陈家坝经三角庄渡河，集结始阳，亦策应九军团。第五军团赶至三角庄掩护军委纵队北渡。

5. 军委纵队今日进至练金坝、干河之线，明日渡河。

四、各军团应各就驻地补足五天粮食，尽量收集洋油。

朱德

六月八日①

这时，红四方面军放弃了川陕根据地以后，正向西进至岷江地区。为了及早同红四方面军会合，朱德命令红一军团翻越夹金山夺取懋功（今小金）。

夹金山，位于宝兴县西北，高约 4500 米，是一座大雪山，山上空气稀薄，气候变化无常，特别是中午以后，往往风雪交加，奇冷难忍。有时突然旋风袭来，卷起山上大雪，在几十米的高空飞舞，几十里内成了一片茫茫无际的浓厚的雪云。

爬越夹金山前，朱德嘱咐部队要在拂晓开始爬山，这样到第二天早上 10 时前就可翻越山顶，翻越山顶时，要坚毅沉着，无论如何不能停下休息，因为一停下来就再没有力量起来了。尽管朱德事前对指战员作了细致的关照，但仍有一些战士由于体弱衣单在翻越山顶时跟不上队伍，从此在这罕见人迹的大雪山上长眠不起。朱德体质好，清早开始登山，10 时就到

---

① 《朱德军事文选》，第 207～208 页，解放军出版社 1997 年版。

达了山顶。登山时，他一路照顾部队。有些同志的双腿因上山时汗水被山上寒风吹袭，冻裂成一道道结成痂的血沟，痛楚难忍，但坚强的红军战士，仍然迈开双腿向既定的目标前进。

董必武曾形象地向史沫特莱提起朱德翻夹金山时的情景，他说道：

> 天刚蒙蒙亮，我们就出发了。简直没有路，可是农民说，少数民族经常从山丛中下来抢劫，他们既然能翻山，我们当然也可以。所以我们就对准峰顶附近那个缺口，笔直地向上爬。浓雾环绕，大风凛冽，刚到半山，就下起雨来了。我们越爬越高，又撞上了让人担惊害怕的冰雹。空气越来越稀薄，呼吸越发困难。讲话是完全不可能的事，冷得人连呼气都冻了冰，手和嘴唇冻得发紫。有些人和牲口一步没走稳，就掉在冰河中，从此诀别。那些坐下来休息喘喘气的，就在原地冻僵。筋疲力竭的政治工作人员用手势和拍打鼓动大家继续前进，表示山口就在眼前了。到了暮色苍茫时，我们在海拔一万六千英尺的高度上翻过了大山，那天晚上，我们就在人迹罕至的山谷中露营。我们大家都筋疲力尽地躺下休息，朱将军却照往常一样，到四处巡查。他一路上和部队一同跋涉，疲劳不堪。但是他的例行巡查却是无论如何中断不了的。他从口袋里拿出一小块牛肉干给我，他见人便鼓励说，我们已经爬过了最难爬的山，还有几天就可以到懋功了[①]。

6月12日，中央红军先头部队红一军团二师四团翻越长征途中第一座大雪山——夹金山，在懋功东南的达维一带，同从岷江地区西进的红四方面军先头部队红九军二十五师七十四团会师。

---

① 艾格妮丝·史沫特莱：《伟大的道路——朱德的生平和时代》，第372页，三联书店1979年版。

红一、红四方面军先头部会合后，6月16日，朱德、毛泽东、周恩来、张闻天及中央红军全体指战员给西北革命军事委员会主席张国焘、红四方面军总指挥徐向前、政治委员陈昌浩发出一份电报，并转红四方面军全体指战员。电报指出："中国苏维埃运动两大主力的会合，创造中国革命史上的新纪录，展开中国革命新的阶段，使我们的敌人帝国主义、国民党惊惶战栗。我们久已耳闻你们的光荣战绩，每次得到你们的捷电，就非常欣喜。此次会合，使我们更加兴奋。今后，我们将与你们手携着手，打大胜仗，消灭刘湘、胡宗南、邓锡侯等军阀，赤化川西北。我们八个月的长途行军，是为苏维埃而奋斗。我们誓与你们一起，为苏维埃奋斗到底。"①

6月16日2时，朱德和毛泽东、周恩来、张闻天联名给张国焘、徐向前、陈昌浩发出一份电报，对红一、红四方面军会合后的战略方针提出了意见。电报全文：

张、徐、陈各同志：

迭电悉。

甲、为着把苏维埃运动之发展放在更巩固更有力的基础之上，今后我一、四两方面军总的方针应是占领川、陕、甘三省，建立三省苏维埃政权，并于适当期以一部组织远征军占领新疆。

乙、目前计划则兄方全部及我野战军主力，均宜在岷江以东，对于即将到来的敌人新的大举进攻，给以坚决的打破，向着岷、嘉两江之间发展。至发展受限制时，则以陕、甘各一部为战略机动地区。因此，坚决地巩固茂县、北川、威州在我手中，并击破胡宗南之南进，是这一计划的枢纽。

丙、以懋功为中心之地区，纵横千余里均深山穷谷，人口稀少，给养困难。大渡河两岸直至峨眉山附近情形略同，至于西康情形更差。敌如封锁岷江上游（敌正进行此计划），则北出机动极感困难。因此，邛崃山脉区域只能使用小部队活动，主力出此似非长策。

丁、我野战军于十二号已全部通过天全、芦山之线，十八号主力及中央机关可集中懋功、两河口之线，因粮食极少，不能休息，约月底全军可集中理番地区，并准备渡岷江。

戊、弟等意见如此，兄意如何，乞复为盼！

朱德　毛泽东　周恩来　张闻天

十六日二时

6月17日凌晨，朱德与毛泽东、周恩来等从新寨子出发，翻越夹金山，下午1时30分到达达维镇。当天晚上，红一、红四方面军共同举行先头部队会师联欢大会。朱德在会上讲了话，着重谈了各地红军的历史作用和会师的意义以及今后的任务。红一方面军"战士剧团"在李伯钊团长的带领下，演了许多反映红军战斗生活的戏剧、歌舞，并与指战员同声高唱陆定一用《二次全苏大会歌》曲调编写的《两大主力会合歌》。杨成武对此有饱含深情的描述：

> 晚上，我们在达维村的广场上开了一个会师联欢晚会。熊熊的篝火映红了天空，战士们的脸上闪射出欢乐的光辉。在四川民歌、评书、兴国山歌……的间隙中，连续爆发出震天动地的欢呼声。这歌声，这欢呼声，不仅道出了红军战士心头欢腾的情绪，而且是一支雄伟的历史进行曲，它向全国人民宣布：红军的两大主力已汇成一道巨大无比的洪流。
>
> 当夜，团长王开湘同志和我睡在四方面军同志为我们准备好的床上。在漫长的征战途中，从来没有在这样舒适的环境中睡过。然而，我们久久不能入睡。会师带来的欢乐情绪在我们心头奔腾起伏。后来，我们干脆来个"长夜话"，时而谈起经历过的

惊涛骇浪，时而谈起革命的美好远景……

6月18日凌晨，朱德与毛泽东、周恩来等从达维出发，午后2时到达懋功。当晚，在城隍庙举行了庆祝两大主力红军胜利会师联欢大会。朱德在会上又对各地红军的历史作用、会师的意义以及今后的任务发表了讲话。

当日，朱德与毛泽东、周恩来、张闻天等在住地———一座法式建筑天主教堂内会见了红四方面军第三十军政治委员李先念，并询问岷江、嘉陵江地区的情况。

6月20日凌晨4时，朱德与毛泽东、周恩来、张闻天给张国焘发出一份电报，指出："从整个战略形势着想，如从胡宗南或田颂尧防线突破任何一点，均较西移作战为有利。请你再过细考虑：打田敌方面是否尚有若干可能？如尚有可能，则须力争此着；如认为绝无办法，则需暂时抛弃川陕甘方针，改变为向川西南发展。"同时希望张国焘速来懋功："兄亦宜立即赶来懋功，以便商决一切。"①

6月21日，朱德在懋功与博古等一起参加了中央纵队的干部同乐会，红四方面军在懋功的干部也全部参加了。在会上，朱德说，红军两大主力会合具有十分重大的意义，并对目前的有利环境和面临的战斗任务发表了看法。

这时，远在茂县的张国焘也为两支红军主力先头部队的会师而高兴。当朱德6月20日致电要他"立即赶来懋功，以便商决一切"时，他第二天就带着秘书黄超和十多名骑兵卫士翻山穿林，向懋功赶来。

6月22日，朱德离开懋功沿抚河北上，向两河口进发。

6月25日，朱德和毛泽东、周恩来、张闻天等来到懋功以北的两河口，迎来了从杂谷垴（今理县县城）赶来的张国焘。当天，在大雨滂沱中举行了红一、红四方面军会师大会。朱德在会上作了热情洋溢的致辞：

---

① 《朱德年谱》上，第510页，中央文献出版社2006年版。

"两大主力红军的会合，欢乐的不只是我们自己，全中国的人民，全世界的被压迫者，都在那里庆祝欢呼！这是全中国人民抗日土地革命的胜利，是党的列宁战略的胜利！"①

对于张国焘，朱德在中央苏区时虽然听说过他，但对他现在的情况还是不太了解，不过，朱德在讲话中，仍然盛赞张国焘有多年革命的历史。

张国焘这时的态度又怎样呢？当他来到懋功，看到中央红军的指战员们一个个穿得破破烂烂，人数也没有红四方面军多，态度立即傲慢起来。史沫特莱在《伟大的道路——朱德的生平和时代》中有一段朱德身边工作人员关于这一事件的记述："我们到达懋功时的心情，真像在沙漠旅行的人见到了绿洲。正因为如此，张国焘和他的军官团的态度才使我们感到震惊。他们的派头就好比大富翁见到穷亲戚一样。张国焘的傲慢态度从一开头就很明显。在两河口举行会师大会的时候，他骑着马带领三十名骑兵卫队，活像演员在舞台上亮相。朱德和毛泽东奔上前去接他，他却停住脚步等他们走过来，连半路相迎都不肯。"②

围绕松潘战役的争论

中央红军和红四方面军在懋功会师之时，侵华日军已吞并完东北，又一步步逼向华北，中华民族危机空前严重，主要矛盾由阶级矛盾转化为民族矛盾，全国抗日民主运动新高潮即将来临。在这种情况下，1935年6月26日，中共中央政治局召开扩大会议，对中央红军和红四方面军会师后的战略方针问题进行了讨论。

这次会议是在懋功县两河口一座关帝庙里召开的，又称两河口会议，朱德参加了这次会议。周恩来代表中共中央和中革军委在会上作报告，指

---

① 《朱德年谱》上，第511页，中央文献出版社2006年版。
② 艾格妮丝·史沫特莱：《伟大的道路——朱德的生平和时代》，第376页，三联书店1979年版。

出今后的战略方针应是向北发展，在岷山以北建立川陕甘根据地，并要求把部队指挥权集中于中革军委。会议一致同意周恩来的报告。朱德在发言中指出："红一、四方面军会合后，增加了很大力量，两个方面军要统一指挥，一致行动去打击敌人，并要从政治上保障战争的胜利。要迅速北上，打出松潘，进占甘南，在川陕甘建立革命根据地。要调动敌人，在野战中消灭敌人。"① 会议开了两天，最后作出了《关于一、四方面军会合后战略方针的决定》。决定指出："在一、四方面军会合后，我们的战略方针是集中主力向北进攻，在运动战中大量消灭敌人，首先取得甘肃南部，以创造川陕甘苏区根据地。"为此，"在战役上必须首先集中主力消灭与打击胡宗南军，夺取松潘与控制松潘以北地区，使主力能够胜利地向甘南前进"。决定同时强调指出："必须坚决反对避免战争、退却逃跑以及保守偷安、停止不动的倾向。这些右倾机会主义的动摇，是目前创造新苏区的斗争中的主要危险。"

为了做好和红四方面军的团结工作，在两河口会议期间，朱德同张国焘彻夜长谈。史沫特莱在《伟大的道路——朱德的生平和时代》一书中记载说："朱德提醒张国焘，蒋介石虽然派来十万人攻打我们，可是我们也有大约十万兵力。第四方面军经过长期休整，兵强马壮，朱将军建议由它去占领松潘地区，夺取战略要点，借以打开北进的道路。张国焘说敌军防御工事过于强大，一口拒绝。"②

6月29日，朱德参加了在两河口召开的中共中央政治局常委会议，会议通过增补张国焘为中革军委副主席，徐向前、陈昌浩为中革军委委员。随后，朱德以中革军委主席名义与副主席周恩来、张国焘、王稼祥下达了《松潘战役计划》，指出，敌人已调集180个团以上兵力，阻止红军进入甘南与岷江东岸，防止红军复渡大渡河，及利用西北广大草原封锁、困饿红军，胡宗南部将首先向南坪、松潘集中兵力截击红军。计划规定在岷江东

---

① 《朱德年谱》上，第 511～512 页，中央文献出版社 2006 年版。

② 艾格妮丝·史沫特莱：《伟大的道路——朱德的生平和时代》，第 377 页，三联书店 1979 年版。

岸大石桥地区和懋功地区各留一个支队，钳制东、南两面之敌，掩护后方工作，中央红军和红四方军主力则分左、中、右三路纵队向松潘及其西北地区开进，"消灭松潘地区的胡（宗南）敌，并控制松潘以北以及东北各道路，以利北向作战和发展。"①

但是，张国焘却不同意中共中央关于北上的战略决定，在返回理县红四方面军总部后，他在给朱德、周恩来、毛泽东的一份电报中提出另一套主张："一方面军南下打大炮山、北取阿坝，以一部向西康发展；四方面军北打松潘，东扣岷江，南掠天（全）、芦（山）、灌（县）、邛（崃）、大（邑）、名（山）。"

事实上，这时的胡宗南，处境十分狼狈。据一位老同志回忆说："当时胡宗南面对即将来临的红军的强大攻势，感到不知所措，在驻地的院子里来回踱步，反复思量，觉得没什么出路，很可能当个阶下囚，他把被俘后的唯一希望寄托在黄埔军校的周主任（即政治部主任周恩来）身上，也许周恩来能体念旧日师生之情，给以重新做人的机会。这是在国共合作形成后胡宗南见到周恩来时自己对周恩来说的。由此可见张国焘拒不执行《松潘战役计划》，使当时胡宗南这个瓮中之鳖成了漏网之鱼，对红军以后的作战，增加了不利条件。"

按照松潘战役计划，朱德立即率领中央红军从懋功一带北上，翻越梦笔雪山后，于7月1日到达卓克基（今属马尔康县），就调整松潘战役各路行动路线问题，与周恩来急电徐向前、陈昌浩并转张国焘："因道路、粮食关系，进攻松潘右路军走松平沟、红土坡；中路军走黑水、芦花，力求迂回松潘道路；左路军须看一、三军团先头侦察壤口、大藏寺两路结果，再定。"②

几天来，朱德随中路纵队一道，边行军，边作战，一路北上。这一时期，红军的生活十分艰苦。这不仅因为雪山连亘，雨雪无常，道路泥泞，

① 《朱德年谱》上，第513页，中央文献出版社2006年版。
② 《朱德年谱》上，第513～514页，中央文献出版社2006年版。

自然条件极为恶劣。而且，这一带是藏族同胞居住区域，没有多少做买卖的，同时又由于藏民受到反动当局的恐吓而大多藏匿起来，部队粮秣得不到接济，连最基本的一天两餐青稞、荞麦、红薯也难以为继。许多部队常常每天只吃一顿，就算一顿也只能勉强吃个半饱。这时，朱德想出了以野菜来充饥的点子。成仿吾回忆说："朱总司令最善于找野菜，他先组织一个'野菜调查小组'，亲自带领着小组到山上或原野，找出一些认识的、可以吃的野菜，挖出带回来，分类洗干净，煮着吃。然后他又动员大家去找，把大家吃过的野菜都挖来，这样经过大家的努力，最后竟找到了几十种可吃的野菜，解决了不小的问题。"① 后来，青稞麦勉强可以割来吃时，朱德又指示寻找藏民准备购买青稞。这时部队已近绝粮境地了，在实在找不到藏民的情况下，红军总部不得不命令各部队进行 10 天割麦，按当地粮价付给现款。"上自朱德总司令，下至炊事员、饲养员，都一齐动手，参加割麦的运动"，朱德"不仅同战斗员一样割麦和打麦子，并且割下以后从一二十里远的地方挑五六十斤回来。他还常对一般战士和工作人员说：'你们这些青年人挑不到四五十斤，唉！什么青年？'大家只好很不好意思地对着他笑。"②

7 月 6 日，朱德翻越又一座雪山——打鼓山，到达马塘（今属马尔康县）。这一天，朱德接到了到红四方面军驻地进行慰问的中央慰问团成员李富春从杂谷垴发来的一份电报，指出：张国焘"尤关心统一组织问题……建议充实总司令部……以徐（向前）为副总司令，陈（昌浩）为总政委，军委设常委，决定战略问题"等，"我以为此事重大，先望考虑"。鉴于张国焘借口"统一指挥"和"组织问题"没有解决，故意延宕红四方面军的北上行动，7 月 8 日 22 时，朱德与周恩来给张国焘发出一份电报，要求岷江以东的红四方面军部队迅速北上。电报说：

---

① 成仿吾：《长征回忆录》，第 94 页，人民出版社 1977 年版。
② 杨定华：《雪山草地行军记》，《中国工农红军第一方面军长征记》，第 295 页，人民出版社 1955 年版。

张：

甲、已令九军团派队设法渡河到绥靖接应八十一团，但河宽无船，不知何时可渡。现重令其加紧打通崇化路，以便侦察八十一团究在何处。

乙、已告傅忠等你到后再去芦花。

丙、石碉楼既下，请电徐（向前）、陈（昌浩），河东部队应迅速抽调，并应即打通孟董沟到色耳古道路，以便能从多方面进兵。

丁、林（彪）、聂（荣臻）本十八日电：二六七团及四团已抵毛儿盖附近，胡（宗南）敌一营扼守街道及山地，我军正攻击中，一师及军团部今晚可进毛儿盖附近。

朱周

八日二十二时[1]

7月10日，朱德又翻越一座大雪山——毛德山，到达黑水县的上芦花。当日11时，张国焘给朱德等发来电报，又提出："我军宜速决统一指挥的组织问题，反对右倾向。"并说："要能以坚决的意志，迅出主力于毛儿盖东北地带，消灭胡（宗南）敌；特别要不参差凌（零）乱的调动部队，而给敌以先机之利，及各个击破或横截的可能。此刻应速抽岷江部队分路北上，开展我毛儿盖先头部队的战局地域。"针对张国焘延宕所辖部队北进的行为，朱德又与毛泽东、周恩来给张国焘发出一份电报，催促张国焘迅速率部北上。电报说：

张：

甲、分路迅速北上原则早经确定，后忽延迟，致无后续部队跟进。切盼如来电所指，各部真能速调速进，勿再延迟，坐令敌占先机。

乙、目前四方面军主力未到黑河坝东北，沿途番民捣乱，三

① 中央档案馆编：《红军长征档案史料选编》，第253页，学习出版社1996年版。

军团须使用于配置警戒及打通石碉楼方面，一军团及八十八、八十九两师三团，在毛儿盖未攻下前，不便突入。

丙、弟等今抵上芦花，急盼兄及徐（向前）、陈（昌浩）速来集中指挥。

朱、毛、周

十号中央①

但是，张国焘对北上执行松潘战役计划还是一拖再拖。7月11日10时，他又给朱德发来一份电报，仍然坚持要把主力部队迅速开到毛儿盖东北地区，并说："右、左、中三纵队走到一路，宜速令向前、昌浩统一前敌指挥。"

对于张国焘的行为，后来，朱德在接受史沫特莱采访时，曾有一段专门的评述：

> 张国焘这个人，在中央苏区的时候，一般的还不知道他究竟是怎样的人。有些老同志对他印象都不好，但也没有谁说过他的坏话。因为他那时还是一个党的负责同志，也听说到他是一个"机会主义"，但到什么程度也不知道。
>
> 两河口会合后，在那儿革命军事委员会、党以及苏维埃政府代表们都开了会议，讨论了几天，作下了决议要继续北上。当面张国焘他并不提出反对，却在背后去阴谋来反对这个决议，不执行这个决议——当时我们还不了解他素来就是反对中央的这种情形。他开过会回去以后马上鼓动自己部下的队伍来进行反对了。他知道自己过去曾经做了很多不好的事，他想用一切方法来掩饰这些错误。结果便选择了拿不是事实的事情来攻击中央的方法。
>
> 当时他愿意北上又不愿意北上的原因，就是想争官做，并且

---

① 档案馆编：《红军长征档案史料选编》，第256页，学习出版社1996年版。

鼓动自己的下级打电报给中央，想当中央书记和军事委员会主席。这些事可以说完全是那种军阀的老套，我们看了这电报，是十分诧异这个怪人的。

一方面军和四方面军会合后感情本来很好。他口头不讲什么，而实际在那里策动着拆离的把戏。我们也不知道这种事情，同时谁也不会想到①。

为等待红四方面军后续部队，7月12日，红军总司令部、总政治部发布了关于中央红军从13日至19日进行战备整训的工作计划。其中，要求各部队做好"粮食保障"，"休息时应节食，每天两餐一稀一干"，"至少须筹存平均每人十五斤麦子或杂粮。"②

7月16日，中央红军和红四方面军先头部队占领毛儿盖。当日16时，朱德给陈昌浩、周纯全发出一份电报，指出：胡宗南敌一营乘夜退出毛儿盖。我军已分三路向毛儿盖方向行军，徐向前明早抵芦花，"张主席今日可到，盼昌浩速来芦花"。

第二天，朱德见到了来到芦花的徐向前，并同他进行了交谈。后来，徐向前回忆当时的情况说："那时我和总司令接触最多，几乎天天在一起核对敌情，调动队伍。""他认为红四方面军的干部年青、有朝气，部队生龙活虎，纪律严明，是支难得的有战斗力的队伍。他说一方面军过去也是这样的，但经过万里转战，损失不小，十分疲劳，亟待休养生息，恢复元气。他希望一、四方面军指战员互相学习，取长补短，团结一心，度过眼前的困难，争取更大的发展。他的这些话，完全是顾大局的肺腑之言，给我留下了难忘的印象。朱总司令作风朴实，宽厚大度，平易近人，为接近过他的干部、战士共同称道。"③

7月18日，朱德参加了中共中央政治局在芦花召开的常委扩大会议，讨论"组织问题"。会议为团结张国焘北上，同意周恩来辞去红军总政治委员职务，决定由张国焘任红军总政治委员并为中革军委的总负责者；周恩来调中共中央常委工作，在张国焘尚未熟悉情况前，由周恩来暂帮助。同时决定，增补陈昌浩为中革军委常委，这样中革军委常委即由四人（朱德、张国焘、周恩来、王稼祥）增为五人；博古任红军总政治部主任；徐向前、陈昌浩为前敌总指挥部总指挥和政治委员。会后，朱德以中革军委主席名义与副主席周恩来、张国焘、王稼祥向红军各军团首长发出通知："奉苏维埃中央政府命令：一、四方面军会合后，一切军队均由中国工农红军总司令、总政委直接统率指挥。仍以中革军委主席朱德同志兼总司令，并任张国焘同志为总政治委员。"①

三天后，朱德与张国焘、周恩来、王稼祥联名发出一份电报，指出："军委现决定：组织前敌总指挥部，即以四方面军首长徐向前兼总指挥，陈昌浩兼政委，叶剑英任参谋长。"同时决定将中央红军的第一、三、五、九军团番号依次改为第一、三、五、三十二军；第四方面军的第四、九、三十、三十一、三十三军番号不变。重新任命了各军军长、政治委员和参谋长。

在这种情况下，张国焘才率领红四方面军到达芦花。7月21、22日两天，朱德参加了在芦花召开的中共中央政治局扩大会议，听取关于红四方面军情况的汇报，并讨论对红四方面军放弃鄂豫皖、通南巴根据地及组织西北联邦政府等问题的看法。朱德在发言中认为，对红四方面军"应以正确的估量"，他肯定了红四方面军在创建革命根据地、扩大红军力量、多次打破敌人"围剿"中取得的成绩，也分析了在部队政治工作、地方工作及战略战术配合等方面存在的缺点与不足，希望总结教训加以改进。他没有提出过于尖锐的批评，主张目前正处在行军作战期间，一切服从战争的胜利，暂缓讨论军事以外的问题②。

---

① 《朱德年谱》上，第 521 页，中央文献出版社 2006 年版。
② 《朱德年谱》上，第 523～524 页，中央文献出版社 2006 年版。

会后，朱德又找徐向前谈红四方面军的情况。交谈中，徐向前听朱德说中央红军保存的干部较多而兵员较少，便同陈昌浩商量，建议从中央红军派一些干部到红四方面军中去工作，同时从红四方面军调几个团的兵力来补充编制不整的中央红军。

这次会议后，7 月 28 日，朱德率领部队翻越仓德山和打鼓山，到达松潘毛儿盖。

初次交锋

朱德率领部队到达松潘毛儿盖后，至 1935 年 7 月 31 日，由于张国焘多次以先解决"组织问题"而拖延部队行动，贻误了战机，敌情发生了新的变化：胡宗南部主力已集结于松潘地区，薛岳部由雅安进抵文县、平武，川军已进占懋功、绥靖、北川及岷江东岸地区，使红军处于腹背受敌的危险局面，因此，中革军委决定撤销松潘战役计划，改经草地北上。当日 2 时，朱德与张国焘致电林彪并转陈光、李先念："因粮缺及各纵队不能同时北进灭敌，现正计划改变部署。"

8 月 1 日，红军总司令部发出改变攻占阿坝、北进夏河流域的指示。两天后，朱德与张国焘联名发布了《夏洮战役计划》，提出："以攻占阿坝、迅速北进夏河流域，突击敌包围线之右侧背，向东压迫敌人，以期于洮河流域消灭遭遇之蒋敌主力，形成在甘南广大区域发展之局势。"这一新的战役计划的要点，就是红军即以主力一部迅速经卓克基、打通到大藏寺、查理寺、阿坝的道路，消灭番兵马队。攻占阿坝后，则应急以主力向北探进，以一部打通阿坝到墨洼的道路，以接引右路我军。红军原在哈龙、毛儿盖地区的主力部队，应经竹勋坝向班佑、阿西侦察，准备走此路遭遇和消灭胡宗南敌一部；然后向北转移，以争取进占夏河流域的先机。另以得力一部沿小姓沟至羊角塘钳制松潘之敌，以掩护我左右两路军及一切后方前进①。

为执行上述计划，红军总部决定，将中央红军和红四方面军混合编组，分成左右两路北上。以在卓克基及其以南地区的第五、九、三十一、三十二、三十三军为左路军，由朱德、张国焘率领，刘伯承任参谋长，经阿坝北进；以在毛儿盖地区的第一、三、四、三十军为右路军，由徐向前、陈昌浩率领，叶剑英任参谋长，经班佑北进；中共中央随右路军行动。

为执行《夏洮战役计划》，8月4日至6日，中共中央政治局在毛儿盖附近的沙窝召开会议，即沙窝会议，朱德参加了这次会议。会议着重讨论了中央红军和红四方面军会合后的形势与任务以及组织问题。张国焘在发言中对红军北上川陕甘根据地表示怀疑，遭到了与会者的反对。在8月6日的会上，朱德发言说：一、四两方面军会合后，力量增强了，创造川陕甘革命根据地是有把握的。这两个方面军经过了许多艰难曲折的斗争，已经锻炼成为铁的红军了。要提高自信心，克服各种困难，去战胜敌人。对一、四方面军，不能轻率地说谁好谁坏，存在缺点是可以改进的。团结是最重要的②。毛泽东在发言中谈到要加强两个方面军团结的问题时说：过去我与朱德在井冈山会合的经验，今天可以利用。两个方面军要互相了解，以诚相待。中央军委应负起使两个部队融合起来的责任。会议形成了《中央关于一、四方面军会合后的政治形势与任务的决议》，决议重申了两河口会议确定的集中主力北进、创建川陕甘革命根据地的战略方针，强调加强党在红军的领导和维护红一、红四方面军团结的重要性。会议从团结这一大局出发，又在组织上作了调整，增补陈昌浩、周纯全为中央委员、政治局委员，徐向前为中央委员，何畏、李先念、傅钟为候补中央委员。

在沙窝会议期间，8月6日，朱德与张国焘、周恩来、王稼祥联名发出了《关于对敌人骑兵战斗的指示》，指出：在今后的北进中及通过广大草原地域时，必然会遇到敌人的骑兵，应了解骑兵的特性和与其作战的战术。

---

① 参见《朱德年谱》上，第526页，中央文献出版社2006年版。
② 中共中央政治局扩大会议记录，1935年8月6日。

沙窝会议后，朱德和刘伯承立即率红军总部赶赴左路军集结地卓克基。在行前，朱德在红军总部驻地召开红一方面军团以上干部会议。在会上他讲了话，通过对形势的分析，号召红一、红四方面军团结起来，实现北上的战略方针，赤化川陕甘，推动全国的抗日救国高潮。

8月15日14时，朱德和张国焘接到中共中央发来的电报，指出："不论从敌情、地形、气候、粮食任何方面计算，均须即时以主力从班佑向夏河急进。右路军及一方面军全部，应即日开始出动。万不宜再事迁延，致误大计。"

这一天，朱德率红军总部左路军从卓克基出发，经查理寺向阿坝开进。这样，朱德便与随右路军一道行动的毛泽东、周恩来暂时分开了，而和张国焘在一块共事。他深感这"不是一件容易的事"。他后来回忆道：

在毛儿盖开会的争论当中，我们已经深知领导四方面军不是一件容易的事。张国焘的领导四方面军是一贯以个人为出发点，因此党的组织、军事上的组织也就很薄弱了。总之，一切都从个人出发，凡是反对他的，都会遭到他的征服，或者被赶走了，或者被杀掉了。这种机会主义路线和正确的路线是势不两立的。结果，他搞得党、政、军都集中在他一个人手里，成为一个独裁者。他对于红军、党、政权各方面，都采取了很多旧的方法来培养个人势力。我们为了好好培养这些工农分子，总是从正面宣传党、马克思主义和真正一些红军的办法、制度以及苏维埃制度与法令。我们一路下去，做了很多正确的工作，不管怎么说，在群众中间讲共产主义多，反正起了影响，以致后来他不让我们去指挥队伍，接近队伍。但是他不从加紧党的工作这方面来搞，也难搞得好。他自己也没办法带，更因为是在艰苦的草地中间，更是需要。虽然他一方面反对，而经过我们陆续逐渐地整理到了某些程度，他也觉得这样好一点。没有办法不往这面转。我们也就抓紧进行了群众工作，譬如打骂现象……在路途上都渐渐改了。因为与一方面军的会合，他们这些弱点，都暴露了。过去张国焘是专门以打仗来掩饰这一切，过分夸张着战事，报告战事。现在逐渐对人民队伍同志的不爱惜都充分地暴露出来了①。

8月18日，右路军先遣队从毛儿盖地区出发，经墨洼过草地，向班佑开进。当日，朱德和张国焘接到了徐向前、陈昌浩发来的一份电报，提出：左路军大部不应深入阿坝，应从速靠紧右路，速齐并进，以免力分。第二天2时，朱德与张国焘立即回电徐向前、陈昌浩，指出：一纵队主力与右路齐头靠紧前进，为战胜敌人的先决条件。已令董振堂率五军主力由查理寺向班佑探查北进平行路，为一纵队由班佑西进具体准备；二纵一部使占阿坝，将来一纵全部亦有走班佑路前进可能，主力决不能从黄河两岸进；阿坝仍须取得，一是财粮策源，必要时可助右路，二是可多辟北进路，三是后方根据。大金川、大藏寺有三四条平行路向阿坝北进，人粮甚多，比芦花、毛儿盖好多了。

8月20日，红军左路军先头部队到达了阿坝地区。这一天，中共中央政治局在毛儿盖索花寺举行会议，再一次讨论红军行动方针的问题。率左路军的朱德、张国焘、刘伯承以及率右路军先头部队的叶剑英、率三军殿后的彭德怀、病中的周恩来都没有参加这次会议。会议听取了毛泽东关于夏洮战役后行动问题的报告。毛泽东在报告中说：红军北进夏河地区后，有两个行动方向，一是东向陕西，一是西向青海，我的意见，主力应当向东，向陕甘边发展，而不应向黄河以西。理由是，如果向黄河以西，敌人则在黄河东岸构筑封锁线，把我们限制在黄河以西的地区。这地区虽大，但除去草地、沙漠就很小，人口也很少，我们将会很困难。我们要打破敌人的封锁，一定要占领洮河上游及中游。他强调向东还是向西是个关键问题，应采取积极向东发展的方针。会议通过《关于目前战略方针之补充决定》，指出："在目前具体的敌我情形下，为实现六月二十八日关于目前战略方针之基本决定，要求我们的主力迅速占取以岷州为中心之洮河流域

---

① 《朱德自述》，第166～167页，解放军文艺出版社2002年版。

（主要是洮河东岸）地区，并依据这个地区，向东进攻，以便取得陕甘之广大地区，为中国苏维埃运动继进发展之有力支柱与根据地。"又说："政治局认为在目前将我们的主力西渡黄河，深入青（海）宁（夏）新（疆）僻地，是不适当的，是极不利的。""这个行动，客观上正适合敌人的要求"，"采取这种方针是错误的，是一个危险的退却方针。这个方针之政治的来源是畏惧敌人夸大敌人力量，失去对自己力量及胜利的信心的右倾机会主义。"①

8月21日，中共中央、红军前敌总指挥部指挥部队从毛儿盖出发，踏进了茫茫的草地，经过五六天艰苦行军，到达若尔盖的班佑、巴西地区。这时，左路军先头部队攻占了阿坝。朱德和张国焘联名发出电报，要求左路军先头部队占阿坝后休息两天，速查清道路、敌情；主力由阿坝前进时应留相当兵力巩固阿坝。

8月24日，朱德和张国焘接到了中共中央传达毛儿盖会议《关于目前战略方针之补充决定》精神的电报，指出："目前应举右路军全力，迅速夺取哈达铺、控制西固、岷州间地段，并相机夺取岷州为第一要务"；"左路军迅速出墨洼、班佑，出洮河左岸，然后并力东进。"同日，随右路军行动的徐向前、陈昌浩给朱德和张国焘发来了一份电报，指出："右路军单独行动不能彻底灭已备之敌，必须左路马上向右路靠近，或速走班佑，以便两路集中向夏、洮、岷前进。主力合而后分，兵家大忌。前途所关，盼立决立复，迟疑则误尽中国革命大事。"与此同时，红军总部也决定，左路军向班佑前进与右路军靠拢。

8月底，右路军走出草地，攻占包座，在班佑、巴西、阿西、包座地区等候左路军的到来。

但是，这时张国焘却无视中共中央关于左路军应向班佑靠拢的决定，部队在阿坝迟滞不前，再次提出要西出阿坝，占领青海、甘肃边远地区而不是经阿坝北进东出。

---

① 《朱德年谱》上，第530~531页，中央文献出版社2006年版。

在中共中央和右路军一再催促下，8 月 30 日，张国焘才率左路军第一纵队向东进入松潘草地，向班佑前进，同时向位于卓克基、马尔康等地的第二纵队发出北进向右路军靠拢的命令。

松潘草地，人们说连"鸟儿也飞不过"。天气变幻莫测，中午还晴空万里、太阳高照，烤得人们汗流浃背喘不过气来；下午就黑云密布、雷声隆隆，暴风雨夹杂着一阵阵冰雹，铺天盖地而来。黑夜来临，气温骤降，达零度以下。草地上到处是草墩子和泥沼，人们只能踩着草墩子行进，一不小心陷进泥沼，越挣扎便陷得越快越深，直至被泛起的水泥完全吞没。沿途的水大都含有毒汁，喝下去又吐又泻。四野茫茫，找不到粮食。野韭菜、野芹菜、草根、马鞍、皮带……都成了红军充饥的食物。草地行军，夺去了许多红军指战员的宝贵生命。对这样艰苦的行军，朱德却说："当过草地的时候，大家都认为是极困难的了。但我认为，草地上有草、有花。红的花、黄的花，都很好看，几十里地都是这样……草又是青青的，河流在草地上弯弯曲曲地、斜斜地像一条条带子一样，往极远处拐了去。远处的牛羊群在草地边缘上无拘无束地、自由自在地到处走动……这些，都是'极有趣的'。"

左路军的部队在草地中艰难前行，9 月 3 日，事情就又出现了变化。天刚下过一场暴雨，左路军来到了噶曲河边，结果河水涨了起来，看上去水流很急。一直在寻找机会的张国焘，就乘机叫部队停止向北进军，并借此发电报给中共中央说，左路军自阿坝出发在行进途中遇"噶曲河水涨，上下三十里均无徒涉点"。为了弄清噶曲河涨水的实际情况，朱德亲自到噶曲河边，派身边警卫员潘开文下河探测河水的深浅。潘开文后来回忆道：

> 噶曲河离班佑很近，只要走三五天就可以与毛主席、党中央会合。但是，张国焘却借口河水上涨，说部队过不去，在噶曲河停止不前。朱总司令在河边看了看，便叫我去试一试河水的深浅。虽然当天下了一点雨，河水涨了一点，但是，我骑马蹚过了

河又返回来，最深的地方也不过齐马肚子，队伍是完全可以通过的。朱总司令看到这种情况后，多次提出要部队过河北上。可是，一天、两天、三天过去了，张国焘总是按兵不动①。

当朱德得知噶曲河可以涉水过河的情况后，提出要部队按原计划向东推进，同已抵达班佑、巴西地区的右路军会合，共同北上。但是，张国焘听不进朱德的意见，拒绝率部过河向右路军靠拢。9月3日，他个人以"朱、张"名义给徐向前、陈昌浩并转呈中共中央发出一份急电，提出："上游侦察七十里，亦不能徒涉和架桥。各部粮只能吃三天，二十五师只两天，电台已绝粮。茫茫草地，前进不能，坐待自毙，无向导，结果痛苦如此，决于明晨分三天全部赶回阿坝"。"拟乘势诱敌北进，右路军即乘胜回击松潘敌，左路备粮后亦向松潘进。时机迫切，须即决即行。"他还下令已抵达墨洼的左路军先头部队三天内返回阿坝②。

朱德同张国焘进行了多次激烈的争执。红军总部参谋陈明义回忆道："在总部的一个帐篷里，张国焘和他的秘书长黄超同朱总吵，要朱总同意南下，态度很激烈。当时我是总部一局一科参谋，不知道他们吵得对不对，但总觉得他们用这样态度对待总司令不对。张国焘还煽动个别人员给朱总施加压力，但朱总一直很镇静，他说他是一个共产党员，要服从中央，不能同意南下。"③

和张国焘争执完后，朱德又和刘伯承说："渡河的地方是可以找得到的，即或渡不过去，西路纵队也可以到毛儿盖与东路纵队合并，继续长征"。但张国焘却在当天晚上带着红四方面军的特种部队，包围了司令部，把朱德和他的参谋人员都抓了起来。张国焘要求朱德接受两项命令：

第一项是由朱德谴责毛泽东，断绝和他的一切关系。

朱德答称："你可以把我劈成两半，但你割不断我和毛泽东的关系"。

① 潘开文：《临大节而不辱》，《工人日报》1979年7月6日。
② 《朱德年谱》上，第533页，中央文献出版社2006年版。
③ 《朱德传》（修订本），第446～447页，中央文献出版社2000年版。

张国焘的第二项命令是要朱德谴责中共中央的北上展开抗日反蒋的决议。

朱德答道："决议我是举过手的。我不能反对它"。

张国焘说："限定时间让你重新考虑，如果还拒绝这两项命令的话就枪毙"。

朱德不卑不亢地回道："你愿意枪毙就枪毙。我不能拦你。我决不接受命令！"

在生命遇有危险的情况下，朱德并没有退缩，继续同张国焘进行争论，坚持北上的方针。但是，张国焘还是听不进朱德的意见，又多次不顾朱德的反对，以"朱、张"名义发电。对此，朱德后来回忆说："到阿坝时，张（国焘）就变了，不要北上，要全部南下，并发电报要把北上的队伍调回南下，我不同意，反对他，没有签字。"

9月7日，朱德随红军总部到达中阿坝。

那几天，等待在巴西的中共中央几乎天天开会，谋求妥善解决矛盾的办法。

9月8日9时，徐向前、陈昌浩也致电朱德、张国焘，指出："胡（宗南）不开岷，目前突击南（坪）、岷（县）时间甚易。""总的行动究竟如何？一军是否速占罗达，三军是否跟进，敌人是否快打？飞示，再延实令人痛心。""我们意以不分散主力为原则，左路速来北进为上策，右路南去南进为下策"①。张国焘却在当日以"朱、张"的名义致电徐向前、陈昌浩，要右路军准备南下。当晚，朱德、张国焘、刘伯承接到周恩来、张闻天、博古、徐向前、陈昌浩、毛泽东、王稼祥发来的电报。电文如下：

朱（德）、张（国焘）、刘（伯承）三同志：

目前红军行动，是处在最严重关头，须要我们慎重而又迅速地考虑与决定这个问题。弟等仔细考虑的结果，认为：

---

① 《朱德年谱》上，第534页，中央文献出版社2006年版。

（一）左路军如果向南行动，则前途将极端不利。因为：

（甲）地形利于敌封锁，而不利于我攻击，丹巴南千余里，懋功南七百余里均雪山、老林、隘路，康（定）、泸（定）、天（全）、芦（山）、雅（安）、名（山）、邛（崃）、大（邑），直至懋（功）、抚（边）一带，敌垒已成，我军绝无攻取可能。

（乙）经济条件，绝不能供养大军。大渡河流域千余里间，求如毛儿盖者，仅一磨西面而已，绥（靖）、崇（化）人口八千余，粮本极少，懋、抚粮已尽，大军处此有绝粮之虞。

（丙）阿坝南至冕宁，均少数民族，我军处此区域，有消耗无补充，此事目前已极严重，决难继续下去。

（丁）北面被敌封锁，无战略退路。

（二）因此务望兄等熟思审虑，立下决心，在阿坝、卓克基补充粮食后，改道北进。行军中即有较大之减员，然甘南富庶之区，补充有望。在地形上，经济上，居民上，战略退路上，均有胜利前途。即以往青、宁、新说，亦远胜西康地区。

（三）目前胡（宗南）敌不敢动，周、王两部到达需时，北面敌仍空虚，弟等并拟于右路军中抽出一部，先行出动，与二十五、六军配合行动，吸引敌人追随他们，以利我左路军进入甘肃，开展新局。

以上所陈，纯从大局前途及利害关系上着想，万望兄等当机立断，则革命之福。

恩来、洛甫、博古、向前、昌浩、泽东、稼祥

九月八日二十二时中央①

接到中共中央电报后，张国焘还是不听，当日 22 时，他又以"朱、

---

① 档案馆编：《红军长征档案史料选编》第 314～315 页，学习出版社 1996 年版。

张"名义致电徐向前、陈昌浩，提出"一、三军暂停罗达进，右路即准备南下。立即设法解决南下的具体问题"。9月9日，中共中央在给张国焘的电报中指出："阅致徐、陈调右路军南下电令，中央认为完全不适宜的。中央现恳切地指出，目前方针只有向北才是出路，向南则敌情、地形、居民、给养都对我极端不利，将使红军陷于空前未有之困难环境。中央认为，北上方针绝对不应该改变，左路军应速即北上，在东出不利时，可以西渡黄河，占领甘（肃）、青（海）、宁（夏）、新（疆）地区，再行向东发展。"

那么，张国焘的态度又是怎样呢？接到中共中央的这一电报以后，张国焘仍然坚持南下的主张，当日24时，在朱德坚决反对的情况下，他又以个人名义给徐向前、陈昌浩发出一份电报并转周恩来、张闻天、博古、毛泽东、王稼祥，为他坚持南下、改变北上战略方针辩解，说"南打又为真正进攻"，并提出"现宜以一部向东北佯动，诱敌北进，我则乘势南下。如此对二、六军团为绝好配合。我看蒋与川敌间矛盾极多，南打又为真正进攻，决不会做瓮中之鳖。""左右两路决不可分开行动。"①

再次交锋

时间已经到了1935年9月10日凌晨。张国焘又背着中共中央给陈昌浩发了一份密电，要他立即率右路军"南下"，"彻底开展党内斗争"。当这封密电送交时，恰好陈昌浩在会上作报告，陈昌浩就示意坐在旁边的红军前敌总指挥部参谋长叶剑英先阅。叶剑英一看电文，立即敏锐地洞察张国焘企图分裂红军和危害中共中央的阴谋，遂机警地离开会场，急忙赶到中共中央驻地报告了毛泽东。毛泽东立刻找张闻天和博古商量对策，三人很快赶到巴西红三军团驻地，与在那里治病的周恩来、王稼祥举行中共中央政治局紧急会议，果断地决定中共中央同红四方面军暂时分离，即率红

---

① 《朱德年谱》上，第535页，中央文献出版社2006年版。

一方面军主力先行北上。

当日凌晨两三点钟，毛泽东、张闻天、周恩来等率领红三军团、红军大学离开阿西向俄界进发，去会合红一军，军委纵队各单位也以"上山打粮"为名，随中共中央一道北上。

与此同时，中共中央政治局于阿西向陈昌浩、徐向前发出电报，指出：张国焘"电令你们南下，显系违背中央累次之决定及电文"，"为不失时机地实现自己的战略计划，中央已令一方面军主力向罗达、拉界前进。四、三十军归你们指挥，应于日内尾一、三军后前进，有策应一、三军之任务。以后右路军统归军委副主席周恩来同志指挥之。"并指出："张总政治委员不能行政治委员之责任，违背中央战略方针。"①

9月11日，中共中央率红三军到达甘肃迭部县俄界，即今甘肃高吉村，这是川甘两省交界处的一个很小的村庄。在这里同红一军会合。当日22时，中共中央给张国焘发出电报，指出：（一）中央为贯彻自己的战略方针，再一次指令张总政治委员立即率左路军向班佑、巴西开进，不得违误。（二）中央已决定右路军统归军委副主席周恩来指挥，并已令一、三军团在罗达、俄界集中。（三）立即答复左路军北上具体部署。

鉴于张国焘的错误行为，第二天，中共中央政治局在俄界召开扩大会议，会议作出了《关于张国焘同志的错误的决定》。会议还决定，红一军、红三军、军委纵队编为中国工农红军陕甘支队，彭德怀为司令员，林彪为副司令员，毛泽东为政治委员，王稼祥为政治部主任，杨尚昆为副主任；由毛泽东、周恩来、彭德怀、林彪、王稼祥成立五人团进行军事领导。

张国焘无视中共中央对他的一再争取，竟于俄界会议的当天22时亲笔起草了一份给电林彪、聂荣臻、彭德怀、李富春的电报，说："一、三军单独东出，将成无止境的逃跑，将来真后悔之无及。""望速归来受徐、陈指挥，南下首先赤化四川。该省终是我们的根据地。"② 当张国焘将电文

---

① 《朱德年谱》上，第536页，中央文献出版社2006年版。
② 《朱德年谱》上，第537页，中央文献出版社2006年版。

拿给朱德签阅时，朱德生气地把这份电报扔在地上，断然拒绝在电报上签字。但是，张国焘却对朱德说："你不签，我也照样发。"坚持把这份电报发了出去。

9月13日，中共中央率由红一军、红三军、军委纵队编成的中国工农红军陕甘支队从俄界继续北上，第二天到达麻牙寺，在沿途经过的桥梁道口留下少量哨兵担任警戒，以待红四军跟上来。

中共中央率领红一方面军主力北上了，朱德的心情非常沉重，他本想冲出张国焘所设置的监视网，回到党中央，但又考虑到这里还有由八万指战员组成的红四方面军，还有编在左路军中原红一方面军的红五军、红九军，不能把他们丢给张国焘不管。这样，朱德只剩下一个选择：留下来，跟着这支队伍，哪怕遇到再多的艰难曲折，也要把他们最终带回党中央的正确路线上来。

9月14日，中共中央在给张国焘、徐向前、陈昌浩的一份电报中指出："（一）一、四方面军目前行动不一致，而且发生分离行动的危险的原因，是由于总政委拒绝执行中央的战略方针，违抗中央的屡次训令与电令。总政委对于自己行为所产生的一切恶果，应该负绝对的责任。""（二）中央先率领一、三军北上，只是为了实现中央自己的战略方针，并企图以自己的艰苦斗争，为左路军及右路军之四军、三十军开辟道路，以便利于他们的北上。""（三）张总政委不得中央的同意，私自把部队向对于红军极端危险的方向（阿坝及大小金川）调走，是逃跑主义最实际的表现，是使红军陷于日益削弱而没有战略出路的罪恶行动。"再一次要求张国焘"立即取消南下的决心及命令，服从中央的电令，具体部署左路军与四军、三十军之继续北进。"电报最后强调"此电必须转达朱（德）、刘（伯承），立复。"①

本来就已一意孤行的张国焘，对中共中央突然离开和发来的电报十分不满，便开始了对中共中央和朱德的攻击。他先是收走了在红军总部的唯

---

① 《朱德年谱》上，第537页，中央文献出版社2006年版。

——部电台，又派人同朱德谈话，要朱德写反对中共中央北上的文章，遭到朱德的坚决拒绝。9月15日，他又在阿坝的一个喇嘛寺——格尔登寺大殿，召开了中共川康省委和红四方面军党员活动分子会议，在会上，张国焘再次提出南下行动的方针，并煽动一部分不明真相的人批评中共中央率红一军、红三军先行北上是分裂逃跑，还对拥护中共中央北上方针的朱德、刘伯承进行围攻，并要朱德当众表态："同毛泽东向北逃跑的错误划清界限"、"反对北上，拥护南下"。朱德稳稳地坐在那里，不予理睬。张国焘说："总司令，你可以讲讲嘛，你对这个问题的认识怎样？是南下，是北上？"

朱德和刘伯承在十分困难的情况下，同张国焘的错误作了坚决的斗争。他对到会的同志们说：党中央的北上方针是正确的。北上决议，我在政治局会议上是举过手的。我不反对北上，我是拥护北上的。我是一个共产党员，我的义务是执行党的决定。我和毛泽东同志从井冈山会师以来就在一起，我是完全信得过他的。人家都讲"朱毛，朱毛"，不但全中国知道朱毛红军，就是全世界也知道朱毛红军。我朱德怎么能反对毛泽东？他还反复强调北上的重要性，说，现在日本帝国主义侵占了中国的东三省，我们红军在民族危亡的紧急关头，应该担起抗日救国的重担。

朱德说完，转过头问张国焘："遵义会议的精神，中央曾经电告你和四方面军，你是清楚的嘛！"张国焘不回答朱德提出的问题，并且又叫朱德回答："毛、周向北是逃跑。"这时，朱德严肃地对张国焘说："我再重复一遍，中央北上抗日的决议是正确的，旗帜是鲜明的，我决不能反对毛泽东同志，我信得过他，你们可以把我劈成两半，但绝对割不断我和毛泽东同志的关系。"

会议的秩序十分混乱，朱德仍然耐心地向大家解释北上抗日的重要性，并严肃而诚恳地告诉大家，"南下是崇山峻岭，悬崖绝壁，峡谷激流，易守难攻，又是深山老林，人烟稀少，补给困难，不仅在政治上不利，在军事上也没有出路"。

会场的气氛更加紧张对立了，有人冲着朱德喊：既然你拥护北上，那你现在就走，快走！朱德坚定地说：我是中央派到这里工作的，既然你们坚持南下，我只好跟你们去。

看到一部分人这样蛮横地攻击朱德，刘伯承怒不可遏，挺身而出说：现在不是开党的会议吗？你们怎么能这样对待朱总司令！

尽管朱德和刘伯承作了坚决的斗争，但是，张国焘却不顾朱德和刘伯承的反对，通过了会议作出的《关于反右倾机会主义斗争的决议》，诬称党中央坚持北上方针是"右倾机会主义的逃跑路线"，并以中国工农红军总政治部名义下达《大举南进政治保障计划》，提出要"集中主力大举向南进攻，消灭川敌残部，在广大地区内建立巩固的根据地，首先赤化四川"。

开完会，朱德忧心忡忡地对康克清说："会议开得一团糟，糟透了。""张国焘把中央、军委北上说成是制造分裂，看来他是要搞分裂了。"①

这次会议后，张国焘又以各种名义召开大大小小的会议，不断攻击中共中央，鼓吹"只有南下才是真正的进攻路线"。他和他的追随者给朱德施加压力，甚至谩骂朱德是"老糊涂"、"老右倾"、"老顽固"。康克清回忆当时的情况说："朱总很沉着，任你怎么斗，怎么骂，他总是一言不发，像不沉的'航空母舰'。等对方斗完骂完，他才不慌不忙地同他们讲道理。"②

这次会议的第二天，朱德私下找刘伯承进行了交谈。刘伯承气愤地说："这个张总政委太不像话，昨天开会反对毛、周、张、博北上，又排挤一方面军的同志。总司令，你得想个办法呀。"

朱德："对呀，正是为这件事，我今天来找你交换一下意见。"

看了看刘伯承，朱德接着说："我有一个前提，北上方针不能反对，中央曾经开会，我是举手赞成的，他张国焘也是举手表态赞成的"。

想到中共中央突然离开，朱德又忧心重重地说："但是现在有个问题

---

① 《康克清回忆录》，第 171～172 页，解放军出版社 1993 年版。
② 《朱德传》（修订本），第 451 页，中央文献出版社 2000 年版。

弄不清楚是怎么回事。毛泽东、周恩来他们悄悄地北上，也不给我朱德讲一声，他们率领一、三军单独北上，叫人家抓住了把柄，说是右倾逃跑，分裂红军。"

"总司令你说得对。我也在想这个问题，一直想不明白，同样想找你谈谈想法。"

朱德和刘伯承在屋内谈了很久，一直反对张国焘强加在毛泽东等人头上的罪名，相信红军只有在毛泽东领导下才有大发展。但目前这种局面，必须研究决定以不变应万变。

朱德又说："要想法获得张国焘的秘密文件，弄清毛、周、张、博几人单独率军北上的真正原因才行。"

"这确实是一件难事，张国焘对我们原一方面军的人防了又防，绝密文件是看不到的。"刘伯承回答说。

9月17日，中国工农红军陕甘支队突破川甘边界的天险腊子口，打开了北上的通道。第二天，向迭部与岷州交界的小镇哈达铺开进。在哈达铺，从报纸上得到了陕甘边区还有一支红军队伍和一大块革命根据地的消息，9月27日，中共中央在通渭县召开了常委会议，决定率陕甘支队进至陕北，会合当地红军，"在陕北保卫和扩大苏区"。随后，陕甘支队兵分三路北上向界石铺开进。

这时，编在右路军中的红四方面军部队在徐向前、陈昌浩的率领下，重新走过草地，返回了毛儿盖。9月18日，张国焘以"朱、张"名义给在后方的红三十一军军长余长云、政治委员王维舟发出一份电报，说："右路已能排除第一道难关，坚决南下，现在就看你们能否速取党、绥、崇、丹、懋，南下打开绥、崇、丹进路，关系全军生死存亡。望用大力完成任务。"①

到了9月下旬，朱德随左路军部队自阿坝南下，抵马尔康党坝、松岗、马塘一带。途中，遇到编在左路军中的原红一方面军红五、红九军团的指战员，他们不满张国焘的分裂行为，有的提出要单独北上，找党中央

① 《朱德年谱》，第538页，中央文献出版社2006年版。

去，张国焘要阻拦他们，就跟他干！面对这种状况，朱德十分焦急，但他还是耐心地教育他们说：我们一定要坚持真理，坚持斗争，坚决拥护党中央北上抗日的路线，但要掌握正确的斗争策略，要顾全大局，维护红军的团结，只有加强全体红军的团结，才能克服一切困难，争取革命事业的胜利，搞分裂活动的只是张国焘少数几个人，眼前的曲折总是能克服的。

9月底，右路军中的红四军、红三十军在大金川北端的党坝同左路军会合。朱德、张国焘、刘伯承、王树声等都到了这里。朱德面色黝黑，但目光炯炯，步履稳健，见到会合的干部战士仍然是有说有笑。事实上，这段时间朱德和原红一方面军的干部战士一直受到了张国焘的迫害，当时担任朱德警卫员的潘开文后来回忆说：

就在那次围攻朱总司令的会后不久，一方面军五军团的一个排，在执行任务时，碰上了敌人，打了一仗，缴获了一批梭镖和物资。在回阿坝的路上，下了一场大雨，当同志们要越过一条小河沟时，碰上了张国焘手下的一个连长，他蛮不讲理地要夺五军团那个排缴获的梭镖。本来，当时大家对张国焘反对毛主席、斗朱总司令就憋了一肚子气，那连长又那样无理，战士们当然不答应，有的同志说："缴获的梭镖和物资，是要交公的，为什么要给你！"问得那个连长哑口无言，但他为了挑起事端，立即下令叫他的部下，一哄而上，把缴获的武器和物资抢了过去。同志们回到阿坝后，十分生气，向朱总司令报告了这件事。总司令听了汇报后，沉思了片刻，他向汇报的同志说："尽管张国焘搞分裂，而且又斗争了我，毛主席、党中央会正确处理这些问题的，但是，我们对下面的同志，仍然要讲团结，要顾大局，不然的话，就会上张国焘的当。"

没有想到，第二天一早，在张国焘的布置下，他们用担架抬上昨天抢梭镖和物资的那个连长，把他摆在朱总司令和张国焘的两间房子中间，张国焘的许多人就大声嚷道："五军团的人打了我们的干部，请朱总司令出来验伤！"这时，张国焘便气势汹汹地从屋里走了出来，面色阴森，双手背在后面走来走去。本来是张国焘指使他的部下，抢了梭镖和物资，反而诬告别人打了他，还要朱总司令出来验伤、处理，这明明是在给朱总司令出难题。然而，我们敬爱的朱总司令，面对这一突如其来的事件，沉着冷静，他慢慢地走到担架旁边，亲切而关心地问那位连长："同志，我们是革命队伍，都是党的干部，你被人打了，你就说打了，没有打，你就说没打，你现在讲一讲嘛。"这样一来，那个躺在担架上的连长，用被子蒙上头，一句话没讲，很可能他的内心受到了责备。张国焘一看他整朱总司令的阴谋未能得逞，便哭丧着脸，垂着头，非常尴尬地走进了自己的屋子①。

10月5日，张国焘在四川理番县卓木碉（今马尔康县脚木足乡）主持召开高级干部会议，会址设在一个喇嘛庙里。参加这次会议的有朱德、张国焘、徐向前、陈昌浩、刘伯承、王树声、周纯全、李卓然、罗炳辉、余天云等军以上干部，大约四五十人。在会上，张国焘攻击党中央的路线是"右倾机会主义逃跑路线"，要仿效列宁和第二国际决裂的办法，成立以他为首的"临时中央"，要大家表态。朱德表示：你这种做法我不赞成，我们不能反对中央，要接受中央的领导。并说：大敌当前，要讲团结嘛！天下红军是一家。中国工农红军在党中央统一领导下，是个整体。大家都知道，我也一再说过，我们这个"朱毛"，在一起好多年，全国和全世界都闻名。要我这个"朱"去反"毛"，我可做不到呀！不论发生多大的事，都是红军内部的问题，大家要冷静，要找出解决办法来，可不能叫蒋介石看我们的热闹！② 张国焘不顾朱德和刘伯承的反对，宣布了"临时中央"的名单，以多数通过的名义，形成了"决议"，还宣布"毛泽东、周恩来、

---

① 《朱德自述》，第173～174页，解放军文艺出版社2003年版。
② 徐向前：《历史的回顾》中，第459页，解放军出版社1985年版。

张闻天、博古撤销工作，开除中央委员及党籍"。朱德对宣布他为"中央政治局委员"、"中央书记处书记"，严正表示："要搞，你搞你的，我不赞成。我按党员规矩，保留意见，以个人名义做革命工作。"①

在这以后，张国焘又多次强迫朱德公开反对中共中央，要朱德断绝和毛泽东的一切关系。朱德还是坚定地说：你可以把我劈成两半，但是你绝对割不断我和毛泽东的关系。

这次卓木碉会议以后，朱德和刘伯承的处境更加艰难，他们已做好了牺牲的准备。在朱德和刘伯承交谈时，刘伯承说："情况很严重，看形势……对人的逮捕，不知有没有决心？"

朱德说："有可能，有可能。"

刘伯承沉默了一下，突然问朱德："你有几支枪？"

朱德知道刘伯承想干什么，便回答说："一支小手枪，两支驳壳枪，你呢？"

刘伯承说："五支。"

朱德想了想，觉得与张国焘的这种分裂活动作斗争，关系到党和红军的前途和命运，必须讲究方法和策略，决不能以个人生命为赌注，而应该经过一切曲折办法促使红四方面军北上。因此，他对刘伯承说："过去在军阀混战时，死是不值得的，现在为党的利益奋斗而死，是可以的。当然，个人是无所谓的，可是任事情这样演变下去，对整个革命不利呀！"

后来，刘伯承回忆起他和朱德与张国焘作斗争的情况时说：朱德的方法是正确的。在与张国焘作斗争的方法上，"我是不如总司令的，我是暴躁的，时常不给张国焘留一点余地，总司令说：'这样是要不得的！'——那时，只有我们两个，如同俘虏，张国焘的阴谋是很危险的，想把党中央在草地上断送了，而他自己来篡夺去！结果，我们能脱险出来，是很大幸运，这一年生活是很痛苦的生活！"②

---

① 《朱德年谱》上，第540页，中央文献出版社2006年版。
② 《朱德与中共党史重大事件》，第126页，中央文献出版社2001年版。

不久，朱德和刘伯承的日子越来越不好过了。刘伯承被解除红军总参谋长职务，调去红军大学工作；朱德则随红军前敌总指挥部行动。但他还是经常深入到部队中做细致的政治思想工作，反复宣传党中央北上抗日方针的正确性和加强党的团结的重要性。当时任红军总部参谋的陈明义后来回忆说："朱总经常给我们讲，我们只能有一个中央，我们要执行中央的决定。因为朱总平易近人，部队里伙夫、马夫、干部、战士他都广泛接触，还常与大家打球，与大家谈得来。尽管张国焘成立了伪中央，但朱总的威信高，他的话对四方面军干部有很大的教育和影响。"① 他还对左路军所辖的原红一方面军的一些领导干部说：要小心忍耐，不要灰心，要好好地干，是非总有一天会弄清楚的。

张国焘宣布另立中央后，加紧了对朱德和原红一方面军干部战士的打击和迫害。他们的处境也就更加艰苦，更加危险。在这种情况下，朱德想尽一切办法对受到张国焘打击和迫害的红军指战员进行保护。红五军团参谋长曹里怀，因为对张国焘不满，被调任红军总部一局（作战局）任局长。他从机要科得知红一方面军已胜利到达陕北吴起镇的消息，悄悄告诉了两个盼望北上的同志，不料被张国焘发现了，把他关押起来。张国焘召开紧急会议，说曹里怀泄露军事机密，要严加惩处。朱德担心曹里怀被处死，立刻出来说：曹里怀就讲了那么几句，你安他反革命够不上。他这小鬼我知道，井冈山时期就跟我们在一起，你有什么理由乱杀人呢？这样，曹里怀才免遭毒手②。

红三十军参谋长彭绍辉，是原来红一方面军干部，他给朱德写了一封长信讲不赞成南下的错误方针，这封信半途落到张国焘手里，张国焘派人把彭绍辉找来谈话。彭绍辉一进张国焘住处的门，就有人上前打了他一个嘴巴，厉声问："为什么反对南下？反对张主席？"并拔出驳壳枪，把枪口顶在彭绍辉的胸上。眼看又一幕惨剧就要发生，也是朱德挺身而出给喝了

---

① 《话说朱德》，第 226～227 页，中央文献出版社 2000 年版。
② 曹里怀：《我在长征路上》，《郑州党史通讯》，1986 年第 2 期。

回去，才使彭绍辉幸免于难①。

这以后，张国焘还制造出所谓"五军团反革命武装抢劫"之事，想把对某个人的迫害升级为对红一方面军干部战士的集体迫害。

一天上午时分，红五军团的保卫局长欧阳毅被告知：有一股有组织的反革命武装抢老百姓的东西，还准备武装叛乱，都是红五军团的人，现在被抓住了，要马上派人去处理。但欧阳毅调查发现根本不是什么反革命，而是掉队人员，张国焘却把他们都抓了起来，要按反革命来论处。这件事震惊了朱德——弄不好就是20多个战士的生命，他指示欧阳毅要认真查清事情的真相，细心观察、冷静处理。

欧阳毅和扣人的干部交涉没有成功，便想找张国焘理论。张国焘正在组织开会，他来到了会场，屋子里坐满了人，朱德、刘伯承也在。结果刚一进门，一个大个子立马指着欧阳毅告诉张国焘的秘书长说："这就是那个来要人的保卫局长"。这位秘书听完，跳起来指着欧阳毅鼻子大骂："你要什么人？你是假革命！反革命！"说的同时，这位秘书身边的一名同志一下把驳壳枪掏了出来，推上子弹，把枪口对向了欧阳毅的胸口。

会场上的空气骤然紧张起来，可是张国焘却静坐在一旁，默不作声，放任手下胡来。

这时候，朱德曜地站了起来，大声喊道："欧阳毅，你到我这边来。"转过身又威严地责问那个举枪的同志："你——要干什么?!"

欧阳毅赶紧走过去，向朱德敬礼，坐在他旁边。那个举枪的同志经朱德这一声喝问，气焰也收敛了一些，把驳壳枪收了回去。

场上的气氛刚刚缓和了一些，张国焘的秘书却又跳了出来，纠住以前质问过几十遍的问题，冲朱德嚷起来："那你说，你为什么要坚持北上？"

朱德再次耐心而从容地说："党是一个整体，不能分裂。红军的行动应该按照党中央的决议执行。"

————————

① 参见张纬：《独臂将军的一生》，《人民日报》1981 年 7 月 30 日。

"行了，别说这些了。我们现在要南下，你支持不支持吧。"

"我是支持北上的。你们非要南下，我也没有办法，但南下是没有出路的。你们这样做，就是分裂了党，分裂了红军。"

朱德还要继续说下去，静坐了许久的张国焘突然站起来，拍着桌子嚷道："大家不要吵了！不要闹了！"张国焘的吼叫，显然是想把朱德义正词严的发言打断。朱德侧过身子，看了看张国焘，轻蔑地一笑，说："不是我吵，是你们在吵嘛！"张国焘为了掩饰他刚才不让朱德讲话的诡计，又假惺惺地指着秘书等人说："你爱吵，你出去！你爱吵，你也出去！你们统统都给我出去！"张国焘这样一讲，秘书等人便都一个个地走了，屋里只留下少数几个人。朱德趁机回过头来对欧阳毅说："你把情况汇报一下吧。"欧阳毅把调查的经过一五一十地向朱德作了汇报，最后建议：希望由总部组织一个工作组，把事情彻底搞清楚，这样既对革命同志负责，也有利于兄弟部队之间的团结。

朱德听了连连点头，说："对，应该把事情搞清楚。工作组由总部来组织，你们两家也各派一人参加。"说完，又回头问张国焘："这样办，你还有什么意见？"张国焘阴险地坐在一旁，耷拉着脸，不得不用默认算作是表态。

又有一天，欧阳毅又来找朱德请示工作。刚谈了几句话，朱德的通讯员就来报告说："他们来要蛮，非要把你的马牵走不可！"

朱德想了想说："你可以同他们好好讲道理。如果他们非要拉不可，那就让他们拉去好了。没有马，咱们还有两条腿，照样可以行军打仗。"

通讯员很不服气地拧着脖子说："你没有马可不行。他们要是硬不讲理，我就跟他们拼了。"

朱德急忙制止他说："你可不准胡来。要服从命令！"接着，他就让通讯员和欧阳毅肩并肩地坐在一起，耐心地对他们说："做一个共产党员、革命军人，不仅要有坚强的党性，而且要有恢弘的气量。所谓恢弘的气量，就是要胸怀宽广，眼光高远，重事业，轻小侮，顾大局，弃小利。当前的大局是什么？就是要维护党的团结，红军的团结嘛。为了这个目的，我们不要在这些小事上去斤斤计较。为了党和人民的最大利益，必要的时候，咱们个人就得忍辱负重。这也是对我们的一种考验哩。作为一个共产党员，要经得起各种各样的考验，成功的，失败的，荣誉的，屈辱的……多啦。不经过千锤百炼，成不了一块好钢。一个人处在顺境里，当然也能得到锻炼，但我觉得逆境对人的教育和锻炼更大。"

说到这里，朱德顺手捡起地上的一块砖头，接着说下去："就好比这块砖头吧，它是泥水做成的。在没有经过烧炼之前，它能承受多大的压力呢？小得很嘛！可是经过烧炼之后，它竟能支撑起摩天大楼！有一句谚语说：'忍辛负重的耕牛，留下的脚印最清晰。'我看这话很有道理。你们说呢？"朱德语重心长的教诲，使欧阳毅和通讯员都感动得哭了。

面临同样困境的还有刘志坚和李伯钊。他们是红军总政治部宣传队成员，随左路军行动，左路军南下后也被迫跟着南下。面对张国焘反对中央所进行的行动，他们不知怎么办才好，先后几次冒着危险去探望朱德。朱德就一再对他们说：搞分裂活动只是张国焘等少数几个人，四方面军也是红军，他们也打蒋介石，打土豪分田地，主要是缺少政治工作，你们要留在这里，少说话，多做工作，特别是基层政治工作。由于朱德的引导，他们情绪逐渐稳定下来，增强了信心。

为了使广大的干部和战士都能掌握正确的斗争方针和策略，朱德还多次给部队作报告。一次在红五军团的会上，他耐心地教导说：毛主席、党中央已经北上抗日了，走出草地后又接连打了好几个大胜仗。这说明北上的路线是完全正确的。我们迟早也要走上这条路线的。毛主席早就说过，南下是绝路，无论从敌情、地形、居民、给养等各方面的条件来说，都是对我们极为不利的。可是有人却说北上是"逃跑"，只有南下才是"革命"的。谁是谁非，本来是很清楚的，将来会越来越清楚。我们一定要坚持真理，坚持斗争，坚决拥护中央北上抗日的路线。同志们在思想和行动上，一定要注意顾全大局，要讲革命，讲团结。要看到四方面军的广大干部战士都是好的，是要革命的，都是我们的阶级兄弟；他们有许多优点，英勇善战，吃苦耐劳，你们应该很好地向他们学习。你们五军团能攻善守，英勇顽强，优点也很多。但你们的人还不多嘛，光有你们也不行。所以，大家要注意和四方面军的同志搞好团结，少数人要破坏团结，你们切不可上当。团结就是力量，只有加强了全体红军的团结，才能克服一切困难，争取革命事业的胜利。朱德的讲话，解开了同志们思想上的疙瘩，提高了对毛泽东的路线必将胜利的坚强信心①。

朱德在一边安抚红一方面军干部、战士的情绪，做通他们的思想工作的同时，还利用各种机会到部队下层同红四方面军的干部战士接触、谈心。他平易近人的作风，恢弘凝重的态度，循循善诱的谈话，获得了广大指战员的尊重。就是一些一时不明真相、当面辱骂过他的人，也逐渐改变态度，对他十分爱戴。如曾被张国焘派去监视朱德的警卫班长张显扬，就由一名"探子"而成为朱德的保护者。《张显扬——张思德的老班长》一文记录了张显扬第一次和朱德见面时的情景：

　　　卓木碉会议后，朱德虽为红军总司令，但实际上被剥夺了指挥部队的一切权力。张国焘以派警卫员的名义，专门监视朱德。红四方面军总部警卫连班长张显扬就是在这种背景下被抽调到朱德身边的，轮流"警卫"总司令。

　　　当张显扬接到这项任务时，既激动又不安。激动的是自己终于能与大名鼎鼎的红军总司令朝夕相处了；不安的是，难道真如上级所说，朱德有北上逃跑的企图，他与红军已不是一条心？真的必须把他的一举一动向上级汇报吗？

　　　出身贫苦的张显扬自从1933年参加革命以来，绝大部分时间都在战场冲锋陷阵，直到1935年2月负重伤后，才由12师30团3营7连连长改任警卫班长。

---

① 欧阳毅：《朱总司令和我们在一起》，《星火燎原》（选编之二），第376、378页。

单纯率直的张显扬怀着"做贼"的心情来到总司令身边。他与朱德的第一次见面，是在尴尬中进行的。"你就是他们派来的连长级警卫员？"朱德笑吟吟地伸出宽厚有力的大手。"是……是……他们让我保卫总司令的安全。"荷枪实弹的张显扬紧张得语无伦次。

朱老总拍拍张显扬的肩膀说："我也是从枪林弹雨中过来的，用不着人保护。小鬼，别那么紧张，我知道你有苦衷！来了就好，我们一块行军，一块学习，争取早日北上与党中央会合。"

另外，朱德还对张国焘迫害知识分子干部的行为也作了有力的斗争，想方设法保护一些同志。那时，在红四方面军造成一种工农人员与知识分子对立的空气，只要在上衣挂上一支钢笔、戴个眼镜、穿一件制服又会讲道理的人，就被当做知识分子，认为不可信任，并因此受到敌视和迫害。当时廖承志、朱光、罗世文等就因此被张国焘软禁起来。朱德曾告诉康克清，要她无论如何设法找到廖承志，把他保护好，说将来廖承志在统一战线工作中能起到别人不能代替的作用。对其他知识分子干部，也要保护好。廖承志后来对别人说，他是被朱总司令保过来的，否则人头早已落地了。从这件事也可看出，朱德既善于斗争，又具远见卓识。受到朱德保护和教育而免遭不测的干部战士还有许多，如总卫生部长贺诚、红军大学教育科长郭天民等。

正是由于朱德对张国焘的分裂活动进行了坚决的斗争，客观上使其分裂行为受到了一定的制约。徐向前回忆说："朱总司令的地位和分量，张国焘是掂量过的。没有朱德的支持，他的'中央'也好，'军委'也好，都成不了气候。""张国焘虽挂起了分裂党的伪中央招牌，但一直不敢对外公开宣布。"[1] 吕黎平后来也回忆说，"朱德同志一生谦虚谨慎，很少向别人说及自己的光辉战斗历程，因此，他与张国焘

---

[1] 《朱德与中共党史重大事件》，第156页，中央文献出版社2001年版。

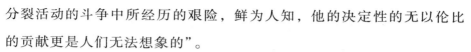

分裂活动的斗争中所经历的艰险，鲜为人知，他的决定性的无以伦比的贡献更是人们无法想象的"。

几十年后，朱德对这段历史依然感慨颇深："那段时间张国焘造反。我们当时的处境很困难，但碰上困难有什么办法呢？坚持吧！""他那几天想叫下边互相打架，下边有人要打架，我反对。我对他说：我们现在是如何支持下去，下面再打架，就活不下去了。要不要命？我们都要命。我威胁他，打架被制止了。""搞了个'中央'，我说：要搞，你搞你的，我不赞成。我按党员规矩，保留意见，以个人名义做革命工作，不能反中央。一直和他斗，我们人少，但理直气壮。我们的办法是，他搞他的，我们做我们的工作。只要革命，总会到一块的。"①

---

① 朱德与红二方面军战史编写组同志的谈话。

十五、南下与北上

艰苦的南下

1935年10月7日，张国焘以"中革军委主席"的名义下达了《绥（靖）丹（巴）崇（化）懋（功）战役计划》，规定红军主力采取秘密迅疾手段，分由观音铁桥及党坝沿大小金川两岸夹河并进，配合夺取绥靖、崇化，随即分取丹巴、懋功，以作南下出天全、芦山、邛崃、大邑的依托。另以一部牵制并扼止鹧鸪山、马塘、梭磨、梦笔山一带之敌，以使主力得以各个击破敌人，夺取目的地。

这时，朱德在前敌总指挥部和徐向前等一起挑起了指挥作战的重担。因此，这段时间的"中革军委主席"虽是张国焘，但主要作战指挥还是朱德。朱德回忆说："我们同徐向前同志、陈昌浩同志离开他（指张国焘）了。是打到底的，一路打，一路改造部队，用中央苏区那一套办法，建设党、建设红军及群众工作，渐渐整理得相当有头绪了。打了四川军的十几个师，又在那里补充了兵额。辗转在芦山、天全、名山等处，在这样条件下，驻了好几个月。'张土司'才又下来，到我们一起来了。"① 同朱德在前线指挥作战的徐向前在自己的回忆录中写道："朱总司令虽不同意张国焘的分裂主义行为，但认为部队既然已经南下，就应打开战局，找块立脚生存的地方。那么多红军，没有地盘，没有饭吃，无异于不战而自毙。同

---

① 《朱德自述》，第168页，解放军文艺出版社2003年版。

时，他又坚信，只要大家是革命的，最后总会走到一起的。因而，在军事行动方面，积极行使总司令的职权，及时了解敌情，研究作战部署，定下决心。早在大革命时期，他就和川军打过交道，对军阀部队的作战特点，了如指掌。他说：川军向来欺软怕硬，惯打滑头仗，我们不打则已，要打就抓住打，狠狠地打！他要求各级指挥员要讲究战术，发挥运动战的特长，以快以巧制敌，用小的代价去换取大的胜利。朱总司令在逆境中不当'空头司令'，尽量发挥自己的作用，完全是从爱护和发展红军力量出发的。"①

　　根据10月7日发布的作战计划，朱德和徐向前对部队任务作了具体部署。以红五军、九军二十五师、三十一军九十三师组成右纵队，由王树声率领，沿大金川右岸前进，抢占绥靖、丹巴；以四军、三十军、三十二军及九军二十七师大部组成左纵队，由徐向前和陈昌浩率领，从大金川左岸进攻，直取崇化、懋功；三十三军及二十七师一个团，驻守马塘、梦笔山地区，屏障红军总司令部驻地卓木碉；三十一军九十一师师部及二七七团、红军大学，留驻阿坝，掩护后方。

　　10月8日，南下的红军分左右两个纵队先后向大小金川沿岸急进。

　　大小金川地区，地形复杂，易守难攻。沿途多深山狭谷，要隘急流，不便大部队展开。大金川沿岸的绥靖、崇化、丹巴一线，由川敌刘文辉部的两个旅防守；大金川以东之小金川沿岸的懋功、抚边、达维一线，由川敌杨森部的四个旅另一个团驻守；达维以东的日隆关、巴郎山等地，由川敌邓锡侯部一个团驻守。激战至10月20日，取得了这次战役的胜利。战后，朱德对红四方面军的战斗力作了高度评价，认为是一支过得硬的红军队伍，继承了叶挺独立团的铁军传统。

　　就在朱德指挥南下红军激战之时，10月19日，中共中央率领红军陕甘支队到达了陕北吴起镇，中央红军主力至此完成了长征。

　　10月22日，张国焘又以"中革军委主席"名义发布了《天芦名雅邛

----

① 　徐向前：《历史的回顾》中，第461～462页，解放军出版社1985年版。

大战役计划》，决定：以主力乘胜速向天、芦、名出动，彻底消灭杨（森）、刘（文辉），并迎击主要的敌人刘湘、邓锡侯部，以取得天全、芦山、名山、雅州、邛州、大邑广大的根据地为目的，对康定、汉源、荥经、灌县方向，采取佯攻姿态配合主力行动。

天全、芦山、名山、雅州、邛州、大邑一带，崇山峻岭、林地交错、悬崖峭壁、道路崎岖。在战役发起前和战役进行中，朱德缜密地研究敌情、地形和战斗特点，及时了解战况，总结经验，作出战略战术上的指导。

10月24日红军发起攻势。红军以惊人的毅力和神速动作，连续翻山越岭，勇猛追敌。仅半个月的时间，即攻克宝兴、金汤、天全、芦山等地，占领了邛崃山以西、大渡河以东、青衣江以北和懋功以南的广大地区，毙俘敌一万余人，击落敌机一架，造成了进可横扫川西平原的态势。

从10月上旬到11月下旬的一个多月中，南下红军连续发动几个战役，先后攻克绥靖、崇化、丹巴、懋功、兴宝、天全、芦山等地。

这一时期，朱德一边在前方指挥作战，一边抓紧时间先后撰写了《雪山老林的战斗》、《绥崇丹懋天芦战役山地河川及隘路攻击之注意》和《康泸天芦名雅邛大战役中战术应注意之点》等文章。

在《绥崇丹懋天芦战役山地河川及隘路攻击之注意》一文中，朱德指出：绥靖、崇化、丹巴、懋功、天全、芦山一带地形，都是大山河川所形成的隘路，这些隘路大多数是一面傍山一面傍水的长隘路，因此，在隘路战攻击时应注意：先头部队要选战斗力强火力强的；要以小部队对敌人迂回包围，不宜专用正面攻击；侧击截击截断敌人的退路，才能消灭敌人，并可使守敌动摇；突破敌人隘口时要猛烈追击，使敌人不能节节抵抗，乘胜夺取要点和城市；遇某一要点或工事不能打开时，可派部队包围或监视之，大部队则可绕路袭取敌后。

在《康泸天芦名雅邛大战役中战术应注意之点》一文中，朱德从部队已打出川西山险隘口的实际情况出发，指出：这次战役在战术上应和绥崇丹懋战役有所不同，地形较平坦，而不是像以前那样多是山地、隘路，作战形式将由山地战、隘路战变为平地战、街市战，由运动战变为堡垒战，但红军一般的战术原则，在这种地形上也是适用的，即集中兵力打敌人的弱点；机动地寻求打运动战，而不被迫硬攻堡垒；即使打城市和打堡垒，也必须在野战击溃敌人，再乘胜直追而袭取之，或是在夜间或是在拂晓时发动袭击，并须对付敌人的阵地反击。

11月初，朱德又撰写了《绥崇丹懋战役中两河口战斗经过及经验教训》一文，发表在中国工农红军总司令部出版的《红色战场》第二期上。文章对这次战斗的优点和缺点作了认真的总结。其优点是：（一）能很巧妙地夜摸隘口工事；（二）乘拂晓浓雾攻击隘口；（三）采取迂回包围夺取隘口工事；（四）乘胜穷追，击退隘口工事的敌人；（五）能设法迅速地架桥，不为河川所阻；（六）能执行迅速、秘密、坚决的原则，各级指挥员能主动地、积极地设法解决当面之敌；（七）熟悉作战地区、地形。缺点是：（一）两河口之追击，东岸未派出截击部队截敌退路；（二）搜缴溃散之敌未十分注意，致使有小部溃敌在雪山中逃走；（三）已预计到我大部兵力由河西进，到抚边时必须架桥渡河，但对架桥竟无充分准备，致使部队在抚边停留一天半，使敌人能从容逃走，未能全部消灭抚边、懋功之敌①。

11月15日，朱德还撰写了《对防空应注意之点》一文，发表在《红色战场》第三期上。文章首先写道：敌人用"几十架飞机，专用来打中国抗日反帝的急先锋——工农红军"。"我们的红色战士们，肩负着革命的伟大任务，有充分的信心战胜帝国主义、国民党任何的力量——飞机、大炮、毒气及一切新式武器也在内。我们不是拜物教者，不应丝毫惧怕。这些武器，要应用现代技术，及一切科学方法去对付它，才是出路。我们的指战员，无论在前方作战、行军、宿营，还是在后方运输、驻防、集合，对群众性的防空，都应特别的重视。应当经常不断地工作，注意对付敌人的飞机这一武器，不应该空喊不怕，不讲究任何对空方法，使红色战士经

---

① 《朱德军事文选》，第216～217页，解放军出版社1997年版。

常受着无代价的牺牲。"①

文章还写道:"对空射击要利用我们现有的武器。高射机关枪配好三脚架及瞄准镜,培训特等射手。每团要有经常的防空排,重机枪三架;师部、军部同等机关及以上的机关,都应有防空连,重机枪六架;各营、连及同等机关均应用自动步枪及轻机关枪,选特等射手加以学习,随时指定防空射击。除此以外,再选定步枪班加以学习,亦可随时被指定为防空班。我们有了这些专门射手,便有把握打下很多飞机。"

接着,文章对对空观察哨、防空隐蔽、防空的伪装、对空的欺骗、加强防空的纪律等问题作了论述。

朱德撰写的这些文章对指导南下红军的作战起到了重要的作用。

11 月 19 日拂晓,川敌刘湘、杨森、刘文辉、李抱冰等部以十多个旅的兵力在飞机大炮的掩护下,从东、北、南三面对百丈地区发起猛烈进攻。

百丈一带,地势开阔,多丘陵、树丛、深沟、水田。红军在极端困难的情况下,浴血奋战了 7 昼夜,毙伤敌 1.5 万余人,自身伤亡也近 1 万人,仍不能打退敌人,不得不退出百丈,转回到天全、芦山地区。

这一仗之后,南下红军被迫开始由进攻转入防御。

12 月 5 日,张国焘以"党团中央"名义给毛泽东、彭德怀等发出电报,宣称"此间已用党中央、少共中央、中央政府、中革军委、总司令部等名义对外发表文件,并和你们发生关系";"你们应以北方局、陕甘政府和北路军,不得再冒用党中央名义";"一、四方面军名义已取消";"你们应将北方局、北路军的政权组织状况报告前来,以便批准。"

对于张国焘这种公开另立中央的错误行为,朱德再一次坚决反对,并一再"规劝张国焘,说你这个'中央'不是中央,你要服从党中央的领导,不要另起炉灶,闹独立性。"②

---

① 《朱德军事文选》,第 219 页,解放军出版社 1997 年版。
② 《朱德年谱》上,第 551 页,中央文献出版社 2006 年版。

12月9日，北平"一二·九"学生救国运动爆发。12月15日，朱德给川军各将领发出了一封公开信，号召川军与红军在下述三个条件下订立军事协定，共同抗日反蒋：（一）立即停止进攻红军和苏区；（二）立即允许人民群众有言论、出版、集会、结社的自由；（三）立即武装民众，作抗日救国军的后备队。对于这封公开信，史沫特莱在采访手记中这样评论道："行文简洁有力，一开始就对中国从十九世纪中叶直到当时的独立斗争作了历史的分析。""这项文件一方面表现了朱德的丰富的历史知识和精辟见解，另一方面表现了他在那样令人沮丧的环境里，还以最大的热情来继续进行斗争。"

百丈之战后，朱德被迫率南下红军以巩固天全、芦山、宝兴、丹巴地区为中心任务，同敌人的重兵相峙。这时，川军主力和薛岳、周浑元、吴奇伟等部从几个方向继续步步压来，红军各部队虽然顽强抵拒，防线仍不断被突破，处境日趋艰难。12月，天已进入冬季。这一年冬季，天气异常寒冷，临近川中盆地的宝兴、天全、芦山，本属温热地区，冬日气候较暖，但却一反常态，下了十多年来未遇的大雪。位于大小雪山——折多山和夹金山附近的丹巴、懋功地区，更是漫山封白，冰冻三尺。严寒、饥饿、伤病、遭遇战，一直在消耗着红军指战员的生命，部队由南下时的八万人锐减到四万余人。看到这一切，朱德十分着急和苦闷。

正当红四方面军南下碰壁、处境危难的时刻，中共中央的抗日民族统一战线策略和团结对敌的方针及时传来，给红四方面军指战员带来了一丝希望，同时，中共驻共产国际代表团成员林育英也回到了陕北，这给朱德劝说张国焘带来了较好的时机。

12月30日20时，朱德提笔写了一份电报，发给在陕北的毛泽东、彭德怀、李富春、林彪、聂荣臻并转林育英。电报通报了所掌握的敌情，并写道："育英同志电悉，我处与一、三军团应取密切联系，实万分需要，尤其是对敌与互相情报即时建立。"① 这是红一、红四方面分离后朱德以个

---

① 《朱德军事文选》，第223页，解放军出版社1997年版。

人名义给中共中央发出的第一份电报。

毛泽东接电后十分兴奋，立刻亲自起草一份长电，于1936年新年的第一天直接发给了朱德。电报一开头说："三十号二十时电悉。本应交换情报，但对反党而接受敌人宣传之分子实不放心。今接来电，当就所知随时电告。"接着，毛泽东在电报中写道："国际派林育英同志来，又有阎红彦同志续来。据云，中国党在国际有很高地位，被称为除苏联外之第一党。中国党已完成了布尔什维克化，全苏联全世界都称赞我们的长征。""我处不但对北方局、上海局已发生联系，对国际亦有发生联系，这是大胜利。兄处发展方针须随时报告中央，得到批准。即对党内过去争论，可待国际及'七大'解决，但组织上决不可逾越轨道，致自弃于党。"①

1936年1月22日，中共中央政治局作出《关于张国焘同志成立第二"中央"的决定》，明确指出"张国焘同志这种成立第二党的倾向，无异于自绝于党，自绝于中国革命"，责令张国焘立即取消他的一切"中央"，放弃一切反党的倾向。面对这种情况，朱德心中十分焦急。第二天，他在给张闻天的电报中指出：现值革命新的高涨，党内急需谋统一，为避免对外不一致，"提议，暂时此处以南方局、兄处以北方局名义行使职权，以国际代表团暂代中央职务，统一领导。"这是红一、红四方面军分离后，朱德单独给中共中央发出的第二份电报，是代表红四方面军主张在张国焘放弃自立"中央"的同时，"给张国焘一个台阶下"的意见提出的"过渡性的办法"②。1月24日，张闻天在给朱德的复信中指出：党内统一一致，才有利于中国革命，"接读来电至为欢迎"。张国焘"既愿放弃第二党组织，则他事更好商量"，"兄处仿东北局例，成立西南局直属国际代表团，暂时与此间发生横的关系，弟等可以同意"。

1月下旬，朱德参加了张国焘在天全县任家坝召集的有徐向前、陈昌

---

① 《朱德年谱》上，第554、555~556页，中央文献出版社2006年版。
② 徐向前：《历史的回顾》中，第476页，解放军出版社1985年版。

浩、周纯全、傅钟等人参加的会议，讨论中共中央发来的"十二月决议"，即瓦窑堡会议决议的要点。朱德表示拥护抗日民族统一战线的新策略，并积极做红四方面军干部的工作，要大家在新的策略和路线基础上团结起来，一致对敌。

1月28日，朱德和张国焘给林育英发出一份电报并转国际代表团，提出"目前为一致对敌，夺取战争胜利，应有统一战略方针不致有利于敌，因我方主力红军之行动关系全局，国际有何指示否？速告，国际方面有无特别消息。"① 2月14日，林育英、张闻天在给朱德和张国焘的复电中说："兄等对政治决议既原则上同意，组织上亦用西南局，则对内对外均告统一，自是党与革命的利益，弟等一致欢迎。"关于战略方针问题，"育英动身时，曾得斯大林同志同意，主力红军可向西北及北方发展，并不反对靠近苏联。四方面军及第二、六军团，如能一过岷江、一过长江，第一步向川北，第二步向陕甘，为在北方建立广大根据地，为使国内战争与民族战争打成一片，为使红军成为真正的抗日先遣队，为与苏联红军联合反对共同敌人——日本，为提高红军技术条件，这一方针自是上策，但须由兄等估计敌情、地形等具体条件的可能性。"

2月中旬，张国焘、朱德、陈昌浩、刘伯承等来到了宝兴县灵关，在这里召开了一次会议，讨论中共中央的来电指示。由于朱德、刘伯承、陈昌浩、徐向前赞同中共中央北进的方针，张国焘也因南下失利，又见到斯大林同意主力红军靠近苏联，准备与苏联红军联合抗日，亦同意北上。这样，第四方面军主力陆续撤离天全、芦山、宝兴地区，经懋功向西康东北部转移。

这样，朱德反对张国焘分裂活动的斗争，取得了初步胜利。正如后来朱德所说："这时在表面上的斗争，我们已经获得胜利了。虽然外表上还蒙藏着张国焘的伪中央，内部却实际的变质了。"②

① 《朱德年谱》上，第557～558页，中央文献出版社2006年版。
② 《朱德与中共党史重大事件》，第227页，中央文献出版社2001年版。

挥师北上

1936 年 2 月中下旬，红四方面军分三路纵队，陆续撤离天全、芦山、宝兴地区，经达维、懋功地区向西康的道孚、炉霍、甘孜一带转移。刘伯承、李先念率红三十军八十九师先行，为全军开路。朱德率红军总部与红四方面军总部从宝兴出发，随第一纵队行动。

一路上，天寒地冻，没有一丝春意。首先要翻过位于宝兴和懋功之间的 3000 多米高的夹金山。这已是朱德第三次翻越这座雪山了。隆冬时节，西北风呼叫，当地有"正二三、雪封山，鸟儿飞不过，神仙也不攀"的歌谣。然而，年已 50 岁的朱德率领红军在崎岖的山路上艰难地行进着。

翻越过夹金山，在向道孚行进中，又来到了"万年雪山"的党岭山。

党岭山，横亘在丹巴、道李之间，主峰海拔 5000 多米，终年雪漫冰封，空气稀薄，气温低至摄氏零下三四十度。当地群众中流传着这样一个传说："这座山离天只有三尺三，人到顶上不能说话，一说话就要被天神治死。"藏族人把它奉为"神山"，在隆冬时节更没有翻越的先例。当地年长的群众还告诉说山上气候变化无常，不时有冰雹、大雪降临，要避开暴风雪的袭击，必须在每天中午前通过顶峰。

朱德率领着脚踏草鞋、身着单衣的红军向大雪山挺进了。在雪山脚下，大家吃了一餐用为数甚少的土豆、青稞和野菜煮成的"饭"，就整装出发了。拄着木棍，踏着蜿蜒崎岖的山径向上攀登。迎着风雪，向直插云天的陡峭冰峰攀登。越往上，路越陡越滑，空气越稀薄，越觉得喘不过气，头晕脑涨，四肢无力。雪山的气候变化很快，刚到半山腰暴风雪就来了。霎时，天昏地暗，狂风大作，刮得人站不住脚，睁不开眼。紧接着，鹅毛大雪越下越大，气温骤然下降。到山顶时已是中午，但太阳完全被遮住，加上风雪弥漫，就像傍晚一样昏暗。接着便是漫漫长夜，狂风雪浪一阵阵袭来，多少战士被暴风雪吞噬。年已 50 岁的朱德，在不借用任何帮助的情况下征服了这座"神山"，给红军指战员们以极大的鼓舞。不仅如此，朱德还在登山的一路上鼓动和教育战士们。徐向前回忆说："翻越大雪山党岭时，我们为保证他（朱德）的安全，令部队给他备好坐骑、担架，他都让给伤病员用，自己坚持步行。夜晚宿营在半山腰，冻得无法睡觉，就给大家讲故事，话革命，鼓舞同志们战胜风暴雪山，胜利实现北上计划"。①

经过一个月的艰苦转战，3月15日，朱德随红军总部到达道孚。在这里，张国焘主持召开了红四方面军干部会议，并作了《关于中国苏维埃运动发展前途的报告》，继续攻击中共中央及中央领导同志"分裂红军与向北逃跑，造成中国共产党有史以来最大的罪恶行为"，并大肆吹嘘红军南下的胜利。

不久，朱德又随红军总部进驻炉霍。这是一个藏族居住区。藏民们由于听信了国民党反动派的谣言，对红军十分恐惧，红军来到就都躲了起来。红军到达后，村里没有人，只有那些被主人丢下的牲畜到处乱跑。朱德在镇子里巡视了一圈，就马上把各部队的负责同志召集起来，要求大家加强政治思想工作，教育同志们严格执行党的民族政策，用实际行动教育藏胞，并给部队作出关于民族工作的几项规定：一、尊重当地的风俗习惯；二、爱护藏胞的一草一木；三、不经允许不进藏胞的房屋；四、看管并喂养好藏胞留在家中的牛羊。

部队安顿下来，一边休整，一边耐心地等待藏胞回来。时间一天天过去，藏胞们没有一个回到家里来。朱德对此十分不安，他对红军总部的其他首长说："天气还冷，藏族同胞在深山里，吃、住都很困难，时间一长，怎么受得了？我们不能光等着，要主动做工作，让他们尽快回来。"于是，当即决定派几个同志带着"通司"上山寻找藏族同胞。朱德亲自找"通司"谈了话，请他协助做好这项工作。那位"通司"是不久前刚找来的一位藏胞，他亲身感受到红军确是好人，一听说要让他上山寻找自己的同

① 徐向前：《民族的骄傲、人民的光荣》，《回忆朱德》，第3页，中央文献出版社1992年版。

胞,便欣然答应了。很快,"通司"就从山上带回了几个"胆大"的藏胞。这些藏胞回村发现部队都住在露天,而且还把街道打扫得干干净净,牲畜都集中在一起,有专人看管,一只也不少,便急忙跑回去告诉大家。这里的藏民们很快都回村了,还非常难过地说:"我们错怪你们红军了。"于是各家都热情地请红军到家里住,拿出了酥油茶和青稞酒慰问红军。朱德告诉他们:"红军有纪律,不能住你们家,也不许吃老乡的东西,因为红军是为百姓的。请你们清点一下自己的牲畜,我们已经把它们喂饱了。"藏民们感激地说:"红军真好!"

看到部队在这里控制住了局面,朱德就建议张国焘要联合红二、六军团北上。

红一、四方面军分离后,因为通讯密码留在红军总部,中共中央同红二、六军团之间的通讯联络中断,红军总部同红二、六军团仍保持着联系,经常通过电报向他们通报情况,给予指导。这些电报常由朱德、张国焘联署。他们各有各的想法:张国焘想把红二、六军团拉住,壮大自己的力量;朱德想在红二、六军团同中共中央失去联系的情况下,尽力使他们多掌握一些情报,并在军事行动的决策上给以帮助。1935年11月,红二、六军团在任弼时、贺龙、关向应等率领下,突破国民党军队对湘鄂川黔根据地的堡垒封锁线,经湘中、黔西、黔南、滇东,于1936年3月占领黔滇交界的资孔山区,准备在南北盘江间创建新的革命根据地。

张国焘同意朱德关于联合红二、六军团北上。3月23日,朱德与张国焘给率部转战在黔滇边境乌蒙山区的贺龙、任弼时、关向应发出一份电报:四方面军即将取甘孜、瞻化、雅江。建议:"在你们渡河技术有把握条件下及旧历三月水涨前,设法渡金沙江",经会理、盐边、盐源到雅江,"与我们会合,大举北进"。并指出:"如果你们决定后,我们即布置接应你们。"①

3月29日,贺龙、任弼时、关向应给朱德、张国焘发来了复电:我军

---

① 《朱德年谱》上,第559页,中央文献出版社2006年版。

在滇黔川地区内以运动战战胜敌人创立根据地的可能"还是有的",在春水未涨之前渡金沙江"不致感到大的困难"。由于对"最近国际和国内事变新发展情况我们不能甚明了,在整个战略上我军是否应北进,及一、四方面军将来大举北进后,我军在长江南活动是否孤立","均难明确估计"。因此,"我军究应此时北进与主力汇合,或应留滇黔川边活动之问题,请军委决定",并望"在一二天内电告"①。

第二天,朱德与张国焘给贺龙、任弼时、关向应发去电报,指出:"最好你军在第三渡河点或最后路线北进,与我们会合,一同北进;亦可先以到达滇西为目的,我们当尽力策应。""在困难条件下可在滇黔川广大地区活动,但须准备较长期的运动战。"

接到这一电报后,贺龙、任弼时、关向应决定经华坪之路线北渡金沙江,并于当天晚上,给朱德和张国焘发出电报:"望在适当时派队接应。"

4月1日,朱德发布了《红四方面军关于目前战斗准备工作给各军的指示》,要求各部队开展整编、军事训练、筹集粮食和御寒物资,"迎接二、六军团",准备"北上创建西北广大抗日根据地"。

对于联合红二、六军团北上,后来,朱德在向原红二方面军同志(红二、红六军团与红四方面军会合后,合编为红二方面军)讲了自己为什么主张红二、六军团尽快渡江北上的原因。他说:张国焘在"没有决定北上前,是想叫二方面军在江南配合他,他好在甘孜待下来保存实力,他的中央就搞成了。他想北上时,才希望二方面军北上",但是,他又"怕二方面军和他作对,搞不到一起"。"我想二方面军过江对我们就气壮了,所以总想你们早点过来好。""过江不是中央指示,是我们从中抓的,抓过来好,团结就搞起来了。""二方面军过江,我们气壮了,北上就有把握了。"②

正当朱德在西康地区积极准备迎接红二、六军团渡江北上时,由于林

---

① 《朱德年谱》上,第 559~560、560 页,中央文献出版社 2006 年版。
② 《朱德委员长谈二方面军渡江同四方面军会合前后的经过情况纪要》,1960 年 11 月 9 日。

育英并不十分了解朱德和张国焘与红二、六军团的具体交往活动，4月1日，他给朱德和张国焘发出了一份电报。电报说："二、六军团在云贵之间创立根据地，是完全正确的"，"将二、六军团引入西康的计划，坚决不能同意"。又说："四方面军既已失去北出陕甘机会，应争取先机南出"，"切勿失去南下机会"。①

接到这一电报，朱德感到很吃惊，也很意外，也使红四方面军一些指战员迷惑不解，不知该怎么办好。但是，朱德经过认真考虑后，决心仍不变，坚持原定计划，要红四方面军仍在现地休整，待与红二、六军团会合后，共同北上。不难看出，如果没有朱德的坚持，就没有红二、六军团的渡江北上，也就没有红二、六军团的会师北上，更不会有1936年10月红军三大主力的会师。因此，徐向前回忆说："多亏朱总司令决心不变，坚持四方面军仍在现驻地休整训练，待与二、六军团会合后，共同北上。"②

这一段时间，朱德的心情开始变得轻松起来，因为他看到了团结和希望。欧阳毅回忆说："1936年二三月，开始重新北上以后，部队的情绪极高，一路行军，一路唱歌一路笑，还猜谜语。……在一次干部会上，在热烈的掌声中，总司令给我们讲了话，这一年他正好五十岁，是全军年龄最大的长者。他站着对大家说：现在全国的革命形势在向前发展，陕北红军东渡黄河以后打了几个大的胜仗，部队也有扩大。另外，贺龙、萧克同志率领的二、六军团已渡金沙江，现在已到了云南中甸地区，可能在西康某地与我们会合。"③

接应红二、六军团

为了接应和等待红二、六军团的到来，朱德和红四方面军指战员在康北高原度过了异常艰苦的四个月。

---

① 《朱德年谱》上，第560页，中央文献出版社2006年版。
② 徐向前：《历史的回顾》中，第474页，解放军出版社1985年版。
③ 《话说朱德》，第226～227页，中央文献出版社2000年版。

康北是以藏民为主的藏汉杂居地区，是一片平均海拔 3000 米以上的高原，地域辽阔，但气候寒冷，人烟稀少，物产贫瘠，对部队的生存和发展都极不利。红四方面军原来不打算在这一带久留，只想在筹集必要的粮物后即刻北上。为了接应红二、六军团共同北进，朱德决然改变原有计划，坚持在这一地区停留下来。但是，留下来是要付出许多辛苦和代价的。萧永正回忆时说："部队到了甘孜以后，全军面临着物资匮乏的严重困难。甘孜、炉霍一带地广人稀，藏族居民中的贫苦群众，身受层层剥削压迫，早已一贫如洗，连糌粑都吃不上。我们全军几万人的口粮更无着落，基本上就靠野菜充饥。时值隆冬，部队的棉衣也毫无着落，有的仍然穿着破烂的棕皮背心，有的就把未经硝制的牛羊皮割下来穿在身上"。"部队迅速减员，一个军里的伤病员多达上千人。"① 而且，围堵红四方面军的敌薛岳部及附近驻防的敌刘湘、石照益、孙震等部大约 3 个师 16 个旅 20 个团的兵力还在这一线。

面对困难局面，4 月 12 日，朱德与张国焘给陈昌浩发出电报，指出："二、六军北上已成事实，四十日内可接通"，"敌已在甘南、川西布封锁线，图困我军于康藏间。主要是有较充分准备，就能冲破封锁线，顺利北上，那时配合晋西更为有效"。"望努力筹集资粮，完成四五两月战斗准备工作，必能争取会合二、六军和实现北上的胜利。"②

在贺龙、任弼时、关向应的率领下，红二、六军团日夜兼程，向西康地区进发。

当红二、六军团到达姚安、盐兴之间地区，即将到达金沙江边时，贺龙、任弼时、关向应在给朱德和张国焘的一份电报中，要求命令罗炳辉军速开金沙江占领北岸几个渡河点，以掩护其北渡。4 月 19 日，朱德命令第三十二军和第四军一部，由道孚出发，南下雅江、稻城地。第二天，朱德和张国焘又给在道孚的徐向前、王树声发去一份电报："会合二、六军为

---

① 萧永正：《长征路上与张国焘分裂主义的斗争》，《天津文史资料》第 7 辑。
② 《朱德年谱》上，第 561、562 页，中央文献出版社 2006 年版。

目前主要任务，必须确阻止敌人的截击，相机消灭雅江李（韫珩）敌，并伸到稻城以及金沙江边去迎接二、六军。"并作了具体的部署。

在部署部队接应红二、六军团的同时，朱德又抓紧对红四方面军指战员关于在藏族地区执行正确的统一战线政策和宗教政策的教育，并亲自处理了有关喇嘛的几个事件。

一天，部队在战斗中俘获了六个喇嘛，部队的指挥员来电话请示如何处置。

张国焘怒气冲冲地回答说："这还请示什么？杀嘛！这全是些反动透顶的家伙，不杀不足以平民愤、平军愤！喇嘛庙也不能给他们留着，要全部烧掉！"

朱德正在旁边，急忙走过来说："我是朱德！我命令你们马上把这六个喇嘛送到我这里来，由我们来商议处理。喇嘛庙也暂时不要烧，听候命令！"

朱德的回话，又惹起张国焘老大的不高兴。朱德给他解释说："国焘同志，这几个喇嘛无论如何杀不得，杀了会激起藏民们更加强烈的仇恨，这对我们更不利。"

张国焘很不耐烦地说："那好，这事由你去处理吧，我不管了。你要能把他们说服教育过来，我就服你！"

当六个喇嘛送来后，朱德以礼相待，以平等的态度和他们进行谈判。在谈判中，耐心地向他们宣传红军是为了北上抗日才路过这里的；红军和藏族同胞是兄弟，而不是仇敌，红军有"三大纪律八项注意"，决不会损害藏族同胞的利益。最后，特别郑重宣布，不管谈判能否达成协议，红军都将释放他们回去。喇嘛们听了朱德的解释，对立的情绪顿时缓和下来了。谈判的结果，双方都同意：红军保证不进喇嘛庙，保证不侵犯他们的生命财产；尊重他们的风俗习惯，喇嘛们则保证红军的生命安全；负责把附近山上的群众都叫回来，负责供给红军粮、草（按当地价格收购）。

紧接着，朱德又妥善处理"诺那喇嘛事件"。诺那曾是西康佛教大总管。由于他曾在南京居住八年，受国民党反动派恐怖宣传的影响较深，对红军甚有误解，一直在抵拒红军。这次被红军抓住了，朱德在听取关于诺那情况的汇报后，不计前嫌，并作出指示：要宽善对待，要团结教育。并指示要待诺那为上宾，为他安置官寨。诺那终于被感动，逐步消除疑虑，并与红军推心置腹讨论北上应避开藏区险隘的路线。

在朱德的指导下，红军进一步同雄踞康北西部的德格土司签订了互不侵犯协定，对各处的寺庙也做到了秋毫无犯。白利寺的第五世格达活佛被红军的宗教政策和"解救穷人"的宗旨所感动，亲自出面召回逃匿深山的村民，并动员藏民和其他寺庙尽力支援红军。朱德听到这个情况后，亲自到白利寺去看望格达活佛，向他说明红军长征的目的和意义，鼓励他多为贫苦的藏民谋利益。格达活佛见到红军的最高长官如此艰苦朴素、亲切慈祥，更积极地支持红军的工作，并担任甘孜地区波巴政府（藏族人民政府）中的重要职务。红军北上后，他保护了大批留下的红军伤病员。

当春天来到时，朱德看到一片片正等待着耕耘的土地，就发动红军总部机关和一些部队帮助藏胞把地种上。他还专门抽出时间为此开了干部战士动员大会。在动员大会上，朱德说，"俗语说，人误地一时，地误人一年。现在，藏族同胞对我们还不了解，暂时不能回来种地。我们能眼看着春播的大好时节从眼皮底下溜过去吗？不能！这一季种不上，藏胞们将来吃什么呢？我们和藏胞是兄弟，是一家，我们要帮助藏胞把地种上，而且要种好，这是我们的义务和责任"。[①] 为了鼓动大家投身于这一活动，朱德自己也每天拿着镢头，在田间一起干，却把许多事留到晚间处理，因而常常工作到深夜。红军的行动感染了普通藏民，慢慢扫除了对红军的戒心，和红军的交流多了起来，逐渐建立了良好的关系。

这样，在朱德的正确领导下，红四方面军取得了康北宗教界和人民群众的信任，在当地已稳稳地立住了脚。

4月27日，贺龙、任弼时、关向应在给朱德和张国焘的电报中说：

---

① 贾守仁：《在跟随朱总司令的日子里》，第27～28页，山东人民出版社1978年版。

"我军现已在石鼓、巨甸之线开始北渡金沙江，两军团计在两日可全部北渡。后续向中甸继进，罗炳辉部可在中甸、雅江间的地区候我们会合。"① 得到这一消息后，朱德立刻以他和张国焘的名义给贺龙、任弼时、关向应发出电报，指出："敌尚未到鹤庆，你们全部速完全渡江。""在渡江后破坏下游船只及渡河材料并毁路，以一部扼守江边阻敌，主力可在相当地点休息数日，派先遣军占中甸，准备物质，缓缓北进。"② 同时，在给徐向前的电报中说："二、六军今明可全渡江，会合已无大障碍，全军雀跃。"此后重心为北进及对康定和懋丹两方。"

第二天，当朱德得知红二、六军团已全部渡过金沙江的消息时十分高兴，又和张国焘一起给贺龙、任弼时、关向应发出电报表示祝贺："金沙既渡，会合有期，捷报传来，全军欢跃；谨向横扫湘、滇、黔，万里转战的我二、六军团致以热烈的祝贺和革命的敬礼！"

由于同红二、六军团的会师已指日可待，红四方面军便加快了北上的准备工作。特别是筹集粮食和赶制御寒装备。由于康北地区物产贫瘠，征集到的食品很有限，分配给每个指战员的粮食每天只有几两，不足的部分要靠野菜等代替。朱德又领导了一个野菜委员会，其中有老农和医生，由他亲自带队，从漫山遍野的野草中，找出二十几种可食的野菜，编写了一本《吃野菜须知》的小册子，发到连队。各连队还成立了野菜组、捕鱼组、打猎组，千方百计节约粮食。朱德还在红军大学的操场上举办了一次别开生面的"野菜展览"。在"展览"上，朱德看到战士们挖回来的野芹和牛耳大黄，风趣地说："药材也来参加革命了，应当管它叫'革命菜'！"指战员们对这次"展览"的反响非常好，朱德便对他们说："同志们！野菜也是宝，有了它就饿不死人了！……我号召大家都上山去挖野菜。"③

朱德对御寒物资的准备也作出了重要的指示。当时在红军总部供给处

---

① 《朱德年谱》上，第 563 页，中央文献出版社 2006 年版。
② 《朱德年谱》上，第 563 页，中央文献出版社 2006 年版。
③ 《我眼中的朱德》，第 105 页，河北人民出版社 1992 年版。

工作的杨以山后来回忆说："总司令对我们说：不仅要学会同拿枪的敌人作斗争，还要学会同雪山草地这个自然界的敌人作斗争，革命才能胜利。"朱德号召大家自己动手买羊毛，捻毛线，织毛线衣、毛背心、毛袜子、毛手套，缝皮背心，解决部队御寒问题。在那段时间，朱德每次参加红军总部机关的会议，总要先谈一点如何组织大家捻毛线、织毛衣，并拿一些织得好的毛织品推荐给大家，让传看和学习，对那些织得好、织得快的同志表示赞赏。他还经常到供给部查问准备情况，每次到供给部，手里总是捻着毛线，一边捻一边亲切地和大家说话，鼓励大家不仅要做好自己过雪山草地的准备工作，还要发扬阶级友爱，为很快到来的红二、六军团的同志多准备些御寒衣物。在朱德的带领下，经过红四方面军广大指战员几个月的共同努力，不仅解决了自己需要的大部分御寒装备，还给将要到来的红二、六军团的同志们织了两万多件羊毛衣裤①。

这段时间，朱德还很关心部队的文娱生活。长征时没有娱乐工具和场所，他就号召大家学唱歌。听到战士们嘹亮的歌声，他满意地说："红军战士就要这样，要活泼，要有生气，死气沉沉的人是过不去草地的。"他自己不大会唱歌，可是很喜欢打球，常常在红军大学的操场上打球。"总司令打得可起劲哩，常常打得气喘吁吁，全身大汗。"

一天上午，朱德正和战士们搞篮球比赛。球打得正起劲时，突然从北面的山脚下传来了几声清脆的枪声。

朱德立即停了下来，向场外的警卫员喊道："有情况，拿望远镜来！"他拿着望远镜朝着有枪声的北山上观察了一阵后，对大家说："球赛暂时停止，现在发现敌情，大家准备投入战斗。不要慌乱，要听从指挥。"

当时，红军主力部队正在前方作战，只有一个警卫连在总部身边，其余都是些机关工作人员，还有医院的大批伤病员。情况危急，撤已来不及，打又人手不够。进退维谷中，一些参谋人员，在那里急得直跺脚。这

---

① 杨以山：《永不泯灭的记忆——回忆朱总司令过草地的几件事》，《红军长征回忆与研究》，第99~100页，云南人民出版社1986年版。

时，朱德却沉着冷静地把各单位的负责人和警卫连召集在一起，下达了命令："手中有武器的同志和警卫连一起，到东面大墙下面集合，等我的命令再行动；其余的同志，每人快去找一根木棒，到河边的大操场集合，等待命令行动；司号排，按东、南、西三个方向分散开，听到我们发起冲锋的命令后，你们就在各自的方位上，从四面八方一齐吹冲锋号，号音越响亮越好。现在就开始行动。"

不久，敌人越来越近了，肉眼都能望见，大约有三四百敌人号叫着，端着枪向镇上冲过来，气势汹汹。

朱德命令警卫连分成东西两路，向敌人的侧后迂回，其余的人员在正面选择有利地形，在他的直接指挥下迎击敌人。当敌人进到离梦公镇仅几百米的时候，朱德举起驳壳枪，一声呼喊："同志们！冲啊！坚决把敌人消灭在山坳里！"

四面八方都响起了嘹亮的冲锋号声、枪声，杀声震天。

敌人一看中了"埋伏"，马上乱了阵脚，不到一个小时就缴了械。

原来这股敌人是当地土豪恶霸豢养的一批土匪武装和国民党军的散兵游勇，他们得到消息说红军主力外出作战去了，这是红军的后方，只留下一些伤员，便想趁机抓一把。结果，偷鸡不成反蚀了一把米。

4月30日，红二、六军团渡过金沙江以后，即沿玉龙雪山西麓金沙江东岸北进，5月初到了中甸地区。与此同时，红四方面军前来接应的部队进占雅江、理化，将康定之敌阻于雅江以东地区。

转眼已到5月了。5月1日，红军总部在炉霍举行了运动会。这是由朱德亲自发起、亲自组织，并且还亲自参加的规模盛大的活动。那天早晨，天未明，人们就纷纷起床，穿上干净衣服，排着整齐的队伍奔赴运动会"会场"。在开幕式上，朱德发表了讲话。他号召大家继续振奋革命精神，勇敢顽强地同各种困难作斗争，把长征的道路走到底。运动会内容丰富多彩，有球赛、赛跑、跳高跳远、跨越障碍，有刺杀、投弹、骑兵表演。看到同志们生龙活虎，表现精彩，朱德也很兴奋，一会儿在这指点，一会儿在那评比，不时点头微笑。3日下午进行最后一个项目：烧牛粪比赛，这是朱德亲自增设的一个项目，这也是为过草地所做的必要训练。在运动会闭幕式上，朱德又讲了话。他说："这次运动会是对我们的思想、意志、军事、生活等方面的一次大考验、大演练、大检阅，同志们都做得很好。这再一次证明我们工农红军是钢铁的红军，是永远打不败、压不垮、拖不烂的。"①

当红二、六军团在红四方面军接应下顺利进入康南时，中共中央于5月20日给朱德和张国焘、刘伯承、徐向前、陈昌浩、任弼时、贺龙、萧克、关向应等发来电报，指出："我们正在进行全国性与国际性的政治、军事、经济、外交各方面的布置。""弟等与国焘同志之间现在已经没有政治上与战略上的分歧，过去的分歧不必谈，惟一任务是全党全军团结一致反对日帝与蒋介石。弟等对于兄等及二、四方面军全体同志之艰苦奋斗表示无限敬意，对于采取北上方针一致欢迎。中央与四方面军的关系，可如焘兄之意暂采用协商方式，总之为求革命胜利，应改变过去一切不适合的观点与关系，抛弃任何成见，而以和协团结、努力奋斗为目标。"②

6月3日，朱德、张国焘、陈昌浩、徐向前给红军各军首长发出电报，指出：军委、总司令部、总政治部等组织仍恢复一、四方面军会合时的旧制，仍以朱德任军委主席，张国焘、周恩来、王稼祥为副主席，朱德兼任总司令，张国焘为总政委，陈昌浩任总政治部主任兼四方面军政治委员，刘伯承为总参谋长兼红军大学校长，决定成立方面军，以陕北红军为第一方面军，红六军团为第二方面军，第四、五、九、三十一、三十二军为第四方面军，并以徐向前为第四方面军总指挥，陈昌浩兼任政委，周纯全为政治部主任，李特为参谋长，李卓然为总政治部副主任③。

这一天，红二、六军团先头部队与红四方面军主力在理化（今理塘）南之甲洼会合了。在形势逼迫下，6月6日，张国焘在炉霍召开的中央纵

---

①　贾守仁：《长征途中的运动会》，《我眼中的朱德》，第114页，河北人民出版社1992年版。

②　《朱德年谱》上，第565页，中央文献出版社2006年版。

③　《朱德年谱》上，第567页，中央文献出版社2006年版。

队（红军总部机关）活动分子大会上被迫宣布取消他自立的"中央"，但仍不承认中共中央的领导，提出中央职权由中共驻共产国际代表团暂行使。

6月17日，朱德率领第三十二军由炉霍出发赶往甘孜，准备迎接红二、六军团。19日，中共中央致电朱德和张国焘并转任弼时，指出：为避免引起回、汉冲突，利于争取青海的马步青、马步芳和宁夏的马鸿宾，红四方面军同红二、六军团会合后，"宜出至甘肃南部，而不宜向夏洮地域"。"红军出至甘南，利于以后东出陕南策应时局"。

6月22日，朱德和张国焘、刘伯承在甘孜县普玉隆红四方面军总指挥部会见了红六军团军团长萧克、政治委员王震等，并参加了红四方面军和红六军团的会师大会。当天，朱德抓紧时机同红六军团领导人谈话。通过谈话，红六军团政治委员王震明确表示要同张国焘作斗争。萧克回忆说："当六军团六月三日在理化南之甲洼，与远道前来迎接我们的部队见面时，有的老战友对我说：张国焘与中央分裂了，责任在中央。我盲目地相信了。我本来对中央根据地的损失和一方面军在长征中的严重消耗与削弱有些不满，加上片面地听信了歪曲事实的说法，就把遵义会议前后中央的领导搞混淆了，曾在一些同志面前对中央表示过不满情绪。这是错误的。但当我见到朱总司令，他诚恳地向我说明了事件发生的经过后，就改变了态度。"①

三天后，朱德和张国焘、陈昌浩、刘伯承等在普玉龙检阅了红六军团部队。当天，张国焘、陈昌浩回到了甘孜，朱德和刘伯承等留了下来。晚上，在红六军团保卫局，他们俩对红一和红四方面军会合后出现的分歧进行了交谈。

6月30日，红四方面军第三十军与贺龙、任弼时、关向应率领的红二军团在甘孜附近的绒坝岔会师。第二天，朱德在给徐向前的电报中说：贺

① 萧克：《红二、六军团会师前后》，《中共党史革命史论集》，第359页，中共中央党校出版社1982年版。

龙、任弼时明天到甘孜。李先念部二日可到西倾寺，再向阿坝前进。陈昌浩三日由东谷率第十师二六二团向西倾寺进，来让倘与兄会合。我们率三十二军四日继进，红二、六军团于五号至八号跟进。兄应不等我们到让倘即迅速向松潘进。

这一电报发出后，朱德便骑马走了60里路赶到了甘孜的甘海子迎接贺龙、任弼时等。当天晚上，朱德同贺龙、任弼时进行了长谈。

7月2日，朱德参加了在甘孜举行的庆祝红二、红四方面军会师的联欢会。在会上，朱德发表了讲话。他说："同志们，我祝贺你们战胜了雪山，也欢迎你们来与四方面军会合。但是，这里不是目的地，我们要继续北上，要北上就必须团结一致，不搞好团结是不行的。此外，在我们前进的道路上，还有荒无人烟的草地，我们要有充分准备，克服一切困难……中央去年带着一方面军胜利地通过草地，到达了抗日前哨阵地陕甘地区。现在，陕甘边根据地巩固、扩大了，红军也壮大了，我们要到陕北和毛泽东、周恩来率领的第一方面军会合。"[①] 当年参加这次联欢会的谭常维回忆道："两支从未见过面的兄弟部队，经过了千难万险，穿过枪林弹雨，在最困难的时刻会师了，谁能抑制住内心的激情？总司令迎着一阵阵春雷般的掌声和无数兴奋激动的笑脸在主席台上出现了。他个子不高，不像我想象中那样高大、严肃，稍稍有些黄瘦的脸上，挂着慈祥的微笑。衣着很朴素，上身穿着一件土制褐色毛布衣，脚上是一双草鞋，十分平易近人，一切都和士兵一样。他向全场巡视了一下，用响亮而有力的四川口音开始讲话了……总司令的每一句话，都深深地铭记在全体指战员的心里。"

由于各路红军长期处于被分割的状态，红二、六军团领导人事前一直不知道张国焘闹分裂和自立"中央"等情况，加之红四方面军接应红二、六军团的先头部队与红二、红六军团部队会合时，张国焘又派人向红二、六军团散发小册子，散布中共中央有错误的舆论。为了进一步澄清事实真

---

① 谭常维：《甘孜会师》，《星火燎原》（3），第330～331页，解放军出版社1959年版

相，联欢会后的晚上，朱德又把贺龙、任弼时留了下来，详细地向他们介绍了张国焘分裂的情况。他把从沙窝分兵以来张国焘反对中央、搞分裂的言行原原本本地叙述了一遍，并拿出首原始材料：有中央政治局关于北上的决定，有中央严令张国焘北上的电报，有"关于张国焘同志错误的决定"等。朱德沉重地说："看来，一场严重的斗争是不可避免了。"听了介绍，贺龙、任弼时弄清了详情。任弼时坚定地表示："在这场斗争中，我们坚决服从朱总司令的命令，一切听从朱总司令的指挥。"朱德激动地说："好哇！你们这一来，我的腰杆也硬啦！"贺龙握着朱德的手说："总司令，我们二军团天天想、夜夜盼，就盼和中央会合呢！"朱德坚定地说："你们来了，我们一起北上，党中央在毛主席那里。"① 朱德还同任弼时、贺龙商量，如何将部队分开行动，防止被张国焘控制；并给贺龙出主意，向张国焘要求支援。后来，张国焘答应把红三十二军编到红二、六军团一起行动。二十多年后朱德回忆起这事时说："后来任、贺来了，我和他们背后说如何想办法去会合中央，如何将部队分开，不让他（张国焘）指挥。贺老总很聪明，向他要人要东西，把三十二军带过来了，虽然人数少，但搞了他一部分。"并说："贺老总对付张国焘很有办法，不争不吵，向他要人要枪要子弹，硬是要过来一个军，尽管人数并不多。张国焘对弼时、贺龙都有些害怕呢！一起北上会合中央，贺老总是有大功的！"② 后来，贺龙回忆他在这一时期与张国焘的斗争时说：

> 朱老总、伯承向我们讲了张国焘搞分裂的事，我们以前并不知道。不过，张国焘这个人，我还是有所了解的。……到了甘孜，他人多，我们人少，我们又不听他的，得防备他脸色一变下狠手。我有我的办法，我让弼时、向应和朱老总、伯承、张国

---

① 王震：《忠诚的战士、光辉的一生——纪念贺龙同志》，《解放军报》1977 年 7 月 28 日。

② 《朱德委员长谈二方面军渡江同四方面军会合前后的经过情况纪要》，1960 年 11 月 9 日。

泰，都住在一幢两层的藏民楼里。那时，在甘孜组织了一个汉藏政府，叫"巴博依得瓦"。我们大家就住在主席府，整个住处的警卫是我亲自安排的，警卫员每人两支驳壳枪，子弹充足得很呢！你张国焘人多有个大圈圈，我贺龙人少，搞个小圈圈，他就是真有歹心也不敢下手！张国焘搞分裂，我们搞团结，可是对搞分裂的人不得不防嘛！还有开庆祝会师大会，张国焘是红军总政治委员，自然要讲话。在主席台上，我坐在他身边。他刚刚站起身要讲话，我半开玩笑半认真地给了他一句悄悄话，我说："国焘啊，只讲团结，莫讲分裂，不然，小心老子打你的黑枪！"张国焘就没敢讲不利团结的话。其实，我哪里会打他的黑枪，他自己心里有鬼么！[1]

红二、红四方面军在甘孜会合后，朱德又主持召开了由红二、四方面军领导人参加的会议，说明中央来电要二、四方面军趁甘肃敌兵力空虚，速出甘南；并宣布红军总部作出的北上部署：红四方面军分左、中、右三路纵队北上，李先念率先头部队已开始行动，红二方面军在甘孜稍事休整后，随左路纵队跟进，分成两个梯队北上。根据朱德的建议，会议决定任弼时也随红军总部行动，刘伯承随红二方面军行动并负责教练打骑兵的战术。这是朱德经过深思熟虑而做出的安排：虽然这时与张国焘分裂活动作斗争取得了重大胜利，但为了不让张国焘中途变卦，他自己必须和张国焘一起，继续进行牵制，让任弼时随红军总部一起行动，则可以加强同张国焘斗争的力量。而刘伯承随红二方面军行动，就可以摆脱张国焘的控制，同时可以从外部对张国焘起制约作用。当时任西北局组织部部长的傅钟后来回忆说："我听到这个消息非常高兴。一年来，总司令为了维护党中央的统一领导和红军全军的团结，使南下红军重新北进抗日，正气凛然地、从容不迫地依照列宁的党内斗争原则，同张国焘进行周旋，费尽了心血，才有了今天的好形势。让任弼时同志留在总司令部，显然会更有力地抵制、消除张国焘的错误影响，大大加强党的思想和路线的领导。左纵队乃至整个四方面军的广大干部得知这一决定后，无不喜形于色，对前途充满希望。"①

7月4日，朱德与张国焘、任弼时一起率红军总部随左路纵队红四方面军第四军从甘孜出发北上，向包座、班佑前进。这一天，朱德和张国焘、任弼时等又同原任第四方面军第四军参谋长，即将调任红二方面军第六军团军团长的陈伯钧进行了谈话。

7月5日，朱德以中革军委主席名义和副主席张国焘、周恩来、王稼祥发布中革军委关于组织二方面军及其领导人任职的命令：决以二军、六军、三十二军组织二方面军，并任令贺龙为总指挥兼二军军长，任弼时为政委兼二军政委，萧克为副总指挥，关向应为副政委，陈伯钧为六军军长，王震为六军政委。两天后，朱德和张国焘、任弼时率部从日庆渡河到达两河口宿营。

---

① 《朱德与中共党史重大事件》，第 232～233 页，中央文献出版社 2001 年版。